Microsoft®

Office 2000

ANAYA MULTIMEDIA

Microsoft®

Office 2000

JOSÉ MARÍA DELGADO CABRERA

paso a paso

COLECCIÓN PASO A PASO

Responsable editorial: Víctor Manuel Ruiz Calderón.

Coordinador editorial: José María Delgado Cabrera.

Autoedición: ROS Multimedia Publishing & Translation S.L.
(Grupo ROS)

Realización de cubierta: Gracia Fernández -Pacheco
María José Ortíz

Juan Ignacio Luca de Tena, 15. 28027 Madrid
Depósito Legal: M. 29.943-1999
ISBN: 84-415-0913-1
Printed in Spain
Imprime: Anzos, S. L. - Fuenlabrada (Madrid)

Dedicatoria

Quiero dedicar este libro a mis amigos de la Dirección General de Juventud y darles mis más sinceras gracias por lo difícil que me lo han puesto para acabarlo a tiempo.
Gracias a Julia Inés Pérez, Antonio Fernández, José Luis Lucas, Juan Carlos Campón. Además, quiero reconocer desde aquí vuestra dedicación y esa inagotable fuente de energía que os hacer llevar a buen puerto cualquier proyecto. ¡Ánimo!

Agradecimientos

Estas últimas semanas han sido realmente duras pero si existe una persona que ha mantenido el tipo y ha trabajado hasta el límite de sus posibilidades ha sido sin duda, Sandra Suárez, editora de Grupo ROS. Muchas gracias por demostrar que todo se puede hacer bien, muy bien o de forma impecable.
También quiero elogiar desde aquí la capacidad de sacrificio y trabajo del resto del nuestro equipo humano. Gracias a Mercedes (y a su niño), Cristina, Jesús, Gustavo y José Antonio.

Índice de contenidos

Lección 1 **Bienvenido a Office 2000 15**

Office 2000 15
¿Por qué necesitas este libro? 17
Lo nuevo en Office 2000 17
Instalación de Office 2000 18

Lección 2 **Conceptos básicos 21**

Archivos y carpetas 21
Los cuadros de diálogo 23
Buscar archivos 24
Nuevo sistema de menús 24
Componentes comunes 25

Lección 3 **Primeros pasos con Word 27**

Malas costumbres 27
Iniciar Word 28
Interfaz de único documento (SDI) 30
Nuevo documento 30
Abrir un archivo existente 33
Colocar el punto de inserción 34
Seleccionar 36
Borrar texto 39
Sustituir texto 40
Insertar texto 40
Unir y separar párrafos 40
¡Ups! Me equivoqué 41
Barras de desplazamiento 44
Cortar, copiar y pegar… por si acaso 46
Ayuda 49

Lección 4 **Formato de caracteres 55**

Fuentes 55
Atributos más comunes 59
Efectos más avanzados 61
Espacio entre caracteres 65
Símbolos 66

Lección 5 **Formato de párrafo 69**

La regla 71
Sangrías 71

Tipos de alineación 75
Espacio entre párrafos 78
Interlineado 78
Borde y sombreado 79
Control de viudas y huérfanas 81
Tabuladores 82
Letra capital 84
El color en los párrafos 86
Numeración y viñetas 86
Opciones de autoformato de párrafo 88
Cuadros de texto 90

Lección 6 Formato de página y documento 91

Márgenes 91
Tamaño y orientación del papel 93
Vista preliminar 94
Modos de visualización en pantalla 96
Secciones 98
Columnas 100
Saltos de página y de columna 102
Encabezados y pies de página 102
Numeración de páginas 105
Notas al pie y notas al final 106

Lección 7 Impresión de documentos 109

Vista preliminar 109
Opciones de zoom 113
Opciones de impresión 114
Imprimir a dos caras 115

Lección 8 Estilos y plantillas 117

Aplicar estilos 119
Definir estilos 119
Modificar estilos 120
Estilos de carácter 121
Cuadro de diálogo Estilo 122
Borrar un estilo 126
Organizador de estilo 127
Plantillas 128

Lección 9 Tablas 131

Métodos para crear tablas en Word 139
Formato de tablas 140
Convertir texto en tabla y viceversa 142
Realizar cálculos en una tabla 144

Lección 10 Gráficos 145

Intercambio de información en Windows 145
Insertar un objeto en Word 146
Autoformas 149
Modificar una imagen en Word 149
¿Imágenes vinculas o incrustadas? OLE

Lección 11 Herramientas de escritura 157

Corrector ortográfico 157
Corrector gramatical 160
Opciones de ortografía y gramática 164
Autocorrección 164
Sinónimos 166
Guiones 168
Idioma 168
Comentarios 169

Lección 12 Herramientas avanzadas 171

Búsquedas 171
Autoresumen 174
Protección de documentos 175
Contar palabras 176
Macro 176
Cartas modelo 181
Personalización del entorno 187
Enviar documentos con el correo electrónico 188

Lección 13 Primeros pasos con Excel 189

¿Qué es una hoja de cálculo? 189
Iniciar la aplicación 191
Entorno de Excel 191
Crear un nuevo libro de trabajo 197
Abrir un libro de trabajo existente 197
Guardar el libro de trabajo 197
Ayuda 199

Lección 14 Introducción y edición de datos 201

Desplazamiento por la celdas de nuestra hoja 201
Seleccionar celdas 203
Añadir datos a la hoja de cálculo 205
Aplicar formato al contenido de la celda 209
Unir celdas 211
Editar los datos de la hoja de cálculo 211
Mover datos 212

Relleno automático de celdas y series 213
Pegado especial 218
Redimensionar filas y columnas 218
Ocultar filas y columnas 220
Buscar y reemplazar 220
Incluir comentarios 221
Ordenar el contenido de las celdas 222
Editar las hojas del libro 222
Dividir la ventana de la hoja de cálculo 225
Inmovilizar y movilizar paneles 226
Corrector ortográfico 227
Autocorrección y autotexto 227
Impresión 228

Lección 15 Cálculos y funciones 233

Fórmulas y funciones 235
Funciones simples 241
Funciones de fechas y horas 247
Ediciones de funciones 249
Ejemplo, una sencilla factura 250
Cómo calcular la cuantía de los pagos de un préstamo 251
Filtros 254

Lección 16 Formato de la hoja de cálculo 258

Formatos básicos 258
Autoformato 263
Copiar y pegar formato 264
Estilo 265
Bordes 266
Insertar imágenes 266
WordArt 268
Autoformas 268
Barras de herramientas Dibujo 269

Lección 17 Representación gráfica de los datos 273

Introducción a los gráficos de Excel 273
Asistente para gráficos de Excel 274
Gráficos incrustados y hojas de gráfico 281
Editar el gráfico 282
Añadir nuevos datos a un gráfico 283

Lección 18 Fundamentos de Access 287

Qué es una base de datos 287
Ejecutar el programa 288
Componentes de una base de datos de Access 291

Gestión y planificación 294
Bases de datos relacionales 295
Ayuda 296

Lección 19 Diseño e implementación de tablas en Access 297

Crear una nueva base de datos 297
Nuestra primera tabla 299
Vista Diseño y Hoja de datos 311
Crear campos con una lista de elementos 312
Introducción y edición de datos 312
Guardar la tabla 316
Generador de campos 317
Asistente para tablas 318
Modificar el aspecto de la tabla 320
Búsqueda de datos 321
Impresión de la tabla 322

Lección 20 Formularios en Access 325

Crear un formulario 326
Guardar y ejecutar el formulario 333
Vistas del formulario 335
Autoformato de formulario 335
Otros elementos de formulario 337
Asistente para formularios 338

Lección 21 Consultas 339

¿Qué sería de Access sin consultas? 339
Crear una consulta sencilla 340
Vistas de las consultas 345
Asistente para consultas 347
Editar la consulta 349
Expresiones 351
Consultas más complejas 353
Consultas de agrupación y totales 356

Lección 22 Informes 359

Cómo crear un informe sencillo 359
Asistente para informes 362
Agrupar registros 364
Informes con totales 365

Lección 23 Trabajar con más de una tabla 367

Access, una base de datos relacional 367
Modelos de relaciones en Access 369
Integridad referencial 370

Ventana Relaciones 371
Un pequeño paréntesis 375
Consultas con varias tablas 376
Subformularios y subinformes 377

Lección 24 Sobre las presentaciones y PowerPoint 379

Qué es una presentación 379
Consejos para crear una buena presentación 380
Medios de difusión 382
Ejecutar PowerPoint 382
Entorno de PowerPoint 383
Diapositivas 383
Ayuda de PowerPoint 374

Lección 25 Crear una presentación sencilla 385

Una presentación sencilla 385
Guardar la presentación 395
Cerrar la presentación 395
Abrir la presentación 395
Ejecutar la presentación 395
Presentaciones predefinidas 399
Asistente para autocontenido 401
Imprimir la presentación 403

Lección 26 Mejorar la presentación 405

Vistas de la presentación 405
Añadir nuevos elementos a una diapositiva 407
Formato de diapositivas 412
Patrón de diapositivas 418
Objetos líneas y autoformas 419

Lección 27 Presentaciones más complejas 429

Clasificador de diapositivas 429
Transiciones 431
Efectos especiales para texto 432
Viñetas gráficas 434
Vista previa de la animación 436
Incluir botones de acción 436
Asociar acciones a cualquier objeto de las diapositivas 437
Configurar la presentación 438
Macros 438

Introducción

Bienvenido a Microsoft Office 2000 Paso a paso, un libro sobre todo útil y práctico que te introducirá en los diversos aspectos de Office. Felicidades por haber actualizado tu ordenador con Office 2000; te podemos aseguirar que tienes mucho que ganar.

El libro que tienes en tus manos esta pensado especialmente para usuarios sin conocimientos sobre Office 2000 o con alguna nociones básicas sobre las aplicaciones que componen la Suite. Como sabrás, las distribuciones de Office 2000 son cinco, pero los programas que siguen sosteniendo su peso son: Word, Excel, Access y PowerPoint. Por este motivo, este libro se dedica exclusivamene a mostrar las posibilidades de cada una de ellos, así como el modo de sacarles todo el rendimiento necesario para mejorar en tu trabajo diario.

En estos momentos es impensable cualquier oficina sin un ordenador y sin los correspondientes programas de ofimática instalados. Office 2000 es el líder indiscutible en este tipo de aplicaciones, y con este libro aprenderás a utilizar un procesador de textos (Word), una potente hoja de cálculo (Excel), una base de datos relacional (Access) y un impresionante programa de presentaciones multimedia (PowerPoint).

A quién está dirigido este libro

Como hemos comentado este libro está pensado para los usuarios noveles de Office 2000. Si bien poseer experiencia con los ordenadores y Windows 95/98 puede resultar útil, no es esencial. Sí debes saber cómo se enciende tu ordenador, el monitor y la impresora, cómo se utilizan el teclado y el ratón y cómo conectarte a la red (si la hay). Vamos a explicar los pasos que hay que seguir a partir de aquí.

Cómo se utiliza este libro

Puedes utilizar este libro como una guía de aprendizaje, un libro de repaso y una guía de consulta rápida.

Como guía de aprendizaje

Cada lección recoge un tema amplio o un conjunto de temas relacionados entre sí. Las lecciones están ordenadas siguiendo un orden ascendente de conocimientos; los

conocimientos que adquieras en un capítulo se utilizan y amplían en capítulos posteriores. Por este motivo, debes seguir los capítulos por orden.
Cada lección está dividida en temas teóricos y cada uno de ellos te enseña la teoría para manejar Office, haciéndola más didáctica mediante los ejemplos prácticos.
Puedes practicar tus conocimientos en los archivos de ejemplo especialmente preparados que se incluyen en el CD-ROM. Esto te ahorrará tiempo y te permitirá centrarte en la técnica de que se trate. Este libro te proporciona las bases para manejar Office rápida y fácilmente gracias a la utilización de archivos de ejemplo y ac tividades prácticas, a las figuras que te recuerdan los pasos básicos y a la información de apoyo que incluye.

Como libro de repaso

Que un método de enseñanza resulte efectivo, depende del tiempo y esfuerzo que se invierta en él. Por este motivo, te pedimos que dediques tiempo a repasar los temas y actividades más complejas de este manual.

Como guía de consulta rápida

Los procedimientos generales se presentan en listas numeradas, mediante las cuales dispones de los pasos necesarios para realizar prácticamente cualquier tarea.

El CD-ROM

En el CD-ROM que acompaña al libro dispones de todos los ejemplos que se realizan a través de los capítulos de este manual. Los encontrarás dentro de la carpeta "Ejemplos", y, a su vez, dentro de ésta, en carpetas con el nombre cada aplicación "Word", "Excel", "Access", "PowerPoint".
Además de los ejemplos citados, dispones de toda una recopilación de utilidades para Office 2000 que seguramente agracederás.

Qué necesitas para usar este libro

Es obvio que para utilizar este libro necesitas un ordenador, además de algunas de las distribuciones de Office 2000, a ser prosible la Profesional o la Premium, ya que en ellas se incluye la bases de datos relacional Access.
Por la instalación de la aplicación no te preocupes, porque en el primer capítulo de este libro te indicamos los pasos que debes seguir realizar este proceso.

Bienvenido a Office 2000

Antes de empezar queremos darte las gracias por depositar tu confianza en nosotros, y esperamos que este libro te sirva para mejorar tus conocimientos sobre la herramienta de ofimática más utilizada actualmente, Office 2000. En esta primera lección nuestras pretensiones no son demasiado ambiciosas, por ello la dedicaremos a describir algunas de las cualidades de la suite y los pasos necesarios para su instalación. Este libro y, en general, toda la colección, se caracteriza por ser muy didáctico. Es decir, mientras otros títulos tienen como objetivo ser manuales de referencia complementarios a los ya incluidos con el programa, este describe con detalle cada proceso, acompañándolo con ejemplos y ejercicios prácticos. Para que este método funcione necesitamos tu ayuda: debes seguir los ejemplos al mismo tiempo que lees el libro. Así conseguirás aburrirte menos y adquirir los conocimientos rápidamente.

En esta lección aprenderás:

- Qué puede hacer este libro por ti
- Las novedades incluidas en esta nueva versión de Office
- Cómo instalar Office 2000

Office 2000

¿Qué es y para qué sirve Office 2000? Office 2000 es una suite, y está formada por un conjunto de aplicaciones englobadas dentro del campo de la ofimática. Los programas que la componen son los que se usan comúnmente en cualquier oficina o para tareas domésticas y se han convertido en los últimos años en herramientas imprescindibles. Las aplicaciones centrales que componen la suite Office 2000 son las siguientes:

- El conocido procesador de texto, Word. Con él podemos crear cualquier tipo de documento o pequeña publicación.
- La hoja de cálculo, Excel. Aplicación dedicada al trabajo y manipulación de datos numéricos. Nos permite desde llevar el control de nuestra economía doméstica hasta el desarrollo de potentes sistemas de previsión y cálculo.
- El gestor de bases de datos, Access. Este programa consigue unir sencillez de uso y potencia dentro de un entorno relacional de base de datos.
- Programa de presentaciones, Power Point. Herramienta imprescindible para el apoyo audiovisual de cualquier conferencia, exposición de proyectos, etcétera.

Estas son las cuatro aplicaciones principales de Office 2000 y serán las que abordemos en este libro. Pero, como sabrás, existen más aplicaciones que acompañan a esta suite y que están disponibles según la versión instalada. Algunas de ellas son:

- El organizador, Outlook. Es una agenda personal bastante completa con la que podemos desde gestionar nuestras citas hasta consultar el correo electrónico.
- FrontPage. Enfocado a la creación y administración de sitios Web.
- Programa de retoque fotográfico, PhotoDraw. Este programa está dedicado al tratamiento de archivos gráficos.
- Publisher. Con este programa resulta fácil crear y realizar trabajos de autoedición.

En la tabla 1.1 tienes las aplicaciones contenidas en cada una de las cuatro distribuciones de Office.

Tabla 1.1. *Distribuciones del Office 2000*

MS Office 2000	Standart	PYME	Proffesional	Premiun
Microsoft Word	√	√	√	√
Microsoft Excel	√	√	√	√
Microsoft Outlook	√	√	√	√
Microsoft Publisher		√	√	√
Microsoft Access			√	√
Microsoft Power Point	√		√	√
Microsoft FrontPage				√
Microsoft PhotoDraw®				√
Microsoft Small Business Tools™		√	√	√

En cualquier caso, seguro que si preguntas a tus conocidos qué programas de Office utilizan realmente contestarán: Word, Excel, PowerPoint y, algunos de ellos, Access.

Office 2000 y Windows

Office 2000 está perfectamente integrado con Windows 98, NT y Windows 2000 (en cualquiera de sus versiones), entre otras cosas porque son de la misma empresa, Microsoft. Esto tiene como ventaja principal la perfecta integración entre cada una de las aplicaciones y el sistema operativo que gobierna tu equipo.

¿Por qué necesitas este libro?

Hace algunos años la "complejidad" de las aplicaciones permitía la existencia del personaje conocido como "autodidacta". Éste presumía de saber más que nadie de cualquier aplicación y además se jactaba de haberlo aprendido todo sin ningún tipo de ayuda o manual. En la actualidad, la complejidad de las aplicaciones ha llegado a un nivel en el que la única forma de sacarles todo el partido es mediante material de apoyo complementario como libros, tutoriales, etcétera.

Nota: también es bastante triste comprobar que después de gastarnos un dineral en un programa, los manuales que se supone nos ayudarán a conocer su funcionamiento, no existen o son de muy baja calidad.

Hasta dónde quieres llegar...

Office es una estupenda herramienta con la que podrás optimizar y mejorar muchas de las labores cotidianas que realices tanto en tu trabajo como en tu hogar.
Los límites los ponéis tú y tus necesidades, pero nos vas a permitir un pequeño consejo: no te limites a utilizar las herramientas básicas de cada aplicación, investiga, avanza y dedica algún tiempo a conocer esas características que podrás aprovechar en muchos de tus proyectos. Nuestra experiencia nos dice que la mayoría de las personas que utilizan herramientas de ofimática, apenas usan un diez por ciento de las posibilidades de la aplicación, dejando de lado muchas que sin duda le ayudarían en su trabajo. Insistimos, colócate el traje de explorador y lánzate al mundo de la informática.

Lo nuevo en Office 2000

Si tuviéramos que enumerar todas las novedades de esta versión de Office, quizás necesitáramos varias lecciones. Sin embargo, vamos a comentar las más significativas:

- La instalación del programa es mucho más coherente, y determina los elementos necesarios en función de las aplicaciones ya instaladas. Además, respeta la configuración en aquellos donde se instala sobre una versión anterior del producto.
- Los cuadros de diálogo para abrir y guardar documentos son ahora mucho más intuitivos y fáciles de utilizar.
- El nuevo Portapapeles permite almacenar hasta doce objetos y pegar cada uno de ellos cuando lo necesitemos. Esto es un gran avance, y facilita enormemente las tareas de edición más comunes.

- En esta versión, Office utiliza como formato nativo para sus documentos el lenguaje HTML, siendo mucho más sencilla la exportación de trabajos para Internet.
- Existe la posibilidad de reparar la instalación del programa, detectando y restaurando los archivos en mal estado.
- El Ayudante de Office toma mayor protagonismo y se convierte en elemento principal para solicitar ayuda sobre cualquier aspecto del programa.
- Para cada nuevo documento se crea una instancia de la aplicación. De esta forma, podemos movernos fácilmente entre los documentos abiertos utilizando la combinación de teclas Alt+Tab.
- Las posibilidades de personalización son casi infinitas y mucho más sencillas. Prácticamente podemos tener nuestra propia versión del programa.
- En Word ya puedes hacer clic en cualquier parte de un nuevo documento y empezar a escribir, antes estabas obligado a empezar al principio de la página.
- La gestión de idiomas dentro de un documento es mucho más simple.
- Ha mejorado notablemente la capacidad de integración entre todas las aplicaciones que componen la suite.

Nota: si ya conocías la versión anterior de Office, quizás a simple vista te parezca que no existen demasiados cambios, pero lo cierto es que gran parte de las mejoras no son evidentes y afectan tanto al rendimiento de cada una de las aplicaciones como a su integración con el resto de componentes de la suite.

Instalación de Office 2000

Como es obvio, para empezar a utilizar el programa lo primero que debes hacer es instalarlo. Si ya has acometido este proceso, puedes pasar por alto este apartado. Para seguir los pasos de instalación del programa, vamos a elegir el modelo de instalación típica, pero no te preocupes si piensas que puedes dejar algún componente que necesites sin instalar, otra de las novedades de Office es la detección de elementos no instalados cuando son solicitados, ofreciéndote la posibilidad de hacerlo automáticamente. Los pasos para completar una instalación típica serían los siguientes:

1 Introduce el primer CD en tu lector de CD-ROM y espera unos instantes. Una pequeña ventana te informará del comienzo de la instalación.

Aviso: si pasados unos segundos no ocurriera nada, haz doble clic en el icono Mi PC, después doble clic en el icono correspondiente a la unidad de CD-ROM; finalmente, localiza el archivo denominado **Instalar** y haz doble clic sobre él.

2 Después de varios mensajes de aviso con información sobre el comienzo de la instalación, aparecerá una ventana donde deberás indicar tus datos personales e introducir el número de serie del producto. Después pulsa el botón **Siguiente**.

3 Este paso corresponde a la información legal sobre el producto; si estás de acuerdo, pulsa **Acepto los términos del contrato de licencia** y después **Siguiente**.

4 Si no tuvieras espacio suficiente en tu disco duro, aparecería una ventana informándote de ello (figura 1.1). En este caso, no necesitas salir de la instalación, sólo hacer las operaciones oportunas para liberar espacio en disco y pulsar **Siguiente**.

5 Si no hubiera ningún problema con el espacio disponible, desde el paso tres pasaríamos a la ventana de la figura 1.2, donde deberás elegir entre una instalación típica (**Actualizar ahora**) o una instalación personalizada (**Personalizar**). En este caso, seleccionaremos la primera, ya que es la más recomendable para cualquier usuario, y dejaremos la segunda hasta tener más experiencia con Office.

6 Hecho esto, una ventana nos mostrará el progreso de la instalación.

7 Terminado el proceso de copia de archivos, un mensaje (figura 1.3) nos comunica que es necesario reiniciar el equipo para completar la instalación. Pulsa el botón **Sí**.

8 Al arrancar de nuevo el sistema, una ventana (figura 1.4) nos comunica que se están realizando los últimos ajustes para configurar la instalación.

Al terminar estos pasos ya puedes comenzar a utilizar cualquiera de las aplicaciones instaladas de Office 2000.

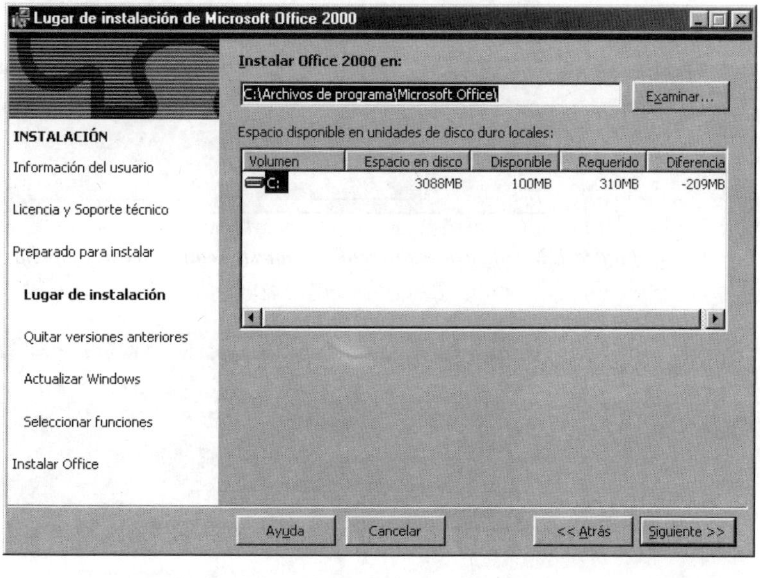

Figura 1.1. *Problemas con el espacio libre en el disco*

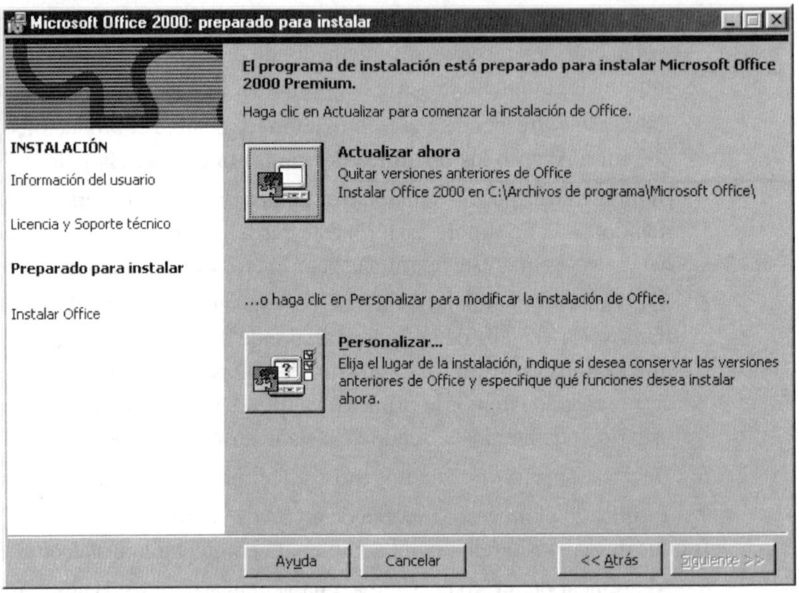

Figura 1.2. Modelos de instalación

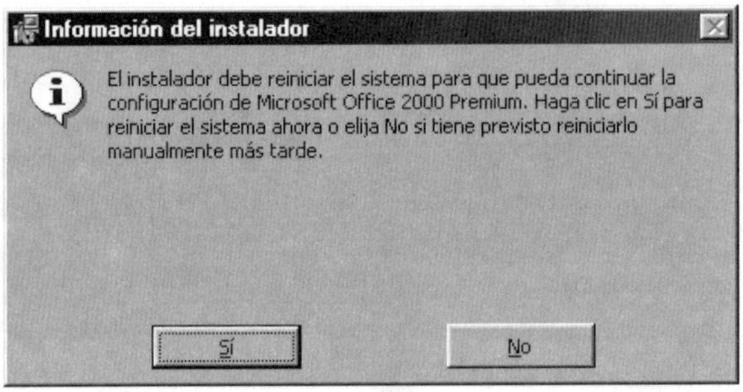

Figura 1.3. Office necesita reiniciar nuestro equipo para completar la instalación

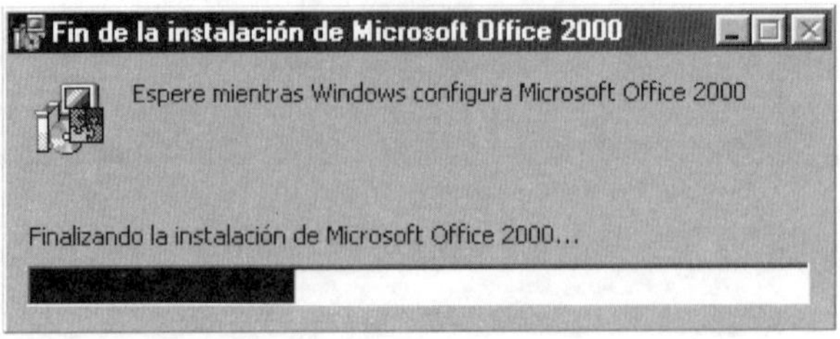

Figura 1.6. Últimos pasos de la configuración

Conceptos básicos

Después de la primera aproximación a Office 2000 y de la instalación del programa, vamos a trabajar un poco sobre conceptos generales. Algunos están directamente relacionados con Office y otros con las funciones básicas del sistema operativo. Pero como estarás deseando empezar a trabajar con las aplicaciones, no vamos a extendernos demasiado y daremos sólo algunas pinceladas sobre temas que creemos debes conocer para abordar sin problemas el resto de contenidos de este libro.

En esta lección aprenderás a:

- Crear y trabajar con archivos y carpetas
- Buscar archivos
- Trabajar con el nuevo sistema de menús
- Reconocer los componentes comunes en las aplicaciones de Office

Archivos y carpetas

Un archivo es la unidad mínima que utiliza cualquier sistema informático para almacenar información. Algunos ejemplos podrían ser: un documento de Word, una hoja de cálculo de Excel, una imagen, etcétera.
Los nombres de los archivos están compuestos por una primera parte que es el nombre y una segunda denominada *extensión*. La extensión sirve para identificar el tipo de archivo y por lo general, la aplicación donde fue creada (está formada por tres letras, como .doc, .rtf, .jpg, etc.). Las dos partes del archivo están separadas por un punto.
En Windows, para organizar los archivos contenidos en cualquiera de las unidades de disco se utilizan las *carpetas*. También se utilizan comúnmente los términos directorio y subdirectorio para identificar la localización de archivos.

Aviso: en Windows, el nombre de los archivos y de las carpetas pueden tener un máximo de 255 caracteres. Esto nos permite asignar nombres los suficientemente descriptivos a nuestros archivos y carpetas.

Organización básica de nuestros discos

Al hacer doble clic sobre el icono Mi PC aparecen todas las unidades de disco operativas en tu equipo. Este sería el primer nivel para llegar hasta cualquier archivo o

carpeta. A partir de aquí, en función de la unidad sobre la que hagas doble clic accederás al contenido de uno u otro disco.
Existen algunas carpetas generales en tu disco principal, siempre que la configuración de tu equipo sea la habitual:

- *Mis documentos*: ésta es la carpeta en que se guardan por defecto los trabajos que realices con cualquiera de las aplicaciones de Office. Puedes guardar tus archivos de Office en otro lugar, pero si no indicas lo contrario se almacenarán aquí.
- *Archivos de programas*: aquí se encuentran la mayoría de los programas y aplicaciones que tengas instaladas en tu equipo.
- *Windows*: es la carpeta del sistema operativo y no es conveniente utilizarla para ningún otro fin.

El escritorio

El escritorio es uno de los elementos principales de Windows, pero en realidad nos es más que otra carpeta, eso sí, con algunas características que lo hacen especial.
En el escritorio podemos colocar cualquier archivo o carpeta y normalmente se utiliza para situar todos aquellos elementos que usemos con más frecuencia.

Accesos directos

Los *accesos directos* también son elementos que afectan más al sistema operativo que a Office, pero lo cierto es que son bastante útiles. Un acceso directo es una forma rápida de llegar hasta un archivo, programa o carpeta. Imagina que tienes todos tus documentos en la carpeta Mis documentos. Si creas un acceso directo en el Escritorio a esta carpeta podrás tener más a mano su contenido. La forma de hacerlo sería la siguiente:

1. Haz doble clic en el icono Mi PC.
2. Ahora haz doble clic en tu unidad principal de disco, generalmente **C:**.
3. Pulsa con el botón *derecho* en la carpeta Mis documentos y sin soltar arrastra hasta cualquier lugar libre del Escritorio.
4. En el pequeño menú que aparece, haz clic sobre la opción **Crear icono de acceso directo aquí**.

Truco: recuerda que puedes cambiar el nombre del cualquier archivo o carpeta, haciendo clic sobre él y pulsando después en la tecla F2.

Los cuadros de diálogo

Los cuadros de diálogo son nuestro medio de comunicación con las distintas aplicaciones. En la figura 2.1 tienes un cuadro de diálogo típico donde se indica el nombre de cada uno de sus componentes y su descripción es la siguiente:

- *Cuadro de texto:* nos permite escribir sobre él utilizando el teclado para aportar alguno tipo de información al programa.
- *Lista desplegable*: están compuestas por una serie de opciones, de entre las que deberemos elegir una. Existen dos tipos, aquellas en las que sólo aparece la primera opción y junto a esta un pequeño botón para abrir una lista con el resto de opciones; y las que muestran más de una opción y disponen de una barra de desplazamiento para acceder a las opciones que no se encuentran visibles.
- *Botones de comando*: ejecutan alguna acción; los más comunes son **Aceptar** y **Cancelar**. El primero de ellos aplica todos los ajustes contenidos en el cuadro de diálogo y el segundo permite salir del mismo sin realizar ningún cambio.
- *Botones de radio*: activan o desactivan opciones, con la particularidad de que son excluyentes, es decir, sólo puede estar seleccionado uno al mismo tiempo.

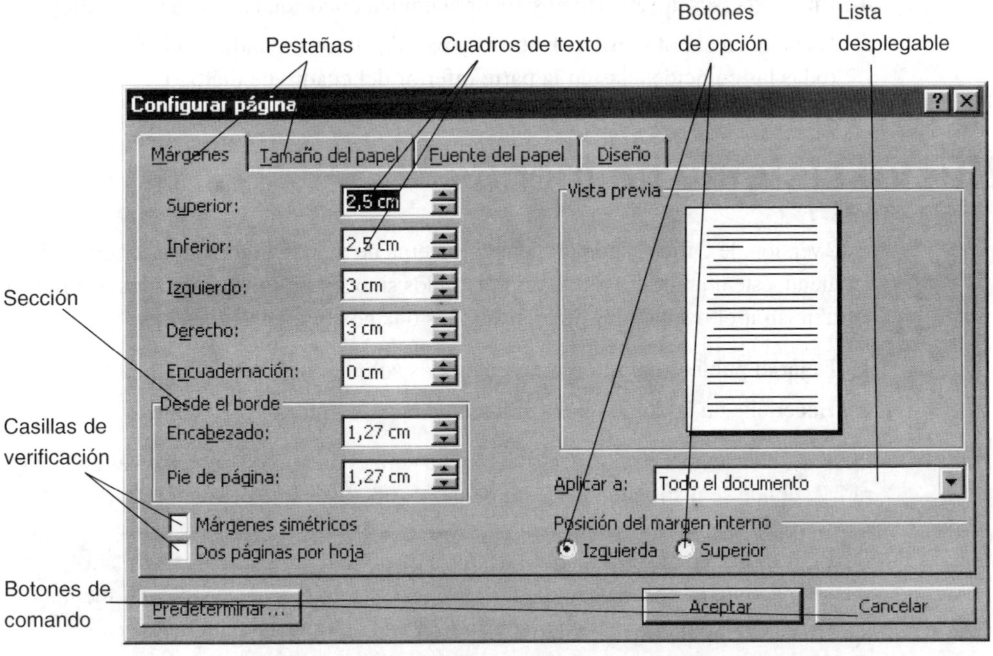

***Figura 2.1.** Elementos básicos de un cuadro de diálogo*

- *Casillas de verificación*: al igual que los botones de radio, también permiten activar o desactivar opciones pero, en este caso, actúan de forma independiente.
- *Fichas o pestañas*: algunos cuadros de diálogo contienen tanta información que resulta imposible mostrarla toda al mismo tiempo. En estos casos, se agrupan en categorías y éstas aparecen reflejadas en el cuadro mediante fichas o pestañas. Haciendo clic sobre la pestaña accederemos a las opciones que contiene.

Estos son algunos de los elementos más comunes que podemos encontrar en un cuadro de diálogo. Existen algunos más que iremos comentando a lo largo de este libro.

Buscar archivos

Windows dispone de un sistema eficaz para localizar cualquier archivo dentro de nuestro sistema, se trata de la herramienta **Buscar**. La forma de usarla sería la siguiente:

1 Haz clic en el menú **Inicio**.
2 A continuación, haz clic en el comando **Buscar** y, después, en **Archivos y carpetas**. Aparece el cuadro de diálogo **Buscar**.
3 Dentro del cuadro de texto **Nombre**, escribe el archivo que quieres localizar.
4 En la lista **Buscar en**, deberás elegir la unidad donde quieres realizar la búsqueda.
5 Haz clic en el botón **Buscar ahora** y pasados unos segundos irán apareciendo todas las coincidencias en la parte inferior del cuadro de diálogo.

Nuevo sistema de menús

Esta versión de Office estrena un nuevo sistema de menús. Ahora al hacer clic sobre un menú, éste no muestra todos sus comandos sino sólo los más utilizados o comunes. Para mostrar el resto de las opciones tienes dos posibilidades:

1 Dejar el puntero del ratón unos segundos sobre el nombre del menú.
2 Hacer clic en la doble flecha situada en la parte inferior del menú.

Después de hacer esto, el aspecto del menú será el mismo que puedes ver en la figura 2.2, donde se distinguen perfectamente las opciones que permanecían ocultas.

Importante: no te sorprendas si después de utilizar varias veces un mismo comando que se encontraba oculto, éste aparece en la parte visible del menú. Office detecta los comandos que usamos con más frecuencia y modifica su estado si se encuentra entre las opciones no visibles del algún menú.

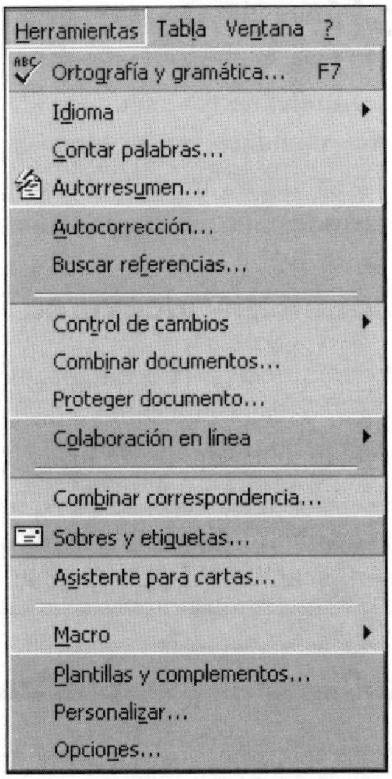

Figura 2.3. *Opciones visibles y ocultas*

Menús emergentes o contextuales

Los menús emergentes nos son de gran ayuda, ya que contienen comandos relacionados con el objeto sobre el que hacemos clic. El modo de mostrar cualquier menú emergente siempre es el mismo: hacer clic con el botón derecho sobre el objeto.

Componentes comunes

Todas las aplicaciones de Office comparten un entorno prácticamente idéntico y muchas herramientas comunes, lo que nos facilita bastante la labor de aprendizaje de las nuevas aplicaciones. A continuación describiremos brevemente los más habituales.

Barra de menús

Este elemento aglutina todos los comandos disponibles para la aplicación, divididos en diferentes categorías. Cada una de éstas corresponde a las distintas entradas de la barra de menús.

Barra de herramientas

Las barras de herramientas están compuestas por pequeños iconos que representan a los comandos más comunes. Su misión es la de facilitarnos el acceso a las tareas más frecuentes del programa. (Para cada una de las aplicaciones existe un buen número de elementos que podemos mostrar u ocultar según nuestras necesidades.)

De fijas a flotantes y viceversa

Las barras de herramientas no tienen por qué estar fijas en un lugar del entorno de la aplicación, basta con hacer clic sobre ellas y arrastrar para cambiarlas de lugar. Así mismo pueden estar sobre alguno de los extremos del entorno o flotando libremente.

Aviso: la barra de herramientas flotantes tienen la capacidad de modificar su posición automáticamente si detectan que están interfiriendo en algún proceso.

Entornos totalmente personalizables

Office 2000 ofrece todas las posibilidades imaginables para construir y configurar cualquier barra de herramientas a nuestro gusto.

Barra de estado

La misión de la barra de estado es proporcionarnos información adicional sobre cualquier aspecto del programa. Se encuentra en la parte inferior de la pantalla y, en aplicaciones como Word, resulta prácticamente imprescindible.

Ayudante de Office

Aunque hablaremos de este simpático personaje en cada una de las aplicaciones, sólo decir que es la forma intuitiva de obtener respuesta a muchas de nuestras dudas. Destacar que existen varios modelos entre los que elegir la mascota de Office y que en esta versión su potencia se ha visto incrementada notablemente.

A partir de ahora empieza lo bueno

Hasta aquí la introducción y la visión general de Office, pero a partir de ahora empezamos a trabajar con las aplicaciones que lo componen. No nos cansaremos de mencionar la necesidad por tu parte de seguir los ejercicios y las secuencias de pasos. Así aprenderás mucho más rápidamente y te aburrirás mucho menos. Ánimo y al toro...

Primeros pasos con Word

Vamos a empezar con el que es sin duda el programa más conocido y utilizado de Office, Word. Como seguramente sabrás, Word es el procesador de texto de la suite y resulta una herramienta imprescindible tanto para nuestro trabajo diario como para nuestras tareas domésticas.

Actualmente la imagen y el modo de presentar cualquier informe, análisis o documento refleja en cierto modo nuestra forma de actuar y proceder. Por este motivo se hace indispensable aprender a utilizar un procesador de textos como herramienta para dar a nuestros trabajos un aspecto profesional y elegante.

Tampoco creemos que sea necesario utilizar demasiados recursos de diseño, recargando en exceso las páginas de nuestros documentos. Prefiero utilizar los elementos justos para conseguir un aspecto elegante y hacer que el destinatario del documento preste más atención a su contenido que a su apariencia. Es un difícil equilibrio que intentaremos hacerte ver en éste y en las siguientes lecciones dedicadas a Word.

En esta lección aprenderás a:

- Olvidar las malas costumbres. No, no te asustes, no se trata de dejar de fumar.
- Comenzar el trabajo con Word
- Crear un nuevo documento
- Empezar a escribir
- Procesos de selección
- Edición básica de texto
- Operaciones de Rehacer y Deshacer
- Cortar, Copiar y Pegar
- Conseguir ayuda

Malas costumbres

Tanto si lo que has utilizado hasta ahora es una máquina de escribir como si no es así, a continuación nos vas a permitir el lujo de aconsejarte sobre algunos errores típicos que se cometen cuando se utiliza por primera vez un procesador de textos:

- No utilices retornos de carro para definir la separación entre párrafos; a lo largo de estas lecciones aprenderemos métodos mucho más elegantes que proporcionan un aspecto más homogéneo al documento.
- No es recomendable usar espacios en blanco para cambiar la posición del texto. Hay herramientas de alineación específicas con las que trabajar cómodamente.
- Para aplicar el sangrado en la primera línea de un párrafo se utilizarán las herramientas de sangría que estudiaremos en este libro y no la tecla Tab (Tabulador).
- Word nos permite definir el límite donde termina una página y empieza la siguiente, por lo que no es necesario pulsar repetidamente la tecla Intro para situar un párrafo en la página siguiente.
- Si necesitas crear un documento con varias columnas, existen comandos en Word que puedes utilizar para este fin sin tener que insertar tabuladores o espacios.

Nota: en estos consejos se han utilizado términos que quizás no conozcas como sangrías o tabuladores. A lo largo de las lecciones los explicaremos con detalle.

Iniciar Word

Antes de hacer nada debemos iniciar la aplicación, en este caso Word, y antes aún has debido instalarla, siguiendo los pasos del primero de las lecciones del libro. Pero ahora, para comenzar a trabajar con Word, haz lo siguiente:

1. Haz clic en el botón **Inicio** de la Barra de tareas de Windows.
2. Selecciona la opción **Programas** y aparecerá un nuevo menú donde se encontrarán todas las aplicaciones instaladas.
3. En la parte inferior encontrarás la etiqueta Microsoft Word junto a un pequeño icono de color azul; haz clic sobre él para abrir la aplicación. En la figura 3.1 puedes ver el camino recorrido hasta llegar a nuestro destino.

Después de esto, nos encontraremos ante una pantalla como la que puedes ver en la figura 3.2. En ella, seguro que llama tu atención el simpático amigo que aparece en la esquina inferior derecha. En realidad se llama Clipo y es la forma agradable que tiene Word de prestarnos ayuda. Haz clic sobre el último de los puntos que aparecen en la viñeta asociada a la mascota para empezar a trabajar con Word.

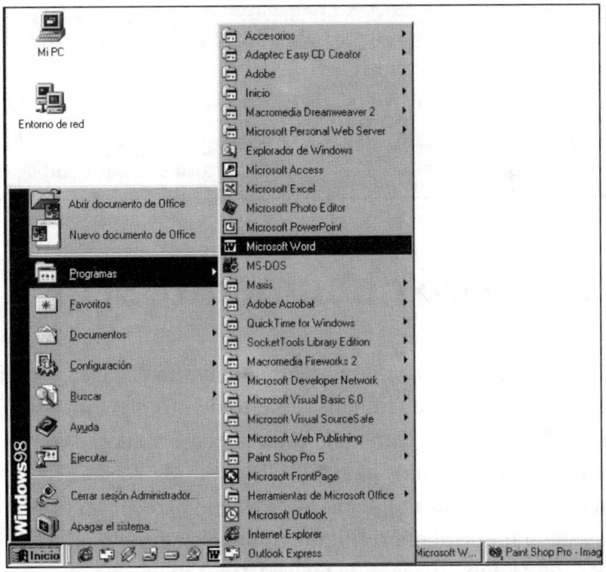

Figura 3.1. *Camino necesario para llegar hasta la opción que nos permite abrir Word*

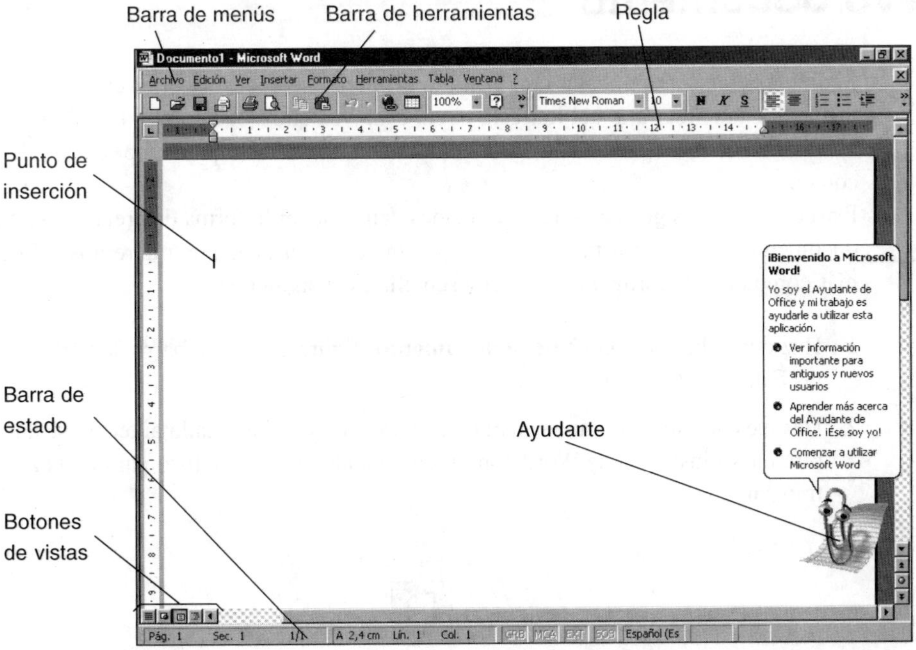

Figura 3.2. *Aspecto de Word cuando lo ejecutamos por primera vez y nuestro amigo Clipo*

Nota: la pequeña mascota que aparece para ayudarnos en nuestras tareas se denomina Ayudante de Office. Existen varios modelos diferentes que puedes elegir si haces clic con el botón derecho sobre el cuadro de la animación y seleccionas la opción **Elegir ayudantes**. Al final de esta lección, dedicaremos un apartado al Ayudante de Office y a todas sus posibilidades.

Interfaz de único documento(SDI)

Hasta la versión anterior de Office, la mayoría de sus aplicaciones nos permitían mantener más de un documento abierto dentro de la misma. En Office 2000 este método de trabajo ha cambiado radicalmente y ahora Word se ejecutará tantas veces como documentos hayamos abierto.
Quizás en un primer momento no te puede parecer un cambio lógico, pero te podemos asegurar que ahora resulta mucho más cómodo pasar de un documento a otro, utilizando la combinación de teclas Ctrl+Tab.

Nuevo documento

Si quieres empezar a trabajar con Word lo primero que debes hacer es crear un nuevo documento. Para facilitar esta tarea, cada vez que ejecutes Word, podrás comprobar que ya aparece con un documento en blanco listo para empezar a trabajar con él.
Pero como no nos gustan tantas facilidades vamos a ver la forma de crear un nuevo documento por nosotros mismos y aunque un poco más adelante trataremos métodos más complejos, la forma más rápida y sencilla es la siguiente:

1 Haz clic sobre el icono **Nuevo documento** (figura 3.3) de la barra de herramientas Estándar de Word.

2 Después de esto, y como acabamos de comentar en el apartado anterior, se abre otra nueva instancia de Word con un documento en blanco, listo para empezar a trabajar.

Figura 3.3.** Icono **Nuevo documento

Nuevo documento basado en una plantilla

Aunque todavía no sabemos nada de plantillas, te adelanto que son un tipo especial de documento de Word en el que se almacenan determinadas características; estas nos permitirán ahorrar trabajo cuando creamos documentos que comparten propiedades. Con esto, si creas un documento nuevo y lo haces partiendo de una plantilla, heredarás todas sus propiedades, ahorrándote la tarea de aplicarlas de nuevo.
Esta particularidad te será de gran utilidad, por lo que te aconsejamos que la tengas siempre en cuenta.

Nota: en las lecciones siguientes hablaremos ampliamente de las plantillas. Veremos cómo se crean, dónde se encuentran almacenadas, la forma de modificarlas, etcétera.

Los pasos que debes seguir para crear un nuevo documento basado en una plantilla son estos:

1 Haz clic sobre el menú **Archivo** para tener acceso a todos sus comandos.

2 Selecciona el comando **Nuevo** y aparecerá el cuadro de diálogo **Nuevo** como puedes ver en la figura 3.4.

3 En la pestaña **General** se encuentran las plantillas más comunes; haz clic la denominada **Documento en blanco**, que nos es más que la plantilla básica de Word.

4 Asegúrate de que se encuentra activado el botón de opción **Documento**, en la parte inferior derecha del cuadro de diálogo, y haz clic en **Aceptar**.

Todavía existiría otra forma de crear un nuevo documento de Word y sería seleccionando el comando **Nuevo documento de Office** del menú Inicio (figura 3.5). En este caso, aparecería el cuadro de diálogo Nuevo con todas las plantillas generales tanto de Word, Excel, PowerPoint y Access. Por lo tanto, para crear un nuevo documento de Word predeterminado, deberás elegir de nuevo **Documento en blanco**.
Utilizando este último método no es necesario abrir antes la aplicación, ya que se ejecuta automáticamente en función del tipo de documento seleccionado.

Truco: si has instalado y tienes activa la Barra de acceso directo de Office, también podrás utilizarla para crear un nuevo documento, basado en las plantillas generales de cada aplicación. Sólo tienes que hacer clic en el icono denominado **Nuevo documento de Office**.

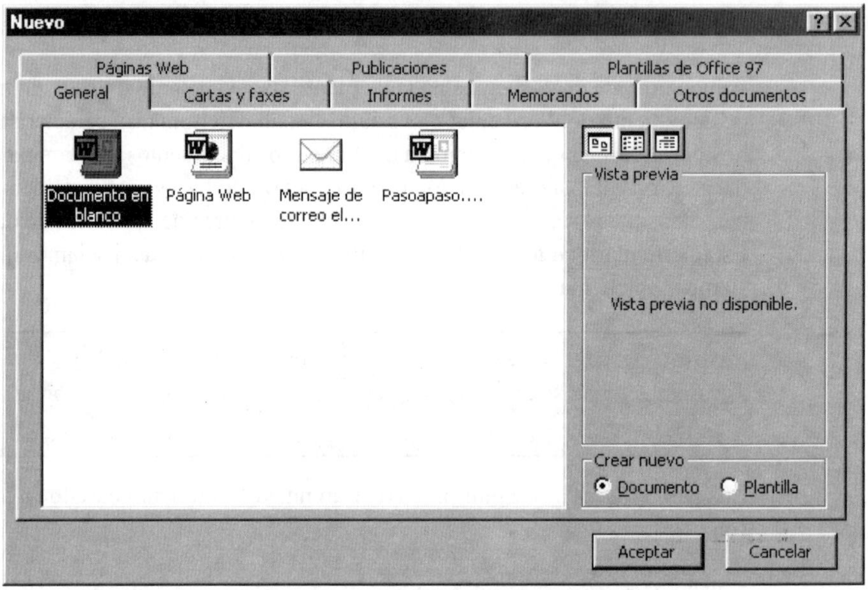

Figura 3.4. *Cuadro de diálogo* ***Nuevo***

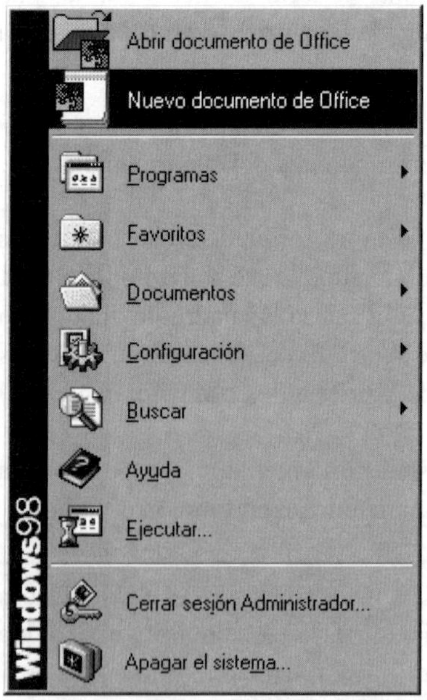

Figura 3.5. *Atajo para crear nuevos documentos de Office en el menú* ***Inicio*** *de Windows*

Abrir un archivo existente

Acabamos de ver la forma de crear un nuevo documento, pero si lo que necesitamos es utilizar uno ya existente, tendremos que abrirlo primero:

1 Utiliza el método que ya conoces para ejecutar la aplicación.

2 Dentro del menú **Archivo**, haz clic sobre el comando **Abrir**. Aparece el cuadro de diálogo **Abrir** (figura 3.6) , que esta versión tiene un aspecto muy diferente.

3 Utiliza el margen derecho o la lista desplegable superior para localizar el archivo que quieres abrir.

4 Cuando hayas encontrado el archivo, haz clic sobre él y después sobre el botón Abrir o simplemente haz doble clic sobre el archivo.

Truco: para ahorrarte trabajo, en la barra de herramientas Estándar dispones del botón **Abrir**. También puedes utilizar la combinación de teclas Ctrl+A para llegar hasta el cuadro de diálogo **Abrir**.

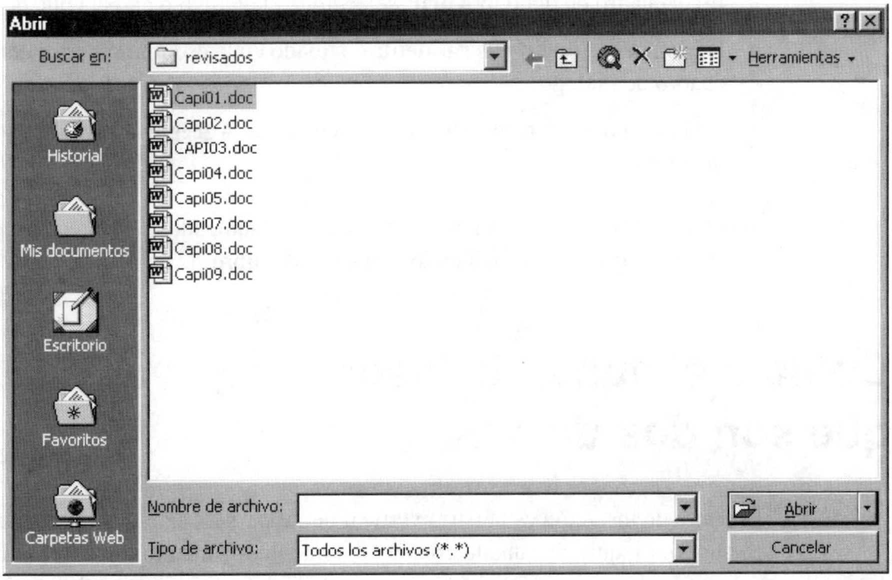

*Figura 3.6. Nuevo cuadro de diálogo **Abrir***

Nuevas características del cuadro de diálogo Abrir

Como has podido comprobar, el cuadro de diálogo **Abrir** ha cambiado por completo y ahora dispone en la parte izquierda de accesos directos bastante útiles:

- **Historial**: aquí tienes accesos directos a los últimos documentos y carpetas usadas.
- **Mis documentos**: como ya comentamos en las primeras lecciones, esta es la carpeta en Windows para guardar por defecto nuestros trabajos.
- **Escritorio**: muestra los archivos que haya en el escritorio, incluidos los del sistema.
- **Favoritos**: tomando ejemplo de los navegadores de Internet, este acceso incluye aquellos archivos o carpetas que previamente hayamos incluido en Favoritos.
- **Carpetas web**: estas carpetas perimten copiar documentos Web directamente en servidor, siempre que admita esta característica.

Por si te has quedado con la duda de cómo incluir un archivo o carpeta en **Favoritos** te vamos a mostrar cómo hacerlo:

1. Haz clic sobre el botón **Abrir** de la barra de herramientas Estándar.
2. En el cuadro de diálogo **Abrir**, selecciona el archivo o carpeta que desees.
3. Haz clic en el botón **Herramientas**, situado en la esquina superior derecha del cuadro de diálogo.
4. En la lista que aparece, selecciona el comando **Agregar a favoritos** y con esto quedaría completado el proceso.

Todavía quedan algunos conceptos por tratar relacionados con el cuadro de diálogo **Abrir** de los que iremos hablando a lo largo del libro.

Colocar el punto de inserción y... a escribir que son dos días

El punto de inserción es la barra vertical negra parpadeante que aparece en la esquina superior izquierda cuando creamos un nuevo documento. Su función principal es determinar la posición desde dónde se introducirá nuevo texto, además de utilizarse en otros procesos de edición.

Hacer clic y escribir

Otra de las novedades importantes incluidas en esta nueva versión de Word es la posibilidad de colocar el cursor en cualquier posición dentro de un nuevo documento, y empezara a escribir. Esta propiedad se denomina *Hacer clic y escribir* pero sólo esta disponible en las vistas Diseño Web y Diseño de impresión. Hablaremos un poco más delante de las vistas, pero a continuación vamos a ver un ejemplo de cómo funciona este nuevo sistema de edición:

1. Abre un nuevo documento.
2. Selecciona el comando **Diseño de impresión**, situado dentro del menú Ver.
3. Mueve el cursor hasta el centro de la página y comprueba cómo cambia su aspecto, en función del lugar de la página donde se encuentre.
4. Cuando te encuentres sobre el sitio adecuado, haz doble clic para empezar a escribir.

En esta nueva función, Word no se limita a colocar el punto de inserción en un lugar determinado de la página, además, como veremos en las lecciones siguientes, les aplica al mismo tiempo algunas características de formato de párrafo.

> **Nota:** al mismo tiempo que escribes, el punto de inserción se desplaza a la derecha, permaneciendo fijo en este caso y parpadeante cuando te detienes.

Movimientos del punto de inserción

El punto de inserción será el elemento que nos permitirá añadir texto entre dos palabras, caracteres o párrafos. Pero antes de esto debemos conocer los métodos para situarlo en la posición adecuada. En la tabla 3.1 puedes encontrar las teclas asociadas a cada movimiento del punto de inserción.

Tabla 3.1. *Teclas asociadas al movimiento del punto del inserción*

Tecla	Acción
Flecha derecha	Mueve el punto de inserción un carácter a la derecha.
Flecha izq.	Mueve el punto de inserción un carácter a la izquierda.
Flecha arriba	Mueve el punto de inserción a la línea anterior.

(continúa)

Tabla 3.1. Teclas asociadas al movimiento del punto del inserción (continuación)

Tecla	Acción
Flecha abajo	Mueve el punto de inserción a la línea siguiente.
Ctrl+Flecha der.	Mueve una palabra a la derecha.
Ctrl+Flecha izq.	Mueve una palabra a la izquierda.
Inicio	Mueve al principio de la línea actual.
Fin	Lo coloca después de la última palabra de la línea actual.
Ctrl+Inicio	Mueve el punto de inserción al principio del documento actual.
Ctrl+Fin	Mueve el punto de inserción hasta el final de documento actual.
AvPág	Desplaza el punto de inserción una pantalla hacia abajo.
RePág	Desplaza el punto de inserción una pantalla hacia arriba.

Con toda la información de la tabla anterior no deberías tener ningún problema para situar el punto de inserción en la posición que desees. De todos modos, si prefieres utilizar el ratón para colocarlo tan sólo tienes que desplazar el cursor hasta la posición que desees y hacer clic. Este método es bastante más sencillo pero en la mayoría de las ocasiones resulta mucho más lento que los atajos de teclado.

Seleccionar...

La acción de seleccionar consiste básicamente en marcar parte o todo el texto del documento. Como puedes comprobar en la figura 3.7, después de efectuar cualquier operación de selección sobre el texto, éste aparece en vídeo inverso facilitando su identificación.

Para entender mejor el concepto de selección y poder practicar al mismo tiempo que te explicamos los diferentes métodos disponibles, crea un nuevo documento y escribe varios párrafos cortos. Después, comprueba por ti mismo, sobre el texto que acabas de teclear, cada una de las opciones siguientes.

Nota: si no tienes demasiadas ganas de escribir puedes utilizar el archivo Lección03.doc, que se encuentra en la carpeta Ejemplos\Word del CD que acompaña a este libro.

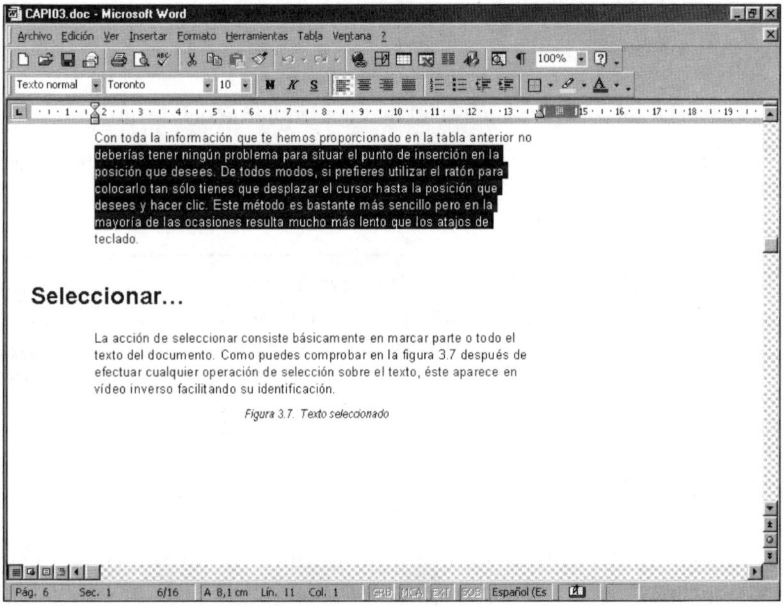

Figura 3.7. *Texto seleccionado*

...un carácter

Empezamos con uno sencillo. Para seleccionar un carácter, mantén pulsada la tecla Mayús y haz clic sobre la tecla derecha o izquierda para seleccionar el carácter situando inmediatamente a la izquierda o a la derecha.

...una palabra

Para seleccionar una palabra tampoco tendremos que irnos a estudiar a los EE.UU.; basta con mantener pulsada las teclas Ctrl+Mayús al tiempo que utilizas la tecla Flecha izquierda o Flecha derecha. Si utilizas el ratón, el método es mucho más sencillo, dado que sólo tienes que hacer doble clic sobre la palabra que quieres seleccionar.

...una línea

Deberás situarte al principio de la línea usando la tecla Inicio, y después mantener pulsada la tecla Mayús mientras haces clic sobre la tecla Fin. Si no estás al principio de la línea, seleccionarás desde el punto donde te encuentres hasta el final de la misma.

De nuevo, si utilizas el ratón para realizar esta misma operación, sigue estos sencillos pasos:

1 Desplaza el ratón hasta el margen izquierdo del documento.
2 Comprueba que se transforma en una flecha apuntando hacia la derecha.
3 Colócate a la altura de la línea que quieres seleccionar y haz clic.

Truco: para seleccionar líneas de texto consecutivas, tanto hacia arriba como hacia abajo, mantén pulsado el botón izquierdo del ratón cuando se encuentre en el margen izquierdo del documento y arrastra. De este modo puedes seleccionar tantas líneas consecutivas como desees.

...una frase

Para seleccionar una frase necesitamos el ratón. Sitúa el cursor sobre alguna de las palabras que forman parte de la frase que quieres seleccionar, y después mantén pulsada la tecla Ctrl al tiempo que haces clic con el botón izquierdo del ratón.

...un párrafo

Un párrafo se considera a todo el texto contenido entre dos pulsaciones de la tecla Intro. El punto final no delimita el final de un párrafo, aunque pueda coincidir. El final de párrafo lo determina y marca el fin de párrafo que aparece al pulsar Intro. Para seleccionar un párrafo completo, debes hacer un triple clic, que tan sólo son tres pulsaciones consecutivas con el botón izquierdo del ratón. Quizás al principio que cueste un poco más, pero seguro que después de hacerlo varias veces no tendrás ningún problema...

...parte de un párrafo

En aquellas ocasiones en las que sea necesario seleccionar parte de un párrafo o incluso de varios, sigue estos pasos:

1 Sitúa el punto de inserción delante del primer carácter en la zona de texto que quieres seleccionar.
2 Después, mantén pulsada la tecla Mayús y haz clic con el ratón sobre la palabra que será la última que contendrá la porción de texto seleccionado.

Como puedes comprobar, Word permite seleccionar desde un carácter determinado hasta una palabra completa. Es lógico, pero sin aun así no quieres seleccionar la última palabra completa, puedes utilizar las teclas Flecha izquierda y Flecha derecha, mientras mantienes pulsada la tecla Mayús, para ajustar la selección a tu gusto. En la figura 3.8 puedes ver un ejemplo.

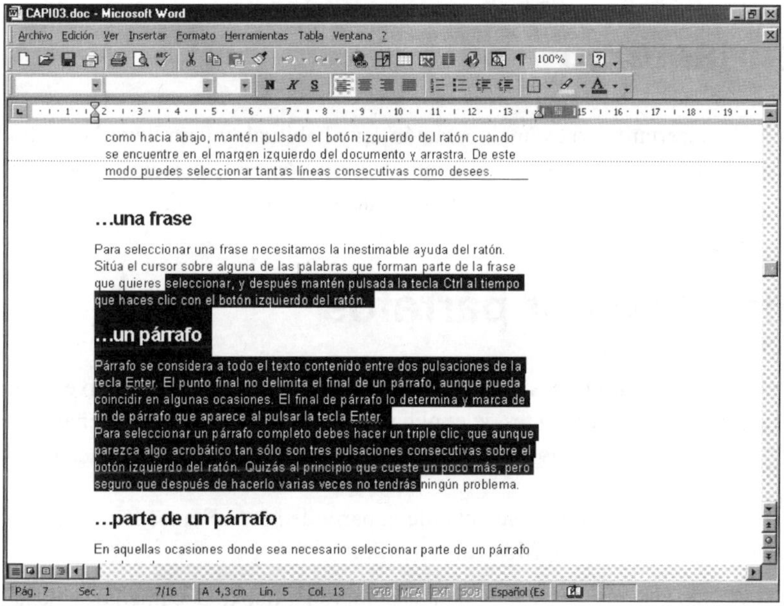

Figura 3.8. Selección parcial de dos párrafos

...todo, de todo

Para seleccionar todo el documento existen varios métodos, pero el más sencillo es utilizar la combinación de teclas Ctrl+E o el comando **Seleccionar** todo del menú **Edición**. Ten en cuenta que cuando seleccionas todo el documento también se incluyen los objetos que contenga como imágenes, líneas, etcétera.

Borrar texto

Para eliminar todo o parte del texto del documento, debemos utilizar primero alguna de las técnicas de selección descritas en el apartado anterior. Una vez hecho esto, hay dos posibilidades: pulsar la tecla Supr o usar el comando **Borrar** del menú **Edición**.

Sustituir texto

De nuevo, si queremos sustituir texto dentro de cualquier documento, lo primero que debemos hacer es seleccionar y después escribir para sustituir el texto seleccionado.

Insertar texto

Insertar texto es una operación muy habitual, y para llevarla a cabo lo único que debes hacer es situar el punto de inserción en la posición exacta dentro del documento donde quieres añadir el nuevo texto y escribir.

Unir y separar párrafos

Otra de las tareas comunes dentro de un procesador de texto es unir y separar párrafos. Pero antes de explicarte cómo hacerlo quiero enseñarte una forma rápida de reconocer las marcas de fin de párrafo dentro del documento:

1 En el extremo derecho de la barra de herramientas Estándar existe un icono denominado **Mostrar u ocultar**.

2 Haz clic sobre él, y podrás comprobar que tu documento se llena de puntos negros y de símbolos extraños. La figura 3.9 muestra este icono dentro de la barra de herramientas Estándar y distintos símbolos. Como puedes ver, el símbolo que identifica el final de párrafo es difícil de confundir con cualquier otro carácter.

Te explicamos todo esto porque no siempre podrás localizar con exactitud dónde acaba un párrafo y dónde empieza el siguiente. Activando esta opción no tendrás problemas, aunque también te recomendamos que una vez haya cumplido su misión, la desactives para no volverte loco entre tanto símbolo.
Y por fin, ¿cómo unimos y separamos párrafos? Pues bien, para unir dos párrafos:

1 Desplaza el punto de inserción hasta el final del mismo.

2 Pulsa la tecla Supr.

Pero si lo que quieres es separar o dividir el párrafo en dos:

1 Sitúa el punto de inserción en el lugar por donde desees realizar la división.

2 Pulsa la tecla Intro.

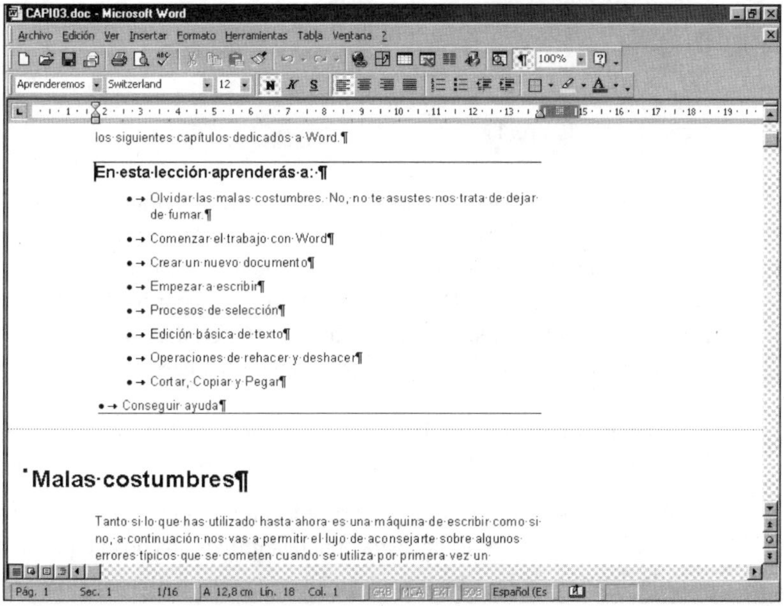

Figura 3.9.** Resultado de activar la opción **Mostrar u ocultar

¡Ups! Me equivoqué

El que tiene boca se equivoca o *rectificar es de sabios* son dos típicas frases que hacen alusión directa a las enormes posibilidades que tenemos todos de cometer errores. En Word lo tienes fácil, porque dispones de potentes comandos que te permiten deshacer cualquier operación, e incluso volver a restablecer la modificación si cambias otra vez de opinión.

Los comandos en cuestión son: **Deshacer, Rehacer** y se encuentran tanto el menú **Edición** como en la barra de herramientas Estándar. Además de ellos, hablaremos del comando **Repetir** que, aún sin estar totalmente relacionado con los anteriores resulta útil en algunas ocasiones.

Deshacer

El comando **Deshacer** permite restablecer el documento después de aplicar alguna operación de edición sobre él: cortar, pegar, operaciones de formato, etcétera. Lo cierto es que se pueden deshacer prácticamente todos los comandos disponibles en Word, salvo raras excepciones.

Nota: Word dispone de múltiples **Deshacer**, es decir, no sólo podemos restaurar los efectos de nuestra última operación, sino que podemos deshacer un buen número de nuestras últimas acciones. Lástima que no dispongamos de algo de esto en la vida real.

Para acceder al comando **Deshacer** tienes varias opciones. La primera sería seleccionarlo en el menú **Edición**, con la salvedad de que no siempre tiene el mismo nombre. Éste será diferente en función de la última operación que hayamos efectuado, por ejemplo: Deshacer escritura, Deshacer borrar, etcétera.
Otra de las posibilidades sería utilizar el botón **Deshacer** situado en la barra de herramientas Estándar. Para utilizarlo sigue estos pasos:

1 Haz clic sobre el botón **Deshacer**. Aparece una lista, como puedes ver en la figura 3.10, con la descripción de todas nuestras últimas acciones.

2 Arrastra hacia abajo el ratón para seleccionar todas aquellas operaciones que deseas deshacer. Si lo necesitas puedes utilizar las dos pequeñas flechas situadas a la derecha de la lista, para acceder a las operaciones que permanecen ocultas.

3 Una vez elegidas las acciones que quieres deshacer, haz clic. La lista se cerrará y todo volverá al estado en que se encontraba hasta la operación seleccionada.

Aviso: son pocas las acciones en Word que no permiten hacer uso del comando **Deshacer** pero como las brujas, "haberlas las hay". Con esto sólo quiero recordarte que debes guardar tu documento con cierta frecuencia para evitar sorpresas desagradables.

Truco: la forma más rápida de deshacer el último cambio aplicado sobre nuestro documento es utilizar la combinación de teclas Ctrl+Z. No olvides esta combinación de teclas.

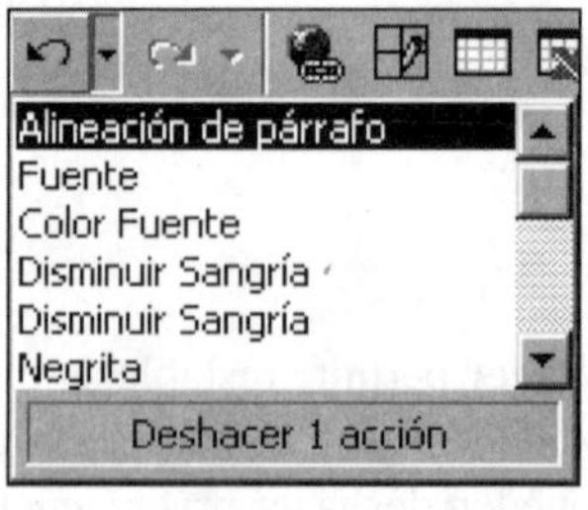

Figura 3.10.** Lista asociada al botón **Deshacer

Rehacer

El comando **Rehacer** nos permite volver a restaurar los cambios del comando **Deshacer**. Si lo que quieres es rehacer la última operación de deshacer, utiliza el comando **Rehacer** situado en el menú **Edición**. Justo detrás del comando **Rehacer**, Word coloca una palabra que identifica a la acción que podemos rehacer.

Nota: cuando no existe ninguna acción para rehacer, el comando **Rehacer** es sustituido en el menú **Edición** por el comando **Repetir**.

Para rehacer más de una acción, en la barra de herramientas Estándar dispones del botón **Rehacer**, que, al igual que ocurría con el botón **Deshacer**, está formado por una lista de todas aquellas operaciones que hemos deshecho. Esta lista te permite rehacer tantas acciones como necesites de una sola vez. En la figura 3.11 puedes ver el aspecto y la situación de este botón.

Truco: el atajo de teclado asociado al comando **Deshacer** es Ctrl+Y. Esta es sin duda la manera más rápida de rehacer la última operación de deshacer.

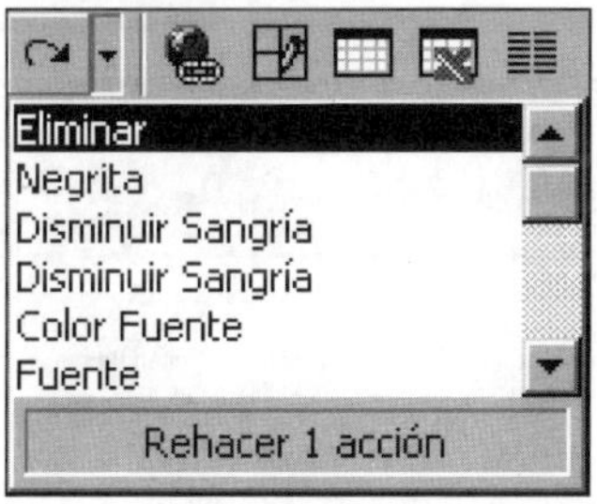

Figura 3.11. *Botón y lista desplegable* ***Rehacer***

Repetir

Es común repetir ciertas operaciones en Word como aplicar formato o escribir algún texto. El comando **Repetir** está pensado para este tipo de situaciones y lo podrás encontrar dentro del menú **Edición**. Este comando sustituye al comando **Rehacer** cuando no se ha ejecutado ninguna operación de deshacer.
Además de compartir el lugar dentro del menú **Edición** con el comando **Rehacer**, este comando también comparte el atajo de teclado, que como hemos comentado en el apartado anterior es Ctrl+Y.

Barras de desplazamiento

Antes de entrar en detalle en el funcionamiento y utilidad de las barras de desplazamiento, queremos explicarte la diferencia entre moverse y desplazarse dentro de un documento de Word. Aunque esto no te parezca relevante son dos conceptos que resulta importante no confundir y tener muy claros, ya que dentro de Word no tienen un significando tan semejante como en la vida real.

Modificar la posición del punto de inserción en un documento de Word entraría dentro de la definición de *moverse* por el texto. Desplazarse, sin embargo, no implica un cambio de posición del punto de inserción, si no que se trata de mostrar cualquier otra parte del documento utilizando las barras de desplazamiento.

Aviso: las teclas Página arriba y Página abajo además de avanzar o retroceder en el documento también modifican la posición del punto de inserción por lo que no podemos considerarlas como herramientas de desplazamiento.

Word dispone de barras de desplazamiento horizontales y verticales como muestra la figura 3.12.

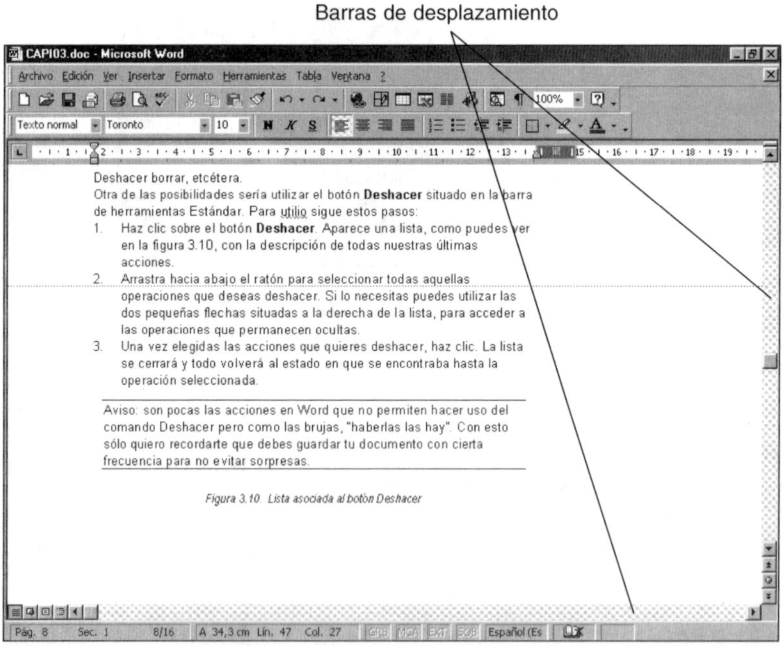

***Figura 3.12.** Barras de desplazamiento*

Las barras de desplazamiento son el principal medio para desplazarnos en documentos largos. La descripción de los elementos que podemos encontrar en las barras de desplazamiento sería la siguiente:

- *Flechas de desplazamiento*: son los botones situados en los extremos de la barra de desplazamiento. En la barra de desplazamiento vertical, el documento avanza o retrocede una sola línea, según utilicemos la flecha superior o inferior. En el caso de la barra horizontal, el documento se desplaza a derecha o izquierda utilizando movimientos cortos.
- *Cuadro de desplazamiento*: este cuadro determina la posición relativa en la que nos encontramos dentro del documento. Si haces clic sobre él, aparece información sobre el número de página en que nos encontramos exactamente aunque esta información también está disponible en la barra de estado. Al hacer clic sobre este cuadro y desplazarlo, podemos llegar a cualquier zona del documento fácilmente, con la ventaja de que al mismo tiempo que deslizas el cuadro, éste muestra el número de página donde se encuentra (figura 3.13).

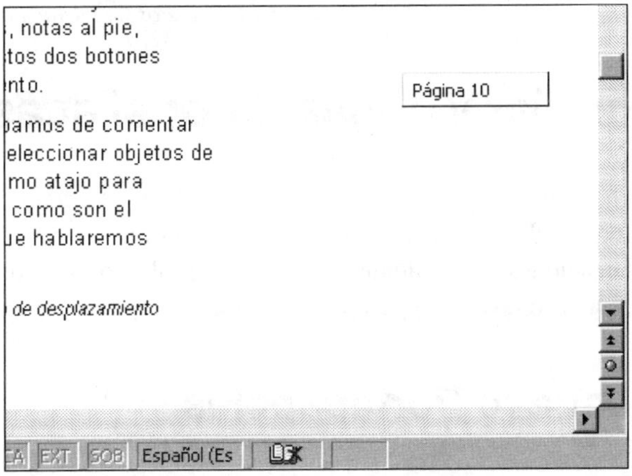

Figura 3.13. *Información de página al mover el cuadro de desplazamiento*

- *Zona gris*: la zona gris de las barras de desplazamiento es el espacio definido entre las flechas y el cuadro de desplazamiento. Esta zona sirve para deslizar el documento una pantalla completa, tanto en sentido vertical como horizontal.
- *Flechas de avance y retroceso de páginas*: estos botones sólo se encuentran disponibles en la barra de desplazamiento vertical, y su funcionamiento depende del objeto seleccionado en el botón de acceso directo para búsquedas (figura 3.14). Como objeto de búsqueda puedes elegir entre títulos, gráficos, notas al pie, etc.

Después de seleccionar el objeto estos dos botones buscarán coincidencias a lo largo del documento.

- *Botón de acceso directo para búsquedas*: como acabamos de comentar en el punto anterior, este botón nos permite seleccionar objetos de búsquedas pero además también funciona como atajo para algunas operaciones fundamentales de Word, como son el comando **Buscar** o el comando **Ir a**, de los que hablaremos ampliamente en las lecciones siguientes.

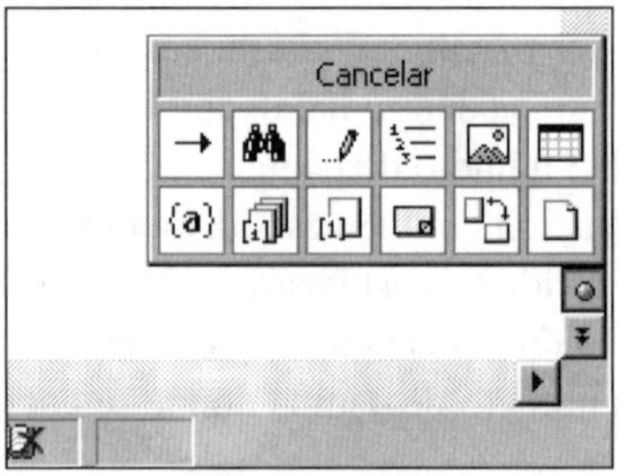

Figura 3.14. *Objetos de búsqueda*

Cortar, copiar y pegar... por si acaso

Cortar, copiar y pegar son acciones tan utilizadas y comunes dentro de los programas que funcionan bajo el entorno Windows que no creo que necesiten demasiadas explicaciones. En cualquier caso, para cumplir con la filosofía de la colección Paso a paso nos detendremos brevemente a explicar estos tres conceptos.

El nuevo Portapapeles

Antes de nada queremos hablarte de un elemento esencial en todo este asunto, el Portapapeles. Éste es el destino de cualquier contenido al ejecutar las operaciones de cortar o pegar. Y de nuevo nos encontramos ante un cambio significativo, con respecto a la anterior versión de Office. Se trata de la posibilidad de tener en el Portapapeles hasta doce elementos al mismo tiempo, cuando hasta la versión anterior de Office sólo era posible tener uno.

> **Aviso:** el Portapapeles es un elemento común a todas las aplicaciones basadas en el sistema operativo Windows, pero esta última característica de múltiples elementos dentro de Portapapeles, por ahora sólo está disponible en Office 2000.

Copiar

El proceso de copia consiste en enviar el texto o los objetos seleccionados al Portapapeles, dejando intactos los mismos. Para copiar sigue estos pasos:

1 Utiliza alguno de los métodos descritos en esta misma lección para seleccionar los elementos que deseas copiar.

2 Haz clic sobre el menú **Edición** y ejecuta el comando **Copiar**. A partir de este momento la selección se encuentra en el Portapapeles.

Truco: además del comando **Copiar** del menú **Edición** puedes pulsar Ctrl+C o utilizar el botón de la barra de herramientas Estándar (figura 3.15).

Figura 3.15. *Botones **Cortar**, **Copiar** y **Pegar** de la barra de herramientas Estándar*

Si volvieras a ejecutar el comando **Cortar**, Word mostraría la barra de herramientas Portapapeles (figura 3.16). Dentro de esta barra puedes ver el número de elementos que contiene el Portapapeles y elegir el que desees pegar.

Truco: para saber realmente a que corresponde cada uno de ellos, mantén durante unos instantes el cursor sobre el objeto que desees y aparecerá una pequeña viñeta con información.

Nota: en un primer momento la barra de herramientas Portapapeles solo muestra cuatro posibles espacios para contener objetos pero, a medida que vamos completando éstos, irán apareciendo más espacios libres, hasta que lleguemos al número máximo de objetos, es decir, doce.

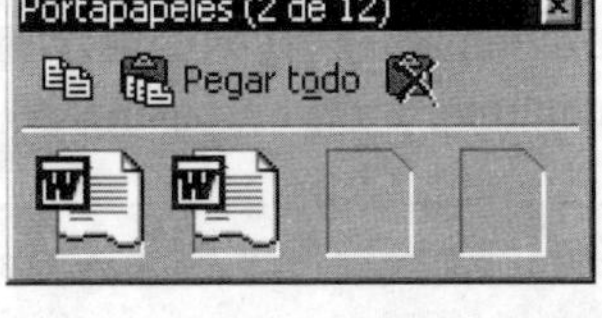

Figura 3.16. *Barra de herramientas Portapapeles*

Pegar

Después de ejecutar el comando **Copiar**, el siguiente paso será colocar el texto o los objetos seleccionados en el lugar adecuado:

1 Sitúa el punto de inserción en la posición exacta a partir de la cual deseas añadir el texto copiado.

2 Una vez hecho esto, selecciona el comando **Pegar** del menú **Edición**, pulsa la combinación de teclas Ctrl+V, o utiliza el botón **Pegar** en la barra de herramientas Estándar. Todas estas opciones pegarán el último objeto colocado en el Portapapeles.

3 Pero si lo deseas, puedes utilizar la barra de herramientas Portapapeles. En este caso será suficiente con hacer clic sobre el elemento que necesitamos pegar.

Nota: puedes mostrar la barra de herramientas Portapapeles, haciendo clic con el botón derecho sobre cualquier barra visible y seleccionando después la opción Portapapeles.

Como habrás podido comprobar la barra de herramientas Portapapeles tiene en su parte superior tres botones cuyo significado es el siguiente:

- **Copiar**: añade al Portapapeles el elemento o elementos seleccionado en ese momento.
- **Pegar todo**: coloca todos los objetos en el Portapapeles a partir del lugar donde se encuentra el punto de inserción. El orden será el mismo que mantienen en el Portapapeles.
- **Borrar Portapapeles**: la misión de este comando es vacíar el Portapapeles eliminando todos los objetos que contiene.

Cortar

La filosofía del comando **Cortar** y su funcionamiento es prácticamente el mismo que hemos visto para el comando **Copiar**. La única diferencia es que al utilizar el comando **Cortar** eliminamos el elemento o elementos seleccionados al mismo tiempo que los incluimos en el Portapapeles.

Truco: el atajo de teclado asociado al comando **Cortar** es Ctrl+X y también se encuentra disponible en la barra de herramientas en forma de botón.

Ayuda

Ya hemos tenido el primer contacto con la ayuda de Office de la mano de nuestro amigo Clipo al iniciar por primera vez Word. Este simpático compañero es la manera más sencilla de obtener ayuda en Word y además, en esta nueva versión de Office se han ampliado sus posibilidades. Para hacer que aparezca tienes que hacer clic sobre el botón **Ayudante de Office**, situado en el extremo derecho de la barra de herramientas Estándar (figura 3.17), o utilizar el comando **Ayuda de Microsoft Word** del menú **Ayuda** (?). Aunque en muchas ocasiones aparecerá él solito para ofrecernos ayuda sobre la tarea que estemos realizando en ese momento.

Truco: la forma más rápida y sencilla de hacer que aparezca el Ayudante de Office es pulsar la tecla F1.

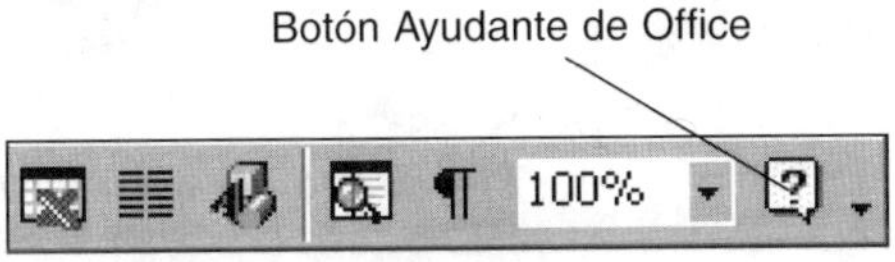

Figura 3.17. *Situación del botón* ***Ayudante de Office*** *dentro de la barra de herramientas Estándar*

Una vez activado, el Ayudante muestra una viñeta (figura 3.18) con distintos elementos:

- **Lista de temas de ayuda**: dependiendo de la tarea que estuviéramos realizando, aparecerán posibles temas de ayuda que nos proporcionarán más información sobre la misma.
- **Cuadro de texto**: dentro de este cuadro en blanco deberás hacer las preguntas correspondientes al tema del que deseas recibir ayuda. Por ejemplo, si escribes *Crear tabla*, el Ayudante mostrará información sobre cómo llevar a cabo esta tarea.
- **Buscar**: después de introducir el texto adecuado en el cuadro de texto anterior haz clic en este botón para que Word muestre los temas de ayuda relacionados. Estos aparecerán en la parte superior del bocadillo asociado al Ayudante de Office; para acceder al contenido de cualquiera de ellos, sólo tienes que hacer clic sobre él.

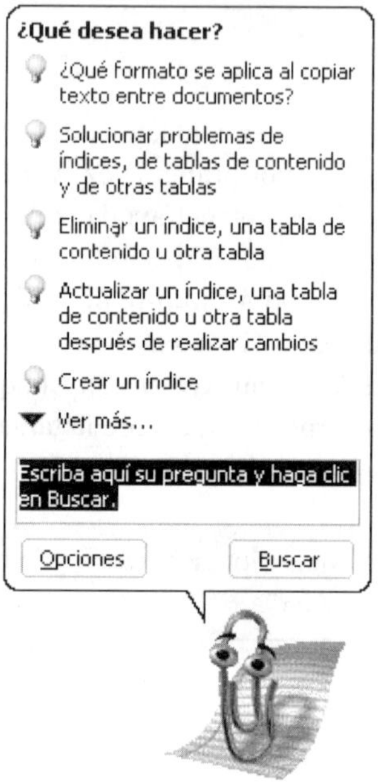

Figura 3.18. *Ayudante de Office*

Configuración del Ayudante

El comportamiento del Ayudante por defecto no siempre es el que nosotros deseamos y para solucionarlo podemos acceder a sus opciones de configuración para adaptarlo a nuestro gusto. Para acceder a las opciones del Ayudante sigue estos pasos:

1 Haz clic con el botón derecho sobre el Ayudante para mostrar el menú contextual asociado a este elemento.

2 Selecciona el comando **Opciones** y aparecerá el cuadro de diálogo **Ayudante de Office** (figura 3.19)

A primera vista tenemos dos pestañas en el cuadro de diálogo de configuración. La primera de ellas, **Galería**, nos permite cambiar el modelo de Ayudante a un perrito, un gatito, una bola y algunos más.

Nota: si dispones de conexión a Internet podrás bajarte más modelos de Ayudantes en el sitio web de Microsoft.

La pestaña **Opciones** es donde podemos determinar el comportamiento del Ayudante. La descripción de las opciones más significativas sería la siguiente:

- **Utilizar el Ayudante de Office**: esta casilla sirve para activar o desactivar el Ayudante. Este concepto es diferente al de ocultarlo y mostrarlo que trataremos un poco más adelante.
- **Responder a la tecla F1**: cuando esta opción está activa, el Ayudante aparece cada vez que utilizamos la tecla F1. Nosotros te aconsejamos que la desactives y así la tecla F1 te servirá para acceder a la ayuda tradicional del Word.
- **Mover cuando moleste**: permite que el Ayudante cambie de posición automáticamente cuando incomode para realizar alguna tarea.
- **Con sonido**: activa o desactiva la emisión de alarmas sonoras cuando el Ayudante quiere llamar nuestra atención por algún motivo.
- **Uso más eficiente de las funciones**: permite que el Ayudante nos ofrezca información sobre cómo mejorar la forma de realizar algunas funciones. Por ejemplo, si estamos escribiendo una carta, el Ayudante nos informaría sobre los modelos predefinidos de cartas.
- **Uso más eficiente del mouse**: igual que el caso anterior pero enfocado hacía las operaciones que realizamos utilizando el ratón.

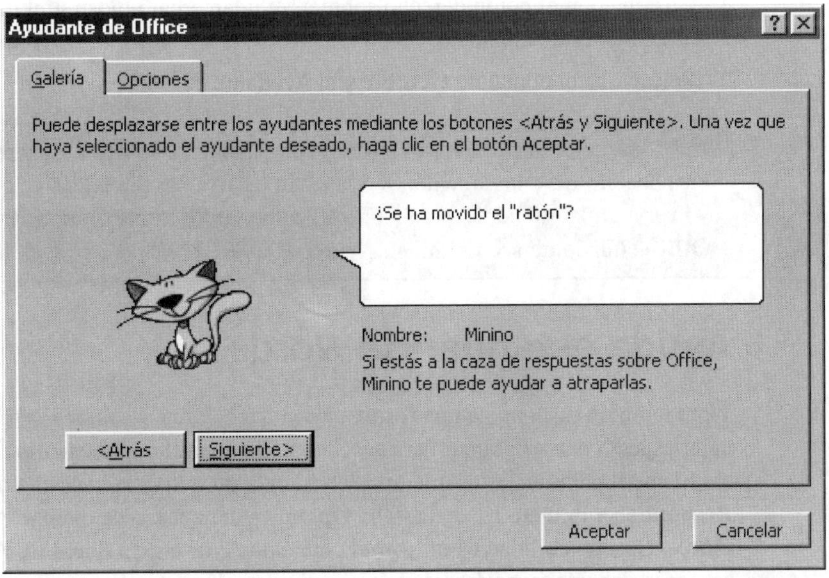

Figura 3.19. Cuadro de diálogo para la configuración del Ayudante de Office

Sugerencias

En ocasiones, mientras trabajes en un documento, el Ayudante mostrará una pequeña bombilla en su esquina superior derecha (figura 3.20). Esto significa que tiene alguna sugerencia que hacernos sobre alguna de las últimas operaciones realizadas. Es interesante que atiendas a estas sugerencias para avanzar en tu conocimiento de Word.

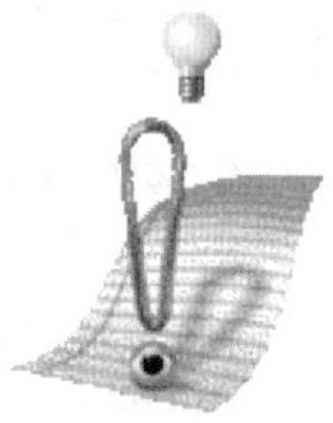

Figura 3.20. *Ayudante de Office indicándonos que dispone de una sugerencia*

Ocultar el Ayudante

Cuando lleves algún tiempo sin usar el Ayudante de Office, éste automáticamente reducirá su tamaño para no molestar. Pero si deseas cerrarlo definitivamente:

1 Haz clic con el botón derecho sobre el Ayudante para mostrar el menú contextual asociado a este elemento.

2 Selecciona el comando **Ocultar** y el Ayudante de Office desaparecerá.

Nota: después de ocultar varias veces al ayudante, este nos preguntará si deseamos hacerlo definitivamente. Si contestamos afirmativamente y lo quieres volver a utilizar tendrás que recurrir al comando **Mostrar Ayudante de Office** situado dentro del menú **Ayuda (?)**.

Ayuda estándar de Word

Word también dispone de una forma más convencional de obtener ayuda sobre cualquier aspecto del programa. Para acceder a ella el modo más sencillo es pulsar la tecla F1, pero para que esto funcione debes tener desactivada la casilla de verificación **Responder a la tecla F1** de la ficha **Opciones** del cuadro de diálogo **Ayudante de Office**. Otra posibilidad es utilizar el comando A**yuda de Microsoft Word**, pero en este caso deberás tener desactivado el Ayudante. Una vez ejecutada alguna de estas operaciones aparece el cuadro de diálogo **Ayuda de Microsoft Word** (figura 3.21).

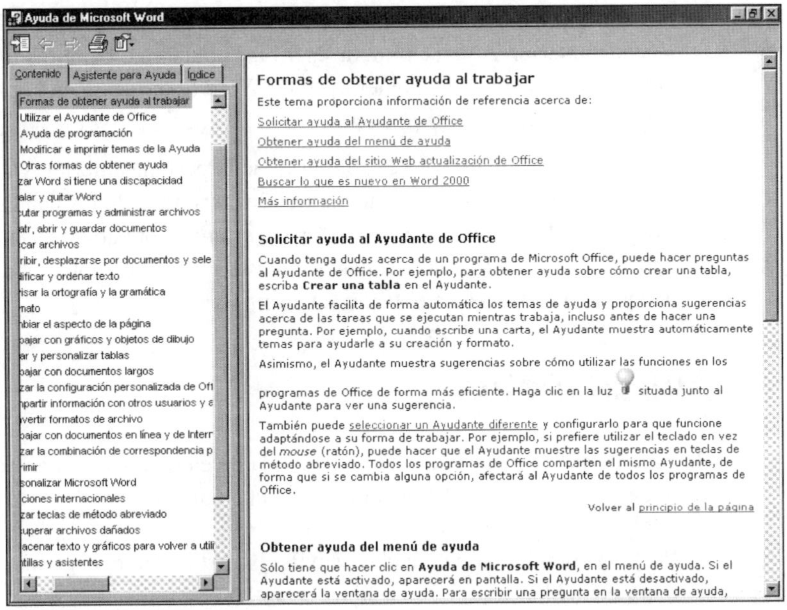

*Figura 3.21. Cuadro de diálogo **Ayuda de Microsoft Word***

Lo primero que nos llama la atención de este cuadro es que se encuentra dividido en dos partes. El lado izquierdo contiene las entradas y métodos para localizar la información, mientras que la parte derecha del cuadro de diálogo muestra el resultado de búsqueda.

Aviso: si sólo aparece la parte de contenido de cuadro de diálogo **Ayuda de Microsoft Word**, haz clic en el primer botón situado en la parte superior, denominado **Mostrar**.

Todo el sistema de ayuda de Word utiliza un mecanismo de hipervínculos, de modo que cualquier palabra o frase te permite llegar a otra página con la descripción de ese concepto, de un modo que te resultará muy familiar si eres usuario de Internet. Volviendo al cuadro Ayuda de Microsoft Word, vamos a ver el funcionamiento de cada una de las pestañas en las que se encuentra divida la parte izquierda del mismo:

- **Contenido**: en esta primera pestaña los temas de ayuda se encuentran agrupados en libros. Para ver su contenido, haz doble clic sobre el tema que desees. A su vez, cada libro puede contener más libros o directamente los temas de ayuda. Después de llegar al tema de ayuda que deseas, basta con hacer clic y la información aparecer en la parte derecha del cuadro de diálogo.

- **Asistente para ayuda**: la filosofía de esta pestaña es totalmente diferente a la pestaña anterior. Aquí se trata de escribir la palabra o palabras relacionadas con el tema del que deseas obtener ayuda y Word te mostrará en la parte inferior de la pestaña todas las coincidencias.
- **Índice**: el funcionamiento es similar al de la pestaña anterior, ya que tienes que escribir en el primer cuadro de diálogo los términos de los cuales desees obtener ayuda. En el segundo cuadro puedes hacer clic sobre aquellas entradas que se aproximen más a lo que busques, y, para terminar, haz doble clic sobre el tema de ayuda que desees en el tercer cuadro.

Ayuda rápida

Otra interesante forma de acceder a la ayuda de elementos concretos del entorno de Word de cualquier parte del documento es la siguiente:

1 Pulsa la combinación de teclas Mayús+F1. Al instante, el cursor se convierte en una flecha blanca junto a un signo de interrogación.

2 Una vez hecho esto, sólo tienes que hacer clic sobre el elemento del que deseas obtener información sobre su función.

Truco: también puedes utilizar el método anterior para conocer las características de formato de cualquier párrafo o carácter de tu documento.

También en Internet

Desde el menú **Ayuda** puedes tener acceso a la opción **Office en el web**. Si dispones de una conexión a Internet podrás obtener información adicional sobre Word en las direcciones que contiene este comando.

Un sencillo ejercicio

Los conocimientos adquiridos en esta lección, aunque todavía no te permitan hacer mucho, resultan fundamentales para avanzar en el conocimiento de la aplicación. Por todo esto te recomiendo que abras el documento Lección03.doc que encontrarás dentro del CD que acompaña al libro en el directorio: EjemplosWord\Lección03. Después practica sobre todo con los comandos de selección, movimientos del punto de inserción y los comandos **Copiar**, **Cortar** y **Pegar**.

Formato de caracteres

Ya conocemos algunos conceptos fundamentales de Word, pero todavía no sabemos cómo dar forma y mejorar el aspecto de nuestros documentos. En este capítulo empezaremos por el nivel más bajo, los caracteres. El carácter es la unidad mínima de cualquier procesador de texto, y puede ser una letra, un signo de puntuación... Un conjunto de caracteres forman una palabra y un grupo de palabras formarán un párrafo, pero esto ya es otra historia. Ahora vamos a centrar nuestros esfuerzos en aprender las posibilidades que ofrece Word para cambiar el aspecto de los caracteres.

En esta lección aprenderás a:

- Trabajar con fuentes o tipos de letra
- Aplicar los formatos básicos
- Algunos formatos más avanzados

Fuentes

Las fuentes o tipos de letras como se les denomina más comúnmente, son colecciones de caracteres que comparten características similares en cuanto a su aspecto y su diseño. Estas colecciones incluyen letras, números, símbolos y caracteres especiales (aunque nuestra querida eñe o la tilde no se encuentran en todos los tipos de fuentes). También existen tipos especiales que sólo contienen símbolos o caracteres especiales, dos ejemplos serían las fuentes Wingdings y Symbols.

> **Consejo:** no es conveniente abusar del número de fuentes dentro de un mismo documento; sobre todo para el grueso del texto es recomendable utilizar un tipo de letra de fácil lectura.

En la figura 4.1 se han recogido algunos ejemplos de diferentes tipos de fuentes.

División de las fuentes

Existen multitud de parámetros para clasificar los tipos de letras que nos obligarían a dedicar páginas y páginas a su descripción. En los siguientes apartados hablaremos de los grupos de fuentes más comunes según su aspecto y el espacio asignado a cada uno de los caracteres.

Times New Roman
Arial
Tahoma
Book
Impact
Century Gothic

Figura 4.1. Tipos de letra

Serif y sans serif

En algunas colecciones de fuentes, como la conocida Times, los extremos de los caracteres, acaban en pequeños adornos o "rabitos". A estas líneas se les denomina *Serif*, por lo tanto, aquellos tipos de letra que incluyen esta característica se las conoce como *fuentes serif*. En la figura 4.2 indicamos a qué tipo de adornos nos estamos refiriendo. Por el contrario, aquellos tipos que carecen de estos detalles de diseño se les conoce como fuentes *sans serif* (sin serif). Dos ejemplos comunes de estos modelos de fuentes son la Arial y la Helvética.

Figura 4.2. Fuentes con serif

Fuentes monoespaciadas y proporcionales

Otro rasgo que distingue a los tipos de fuentes es la anchura o el espacio que ocupan los caracteres. Es lógico pensar que no ocupa el mismo espacio una "i" que una "m", pero hay tipos de fuentes que no hacen esta distinción y reservan el mismo espacio para todos los caracteres; a éstas se las conoce como tipos de fuente *monoespaciadas*. Las fuentes que sí tienen en cuenta el carácter para establecer su ancho son las *proporcionadas*.

Cómo seleccionar el tipo de fuente en Word

En Word existen varias formas de seleccionar el tipo de fuente que deseamos utilizar o asignar a un texto. La forma más sencilla es utilizar la lista desplegable **Fuente** situada en la barra de herramientas Formato (figura 4.3). Además, esta lista nos permite conocer todas las fuentes que tenemos instaladas en nuestro sistema con un solo clic.
Si todavía no has empezado a escribir, elige la fuente que desees en la lista desplegable y, a partir de ese momento, el texto aparecerá con la fuente seleccionada. Pero si lo que quieres es modificar la fuente de cualquier palabra o párrafo de tu documento:

1 Selecciona el texto al que desees cambiar la fuente utilizando alguno de los métodos descritos en el apartado anterior.

2 Abre la lista **Fuente** de la barra de herramientas Formato y elige el tipo de letra que quieres utilizar para el texto seleccionado.

Nota: en Office 2000 cada nombre de la lista **Fuentes** aparece representado por su tipo de fuente. Esto nos ahorra el trabajo de aplicar la fuente para conocer su aspecto.

Como habrás podido comprobar, junto a cada tipo de fuente aparece un pequeño símbolo; su significado lo encontrarás en la tabla 4.1.

Tabla 4.1. *Símbolos que identifican la procedencia de cada fuente*

Símbolo	Nombre	Descripción
	Fuentes Truetype	Es el modelo de fuentes estándar en los sistemas Windows.
	ATM	Es un modelo de fuentes de la firma Adobe. Necesitas su propio controlador para utilizar este tipo de fuentes.
	Fuentes de impresora	Son tipos de fuentes asociados a las impresoras instaladas en Windows.

Figura 4.3. *Lista desplegable* ***Fuentes***

Otra forma de seleccionar un tipo de fuente en Word es usar el comando **Fuente** del menú **Formato**. En este caso aparecerá un cuadro de diálogo como el que puedes ver en la figura 4.4, donde, además del tipo de fuente, aparecerán otras muchas propiedades de formato. A lo largo de este capítulo iremos hablando de estas caracterísicas.

Tamaño de fuente

Para definir el tamaño de las fuentes se utiliza una unidad de medida especial, los puntos. 72 puntos equivalen a una pulgada. En la barra de herramientas Formato, junto a la lista desplegable **Fuentes**, dispones de otro cuadro de lista denominado **Tamaño de fuente**, donde podrás seleccionar el valor que desees o bien escribirlo directamente en el cuadro si no está ese valor en la lista.

Nota: el cuadro **Tamaño de fuente** permite utilizar valores decimales para determinar el cuerpo de la fuente, como por ejemplo 9,5.

Color

El último icono de la barra Formato nos ofrece la posibilidad de cambiar el color de la fuente. El número de colores disponibles no es muy grande pero nos ayudará a resaltar ciertas partes de nuestro documento. Para aplicar un color de la lista:

1 Selecciona el texto y después haz clic sobre el botón **Color de fuente**.

2 Después selecciona el color que desees.

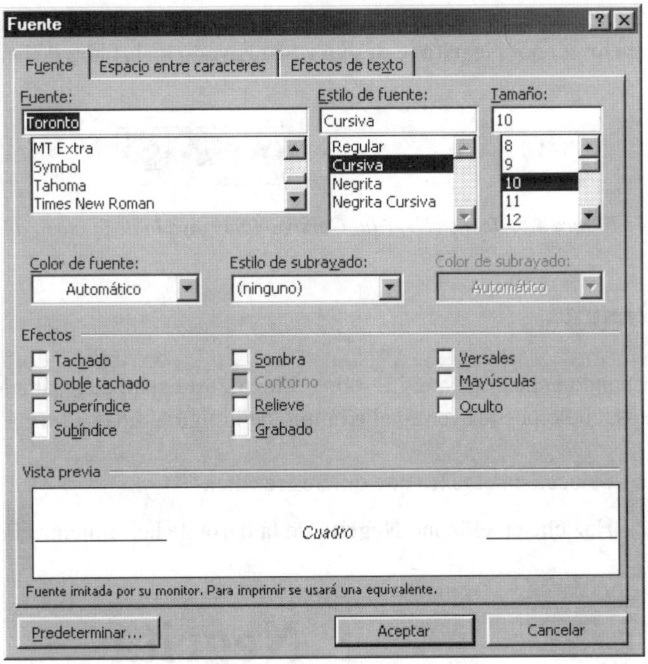

Figura 4.4. *Cuadro de diálogo* ***Fuente***

Aviso: si intentas imprimir un documento donde se han incluido colores en una impresora en blanco y negro, estos aparecerán representados por tonos de grises.

Atributos más comunes

Además de tipo de fuente, el color y el tamaño, existen otros atributos de uso muy frecuente que nos ayudan a mejorar el aspecto de nuestros documentos. Estos son Negrita, Cursiva y Subrayado. El motivo principal para utilizar alguno de estos recursos es atraer la atención de la persona o personas a las que va dirigido el documento sobre algún aspecto determinado. En el caso de la negrita es bastante común aplicarla sobre títulos o encabezados. En cambio, la cursiva es una forma elegante de resaltar alguna palabra o frase dentro de nuestro documento, sin desentonar demasiado.

Nota: también existe la posibilidad de realizar combinaciones con estos atributos, como por ejemplo negrita cursiva o negrita subrayado.

A continuación explicaremos en qué consisten estas propiedades. La figura 4.5 muestra los iconos **Negrita**, **Cursiva** y **Subrayado** de la barra de herramientas Formato.

Figura 4.5. *Iconos* ***Negrita, Cursiva*** *y* ***Subrayado*** *de la barra de herramientas Formato*

Negrita

Cuando aplicamos negrita sobre el texto, éste aparece resaltado con trazos más gruesos, como puedes ver en el ejemplo de la figura 4.6. La forma de utilizarla sería:

1 Selecciona el texto que quieres resaltar.

2 Haz clic en el icono **Negrita** de la barra de herramientas Formato.

Figura 4.6. *Ejemplos de texto en Negrita, Cursiva y Subrayado*

> **Aviso:** en el cuadro de diálogo **Fuente** se encuentra la lista **Estilo de fuente**. Aquí también puedes seleccionar el atributo que desees aplicar junto con el resto de propiedades de formato de fuente.

Cursiva

En este caso, al aplicar cursiva sobre el texto, éste experimenta una ligera inclinación hacia la derecha. Como ya hemos comentado, es un modo bastante sencillo y elegante de resaltar ciertas partes de nuestro documento.

Para aplicarlo debes seguir los mismos pasos vistos en el apartado anterior. Es decir, selecciona el texto sobre el que quieres aplicar esta propiedad y después haz clic sobre el icono **Cursiva** de la barra de herramientas Formato.

Subrayado

Este último atributo de caracteres no tiene demasiado que explicar, tan sólo añade una línea debajo del texto seleccionado. No se utiliza tanto como los dos anteriores pero es otra posibilidad más a tener en cuenta.

Efectos más avanzados

Los efectos que podemos aplicar sobre el texto en Word no se limitan a los comentados en el apartado anterior. En el cuadro de diálogo **Fuentes** encontramos muchas más posibilidades. Para aplicarlas debes abrir el cuadro de diálogo **Fuentes**, seleccionado el comando del mismo nombre situado dentro del menú **Formato**. Dentro de este cuadro, observarás que existe una sección denominada **Efectos** (figura 4.7) donde encontrarás muchas más opciones de las que puedas imaginar. Para que entiendas mejor su significado, las describimos a continuación:

- **Tachado**: añade una línea sobre el texto seleccionado.
- **Doble tachado**: dibuja una doble línea sobre el texto seleccionado.
- **Superíndice**: eleva el texto seleccionado y le asigna un tamaño menor.
- **Subíndice**: desciende el texto seleccionado y le asigna un tamaño menor.
- **Sombra**: aplica un efecto de sombreado sobre el texto. Visualmente parece que las letras flotan sobre la página.
- **Contorno**: elimina el relleno de los caracteres dejando visible sólo su silueta mediante una fina línea. Este efecto es eficaz sobre textos de un cierto tamaño.
- **Relieve**: simula el efecto de elevación del texto sobre la página.
- **Grabado**: este efecto recrea la sensación que producen las palabras esculpidas o cinceladas sobre piedra.

Figura 4.7. *Sección **Efectos** del cuadro de diálogo **Fuentes***

- **Versales**: convierte el texto en minúsculas en mayúsculas, al tiempo que reduce su tamaño.
- **Mayúsculas**: simplemente convierte el texto en mayúsculas.
- **Oculto**: evita que el texto se muestre en pantalla o en las copias impresas del documento. Para verlo utiliza el icono **Mostrar u ocultar**.

Truco: para hacerte más fácil el trabajo, bajo la sección **Efectos** dispones de un espacio donde aparece una vista previa del texto con el efecto seleccionado.

Animaciones

Aunque no se utilizan demasiado, en Word también existe la posibilidad de añadir efectos con movimiento al texto de nuestros documentos. Para acceder a esta peculiaridad debes abrir el cuadro de diálogo **Fuentes** y seleccionar la pestaña **Animación** (figura 4.9).

Figura 4.9. *Pestaña* ***Animación*** *del cuadro de diálogo* ***Fuente***

En la parte superior están todas las animaciones disponibles, y en la parte inferior dispones de una vista preliminar para ver el efecto que produce cada una de ellas. Apelando a tu buen gusto y sentido de elegancia, te aconsejaría que sólo utilizaras estas animaciones en casos muy concretos y por supuesto, nunca en documentos relacionados con tu trabajo o de cierta trascendencia.

WordArt

WordArt es una estupenda y potente herramienta incluida en Word que nos ofrece la posibilidad de crear textos con una apariencia realmente espectacular.
Para acceder a todas las posibilidades de WordArt debes hacer lo siguiente:

1 Haz clic con el botón derecho del ratón sobre cualquier barra de herramientas y aparecerá un menú emergente con todas las barras disponibles en Word.

2 Selecciona WordArt y una barra de herramientas como la que puedes ver en la figura 4.9 hará acto de presencia en tu pantalla.

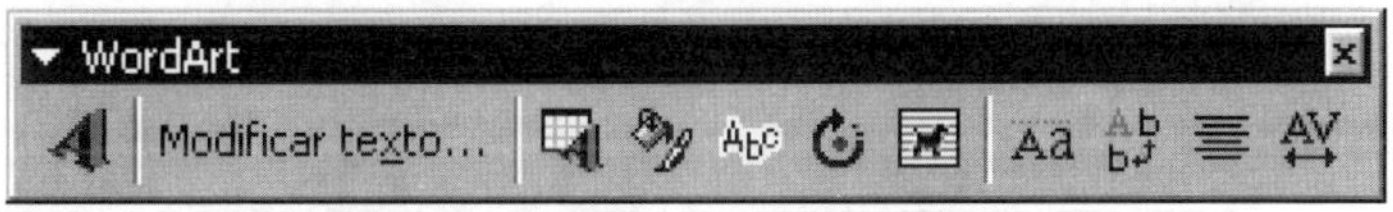

Figura 4.9. *Barra de herramientas WordArt*

Cómo aplicar efectos WordArt

WordArt nos será de gran utilidad a la hora de crear algún logotipo o cualquier título vistoso, incluso pequeños carteles. Los pasos para incluir texto WordArt en nuestro documento serían los siguientes:

1 Sitúa el punto de inserción en el lugar aproximado donde quieres colocar el texto.

2 Haz clic sobre el primer icono de la barra de herramientas WordArt, denominado **Insertar WordArt**. Al instante aparece un cuadro de diálogo con todos los estilos disponibles (figura 4.10).

3 Elige el estilo que desees y haz clic en **Aceptar**.

4 Dentro del siguiente cuadro de diálogo deberás escribir el texto como te indica el propio cuadro. Del mismo modo puedes elegir el tipo de letra y su tamaño.

5 Por último, haz clic en **Aceptar** y el texto aparecerá en tu documento con el efecto WordArt aplicado. En la figura 4.11 puedes ver un ejemplo.

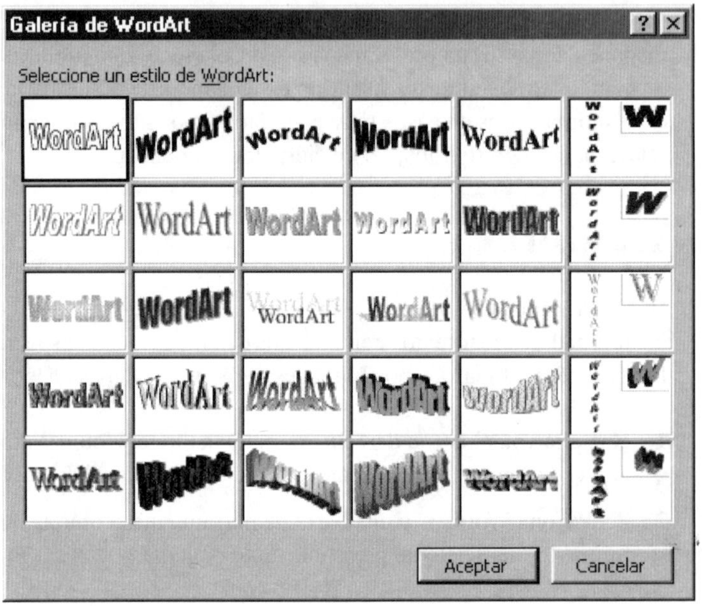

Figura 4.10. *Galería de estilos disponibles en WordArt*

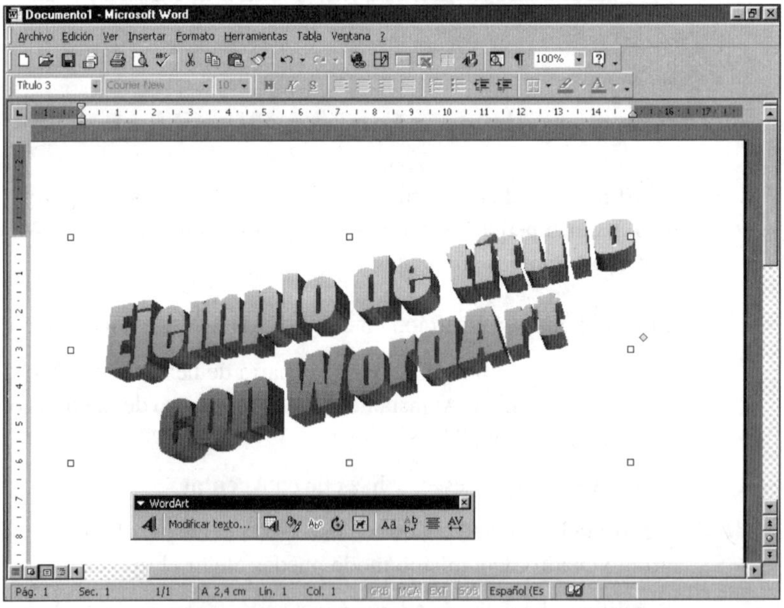

Figura 4.11. *Ejemplo de texto WordArt*

Para modificar la posición del objeto WordArt coloca el cursor encima de él, haz clic y arrástralo. Del mismo modo puedes utilizar los pequeños cuadrados blancos que rodean al objeto para modificar su tamaño.
También puedes usar las opciones de la barra de herramientas WordArt para cambiar la alineación, el estilo, altura de los caracteres, etcétera.

Nota: para cambiar el tamaño del objeto de forma proporcional utiliza sólo los cuadros de las esquinas.

Modificar el texto

Si necesitar cambiar el texto que compone el objeto WordArt sólo tienes que seleccionarlo y hacer clic sobre el icono **Modificar texto** de la barra de herramientas WordArt. Si además del texto necesitas cambiar el estilo, haz clic en el icono **Galería** de WordArt, situado en la misma barra de herramientas.

Espacio entre caracteres

Como su propio nombre indica, el espacio entre caracteres determina la distancia de separación entre cada uno de ellos dentro de una palabra. Si alguna vez has pensado en separar caracteres usando, por ejemplo, espacios en blanco, olvídalo. Ahora veremos cómo se puede hacer esta misma operación de forma mucho más elegante.
Dentro del cuadro de diálogo **Fuentes** encontramos la pestaña **Espacio entre caracteres** (figura 4.12). Esta pestaña nos permitirá modificar los parámetros necesarios para ajustar el espacio entre caracteres fácilmente.
El significado de cada una de sus opciones es el siguiente:

- **Escala**: aumenta o reduce el espacio total que ocupa el texto seleccionado, tomando como referencia el porcentaje seleccionado.
- **Espacio**: las opciones **Expandido** o **Comprimido** modifican el espacio entre caracteres, utilizando como valor de ajuste el número de puntos que indiquemos en el cuadro de la derecha.
- **Posición**: en este caso podemos subir o bajar el texto seleccionado con respecto a la línea base. El valor vendrá determinado por el número de puntos que introduzcamos en el cuadro de la derecha.
- **Ajuste de espacio para fuentes**: adapta el espacio entre caracteres a partir de un tamaño determinado que deberemos indicar en el cuadro de la derecha.

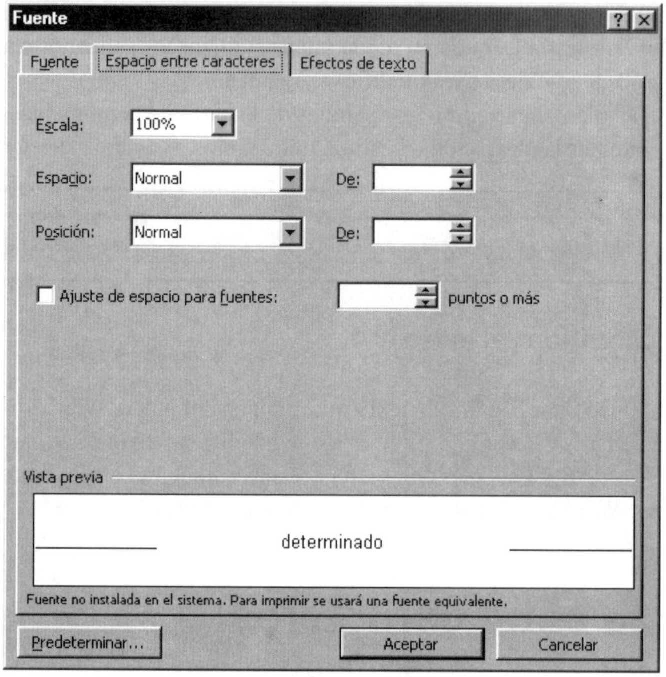

*Figura 4.12. Pestaña **Espacio entre caracteres** del cuadro de diálogo **Fuentes***

Nota: la línea base sería un trazo imaginario sobre el que estarían apoyados los caracteres. En la figura 4.13 puedes ver representada esta línea.

Símbolos

En cualquier momento puedes necesitar incluir algún símbolo o carácter especial en el texto. Para hacerlo sigue estos pasos:

1 Sitúa el punto de inserción en el lugar exacto del texto donde quieres incluir el símbolo.

2 Haz clic primero en el menú **Insertar** y después sobre el comando **Símbolo**. Aparecerá un cuadro de diálogo como el que puedes ver en la figura 4.14.

3 En la primera pestaña denominada **Símbolos**, utiliza la lista **Fuentes** para elegir el tipo de letra que contiene el elemento que deseas. Recuerda que las fuentes más

típicas en Windows dedicadas exclusivamente a símbolos son las familias Wingdings y Symbols. En cualquier caso, dentro de la lista **Fuentes** sólo aparecen familias de símbolos y caracteres especiales.

4 Después haz doble clic sobre el símbolo que desees utilizar. También tienes la posibilidad de seleccionar el símbolo y utilizar el botón **Insertar** para colocarlo en el texto.

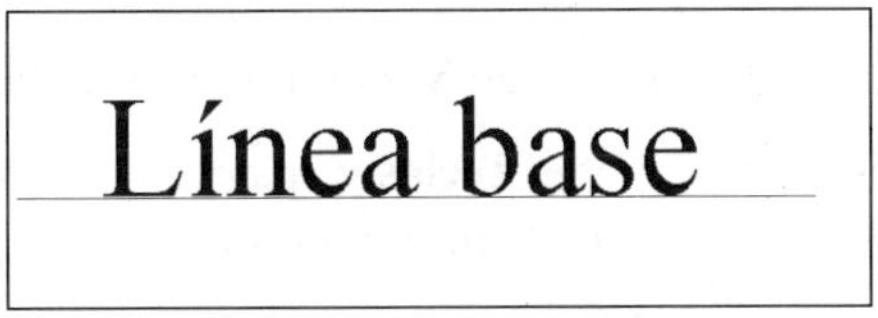

Figura 4.13. *Línea base*

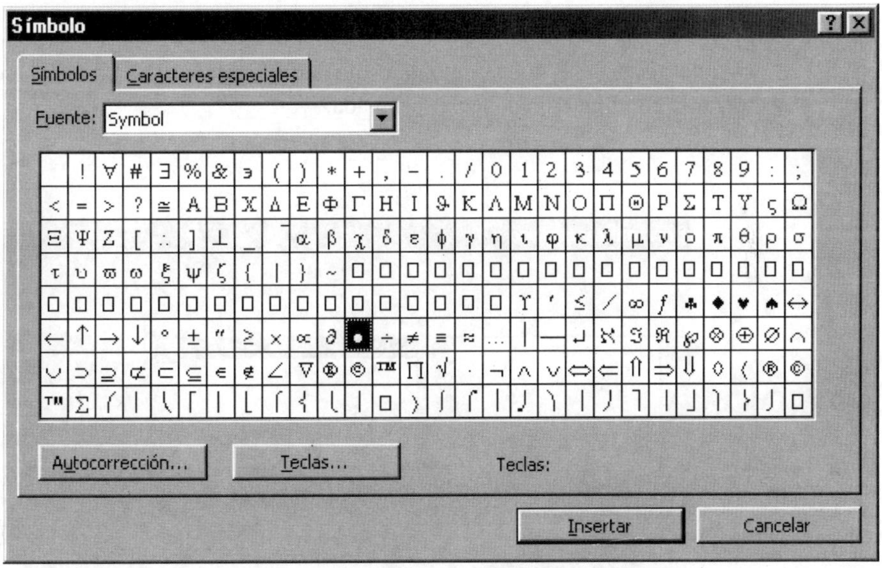

Figura 4.14. *Cuadro de diálogo* ***Símbolo***

Truco: si antes de utilizarlo quieres una vista ampliada de cualquiera de ellos, haz clic sobre él.

Dentro del cuadro de diálogo **Símbolo** dispones de dos botones: **Autocorrección** y **Teclas**. El primero de ellos nos permite acceder a una potente herramienta de Word de la que hablaremos un poco más adelante y que nos permite completar palabras a partir de un acrónimo que tú decidas, pero todas sus propiedades y características las trataremos en el capítulo dedicado a las herramientas de escritura.
El botón **Teclas** tiene como misión asignar una combinación de teclas al símbolo que elijas, de esta forma cada vez que tengas que incluirlo en el texto sólo será necesario utilizar esta combinación. Para hacerlo sigue estos pasos:

1 Abre el cuadro de diálogo **Símbolo** y selecciona el símbolo que quieres utilizar.

2 Haz clic sobre el botón **Teclas** y aparecerá un nuevo cuadro de diálogo denominado **Personalizar teclado** (figura 4.15).

3 Comprueba que el cursor se encuentra en el cuadro **Nueva tecla de método abreviado** y pulsa la combinación de teclas que quieres asignar al símbolo elegido (p.ej. Alt+1, Ctrl+Alt+G, etc.)

4 Finalmente, haz clic en **Asignar** y después, en **Cerrar**.

A partir de este momento, cada vez que quieras incluir el símbolo seleccionado en cualquier parte de tu documento, tan sólo deberás situar el punto de inserción y utilizar la combinación de teclas asignada.

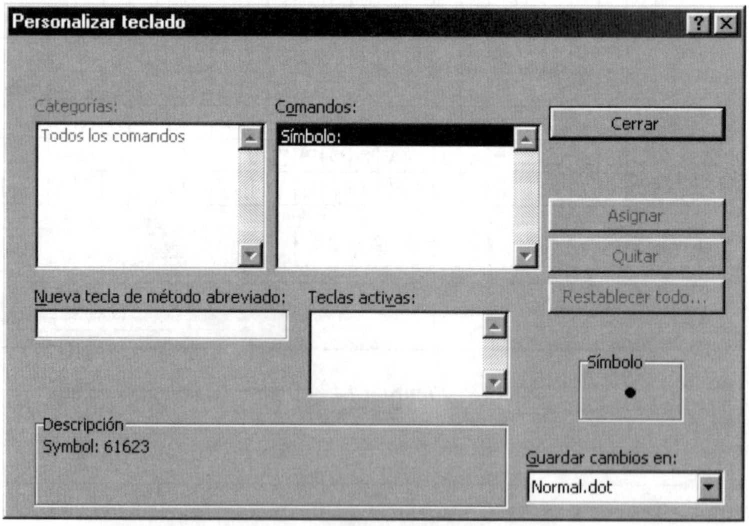

Figura 4.15. *Cuadro de diálogo* ***Personalizar teclado***

Formato de párrafo

Después de ver los caracteres, ha llegado el momento de estudiar los párrafos. Un párrafo es un conjunto de palabras cuyo final queda delimitado por una marca de fin de párrafo; puede estar formado por una sola palabra o por varias. Los párrafos son la unidad más importante de trabajo dentro de Word, por esto gran parte de su potencia recae en su tratamiento. Debemos cuidar la apariencia de todos los párrafos de nuestro documento ya que de ello dependerá en gran medida su calidad final.

En esta lección aprenderás a:

- Trabajar con la regla
- Conocer y aplicar los distintos tipos de sangrías de párrafo
- Modificar la alineación de párrafos
- Determinar el espacio entre párrafos y entre líneas
- Aplicar bordes y sombreados
- Trabajar con tabuladores
- Utilizar numeraciones y viñetas
- Aplicar las opciones de autoformato
- Crear cuadros de texto

Formatos de párrafo

Cuando hablamos de formatos de párrafos nos referimos a todas las modificaciones que podemos realizar sobre ellos dentro del documento. Es imprescindible que un documento tenga distintos formatos de párrafo. Imagínate una página de este mismo libro en la que los títulos de los distintos apartados tuvieran la misma forma que el resto del texto. O si lo prefieres observa la figura 5.1: resulta casi imposible distinguir los apartados en el texto, además de tener un aspecto final realmente pobre. Por el contrario, observa el aspecto de la página de la figura 5.2, donde los párrafos correspondientes a los títulos de los apartados se han resaltado con un tipo de letra mayor y separándolos del párrafo anterior y posterior. Comparando estos dos ejemplos se ve la importancia que tienen los formatos de párrafos en los documentos.

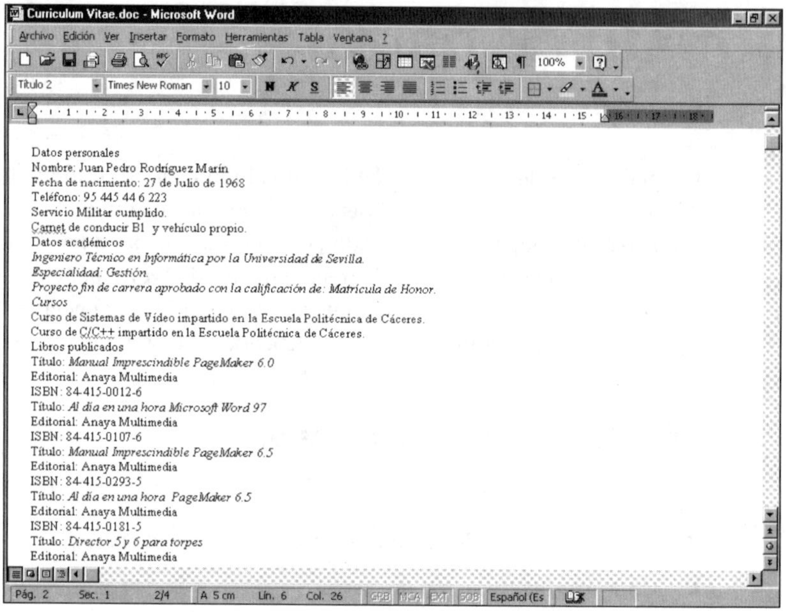

Figura 5.1. Documento sin formato

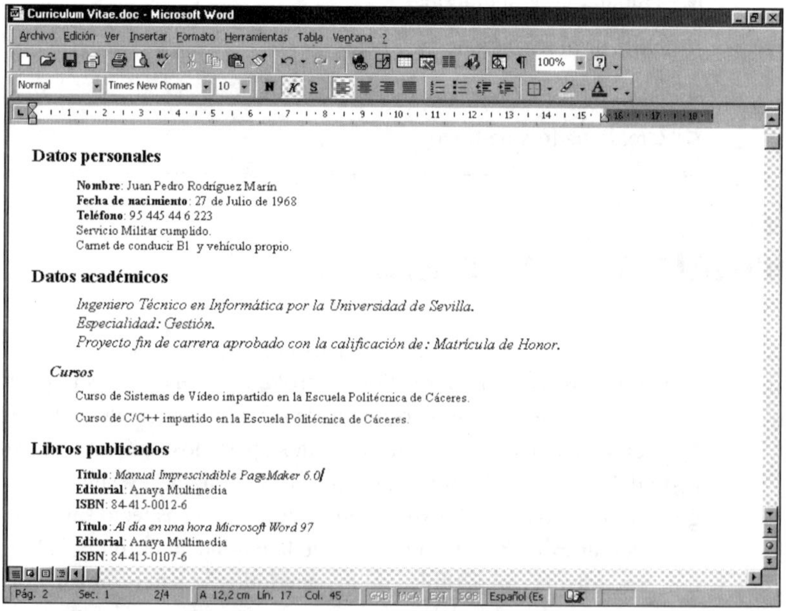

Figura 5.2. Documento donde hemos aplicado algo de formato a sus párrafos

La regla

La regla es un elemento fundamental dentro de Word y por este motivo, te aconsejamos que la mantengas siempre visible, aunque exista la posibilidad de ocultarla. El comando **Regla** del menú **Ver** te permite hacer esto último.
Mejor que abrumarte con explicaciones en la figura 5.3 tienes señalados todos los componentes que forman la regla.
Hablaremos de cada uon de estos elementos que componen la regla a lo largo de este capítulo.

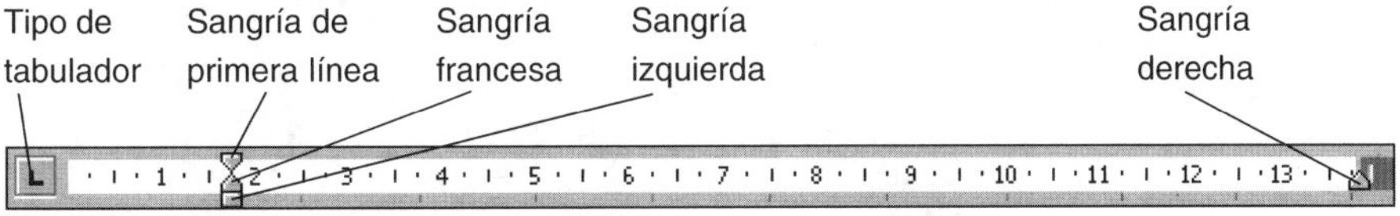

Figura 5.3. *Elementos de la regla en Word*

Sangrías

Se pueden definir las sangrías como el espacio que separa una o varias líneas del texto de los márgenes de la página. Este espacio se puede aplicar a la primera línea del párrafo, a todas las líneas o incluso se pueden utilizar distintas combinaciones sobre un mismo párrafo.
Existen diferentes tipos de sangrías; a continuación te explicaremos en qué consiste cada una de ellas.

- *Sangría primera línea*: consiste en definir, para la primera línea del párrafo, una distancia al margen izquierdo diferente del resto de las líneas del párrafo.
- *Sangría izquierda*: determina una cierta distancia de separación, con respecto al margen izquierdo de la página, para todas las líneas del párrafo.
- *Sangría derecha*: consiste en aplicar a todo el párrafo una determinada separación con respecto al margen derecho de la página.
- *Sangría francesa*: en este caso, la primera línea del párrafo queda alineada más a la izquierda que el resto de las líneas.
- *Sangría doble*: el párrafo queda separado tanto del margen derecho como del izquierdo de la página.

Todo esto está muy bien, pero ¿cómo podemos aplicar cada uno de estos tipos de sangrías a los párrafos de nuestro documento en Word? A continuación te explicaremos cómo puedes hacerlo sin demasiadas complicaciones consiguiendo resultados interesantes. En cualquier caso para que comprendas mejor en qué consiste cada modelo de sangría en la figura 5.4 puedes ver un ejemplo de cada una de ellas.

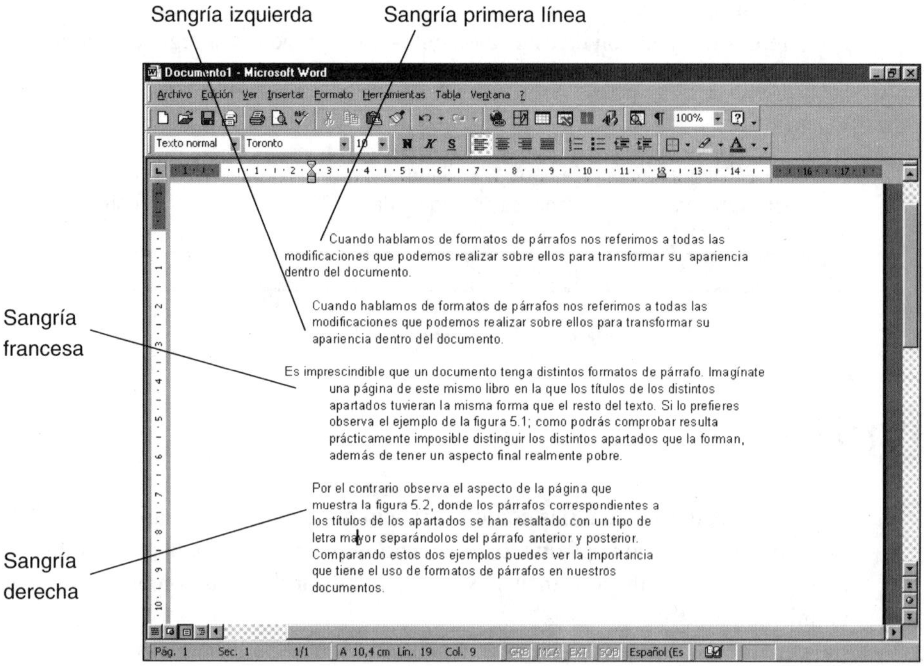

Figura 5.4. *Modelos de sangría*

Sangría primera línea

Empezamos con el caso más simple, la sangría de la primera línea. Para aplicarla sigue la siguiente secuencia de pasos.

1. Coloca el punto de inserción sobre el párrafo al que vamos a aplicar la sangría.
2. Selecciona el comando **Párrafo** del menú **Formato**. Aparecerá el cuadro de diálogo **Párrafo**.
3. Dentro de la sección **Sangría**, haz clic en la lista **Especial** y selecciona la opción **Primera línea**.

4 En el cuadro situado a la derecha de la lista anterior introduce el valor que desees, por ejemplo: 1,25 cm.

5 Haz clic en **Aceptar**. La primera línea del párrafo aparecerá desplazada a la derecha con el valor que hayamos indicado.

Nota: para aplicar la mayoría de los formatos de párrafo, no es necesario que selecciones el párrafo completo, basta con situar el punto de inserción sobre él.

Este tipo de sangría se utiliza comúnmente para diferenciar varios párrafos consecutivos y conseguir de este modo una lectura más cómoda.

Sangría primera línea con la regla

El mismo efecto conseguido en el apartado anterior, podemos hacerlo más rápidamente, aunque con menos precisión, con la regla. El método sería el siguiente:

1 Sitúa el punto de inserción sobre el párrafo al que quieres aplicarle la sangría.

2 En la regla, coloca el cursor sobre el triángulo superior (una etiqueta de color amarillo nos informa: *Sangría de primera línea*), haz clic y arrastra hacia la derecha.

Esta forma de sangrar los párrafos es muy cómoda y mucho más visual que la anterior, pero algo menos exacta.

Sangría izquierda

Ahora aplicaremos una sangría izquierda a nuestro párrafo pero también dejaremos la sangría para la primera línea que hemos definido anteriormente.

Aviso: si ya tienes definida una sangría para la primera línea y quieres aplicar una sangría izquierda, el valor que hayas indicado para la primera línea se sumará al que definas como sangría izquierda. A continuación veremos un ejemplo y seguro que queda mucho más claro.

Los pasos para aplicar la sangría izquierda sobre el mismo párrafo que ya tenemos con una sangría de primera línea serían los siguientes:

1 Coloca el punto de inserción sobre el párrafo al que vamos a aplicar la sangría.

2 Selecciona la opción **Párrafo** del menú **Formato**. Aparecerá el cuadro de diálogo **Párrafo**.

3 Dentro de la sección **Sangría**, introduce un valor en el cuadro de texto **Izquierda**, por ejemplo 2 cm.

4 Haz clic en **Aceptar** para aplicar los ajustes introducidos en el cuadro de diálogo y comprueba como todas las líneas del párrafo se desplazan a la izquierda el valor indicado.

Como ya hemos comentado, el valor de la sangría primera que habíamos definido anteriormente se aplica a partir del especificado para la sangría izquierda. Es decir, si hemos definido 2 cm como valor para dicha sangría y 1,25 cm para la primera línea, estos 1,25 cm empiezan a contar a partir de los 2 cm definidos para la sangría izquierda.
En resumen, la primera línea de nuestro párrafo quedará a 3,25 cm del margen izquierdo de la página. Si aún no te queda demasiado claro, practica un poco aplicando distintos valores a estas dos opciones.

Sangría izquierda con la regla

Para aplicar una sangría izquierda utilizando la regla, simplemente tienes que mover el pequeño cuadrado situado en la parte inferior de la misma. Sitúa el ratón sobre él y arrástralo hacia la izquierda la distancia que desees. De nuevo nos encontramos ante una forma más sencilla de aplicar este tipo de sangría y más evidente, en tanto que ves en todo momento el resultado sobre el propio párrafo.

Sangría francesa

La sangría francesa es un caso un tanto especial de sangría, ya que la primera línea del párrafo sobresale del resto. Crea un nuevo párrafo para este ejemplo o elimina los valores que habíamos aplicado al párrafo anterior.
Para aplicar una sangría francesa sigue los pasos que se detallan a continuación:

1 Coloca el punto de inserción sobre el párrafo al que vamos a aplicar la sangría.

2 Selecciona la opción **Párrafo** del menú **Formato**. Aparecerá el cuadro de diálogo **Párrafo**.

3 Dentro de la sección **Sangría**, utiliza la lista **Especial** y selecciona la opción **Francesa**.

4 En el cuadro situado a la derecha de la lista anterior, introduce el valor que desees, por ejemplo: 1 cm.

5 Haz clic en **Aceptar**. La primera línea del párrafo aparecerá desplazada a la izquierda el valor que hayamos indicado.

Sangría francesa con la regla

Para aplicar una sangría francesa con la regla, desplaza el triángulo superior hacia la izquierda tanta distancia como desees hacer sobresalir la primera línea del párrafo.

Sangría derecha o doble

Para utilizar una sangría derecha o doble, tienes que indicar los valores correspondientes en los cuadros **Izquierda** y **Derecha** del cuadro de diálogo **Párrafo**. También puedes utilizar la regla para aplicar un sangría derecha, arrastrando el pequeño cuadrado gris situado en el extremo derecho de la misma.

Tipos de alineación

Otro de los aspectos importantes dentro de las características que podemos asignar a los párrafos que forman nuestro documento es la alineación, que en algunos casos también se denomina *justificación* del texto.
La alineación se define como las distintas formas en que las líneas que forman un párrafo se ajustan entre los márgenes predefinidos de la página. Existen varios tipos de alineación; a continuación pasamos a describirte los más importantes y los que utilizarás con mayor frecuencia en tus documentos:

- *Alineación izquierda*: las líneas que forman el párrafo se ajustan al margen izquierdo, quedando la parte derecha de forma irregular.
- *Alineación derecha*: igual que el caso anterior pero, en esta ocasión, las líneas se ajustan al margen derecho.
- *Alineación central*: este tipo de alineación cada línea del párrafo queda centrada con respecto al punto medio definido entre los márgenes de la página. También recibe la denominación de *forma epigráfica.*
- *Alineación justificada*: las líneas del párrafo ocupan todo el espacio disponible entre los márgenes de la página. Para lograr una cierta uniformidad en este tipo de alineación, el propio programa se encarga de ajustar los espacios entre las palabras hasta lograr la justificación completa.

En la figura 5.5 puedes ver un ejemplo de cada uno de los tipos de alineación anteriormente descritos. Ahora, deberás ser tú el que decidas en cada caso cuál es la mejor opción para tus documentos.

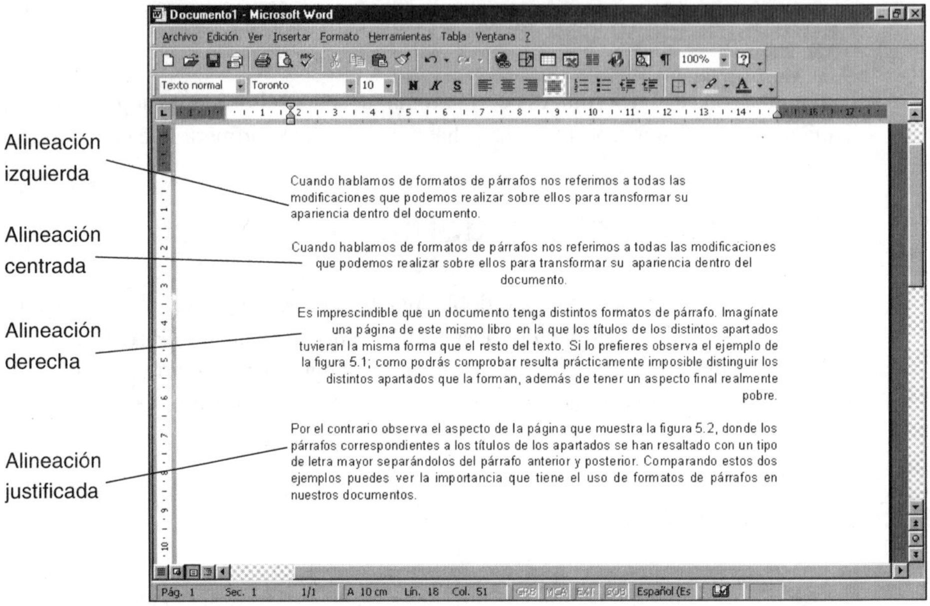

Figura 5.5. *Modelos de alineación de párrafo*

Alinear un párrafo

Después de describir las distintas posibilidades que nos ofrece la alineación de párrafo, vamos a ver la forma de aplicar cada una de ellas en Word. En la barra de herramientas Formato, nos encontramos con cuatro botones (figura 5.6) que representan cada uno de los modelos de alineación disponibles en Word.
La forma de aplicar los distintos modelos de alineación es muy sencilla:

1 Sitúa el punto de inserción sobre el párrafo que deseas aplicar.

2 En la barra de herramientas Formato, haz clic sobre el icono de alineación.

Truco: todas las opciones que podemos aplicar a un párrafo del documento se pueden también aplicar a varios párrafos consecutivos, simplemente arrastrando y seleccionando todos los párrafos que necesitemos.

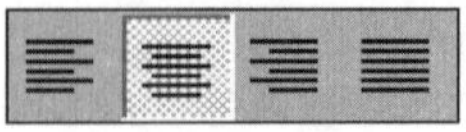

Figura 5.6. *Botones de alineación de la barra de herramientas Formato*

Además del método anteriormente descrito, para aplicar un tipo de alineación a un párrafo, también existe la posibilidad de hacerlo a través del cuadro de diálogo **Párrafo** (figura 5.7), que aparece después de seleccionar el comando del mismo nombre situado en el menú **Formato**. En este caso elige en la lista **Alineación** el tipo que quieres aplicar sobre el párrafo o párrafos seleccionados.
Existe otra forma más de aplicar los distintos tipos de alineación, utilizar atajos de teclado. Puedes ver estos atajos en la tabla 5.1.

Tabla 5.1. *Atajos de teclado para alinear párrafos*

Atajo	Tipo de alineación
Ctrl+Q	Alineación izquierda
Ctrl+T	Alineación central
Ctrl+D	Alineación derecha
Ctrl+J	Justificar

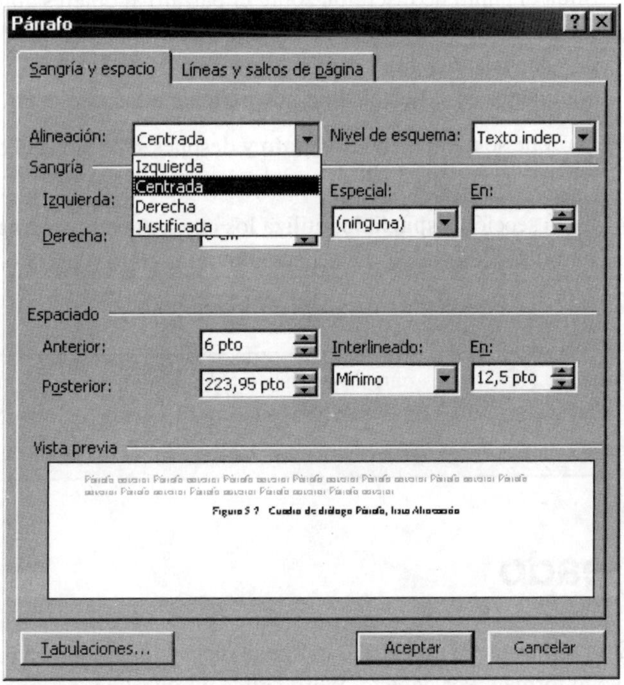

Figura 5.7. *Cuadro de diálogo* ***Párrafo****, lista* ***Alineación***

Espacio entre párrafos

Más de una vez habrás utilizado un retorno de carro para separar dos párrafos, pero ahora vamos a aprender un método mucho más elegante. Word nos permite indicar el espacio anterior y posterior que separará a cada uno de los párrafos de nuestro documento. Por ejemplo, cada uno de los distintos títulos de apartado que se utilizan en este libro tienen aplicados diferentes valores de espaciado para separarlos del resto del texto. Debemos tratar siempre de mantener una cierta homogeneidad a la hora de aplicar espacios, es decir, intentar aplicar un mismo espacio a aquellos párrafos que consideremos del mismo tipo. En el caso de los títulos, se consigue mucho mejor efecto separándolos más del párrafo anterior que del posterior.

Truco: para añadir el espacio equivalente a una línea encima de un párrafo utiliza la combinación de teclas Ctrl+0.

La siguiente secuencia de pasos te indica el método que debes seguir para definir el espaciado anterior o posterior de un párrafo:

1 Sitúa el punto de inserción sobre el párrafo al quieres aplicar los valores de separación. Si se trata de más de un párrafo al mismo tiempo, selecciona todos a los que quieres aplicar los ajustes. En este caso no hace falta seleccionar los párrafos completos, es suficiente con que parte de ellos esté dentro de la selección.

2 Haz clic sobre el menú **Formato** y después selecciona el comando **Párrafo** para mostrar el cuadro de diálogo del mismo nombre.

3 En la sección **Espaciado**, utiliza los cuadros de texto **Anterior** y **Posterior** para introducir los valores de separación del párrafo o párrafos seleccionados.

4 Haz clic en **Aceptar** para aplicar los cambios.

Aviso: cuando dos párrafos consecutivos tienen aplicado un determinado espacio de separación, el espacio resultante es la suma de los dos. Debes tener esto muy en cuenta si pretendes que la apariencia de tu documento sea homogénea.

Interlineado

El interlineado de un párrafo define la distancia que separa cada una de las líneas que lo forman. Por defecto, Word aplica un interlineado sencillo que en la mayoría de los casos es la mejor opción.

En cualquier caso, para modificar el interlineado de uno o varios párrafos de tu documento sigue estos pasos:

1 Sitúa el punto de inserción sobre el párrafo al que deseas cambiar el interlineado o utiliza las herramientas de selección para aplicar los ajustes sobre más de un párrafo al mismo tiempo.

2 Haz clic sobre el menú **Formato** y selecciona el comando **Párrafo**.

3 En la sección **Espaciado**, utiliza la lista **Interlineado** para seleccionar el valor de separación entre líneas que desees.

4 Haz clic en **Aceptar** para hacer efectivos los cambios.

Como has podido comprobar, existen algunos modelos de interlineado que permiten introducir valores en el cuadro de texto situado a la derecha de la lista:

- **Mínimo**: hace que Word utilice la distancia mínima entre líneas de modo que puedan caber los caracteres más grandes o los gráficos. No es una opción demasiado recomendable, ya que perderemos mucha legibilidad en el texto.
- **Exacto**: si eliges esta opción, tú defines el espacio de separación entre líneas introduciendo el valor exacto en el cuadro de texto **En**.
- **Múltiple**: aquí deberás introducir la cantidad de líneas que quieres utilizar como valor de interlineado para el párrafo o los párrafos seleccionados.

Bordes y sombreados

Para resaltar algún párrafo o zona de nuestro documento, Word pone a nuestra disposición las opciones de bordes y sombreados. Los bordes, como podrás imaginar, añaden al párrafo líneas encima, debajo, a los lados o combinaciones de éstas. En cambio el sombreado aplica el color que elijamos sobre el fondo del texto.
En la barra de herramientas Formato dispones del botón **Bordes**, que al seleccionarlo despliega una paleta con todas las posibles combinaciones de bordes (figura 5.8). Para aplicar cualquiera de ellos sobre un párrafo, sitúa el punto de inserción sobre él y elige la opción que desees de esta paleta.

> **Nota:** además de las opciones habituales de bordes, existe la posibilidad de insertar una línea horizontal, seleccionado el último de los iconos de la paleta **Bordes**.

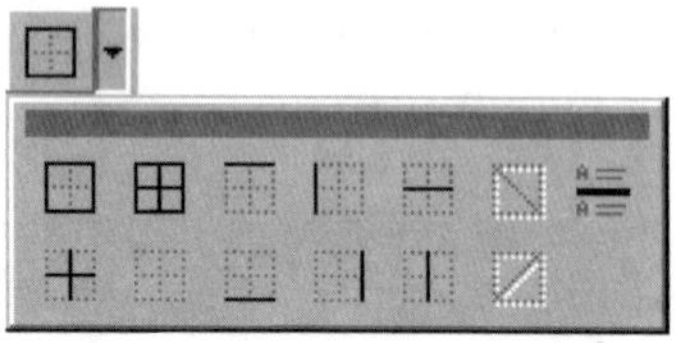

Figura 5.8. *Opciones para bordes de la barra de herramientas Formato*

Aviso: cuando seleccionas varios párrafos y le aplicas bordes, éste rodeará a toda la selección y no a cada párrafo de forma independiente.

Pero además de la herramienta que acabamos de ver existe una forma de aplicar bordes en la que tendremos muchas posibilidades de configuración. Sigue estos pasos:

1 Sitúa el punto de inserción sobre el párrafo al que quieras aplicar bordes o utiliza los métodos de selección si quieres aplicar bordes a más de un párrafo.

2 En el menú **Formato**, selecciona el comando **Bordes y sombreado**. Aparecerá el cuadro de diálogo **Bordes y sombreado** (figura 5.9).

3 En la sección **Valor** de la pestaña **Bordes** elige el modelo de bordes que desees.

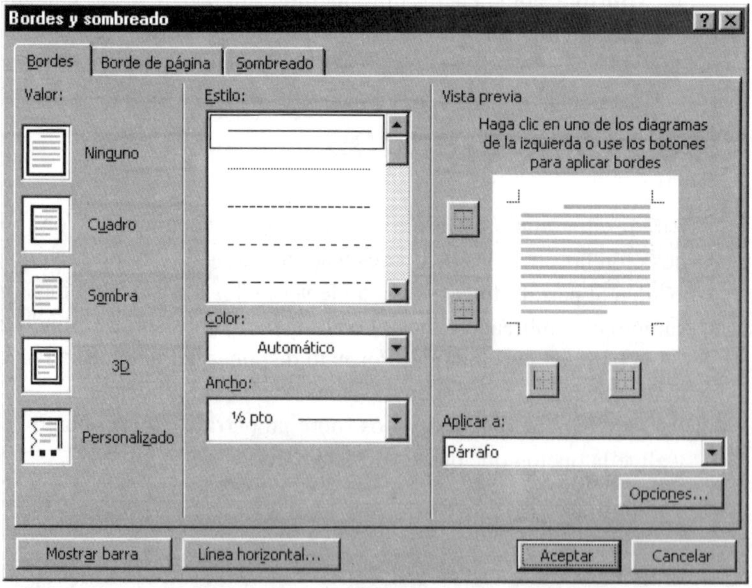

Figura 5.9. *Cuadro de diálogo* ***Bordes y sombreado***

4 Ahora en el apartado **Estilo** elige el tipo de línea, su color y su grosor.

5 Por último, utiliza los botones que tienes junto a la vista previa para elegir los lados del párrafo a los que deseas aplicar los bordes.

6 Si lo necesitas, puedes utilizar el botón **Opciones** para definir la distancia entre el borde y el párrafo.

7 Comprueba en la Vista previa que todo es correcto y haz clic en el botón **Aceptar** para añadir los bordes al párrafo.

> **Truco:** en el cuadro de diálogo **Bordes y sombreado** puedes encontrar el botón **Mostrar barra**. Si haces clic sobre él, podrás comprobar que desaparece el cuadro de diálogo y aparece la barra de herramientas Tablas y bordes, con la que puedes realizar de forma mucho más intuitiva los cambios que desees.

Sombreados

En el cuadro de diálogo **Bordes y sombreado** está la pestaña **Sombreado**. Selecciónala y usa la sección **Relleno** para elegir el color de sombreado para el párrafo. En la parte inferior de la pestaña puedes elegir entre diferentes estilos y colores de tramas.

Control de viudas y huérfanas

En la pestaña **Líneas y saltos de página** (figura 5.10) del cuadro de diálogo **Párrafo**, dispones de una serie de casillas de verificación que permiten controlar el comportamiento del párrafo cuando éste esté al final o al principio de una página.

> **Nota:** las "viudas" y las "huérfanas" son líneas descolgadas de un párrafo al final o al principio de una página. Este efecto no hace ningún bien sobre la estética del documento y por esto resulta conveniente controlarlo.

El significado de cada una de las opciones disponibles en la pestaña **Líneas y saltos de página** sería el siguiente:

- **Control de viudas y huérfanas**: con esta opción activada, Word impide que la última línea del párrafo quede sola al principio de la página siguiente (viuda) o que la primera línea quede al final de la página actual (huérfana).
- **Conservar con el siguiente**: mantiene unidos el párrafo actual y el siguiente evitando que se inserte un salto de página entre ellos.

- **Conservar líneas juntas**: al activar esta casilla evitamos dividir el párrafo, y este pasa entero a la página siguiente.
- **Salto de página anterior**: justo delante del párrafo inserta un salto de página. Esta opción se aplica normalmente a los títulos principales de un documento, forzándolos para que aparezcan siempre al principio de una nueva página.

Además de las cuatro opciones anteriores existen dos casillas de verificación de las que únicamente cabe destacar **No dividir con guiones**, que anula la división silábica de las palabras del párrafo actual.

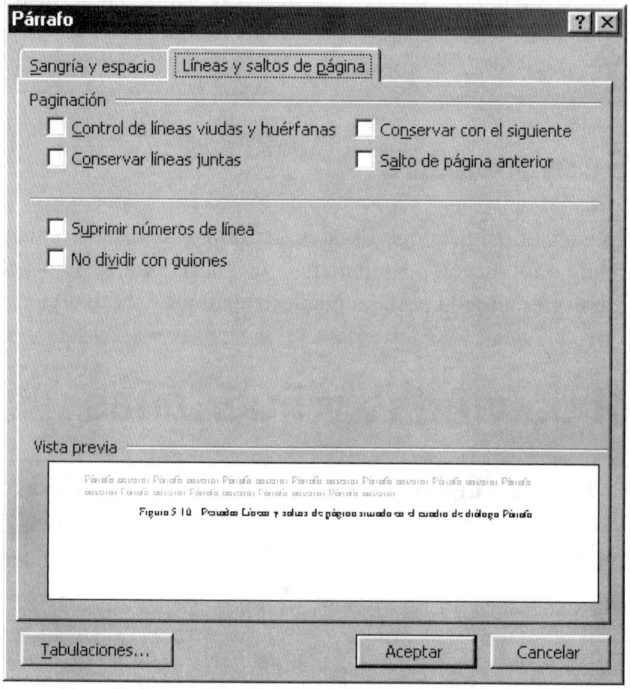

*Figura 5.10. Pestañas **Líneas y saltos de página** situada en el cuadro de diálogo **Párrafo***

Tabuladores

Cada vez que pulsas la tecla Tab, el cursor se sitúa en una posición determinada. Estas posiciones las puedes controlar mediante los tabuladores, que no son más que marcas que aparecen en la regla donde el cursor se parará cuando pulses dicha tecla. En la figura 5.11 puedes ver las marcas que identifican las tabulaciones en la regla.

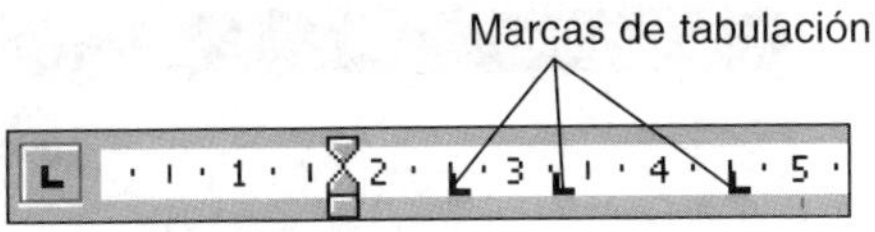

Figura 5.11. *Marcas de tabulación*

Eso sí, dependiendo del dato que desees tabular, deberás utilizar un tipo de tabulador distinto:

- *Izquierdo*: se utiliza normalmente para datos alfabéticos.
- *Derecho*: está destinado a datos numéricos sin decimales.
- *Decimal*: al igual que el anterior, también se utiliza para datos numéricos pero en esta ocasión con decimales.
- *Centrado*: se centra en tipos de datos, generalmente letras que describen títulos.

La forma más precisa de definir tabuladores es utilizar el cuadro de diálogo **Tabulaciones**:

1 Selecciona el comando **Tabulaciones** situado en el menú **Formato**. Como no se encuentra entre los comandos habituales tendrás que utilizar la doble flecha situada en la parte inferior del menú.

2 En el cuadro de diálogo **Tabulaciones** (figura 5.12), introduce la posición exacta para el tabulador, en el primer cuadro de texto.

3 Selecciona una de las opciones para alineación y relleno.

4 Haz clic en el botón **Aceptar**.

Esta manera de colocar resulta bastante precisa, aunque si lo que prefieres es comodidad, sitúa el puntero del ratón sobre la regla y haz clic en la posición donde desees colocar el tabulador. Antes puedes hacer clic en el extremo izquierdo de la regla para seleccionar el tipo de tabulación. Este botón va cambiando entre los cuatro tipos de tabulación, cada vez que haces clic sobre él. Recuerda que los tabuladores están representados sobre la regla como pequeños ángulos de color negro.

Truco: para desplegar el cuadro de diálogo **Tabulaciones** puedes hacer doble clic sobre cualquier marca de tabulación situada sobre la regla.

Como habrás deducido, puedes mover los tabuladores arrastrándolos por la regla, e incluso eliminarlos arrastrando la marca de tabulación hacia abajo, fuera de regla. Esto último hará que el texto se adapte a los tabuladores que permanezcan.

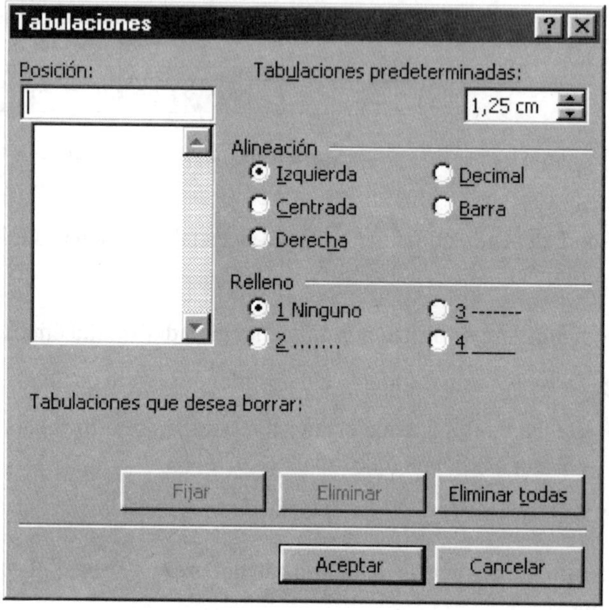

Figura 5.12. *Cuadro de diálogo* ***Tabulaciones***

Modificar tabuladores de forma precisa

Para modificar cualquiera de los ajustes de una tabulación deberás acudir de nuevo al cuadro de diálogo **Tabulaciones**. Una vez allí selecciona el tabulador que desees modificar de la lista situada bajo el cuadro **Posición**. A continuación modifica sus valores como desees, incluso puedes eliminarlos si lo deseas con el botón **Eliminar**.

Letra capital

Este efecto consiste en aplicar a la primera letra del párrafo un tamaño bastante mayor que el resto. La línea base de este tipo de letras suele estar situada varias líneas por debajo de la primera línea del párrafo.

Consejo: cuando crees una letra capital, puedes aplicarle un tipo de letra más vistoso y conseguirás un efecto realmente espectacular en el párrafo, además de lograr que el lector fije su atención en ese párrafo.

En la siguiente secuencia de pasos se explica con detalle el método que debes seguir para incluir una letra capital en un párrafo.

1 Sitúa el punto de inserción sobre el párrafo en el que quieras aplicar el efecto de letra capital.

2 Abre el menú **Formato** y haz clic sobre el botón situado en la parte inferior para mostrar las opciones ocultas.

3 Selecciona el comando **Letra capital** y aparecerá el cuadro de diálogo del mismo nombre.

4 Elige la posición de la letra, integrada en el texto del párrafo o al margen del mismo.

5 Después selecciona la fuente que quieres utilizar, el número de líneas que ocupará la letra y la distancia que la separará del texto del párrafo.

6 Finalmente, haz clic en **Aceptar** para aplicar el efecto. En la figura 5.13 puedes ver un ejemplo.

Para eliminar el efecto de letra capitular de un párrafo, selecciona de nuevo el comando **Letra capital** y haz clic en la opción **Ninguna**.

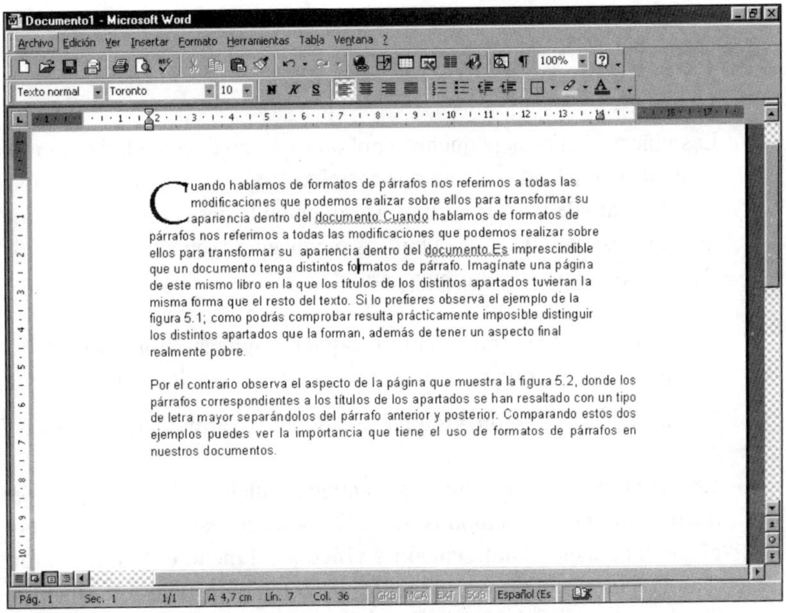

Figura 5.13. Ejemplo de letra capital

El color en los párrafos

Para la mayoría de tus documentos el color negro que Word aplica por defecto al texto se adaptará a tus necesidades, pero es posible que requieras otro distinto.

Consejo: a no ser que sea estrictamente necesario, te aconsejamos que no abuses de los colores dentro de un documento. Mantén siempre un criterio elegante en tus trabajos.

En la siguiente secuencia puedes ver la forma de aplicar un color:

1 Selecciona el párrafo o párrafos al los que quieres cambiar su color. En este caso sí es necesario seleccionar párrafos completos.

2 En la barra de herramientas Formato, haz clic en el botón **Color de fuente**. En ese momento se desplegará una paleta con dieciséis colores.

3 Haz clic sobre el color que desees aplicar al texto seleccionado.

Para devolver de nuevo el texto al color original, sigue los mismos pasos anteriores pero en el momento de elegir color, haz clic en la opción **Automático**.

Numeración y viñetas

Las viñetas son esos pequeños símbolos que aparecen a la izquierda de algunos conjuntos de párrafos y que nos permiten crear enumeraciones y listas de elementos. Este formato de párrafo es muy recomendable para conseguir una descripción mucho más clara de series de ideas o conceptos (observa la figura 5.14).
Para aplicar viñetas sobre una serie de párrafos debes seguir estos pasos:

1 Selecciona los párrafos a los que quieres aplicar el formato. No es necesario seleccionarlos por completo, basta con que parte de ellos se incluyan en la selección.

2 Haz clic en el botón **Viñetas** situado en la barra de herramientas Formato.

Este es el método más rápido para aplicar viñetas sobre cualquier párrafo de tu documento. De todos modos, si prefieres tener más control sobre el formato puedes elegir el comando **Numeración y viñetas** del menú **Formato** y utilizar el cuadro de diálogo **Numeración y viñetas** (figura 5.15) para elegir otro modelo de viñetas. También dispones del botón **Personalizar** para elegir el símbolo que desees y el valor de la sangría que separa el carácter de la viñeta con el texto.

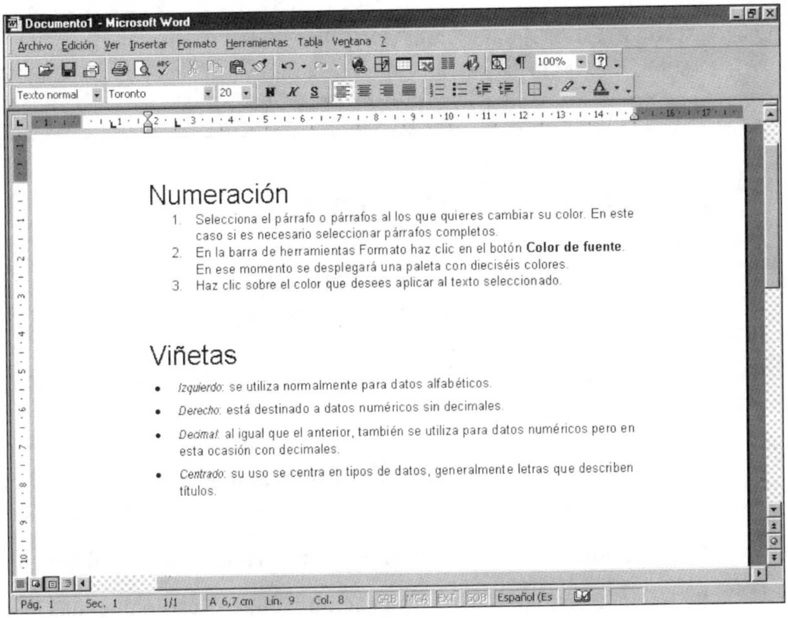

Figura 5.14. *Numeración y viñetas*

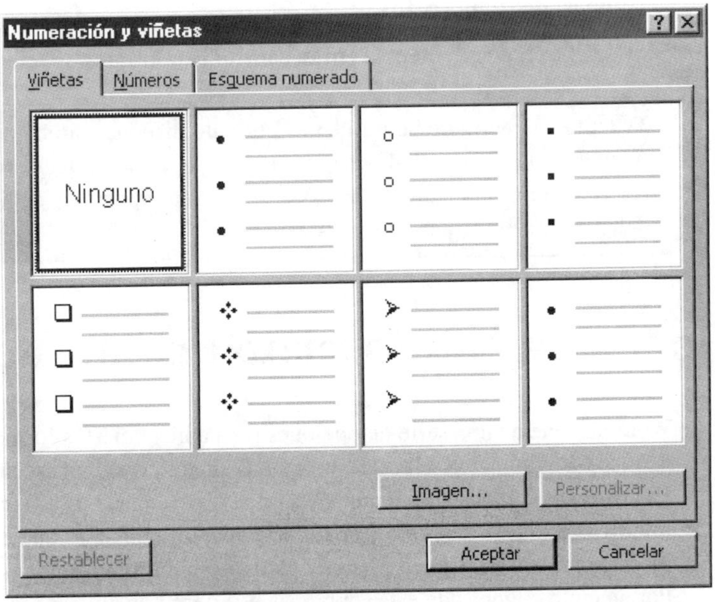

Figura 5.15. *Cuadro de diálogo* ***Numeración y viñetas***

Truco: desde el menú contextual que aparece, al hacer clic con el botón derecho sobre uno o varios párrafos, también puedes acceder al comando **Numeración y viñetas**.

Numeración de párrafos

Además de boliches o viñetas podemos asignar a nuestros párrafos una determinada numeración. La asignación de números a los párrafos se hará de forma secuencial a partir del valor que indiquemos como número inicial, aunque también ofrece la posibilidad de continuar numeraciones incluso en párrafos no consecutivos.
Para añadir numeración a una serie de párrafos sigue estos pasos:

1. Selecciona los párrafos a los que quieres aplicar el formato. No es necesario seleccionarlos enteros, basta con que parte de ellos se incluyan en la selección.
2. Selecciona el comando **Numeración y viñetas** del menú **Formato**.
3. Haz clic en la pestaña **Numeración** y elige el estilo que más te guste. Para controlar todos los parámetros del formato elegido, utiliza el botón **Personalizar**.
4. Si quieres modificar el sistema de numeración y adaptarlo mejor a la distribución de apartados dentro de tu documento, haz clic sobre la pestaña **Esquema de numerado** (figura 5.16).
5. Haz clic sobre el botón **Aceptar** para aplicar los ajustes seleccionados.

Truco: en el barra de herramientas Formato dispones también del botón **Numeración**. Éste es la forma más rápida de numerar una serie de párrafos seleccionados previamente. En este caso, Word aplica los parámetros por defecto para el formato de la numeración.

Opciones de autoformato de párrafos

Word dispone de una serie de opciones para aplicar ciertos formatos de párrafo de manera automática. Haz clic sobre el comando **Autocorrección** del menú **Herramientas** y observa el contenido de las pestañas **Autoformato** y **Autoformato mientras escribes** (figura 5.17). La principal diferencia es que en la última podremos activar opciones que se harán efectivas mientras trabajamos en el documento. Por ejemplo, algunas de estas opciones nos permiten aplicar formatos definidos a títulos, listas, numeraciones, etc.

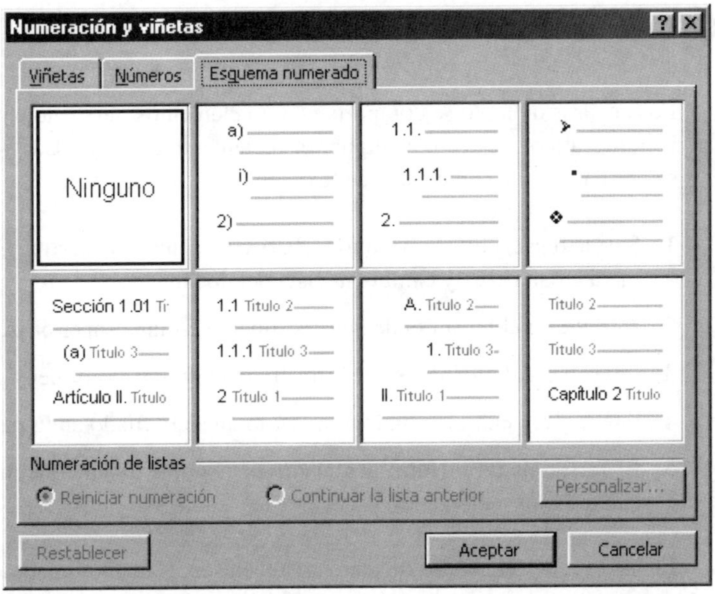

Figura 5.16. *Pestaña* ***Esquema numerado*** *del cuadro de diálogo* ***Numeración y viñetas***

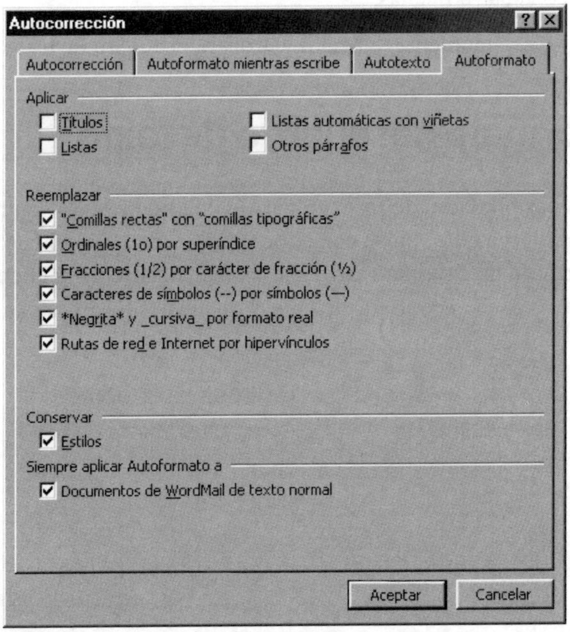

Figura 5.17. *Pestaña* ***Autoformato*** *del cuadro de diálogo* ***Autocorreción***

Cuadros de texto

Los cuadros de texto se comportan como elementos independientes, donde puedes incluir gráficos, textos o cualquier otro elemento de Word. Los pasos que debes seguir para incluir un cuadro de texto en tu documento son:

1. Selecciona el comando **Cuadro de texto** del menú **Insertar**. El cursor se transformará en una cruz y cambia la vista del documento.
2. Haz clic en el lugar donde quieras situar la esquina superior izquierda del cuadro.
3. Sin soltar el botón del ratón, arrastra para definir las dimensiones del cuadro.
4. Suelta y el cuadro de diálogo de texto quedará fijado en tu página.
5. El cursor aparece dentro del cuadro de texto, listo para que incluyas el texto o cualquier otro elemento.

En los bordes del cuadro de texto aparecen seis pequeños cuadrados que puedes usar para cambiar sus dimensiones. Si lo que necesitas es modificar su posición:

1. Sitúa el cursor sobre el borde sombreado hasta que se transforme en una cruz con cuatro flechas.
2. En ese momento, haz clic y arrastra el cuadro de texto hasta su nueva posición.

Formato del cuadro de texto

Las posibilidades de formato para el cuadro de texto son bastante abundantes; para llegar hasta ellas, pulsa con el botón derecho sobre el cuadro y selecciona la opción **Formato de cuadro texto**. Aparecerá el cuadro de diálogo **Formato de cuadro de texto** y en él encontrarás los mil y un ajustes posibles para ellos.

Formato de página y documento

Poco a poco vamos ganando conocimientos y habilidades en el tratamiento de documentos. En este capítulo avanzaremos un poco más y trataremos todo lo referente a la configuración de las páginas del documento, desde la determinación del tipo de papel, hasta su orientación.
Las *vistas* es otro aspecto al que haremos referencia dentro de este capítulo, no son otra cosa que las posibilidades de visualización que nos ofrece Word para trabajar con nuestros documentos. En Office 2000 las vistas han sufrido ciertos cambios que mejoran la forma de entender este concepto.

En esta lección aprenderás a:

- Dar formato a las páginas de nuestro documento
- Trabajar con los distintos modos de visualización
- Utilizar el comando Ir a

Márgenes

Los márgenes de un documento determinan el espacio que separa cada uno de los bordes del texto con los límites reales del papel (figura 6.1). Por lo tanto, los márgenes nos permiten definir el área útil dentro de la página, y son cuatro: margen superior, inferior, derecho e izquierdo.
Por defecto Word asigna 2,5 cm a los cuatro márgenes del documento; para modificar este valor deberás hacer lo siguiente:

1. Haz clic sobre el menú **Archivo** y selecciona el comando **Configurar página** (este menú se encuentra oculto, por lo que tendrás que utilizar el botón de la parte inferior para mostrarlo). Después de ejecutar este comando aparecerá el cuadro de diálogo **Configurar página** (figura 6.2).
2. En los cuadros de texto **Superior**, **Inferior**, **Derecho** e **Izquierdo** introduce los valores que desees para definir los márgenes de tu documento.
3. Comprueba, en la vista previa que tienes en la parte derecha del cuadro de diálogo, el aspecto de la página y, si todo está correcto, haz clic en **Aceptar**.

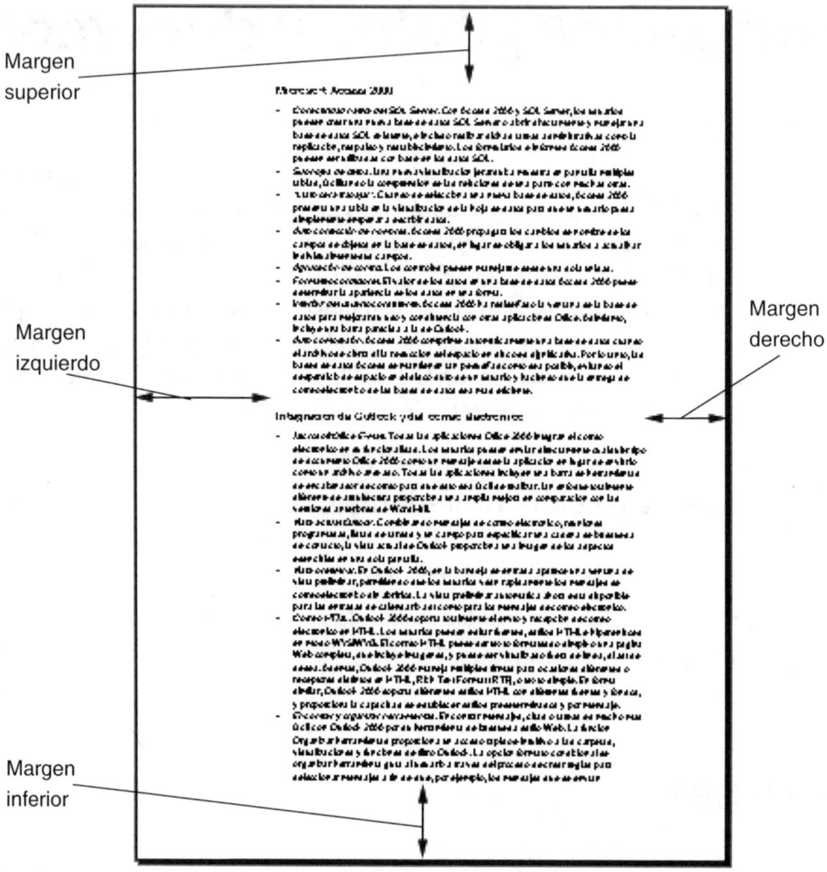

Figura 6.1. Representación gráfica de los márgenes de una página normal de Word

Además de las casillas de texto que nos permiten introducir el valor que deseemos para los márgenes, existen otras posibilidades interesantes dentro de la primera pestaña del cuadro de diálogo **Configurar página**:

- **Encuadernación**: en esa casilla puedes indicar el espacio adicional que reservará Word para encuadernar el documento. Esta opción tiene en cuenta si has activado la casilla **Márgenes simétricos** para aplicar este valor según sea la página par o impar.
- **Desde el borde**: esta sección nos permite definir la distancia desde los bordes superior e inferior de la página hasta el encabezado o pie de página respectivamente. Tanto de los encabezados como de los pies de página hablaremos en este mismo capítulo.

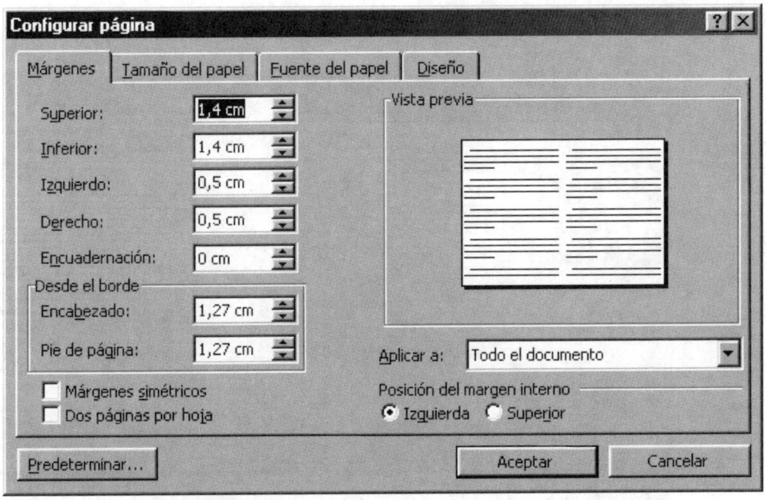

Figura 6.2. Cuadro de diálogo ***Configurar página***

- **Márgenes simétricos**: activa esta casilla de verificación en los casos en que el documento se imprime por las dos caras. De este modo los márgenes izquierdos de las páginas impares y los márgenes derechos de las páginas pares sean iguales.

Aviso: todas las impresoras tienen unos márgenes mínimos y no permiten imprimir hasta el límite de los bordes del papel. Es importante que conozcas estos valores a la hora de definir las características del documento.

Tamaño y orientación del papel

Otra de las decisiones importantes a la hora de configurar nuestro documento es elegir su tamaño y la orientación del papel. Para hacerlo sigue estos pasos:

1. Haz clic sobre el menú **Archivo** y selecciona el comando **Configurar página**.
2. Selecciona la pestaña **Tamaño del papel**. En la figura 6.3 puedes comprobar sus opciones.
3. En la lista **Tamaño de papel** elige el formato estándar que desees. Después de seleccionarlo en las casillas **Ancho** y **Alto** podrás comprobar sus dimensiones.
4. Si no te sirve ninguna de las opciones predefinidas puedes seleccionar **Tamaño personal** de la lista e introducir los valores **Ancho** y **Alto**, según tus necesidades.

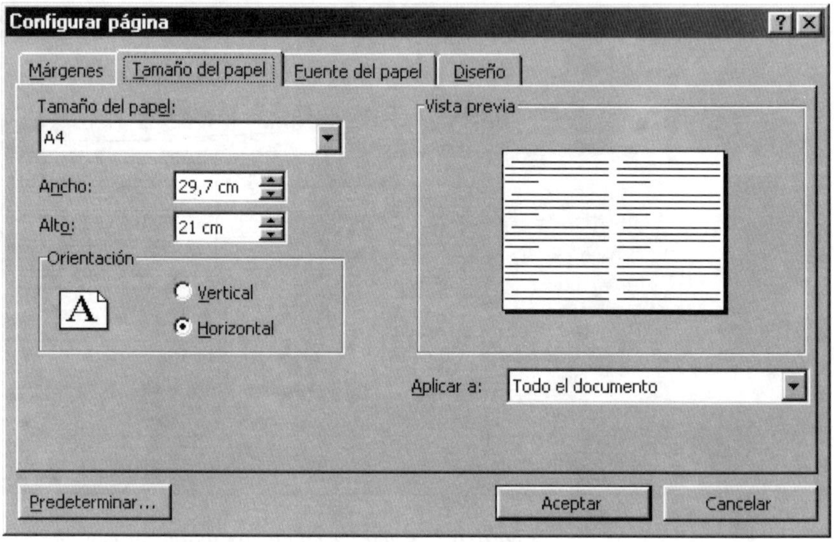

Figura 6.3. *Pestaña* ***Tamaño de papel*** *del cuadro de diálogo* ***Configurar página***

5 En la sección **Orientación** elige **Vertical** u **Horizontal**.

6 Comprueba en la vista preliminar de esta pestaña si todos los ajustes son correctos y, si es así, haz clic en **Aceptar**.

> **Aviso:** antes de utilizar un tamaño personalizado comprueba que tu impresora admite las dimensiones que necesitas.

La opción **Aplicar a** situada bajo la vista preliminar te permite elegir entre hacer efectivos los cambios para todo el documento o sólo a partir de la página actual.

Vista preliminar

La Vista preliminar es una potente herramienta que nos permite conocer el aspecto exacto que tendrá nuestro documento antes de imprimirlo. Esto nos permite ahorrar papel y corregir detalles que sólo veríamos después de impreso el documento. Para acceder a la vista preliminar del documento actual sigue estos sencillos pasos:

1 Haz clic en el menú **Archivo**.

2 Selecciona el comando **Vista preliminar**. A partir de ese momento el aspecto de tu pantalla debe ser similar al que puedes ver en la figura 6.4.

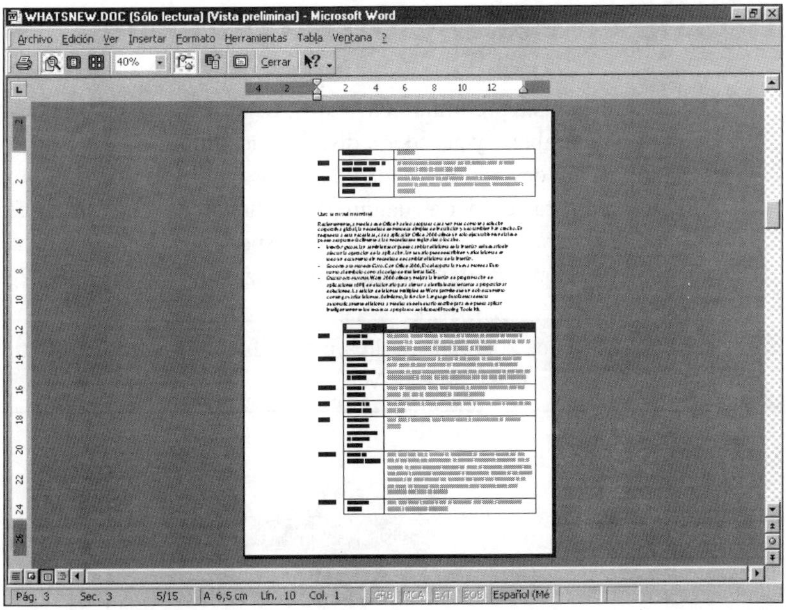

Figura 6.4. *Vista preliminar*

3 Comprueba cómo el cursor se ha transformado en una pequeña lupa con un signo más en su interior. Utilízala para ver con más detalle cualquier parte del documento.

4 Una vez comprobado el aspecto de las páginas de tu documento puedes hacer clic sobre el icono **Imprimir** de la barra de herramientas o utilizar el icono **Cerrar** para volver a la vista anterior.

Truco: puedes acceder mucho más rápido a la Vista preliminar si utilizas el icono del mismo nombre situado en la barra de herramientas Estándar.

En la barra de herramientas de la Vista preliminar existen una serie de comandos, algunos de ellos muy útiles como, por ejemplo, el icono **Varias páginas**, que te permite visualizar más de una página al mismo tiempo, o el icono **Pantalla completa** que hace desaparecer la mayoría de los elementos de la pantalla para aprovechar mejor el espacio y obtener una vista ampliada del documento.

Consejo: no olvides el comando **Vista preliminar** y utilízalo siempre antes de imprimir, seguro que te alegras en más de una ocasión.

Modos de visualización en pantalla

Además de la vista preliminar en Word existen varios modos de visualización que nos permiten trabajar y acceder a distintos detalles de nuestro documento.
A continuación describimos cada uno de los modos de visualización pero antes te diremos que para acceder a cualquiera de ellos tienes que utilizar el menú **Ver** (figura 6.5); para los más significativos dispones de los iconos de acceso directo situados a la izquierda de la barra de desplazamiento horizontal (figura 6.6).

Nota: en Office 2000 han desaparecido algunos modos de visualización y se ha incorporado la Vista Diseño Web.

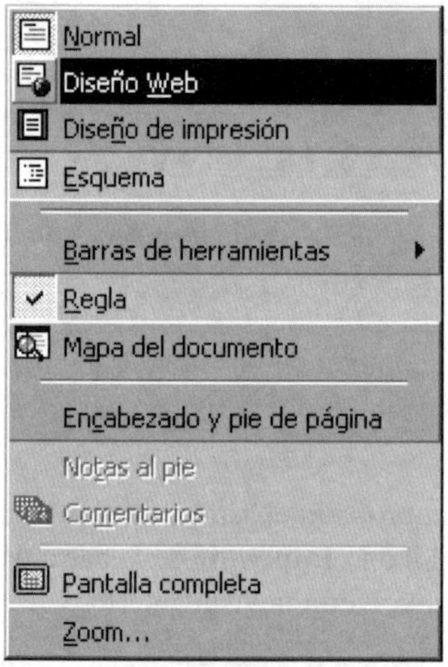

Figura 6.5.** Modos de visualización en el menú **Ver

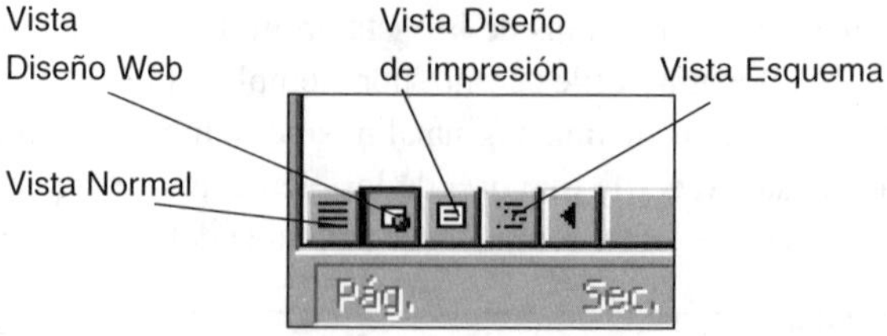

***Figura 6.6.** Iconos de acceso directo a los modos de visualización junto a la barra de desplazamiento horizontal*

Vista Normal

Es el modo por defecto en Word y el más recomendado cuando trabajamos en la parte de creación y definición del documento. Es decir, cuando escribimos el contenido de nuestro trabajo este es modo más cómodo para hacerlo.

Vista Diseño de impresión

Esta vista acerca la presentación del documento al aspecto que tendrá al imprimirlo, ya que podemos ver el lugar exacto dentro cada página que ocupará el texto, gráficos o cualquier otro elemento que hayamos incluido en el documento.
La Vista Diseño resulta ideal para comprobar los márgenes del documento, situar elementos gráficos o incluso trabajar con columnas. Otra ventaja que nos ofrece esta vista es el uso de la nueva características de Word 2000, **Hacer clic y escribir**, mediante la cual podemos empezar a escribir en cualquier parte del documento (esto sólo es posible en la Vista Diseño de impresión).

Vista Diseño Web

Si estamos utilizando Word como editor de páginas Web, esta vista nos mostrará el aspecto que tendrá la página cuando la visualicemos con un navegador.

Otras vistas

Además de las tres vistas principales de Word que acabamos de describir, existen otras posibilidades:

- **Esquema**: cuando un documento tiene un tamaño considerable, esta vista nos permite organizarlo de forma mucho más eficaz. Con el modo Esquema podemos ver tan sólo los niveles de apartados que deseemos y reestructurar toda la información con algunos clic de ratón.
- **Pantalla completa**: al seleccionar este modo desaparece todo salvo el texto. Es decir, no tendremos ni barras de herramientas ni iconos ni nada de nada.
- **Mapa de documento**: esta vista utiliza los títulos de nuestro documento para crear una especie de índice que aparece a la izquierda del documento. Haciendo clic sobre cualquiera de ellos podremos acceder de forma rápida al lugar exacto del documento donde se encuentra. De nuevo, esta vista resulta imprescindible para trabajar con documentos de gran tamaño, ya que permite movernos por él de forma rápida y sencilla.

Zoom

La herramienta **Zoom** nos permite ampliar o reducir el grado de visión del documento en la pantalla. La manera más sencilla de ajustar este valor es utilizar la lista desplegable situada en la barra de herramientas Estándar. Puedes elegir algunos de los valores predeterminados de esta lista o escribir tú mismo el porcentaje de desees. Dentro del menú **Ver** puedes encontrar el comando **Zoom**; al seleccionarlo aparece el cuadro de diálogo **Zoom** (figura 6.7). Con este método disponemos de una vista preliminar donde se ve el aspecto del texto según el porcentaje de zoom elegido.

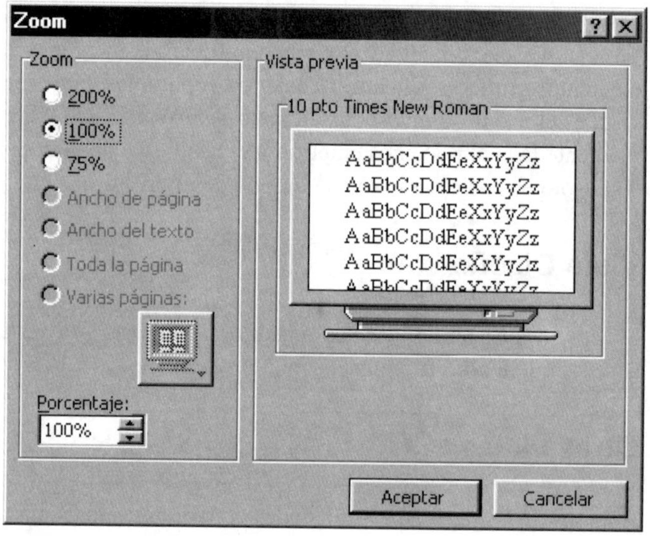

Figura 6.7. *Cuadro de diálogo* ***Zoom***

Comando Mostrar u Ocultar todo

En la barra de herramientas Estándar existe un icono denominado **Mostrar u ocultar**, que al seleccionarlo nos muestra todos los elementos no visibles de un documento como por ejemplo: espacios, saltos de párrafo, tabuladores, etc.

Secciones

Las secciones nos proporcionan un método muy eficaz para crear bloques dentro del documento con características independientes del resto.

Aquí tienes algunos ejemplos de situaciones donde es recomendable usar secciones:

- Cuando necesitemos hacer algún cambio en la numeración de páginas, pero sólo en una parte del documento.
- Si queremos realizar modificaciones sobre los márgenes de alguna de las páginas del documento.
- Para cambiar la orientación del papel en algunas páginas.
- Para modificar la apariencia de los encabezados o pies de página.

Para crear una nueva sección dentro de un documento de Word sigue estos pasos:

1 Sitúa el punto de inserción en el lugar exacto del documento a partir del cual quieres que comience la nueva sección. Te aconsejamos que pulses la tecla Intro para incluir un salto de párrafo y evitar que el salto de sección pueda cortar algún un párrafo.

2 Haz clic en el menú **Insertar** y selecciona el comando **Salto**. Aparece un cuadro de diálogo como el que puedes ver en la figura 6.8.

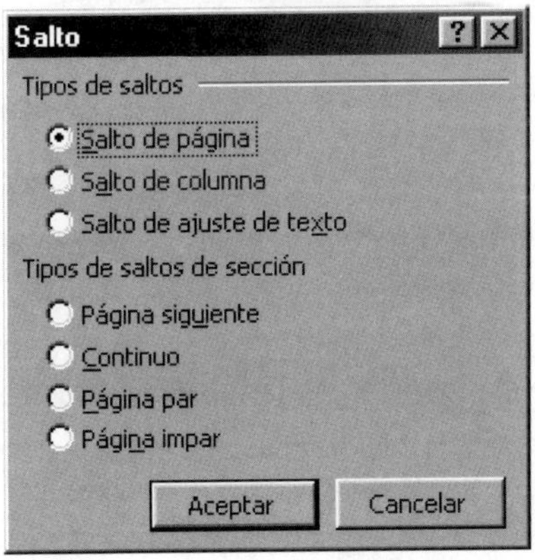

Figura 6.8.** Cuadro de diálogo **Salto

3 En el apartado **Tipos de saltos de sección** dispones de cuatro opciones cuyo significado es el siguiente:

- **Página siguiente**: esta opción provoca que sea cual sea la posición del punto de inserción, la nueva sección comience en la página siguiente.
- **Continuo**: en este caso la nueva sección permanece en la página actual.

- **Página par** y **Página impar**: el texto de la nueva sección empezará en la siguiente página par o impar según la opción seleccionada. Word incluirá una página en blanco para hacer efectivo el cambio de página si es necesario.

4 Después de elegir alguna de las cuatro opciones anteriores, haz clic en el botón **Aceptar** para insertar el nuevo salto de sección.

En la figura 6.9 puedes ver un salto de sección en un documento de Word.

Truco: puedes copiar y pegar los saltos de sección como si de cualquier otro elemento se tratase, con la única salvedad de que el texto que vaya a continuación tomará los ajustes asociados al salto de sección.

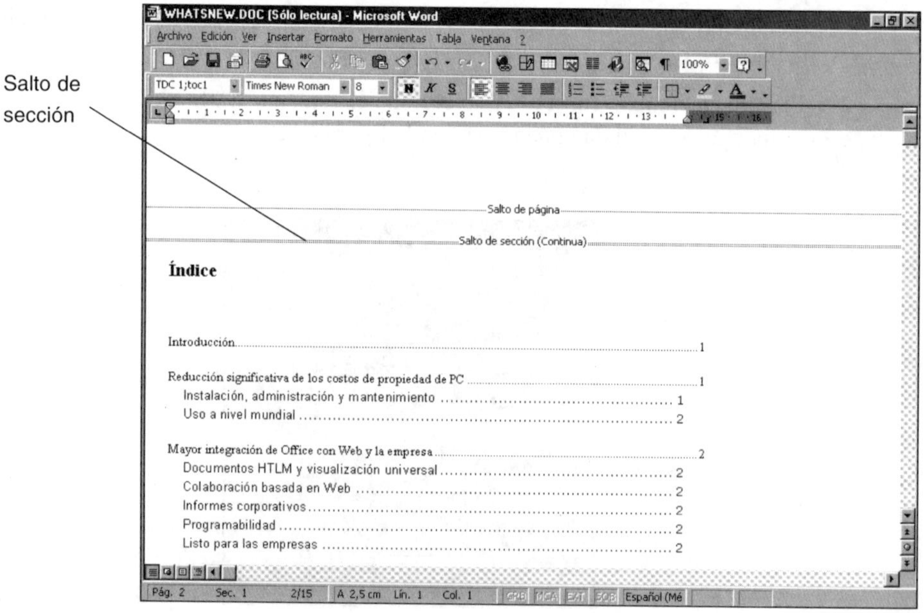

Figura 6.9. Aspecto de un salto de sección

Columnas

Las columnas nos permiten estructurar nuestro documento siguiendo el conocido estilo periodístico. Puedes dividir la página en tantas columnas como te permita el ancho de la misma.

Al utilizar columnas podrás comprobar como el texto de la página se distribuirá a través de ellas siguiendo el orden lógico de izquierda a derecha. Para crear una estructura de columnas en un documento de Word sigue estos pasos:

1 Haz clic en el menú **Formato** y selecciona el comando **Columnas**; aparecerá el cuadro de diálogo **Columnas** (figura 6.10). Este comando por defecto se encuentra oculto dentro del menú **Formato**.

2 Elige alguna de las distribuciones más habituales o introduce la cantidad de columnas que desees en la opción **Número de columnas**.

3 En la sección **Ancho y espacio** puedes determinar la anchura de cada columna y la distancia entre cada una de ellas. Si deseas utilizar valores proporcionales para todas las columnas activa la casilla **Columnas de igual ancho**.

4 En la lista **Aplicar a** puedes elegir entre hacer efectivo el cambio sobre la sección actual o sobre todas las páginas del documento a partir de la actual.

5 Observa el aspecto de la página en la vista preliminar que tienes a la derecha y, si todo es correcto, haz clic sobre el botón **Aceptar**.

> **Nota:** si lo deseas también puedes hacer que aparezca una línea de separación entre columnas, para ello activa la casilla de verificación **Línea entre columnas**.

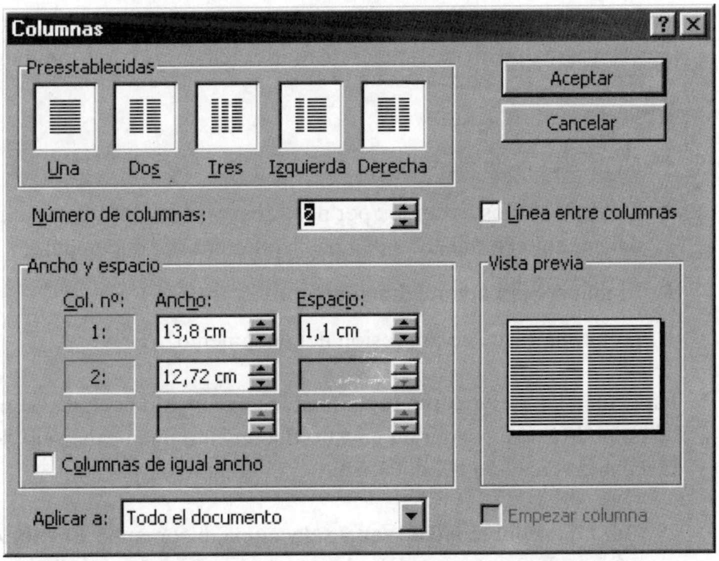

Figura 6.10. *Cuadro de diálogo* ***Columnas***

Saltos de página y de columna

Al insertar el salto de sección, entre las opciones del cuadro de diálogo **Salto** estaban **Salto de página**, **Salto de columna** y **Salto de ajuste de texto**. Para hacer que un párrafo empiece en la página o columna siguiente, sigue estos pasos:

1 Sitúa el punto de inserción al principio del párrafo que quieres enviar a la siguiente página o columna.

2 Haz clic sobre el menú **Insertar** y selecciona el comando **Salto**.

3 En el cuadro de diálogo **Salto** elige la opción **Salto de página** o **Salto de columna**.

4 Para terminar, haz clic en el botón **Aceptar**.

Si en vez de enviar un párrafo a la siguiente página quieres empezarlo, introduce un salto de párrafo con la tecla Intro y sigue los pasos anteriores. Por último, la opción **Salto de ajuste de texto** envía desde donde se encuentre el punto de inserción hasta el final de la página, a la siguiente línea, después de una tabla o de cualquier objeto.

Encabezados y pies de página

En la figura 6.11 puedes ver gráficamente a qué nos referimos cuando hablamos de los encabezados y pies de página de un documento. En Word, los encabezados y pies de página pueden contener distintos elementos como son por ejemplo:

- Fecha y hora.
- Numeración de páginas.
- Texto de estilos definidos por nosotros mismos. Por ejemplo, para incluir el título del capítulo en todas las páginas izquierdas del documento.
- El nombre del autor del documento.
- La última fecha de impresión del documento.

Para entender mejor cómo funcionan los encabezados y pies de página, vamos a ver cómo podríamos insertar en nuestro documento un encabezado donde incluiríamos la fecha de creación del documento y el número de página.

1 Haz clic sobre el menú **Ver** y selecciona el comando **Encabezado y pie de página**. La ventana de Word tomará el aspecto que puedes ver en la figura 6.12 y se activa la vista Diseño de impresión.

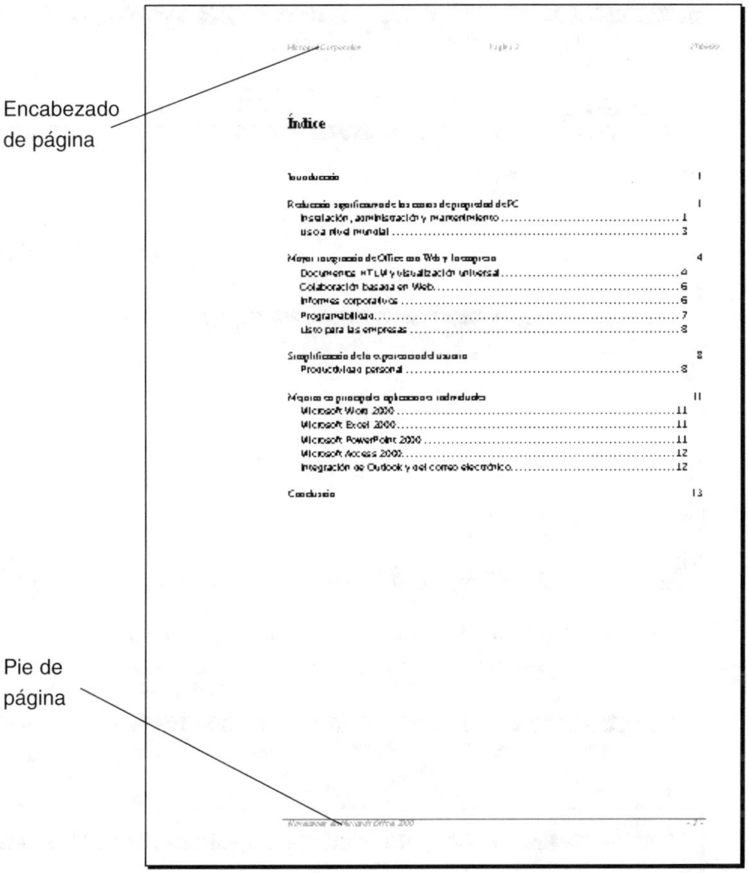

Figura 6.11. *Encabezados y pies de página*

2 Ahora, haz clic sobre el botón **Insertar Autotexto** de la barra de herramientas Encabezado y pie de página.

3 En la lista que aparece, selecciona **Fecha de creación** y comprueba cómo aparece en el rectángulo que representa al encabezado, la fecha y la hora en la que fue creado el documento.

4 A continuación pulsa la barra espaciadora y escribe *Página número*.

5 Después haz clic sobre el icono **Insertar número de página** de la barra de herramientas Encabezado y pie de página. Automáticamente aparece el número de página actual. La figura 6.13 muestra el aspecto final del encabezado.

6 Haz clic en el botón **Cerrar** para terminar con la edición del encabezado.

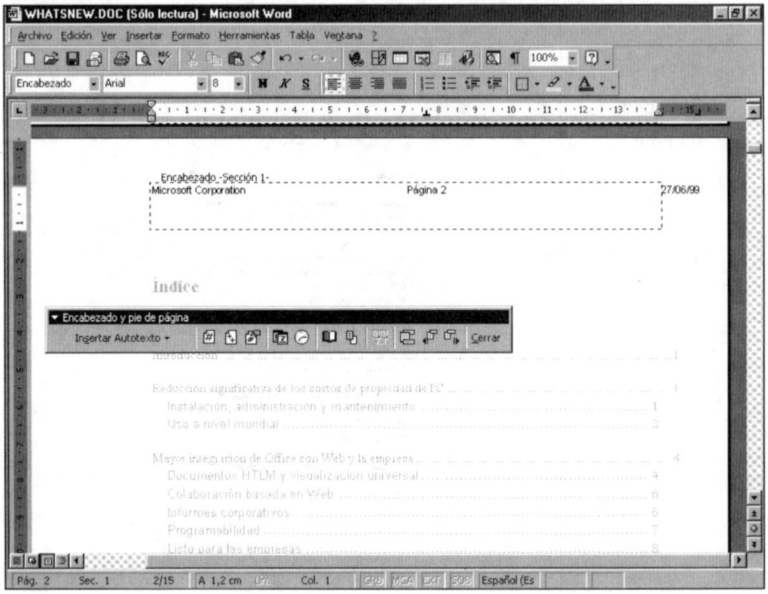

Figura 6.12. Ventana de Word cuando activamos los encabezados y pies de página

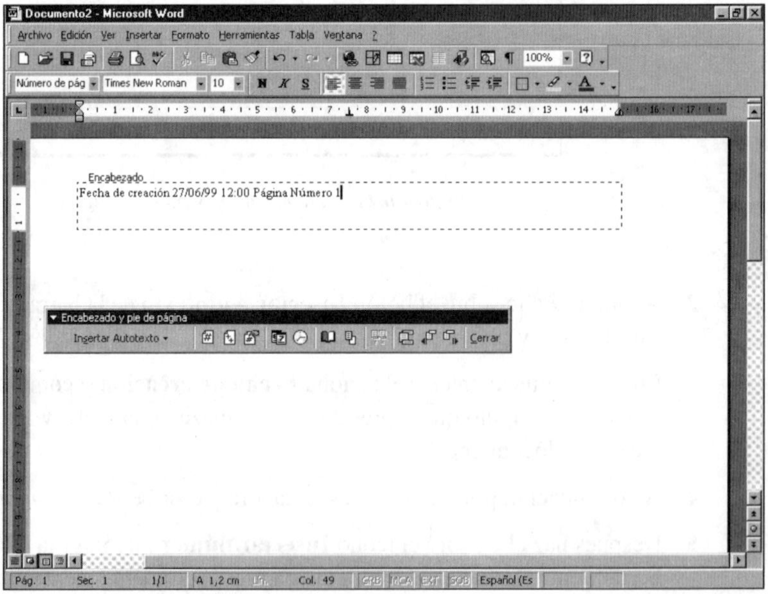

Figura 6.13. Resultado de incluir la fecha de creación y el número de página a nuestro encabezado

Y ahora, te estarás preguntando dónde está el encabezado que acabas de crear. No te preocupes, lo único que ocurre es que en la vista Normal no es posible tenerlo visible, pero utiliza la vista Preliminar o la Vista Diseño de impresión y comprobarás que está ahí.

Pies de página

En el ejemplo anterior hemos visto cómo trabajar con los encabezados, pero si lo que necesitas es incluir un pie de página, debes pulsar el botón **Cambiar entre encabezado y pie** (figura 6.14) de la barra de herramientas Encabezados y pies de página.

> **Nota:** desde la barra de herramientas Encabezado y pie de página podrás moverte entre los encabezados y pies de todas las páginas de tu documento empleando los botones **Mostrar siguiente** y **Mostrar anterior**. También puedes repetir el encabezado y pie de la página anterior con el icono **Igual que el anterior**.

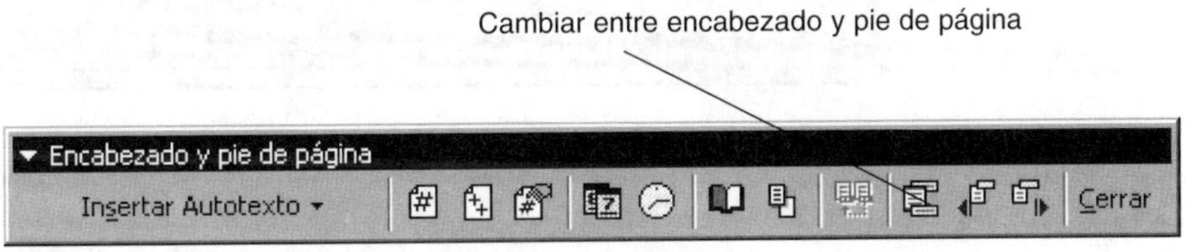

Figura 6.14.** Botón **Cambiar entre encabezado y pie

Numeración de páginas

Además del método que hemos visto en el apartado anterior, existe en Word otro comando que también nos permite numerar las páginas de nuestro documento.

1. Haz clic en el menú **Insertar** y selecciona el comando **Numeración de páginas**. Aparecerá el cuadro de diálogo **Números de página** (figura 6.15).
2. Determina la posición y la alineación del número de página eligiendo la opción adecuada en las listas **Posición** y **Alineación**.
3. Si quieres que la primera página del documento también aparezca numerada, activa la casilla **Número en la primera página**.

4 Para modificar el estilo por defecto del número de página puedes utilizar el botón **Formato**. En este cuadro también puedes determinar el número a partir del cual empezaría la numeración del capítulo.

5 Comprueba en la vista previa del cuadro de diálogo **Números de página** si todo es correcto y haz clic en **Aceptar**.

Nota: si lo único que deseas es incluir el número de página en tu trabajo el método más rápido es el comando **Números de página** pero si deseas añadir más información necesitarás recurrir a la opción **Encabezado y pie de página**.

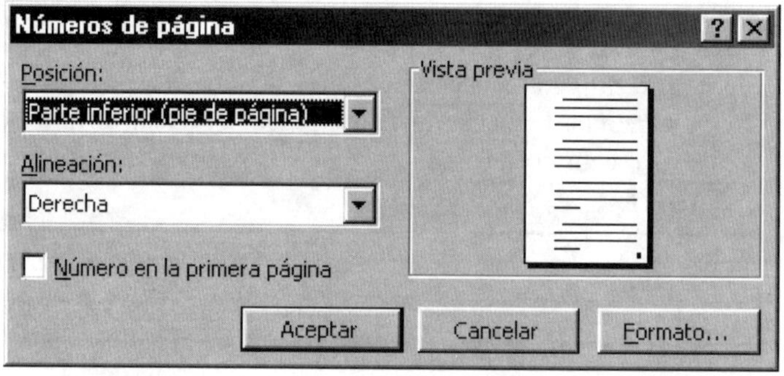

Figura 6.15. *Cuadro de diálogo* ***Números de página***

Notas al pie y notas al final

En muchos libros es habitual encontrar explicaciones de algunos conceptos en la parte inferior de la página, a estos comentarios se les conoce normalmente como notas al pie. En Word la forma de insertar este tipo de elementos es la siguiente:

1 Sitúa el punto de inserción al final de la palabra a la que quieras añadir una nota al pie.

2 Elige el comando **Insertar** y haz clic sobre el comando **Nota al pie** (este comando está oculto, por lo tanto usa el botón situado al final del menú para mostrarlo). Aparecerá el cuadro de diálogo **Notas al pie y notas al final** (figura 6.16).

3 Si dejas todos los valores por defecto, Word incluirá al final de la página la nota y la numerará automáticamente. Ésta es la mejor opción en la mayoría de los casos, aunque si lo deseas puedes hacerlo manualmente. Además, el botón **Opciones** te ofrece algunas posibilidades más para personalizar la nota.

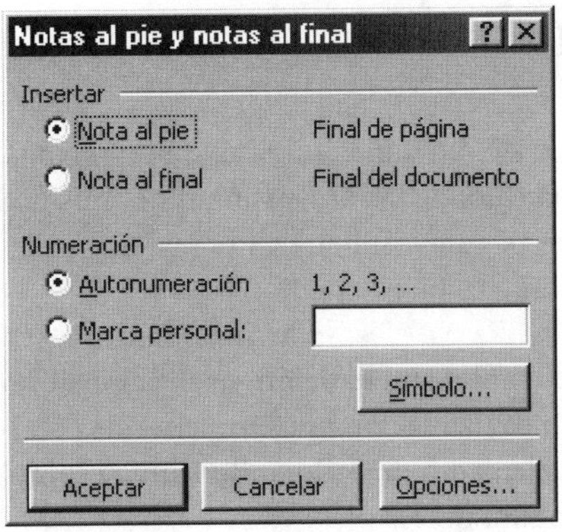

Figura 6.16. *Cuadro de diálogo* ***Notas al pie y notas al final***

4 Después de hacer clic en el botón **Aceptar**, el cursor se desplaza hasta la parte inferior de la página, donde verás el número de la nota. A partir de éste deberás escribir el comentario asociado a la misma.

La diferencia entre las notas al pie y las notas al final es que la primera de ellas aparecerá en la parte inferior de cada página y la segunda la final del documento.

> **Truco:** para conocer el contenido de una nota sin desplazarte hasta ella, sitúa el cursor encima. Un pequeño cuadro amarillo mostrará el texto asociado a la nota.

Editar notas

Si quieres modificar el texto de alguna nota, sólo tienes que desplazarte hasta su localización y editarla normalmente.

Mover notas

Para mover una nota simplemente tienes que cortar el número de orden asociado a ella y pegarlo al final de la palabra que desees.

Borrar notas

En esta ocasión tampoco deberás realizar un esfuerzo ímprobo, ni mucho menos, es suficiente con borrar el número asociado a la nota situado en la palabra del texto que elegiste. Si seleccionaste la numeración automática de notas, al borrar cualquiera de ellas Word modificará la numeración del resto automáticamente.

Comando Ir a

Para desplazarte rápidamente a cualquier página de tu documento, sobre todo en aquellos casos donde las dimensiones del mismo hacen que las teclas Avanzar y Retroceder página resulten insuficientes, puedes utilizar el comando **Ir a**. Su funcionamiento es bien sencillo:

1 Haz clic en el menú **Edición** y selecciona el comando Ir a (probablemente esté oculto) o utiliza la combinación de teclas Ctrl+I. En cualquiera de los dos casos aparece el cuadro de diálogo **Buscar y reemplazar** con la pestaña **Ir a** en primer plano (figura 6.17).

2 En la lista de la derecha selecciona el elemento que quieres utilizar como base para el desplazamiento.

3 Por último, en el cuadro de la derecha escribe el nombre de sección, número de página, número del gráfico, etcétera, según la opción elegida en la lista anterior.

4 Haz clic en los botones **Anterior** o **Posterior** para buscar a partir de la posición actual hacia atrás o hacia delante.

Truco: el comando **Ir a** también acepta valores relativos, por ejemplo, si eliges Página e introduces +4 se moverá cuatro páginas a partir de la actual.

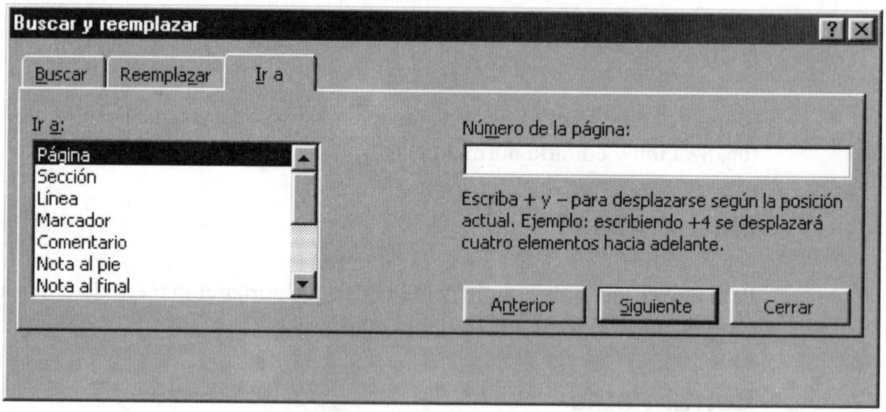

*Figura 6.17. Cuadro de diálogo **Buscar y reemplazar** con la pestaña **Ir a** en primer plano*

Impresión de documentos

Una vez acabado nuestro trabajo estaremos deseando ver los resultados. Aunque a primera vista parece sencillo, a la hora de imprimir nuestros documentos existen algunos ajustes que debemos tener en cuenta. Además debemos estar preparados para los pequeños problemas que surgen siempre cuando llegamos a este punto. En esta lección verás todas las posibilidades de Word para imprimir documentos.

En esta lección aprenderás a:

- Imprimir tus documentos
- Utilizar las opciones de impresión
- Imprimir a dos caras

Vista preliminar

La opción **Vista preliminar** está muy relacionada con la impresión de documentos, y nos permite ver el aspecto de nuestro documento antes de imprimirlo. Acostúmbrate a utilizar esta herramienta antes de imprimir por dos razones principalmente:

- Evitar resultados inesperados a la hora de imprimir, como saltos de página mal situados, orientación inadecuada de la página, etc.
- Salvar algún que otro árbol al ahorrar todo el papel posible.

Además del botón **Vista preliminar** de la barra de herramientas Estándar, puedes utilizar el comando del mismo nombre del menú **Archivo**. En la figura 7.1 puedes ver el aspecto de Word después de ejecutar el comando **Vista preliminar**.
Una vez dentro de la vista preliminar puedes hacer clic en cualquier parte de documento para ampliarlo y volver a hacer clic para reducirlo. Pero si lo prefieres utiliza la lista **Zoom** para ajustar la vista del documento como desees.

Salir de la Vista preliminar

Después de ver el aspecto de tu documento una vez impreso, selecciona el botón **Cerrar** de la barra de herramientas Vista Preliminar para salir de la Vista Preliminar.

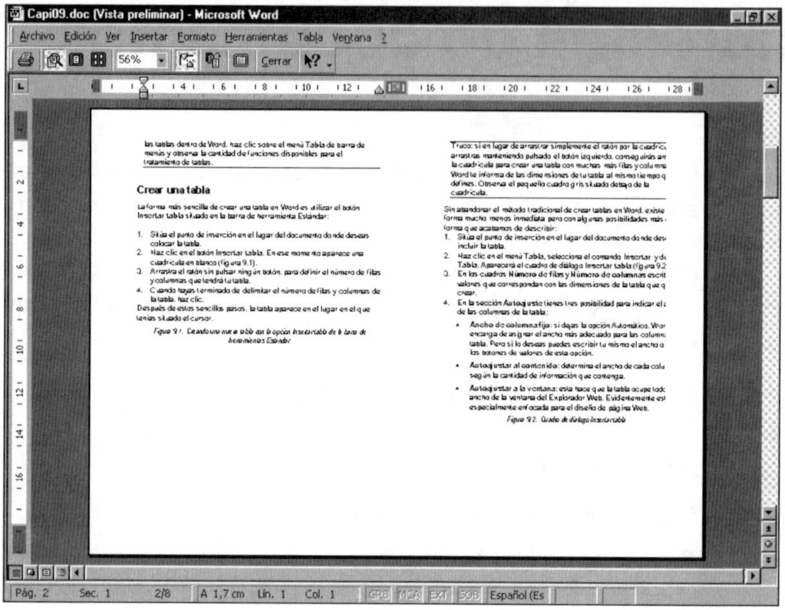

Figura 7.1. *Vista preliminar*

Imprimir

La forma más rápida de imprimir el documento actual, utilizando las opciones por defecto de Word, es hacer clic en el botón **Imprimir** situado en la barra de herramientas Estándar. Pero si deseas controlar algunos de los aspectos de la impresión, utiliza la siguiente secuencia de pasos:

1 Abre el documento que deseas imprimir si no lo tienes como documento actual.

2 Haz clic en el menú **Archivo** y selecciona el comando **Imprimir**. Aparece el cuadro de diálogo **Imprimir** (figura 7.2).

3 Si tienes más de una impresora instalada en tu equipo, en la lista **Nombre** puedes seleccionar la que desees utilizar. Además dispones del botón **Propiedades** mediante el cual podrás ajustar los parámetros de la impresora elegida.

4 En la sección **Intervalo de páginas** puedes escoger entre imprimir todo el documento, la página actual o el intervalo de páginas que desees. Los intervalos de páginas se determinan separando con un guión las páginas consecutivas, y con una coma las alternas. Por ejemplo, el intervalo "15-17, 20" imprimiría las páginas 15, 16, 17 y 20.

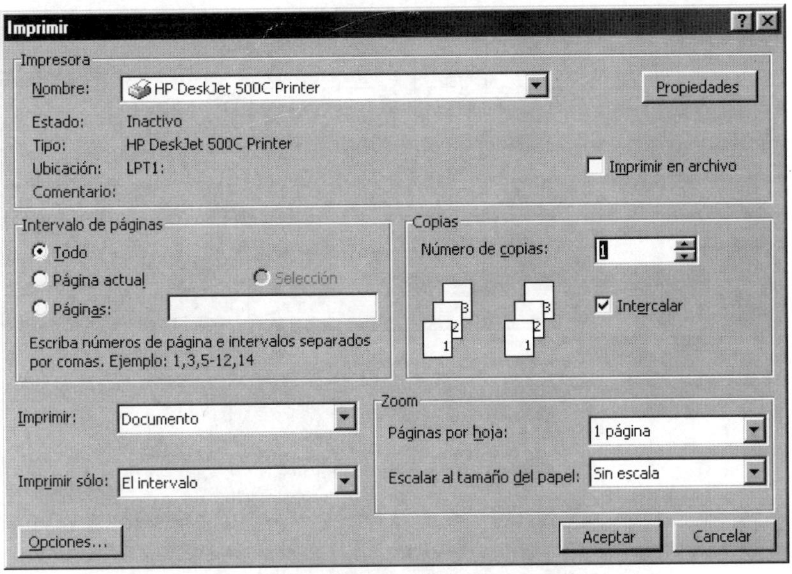

Figura 7.2.** Cuadro de diálogo **Imprimir

5 Si necesitas más de una copia, escribe la cantidad en **Número de copias**.

6 Por último, haz clic en el botón **Aceptar** para imprimir el documento.

Aunque estos son los pasos básicos para imprimir cualquier documento en Word, en los siguientes apartados hablaremos con más detalle de características como el número de copias o la impresión de intervalos de páginas.

Aviso: las opciones que aparecen en los distintos cuadros de diálogo de impresión al utilizar el botón **Propiedades** (figura 7.3), dependen de la impresora que tengas seleccionada para imprimir tu documento. Dicho de otro modo, puede que algunas de las opciones que tratemos no aparezcan en tu impresora y que se nos pase explicar alguna de las que aparecen en tu cuadro de diálogo.

Con el fin de que esta lección pueda sernos lo más útil posible, vamos a trabajar con dos impresoras a la hora de explicar las opciones de impresión de Word. La primera de ellas es una impresora Hewlett Packard DeskJet 500 (no PostScript) y la segunda una impresora PostScript (exactamente, la HP 4M).

Nota: PostScript es un lenguaje informático de definición de páginas. Las impresoras PostScript son aquéllas que son capaces de entender este lenguaje.

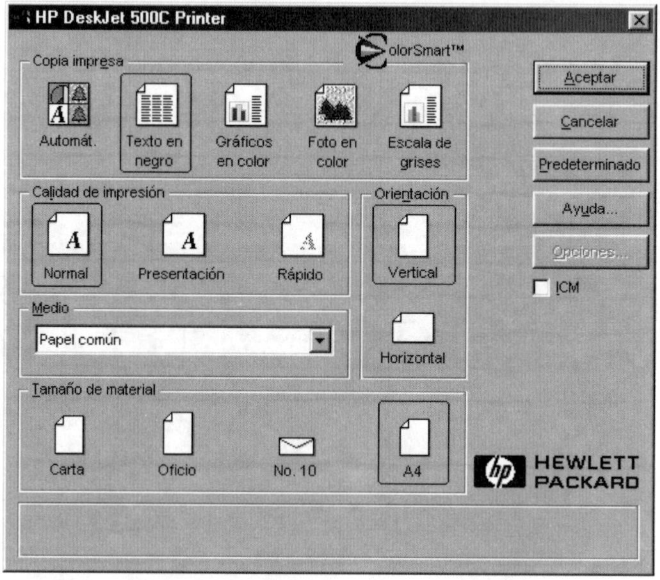

Figura 7.3. *Cuadro de diálogo* ***Propiedades***

El número de copias

Para imprimir varias copias de un documento no hace falta usar la secuencia de pasos de impresión tantas veces como copias desees. En el cuadro de diálogo **Imprimir**, aparece un recuadro de texto llamado **Número de copias**. Escribiendo en dicho cuadro el número de copias, las conseguirás en una sola operación de impresión.

Aviso: en algunas impresoras no-PostScript, el número de copias se define con el botón **Ajustar** del cuadro de diálogo **Imprimir documento**.

Cuando el documento tiene varias páginas Word distribuye las distintas copias de dos formas, controladas por la casilla de verificación **Intercalar**:

- Imprimir primero las copias de la primera página, después las de la segunda, etc. Este método es más rápido para imprimir, ya que la información de cada página se envía sólo una vez a la impresora. Después habrá que ordenar las páginas de cada copia. Esta opción es efectiva con la casilla **Intercalar** desactivada.
- Imprimir copias enteras del documento varias veces. Este segundo método es más lento para imprimir, pero las copias saldrán de la impresora perfectamente ordenadas. Activa la casilla **Agrupar** para trabajar de este modo.

Imprimir sólo ciertas páginas

Otra característica básica común a todas las impresoras es la posibilidad de imprimir sólo parte de las páginas que componen un documento. Esta posibilidad es realmente importante, ya que muchas veces desearás imprimir únicamente las páginas con las que estás trabajando y no todo el documento.
Las opciones responsables de esta característica se encuentran dentro de la sección **Intervalos de páginas** del cuadro de diálogo **Imprimir**:

- Activa el botón de radio **Todas** para imprimir todas las páginas del documento (activado por omisión).
- Si quieres imprimir solamente unas páginas determinadas, activa el botón de radio **Páginas** y escribe el rango de páginas en el cuadro existente a su derecha. Si las páginas están seguidas, emplea un guión para separar la primera y última que desees imprimir. Si las páginas no están seguidas, sepáralas mediante una coma. Por ejemplo, si escribes *1-3, 6*, Word imprimirá las páginas 1, 2, 3 (rango 1-3) y 6.

Truco: puedes comenzar un rango simplemente con un guión (**-12**), que va a indicar que deseas imprimir desde la página 1. De la misma manera, si no escribes un número detrás de un guión, imprimirás todas las páginas hasta el final (**32-**).

Bajo la sección **Intervalos** tienes dos listas: la primera de ellas nos permite imprimir determinados elementos del documento como pueden ser los comentarios, estilos, el texto, etcétera. La segunda de las listas desplegables permite imprimir las páginas pares e impares de modo independiente.

Opciones de zoom

Esta versión de Office incorpora como novedad en la impresión de documentos la posibilidad de incluir más de una página del documento dentro cada hoja impresa, y también la de ajustar el tamaño del documento para que pueda ser impreso en un tamaño distinto de papel.
Estas dos propiedades se encuentran dentro de la sección **Zoom** del cuadro de diálogo **Imprimir** y se denominan: **Páginas por hojas** y **Escalar al tamaño del papel**.

Nota: la función de escalado del papel es sólo temporal ya que una vez terminado el proceso de impresión el documento recupera su configuración original.

Opciones de impresión

Además de las opciones básicas de impresión que hemos visto hasta ahora, existen algunas posibilidades más a las que puedes acceder a través del botón **Opciones** (figura 7.4). Las más destacables serían:

- **Borrador**: al activar esta opción puedes acelerar el proceso de impresión, ya que Word utiliza sólo las características básicas de formato. Sólo es conveniente utilizar para imprimir pruebas previas de nuestro trabajo.
- **Impresión en segundo plano**: está activada por defecto y nos permite seguir trabajando mientras se imprime el documento. Esta característica consume memoria del sistema, por lo que si andas escaso de este recurso puedes desactivarla.
- **Orden inverso**: empieza a imprimir a partir de la última página del documento hacia atrás. En el siguiente apartado hablaremos de cómo aprovechar esta opción.
- **Actualizar campos**: los campos son elementos activos dentro de un documento de Word que nos permiten realizar cálculos, obtener la fecha del sistema, etc. Si utilizamos campos, es conveniente activar esta opción para imprimir siempre los valores actualizados de los mismos.

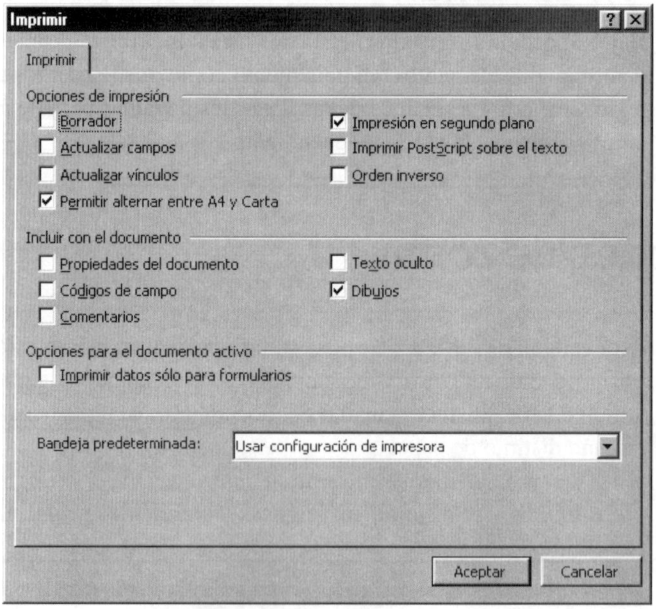

Figura 7.4. *Opciones de impresión*

Nota: en la lección dedicada a las herramientas avanzadas de Word, trataremos los campos con un poco más de detalle.

Además dentro de la sección Incluir con el documento, encontramos una serie de casillas de verificación que nos permiten ampliar la información que aparecerá en la copia impresa de nuestro documento.

- **Propiedades de documento**: al activar esta opción y una vez terminada la impresión del documento, Word añade una página con la información del resumen del documento. Estos datos los puedes encontrar y modificar accediendo al comando **Propiedades** del menú **Archivo**, dentro de la pestaña **Resumen** (figura 7.5).
- **Códigos de campo**: cuando usas campos esta opción permite sustituir su valor por las funciones y códigos que lo componen (por ejemplo: {SUMA(ENCIMA)/#}).
- **Comentarios**: imprime todos los comentarios en una nueva página al final del documento.

Nota: en la lección dedicada a las herramientas de escritura aprenderemos a incluir comentarios en nuestros documentos.

- **Textos ocultos**: activa esta casilla de verificación si quieres que aparezca en la copia impresa todo el texto marcado como oculto o no visible.
- **Dibujos**: esta opción se encuentra activada por defecto y es indispensable si quieres imprimir junto con tu documento todas las formas y dibujos que incluya.

Después de conocer el significado de todas estas opciones, podrás controlar sin ningún tipo de problema la impresión de tus trabajos. En cualquier caso, insistimos, a riesgo de ser pesados, en la necesidad de utilizar la vista preliminar antes de imprimir un documento.

Imprimir a dos caras

En el apartado anterior hemos visto que existía la posibilidad de imprimir las páginas en el orden inverso y también de imprimir la páginas pares e impares de forma separada. Es posible que entonces no le encontraras utilidad alguna a estas opciones, pero te podemos asegurar que si deseas imprimir un documento a dos caras, esta opción te va a ahorrar gran cantidad de tiempo y papel.

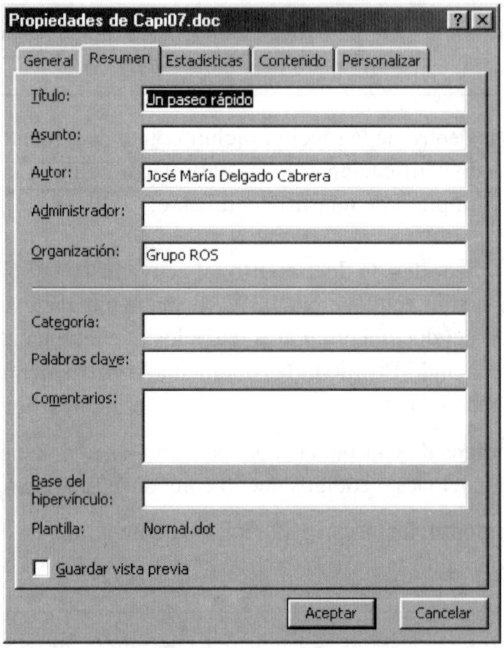

Figura 7.5. Resumen del documento actual

A continuación se muestra cómo imprimir el contenido de un documento a dos caras con una impresora normal (que no admite imprimir directamente a dos caras):

1 Ejecuta el comando **Imprimir** del menú **Archivo**.

2 En la lista desplegable **Imprimir sólo**, selecciona la opción **Páginas impares**.

3 El resto de opciones las dejamos a tu criterio. Haz clic en el botón **Imprimir**.

4 Una vez terminada la impresión dale la vuelta al papel y colócalo en la impresora. La primera página de papel será la vuelta de la última que se ha impreso.

5 Ejecuta de nuevo el comando **Imprimir** pero, en esta ocasión, selecciona la opción **Páginas pares** de la lista **Imprimir sólo**.

6 Haz clic en el botón **Opciones** y activa la casilla de verificación **Orden inverso**.

7 Finalmente, haz clic en **Aceptar** para comenzar la impresión de la segunda cara de nuestras páginas.

Cuando se imprime a dos caras, normalmente se imprimen primero las páginas impares, ya que si hemos empezado a numerar el documento por la página 1, ésta será la primera. Al terminar, se imprimen las pares.

Estilos y plantillas

Ya conocemos la mayoría de las opciones de formato para caracteres, párrafos y páginas. Pero hasta ahora, para aplicar cualquier característica era necesario abrir algún que otro cuadro de diálogo o utilizar alguno de los botones de las distintas barras de herramientas. En esta lección aprenderemos que hay una forma en Word de unir varias operaciones de formato bajo un mismo nombre y aplicarlas de una sola vez. Nos estamos refiriendo a los estilos de párrafo y de carácter.
Otros aspectos importantes que se tratarán en la lección son las plantillas y documentos maestros, que nos van a permitir crear documentos modelo, los cuales nos ahorrarán mucho trabajo a la hora de elaborar documentos que compartan ciertas características. En resumen, una interesante lección donde no debes perder detalle.

En esta lección aprenderás a:

- Definir, aplicar y modificar estilos de párrafo
- Trabajar con estilos de carácter
- Organizar los estilos de un documento
- Trabajar con plantillas

¿Qué son los estilos y para qué sirven?

Cuando trabajamos en un documento extenso o en varios de similares características, necesitaremos aplicar muchas veces las mismas especificaciones de párrafo. Para evitar perder el tiempo y agilizar esta labor, Word pone a nuestra disposición los estilos. Un estilo no es más que un conjunto de propiedades, de carácter o de párrafo agrupados bajo un nombre determinado.
Si tenemos una serie de estilos para los párrafos que forman nuestro documento no hará falta asignar una y otra vez las distintas características, bastará con aplicar el estilo creado para cada párrafo. Además, los estilos de párrafo nos ayudarán a conseguir que nuestro documento tenga un aspecto mucho más limpio y homogéneo.
Los estilos se guardan en la plantilla por defecto de Word (Normal.dot), pero si lo prefieres puedes tenerlos en cualquier plantilla que tengas creada. En esta misma lección hablaremos de las plantillas y también veremos la forma de aprovechar todas sus posibilidades.

Uno de los elementos principales para trabajar con los estilos es la lista **Estilo** situada en el extremo izquierdo de la barra de herramientas Formato (figura 8.1).

Figura 8.1. *Lista* ***Estilo***

Estilos predeterminados de Word

Word dispone de una serie de estilos predeterminados que aparecen por defecto cuando creamos un nuevo documento. Estos estilos por defecto son los que puedes ver en la figura 8.2.

> **Aviso:** hoja de estilos es el nombre que sirve para definir el conjunto de estilos disponibles en un documento. Esta definición es muy común en programas de autoedición y maquetación.

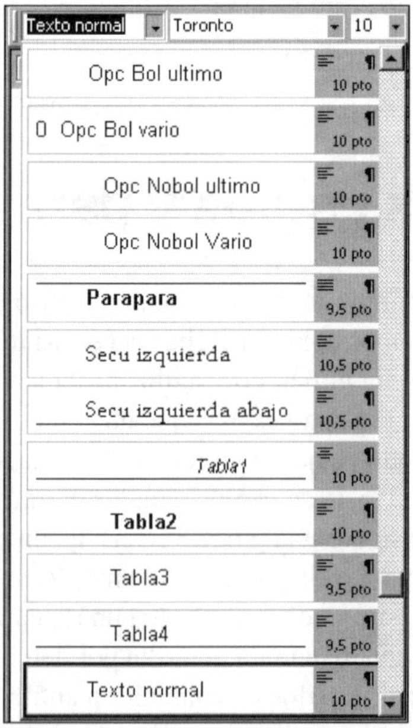

Figura 8.2. *Estilos predeterminados de Word*

Aplicar estilos

Sin más, y utilizando los estilos predeterminados de Word, vamos a ver cómo podemos aplicarlos a los párrafos de nuestro documento:

1 Selecciona el párrafo o párrafos a los que desees aplicar el conjunto de características de formato, es decir, el estilo.

2 Haz clic en la lista **Estilo** y selecciona el estilo que desees utilizar. Después de esto, comprueba cómo el párrafo o párrafos seleccionados han adoptado los atributos definidos en el estilo seleccionado.

Como has podido comprobar, la sencillez y el ahorro de tiempo es la clave de los estilos. En esta lección también veremos cómo podemos asociar atajos de teclado a los estilos para agilizar aún más su uso.

Definir estilos

Ya nos ha quedado claro qué son los estilos, para qué nos pueden servir e incluso cómo podemos utilizarlos. Sólo necesitamos conocer la forma de crearlos y tener en nuestro documento los estilos necesarios para dar formato a nuestros textos.

Consejo: a la hora de crear los estilos, te puede resultar muy útil hacer una pequeña lista en papel con las características principales de cada uno de ellos: tipo de fuente, tamaño, espacio anterior y posterior, alineación, etc. Es evidente, que este consejo es útil cuando necesites crear un número considerable de estilos para un trabajo más o menos extenso.

En la creación de un nuevo estilo podemos contemplar todos los aspectos aplicables a los párrafos y que hemos visto hasta ahora:

- Sangrías y tabuladores.
- Espacio de separación anterior y posterior.
- Alineación.
- Separación de palabras.
- ...y cualquier otro atributo de párrafo que necesites aplicar.

Una vez que tenemos más o menos claras las características del nuevo estilo sólo nos queda ponernos manos a la obra:

1 Sitúa el punto de inserción sobre el párrafo de tu documento que quieres utilizar como modelo para crear el estilo.

2 Aplícale todas las propiedades de formato que quieras asociar al estilo. Si ya tienes un párrafo con las características que necesitas para crear un nuevo estilo, puedes obviar este paso.

3 Haz clic en la lista **Estilo** de la barra de herramientas Estándar. Comprueba como el nombre **Estilo** que se encuentra activado en ese momento queda seleccionado.

4 Escribe el nombre que quieres asignar al nuevo estilo.

5 Una vez escrito el nombre del estilo, pulsa la tecla Intro para almacenar el nuevo estilo en la hoja de estilos del documento.

Para estar seguro de que tu estilo se ha creado correctamente, haz clic en la lista **Estilo** y comprueba que se encuentra en ella.

Aviso: por defecto los estilos quedan asociados al documento donde se crearon, para utilizarlos en otros documentos deberás almacenarlos en la plantilla Normal.dot o en alguna plantilla personal. En este tipo de tareas no será de gran utilidad el Organizador de estilos del que hablaremos en esta misma lección.

Modificar estilos

Si después de crear algún estilo decidimos modificar algunas de sus propiedades, debemos seguir estos pasos:

1 Sitúa el punto de inserción sobre el párrafo que tiene aplicado el estilo que quieres modificar.

2 Cambia las características de formato que desees.

3 En la lista **Estilo**, selecciona el nombre del estilo que tiene el párrafo, es decir, el que quieres modificar. Aparecerá un cuadro de diálogo (figura 8.3) donde deberás elegir entre dos posibles opciones:

- **Redefinir el estilo para reflejar los últimos cambios realizados**: esta opción modifica la definición del estilo y le asigna las nuevas características de formato. Por lo tanto todos los párrafos que tengan asociados este estilo también adoptarán los cambios realizados. Gracias a esta posibilidad podremos seguir manteniendo la homogeneidad dentro del documento.

- **Volver a aplicar el formato del estilo a la selección**: esta segunda posibilidad elimina del párrafo actual todas las nuevas características de formato y le aplica el formato del estilo original. En definitiva, se trata de deshacer los cambios hechos sobre el párrafo y devolverlo a su estado inicial.

Aviso: este cuadro de diálogo también aparece cuando modificamos las propiedades de formato de algún párrafo que tiene asignado algún estilo.

Esta forma de modificar las características de un estilo quizás sea algo engorrosa, pero no te preocupes porque un poco más adelante veremos que desde el cuadro de diálogo **Estilo** es mucho más sencillo y ofrece muchas más posibilidades.

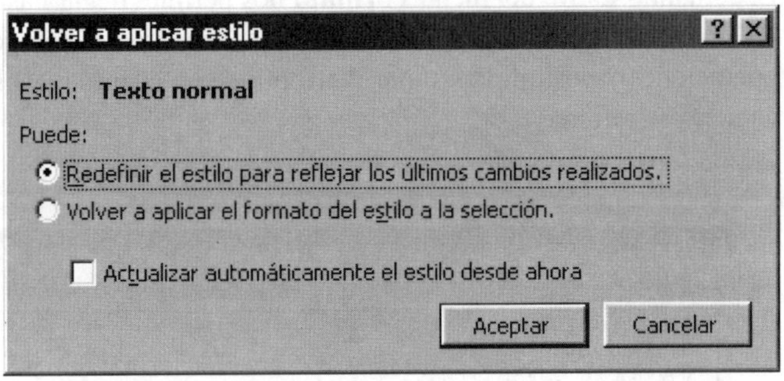

Figura 8.3. *Cuadro de diálogo* ***Volver a aplicar estilo***

Estilos de carácter

Los estilos de carácter siguen los mismos principios que hemos visto hasta ahora para los estilos de párrafo. Como es lógico la principal diferencia radica en las propiedades que se definan en este caso: fuente, estilo de fuente, tamaño, etcétera. Para crear un estilo de carácter te recomendamos que utilices el comando **Estilo** del menú **Formato**. En el siguiente apartado tratamos este comando en profundidad y la forma de crear estilos de carácter con él.

Nota: en la lista **Estilo** de la barra de herramientas Formato puedes distinguir los estilos de párrafo y de carácter por el símbolo que se encuentra en la esquina superior derecha del recuadro de propiedades asociado a cada estilo (figura 8.4).

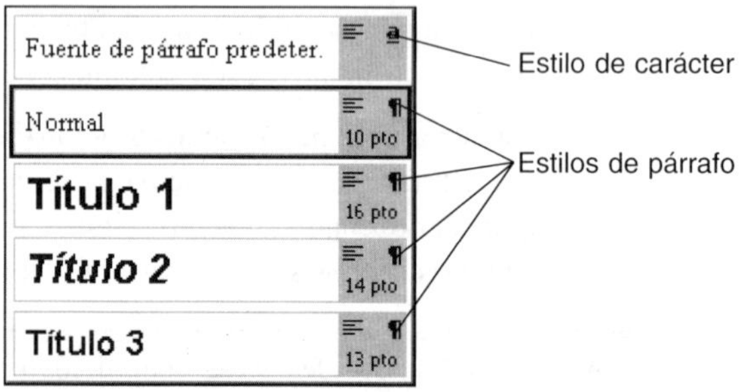

Figura 8.4. *Símbolo que distingue a los estilos de párrafo y de carácter*

Cuadro de diálogo Estilo

El comando **Estilo** del menú **Formato** nos permite llegar hasta el cuadro de diálogo **Estilo**, que puedes ver en la figura 8.5. Este cuadro de diálogo centraliza todas las operaciones y posibilidades que Word ofrece en cuanto a estilos de párrafo y de carácter se refiere.

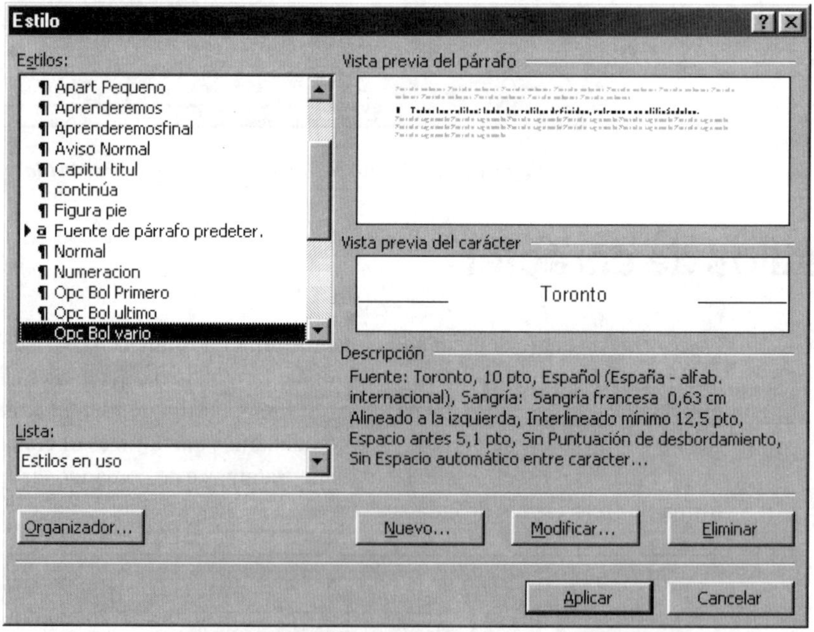

Figura 8.5. *Cuadro de diálogo* ***Estilo***

En la parte izquierda del cuadro de diálogo nos encontramos con la sección **Estilos** donde puedes ver todos los estilos disponibles. Además, utilizando la lista situada debajo, podemos decirle que nos muestre:

- **Estilos en uso**: todos los estilos que estamos utilizando en el documento actual.
- **Todos los estilos**: todos los estilos definidos, estemos o no utilizándolos.
- **Estilos personas**: los estilos que hemos creado.

Otra de las ventajas de este cuadro de diálogo son las dos vistas previas que se encuentran en la parte derecha. Utilízalas para comprobar el aspecto aproximado de los distintos estilos.
También cabe destacar la sección **Descripción**, donde tienes una reseña exhaustiva de todas propiedades de formato que forman el estilo seleccionado en la lista **Estilo**.

Truco: desde el cuadro de diálogo **Estilo** también puedes aplicar estilos, sólo tienes que seleccionar el estilo que desees en la ventana **Estilo** y hacer clic en el botón **Aplicar**.

Crear un nuevo estilo desde el cuadro de diálogo Estilo

Como ya hemos comentado, también se pueden crear nuevos estilos mediante las opciones del cuadro de diálogo **Estilo**. La forma de hacerlo sería la siguiente:

1. Abre el cuadro de diálogo **Estilo** (recuerda que debes usar el comando **Estilo** del menú **Formato**).
2. Haz clic en el botón **Nuevo** y aparecerá el cuadro de diálogo **Nuevo estilo** (figura 8.6).
3. Escribe el nombre del estilo en la primera casilla de texto del cuadro de diálogo.
4. En la lista **Tipo de estilo** selecciona entre crear un estilo de párrafo o de carácter.

Nota: hemos dejado a propósito las opciones **Basado en** y **Estilo del párrafo siguiente**, para tratarlas con más detalle en los apartados siguientes.

5. Haz clic en el botón **Formato** y utiliza las lista de opciones que aparecen para determinar las propiedades del estilo.
6. Una vez terminada la definición de estilo, utiliza la vista previa y el apartado **Descripción** para comprobar que todo es correcto.
7. Haz clic en el botón **Aceptar** y el nuevo estilo aparecerá en la lista de estilos.

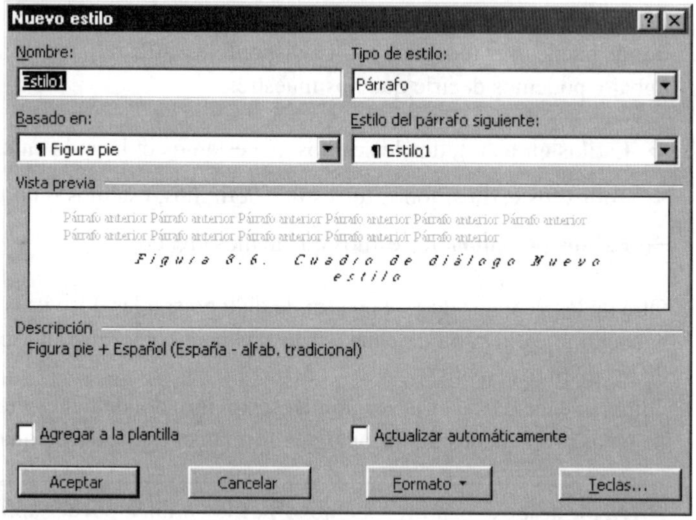

Figura 8.6.** Cuadro de diálogo **Nuevo estilo

Crear un nuevo estilo basado en otro existente

Imagínate que estás creando una serie de estilos para los distintos apartados de un documento y todos tienen las mismas características salvo el tamaño de la fuente. Para no definir las mismas propiedades de párrafo para todos los apartados puedes crear el primer estilo y utilizarlo como base para los siguientes. Los pasos serían:

1 Crea el estilo que te servirá de referencia para el resto utilizando alguno de los métodos que hemos visto. Si ya lo tienes creado puedes obviar este paso.

2 Abre el cuadro de diálogo **Estilo** y haz clic sobre el botón **Nuevo**.

3 Escribe un nombre para el nuevo estilo y en la lista **Basado en** selecciona el estilo que deseas utilizar como origen.

4 Utiliza el botón **Formato** para realizar los cambios en la definición del estilo.

5 Haz clic en el botón **Aceptar**.

Modificar estilo desde el cuadro de diálogo Estilo

En el cuadro de diálogo **Estilo** podemos modificar las propiedades de cualquier estilo:

1 Abre el cuadro de diálogo **Estilo**.

2 Selecciona el estilo que deseas modificar.

3 Haz clic en el botón **Modificar**.

4 Utiliza el botón **Formato** para acceder a todas las posibilidades de formato, tanto de párrafo como de carácter y realizar los ajustes que desees.

5 Haz clic en el botón **Aceptar**.

Nota: activa la casilla **Actualizar automáticamente** si no deseas que Word muestre el cuadro de diálogo **Volver a aplicar el estilo** cuando cambiamos el formato de algún párrafo manualmente. En este caso, Word actualizará todos los párrafos que tengan asociado el mismo estilo.

Programar el estilo siguiente

Otra de las posibilidades que nos ofrece el cuadro de diálogo **Estilo** es elegir el estilo que tendrá el párrafo siguiente. Por ejemplo, es común que después de un título de apartado siempre siga texto normal. En este caso, podemos indicar en todos los estilos de apartado que el siguiente párrafo adopte el estilo definido para el texto normal. Para determinar el estilo siguiente, tanto si creas un nuevo estilo como si modificas uno ya existente, deberás seleccionarlo en la lista desplegable **Estilo de párrafo siguiente**.

Asignar atajos de teclados a los estilos

Para escribir este libro hemos utilizado una serie de estilos y como ya estaba algo aburrido de ir hasta la lista **Estilo** cada vez que tenía que aplicar alguno, decidí hacer uso de la potencia de Word y asociarle un atajo de teclado a cada uno de los estilos que utilizo. De esta forma, cada vez que quiero aplicar cualquiera de ellos utilizo la combinación de teclas que le he asignado.
La forma de asignar atajos de teclado es secilla y te ahorrará bastante tiempo:

1 Abre el cuadro de diálogo **Estilo**.

2 Selecciona el estilo al que quieres asignar la combinación de teclas.

3 Haz clic en el botón **Modificar** (aparece el cuadro de diálogo **Modificar estilo**).

4 Ahora, haz clic sobre el botón **Teclas** para mostrar en esta ocasión el cuadro de diálogo **Personalizar teclado** (figura 8.7).

5 En el cuadro **Nueva tecla de método abreviado**, pulsa la combinación de teclas que quieres utilizar para aplicar el estilo, por ejemplo, Alt+1.

Aviso: no todas las combinaciones de teclas están disponibles, pero no te preocupes porque Word te avisa cuando no puedes utilizar alguna.

6 En la lista **Guardar cambios en**, elige entre guardar la asignación de atajos en la plantilla por defecto o en el documento actual. Si eliges la plantilla Normal.dot o cualquier otra plantilla, el atajo estará disponible siempre que utilices algún documento basado en esa plantilla. En cambio, si seleccionas el documento, sólo podrás utilizar los atajos en el documento actual.

7 Haz clic en **Asignar** y después, en **Cerrar**.

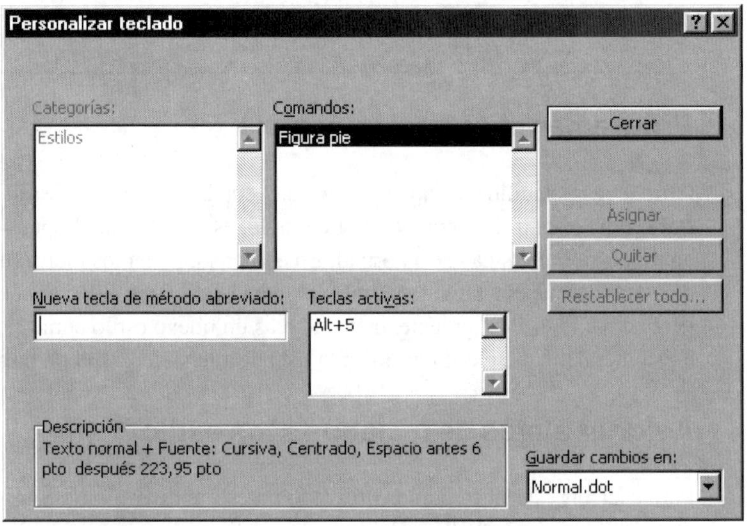

Figura 8.7. *Cuadro de diálogo* ***Personalizar teclado***

Borrar un estilo

Habrá ocasiones en las que no necesitemos utilizar algún estilo y deseemos eliminarlo. Para esta operación necesitas ir cuadro de diálogo **Estilo**. Para borrar un estilo:

1 Abre el cuadro de diálogo **Estilo**.

2 Selecciona el estilo que deseas eliminar y después haz clic en el botón **Eliminar**.

3 Word te pregunta si estás seguro de lo que quieres hacer. Haz clic en **Sí** y el estilo será eliminado.

Aviso: no todos los estilos pueden eliminarse, Word no te permite prescindir de sus estilos predeterminados.

Organizador de estilos

Hemos dejado para el final una potente herramienta asociada al cuadro de diálogo **Estilo**; se trata del *Organizador de estilos*. Para llegar hasta él, haz clic en el botón **Organizador** del cuadro de diálogo **Estilo** y Word mostrará un nuevo cuadro de diálogo denominado **Organizador** (figura 8.8).

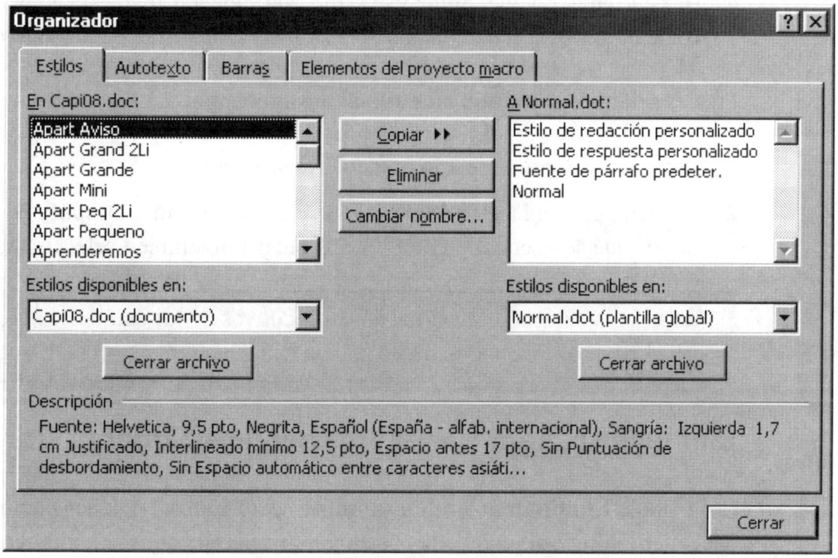

Figura 8.8. *Organizador de estilos de Word*

Básicamente, el organizador de estilos te permite copiar estilos entre plantillas y documentos, sólo entre documentos, etcétera. Y aunque también dispone de otras funciones interesantes, creemos que esta es la más importante.

> **Consejo:** no dejes olvidada esta herramienta en el baúl de los recuerdos, ya que te puede ahorrar mucho trabajo a la hora de recuperar estilos de un documento, copiarlos a una plantilla, etcétera.

Por defecto, cuando abres el organizador de estilos aparece el documento activo y la plantilla Normal.dot. Si los documentos que deseas utilizar son otros, utiliza el botón **Cerrar archivo** para cerrar en que se encuentre en el organizador y abrir cualquier otro.

Los pasos que debes seguir para copiar estilos utilizando el Organizador serán estos:

1 Dentro del cuadro de diálogo **Estilo**, haz clic sobre el botón **Organizador**.
2 Utiliza los botones **Cerrar archivo/Abrir archivo** para incluir en el Organizador los archivos que intervendrán en la operación.
3 Selecciona el estilo que quieres copiar, en cualquiera de los dos archivos. En función de estilo seleccionado la dirección del botón **Copiar** tomará un sentido u otro.
4 Haz clic en el botón **Copiar** y el estilo seleccionado aparecerá en la lista del archivo de destino. Al estar copiando el estilo desaparece del documento original.

Puedes seleccionar más de un estilo al mismo tiempo. La forma de hacerlo es ésta:

1 Haz clic en el primer estilo que quieres seleccionar.
2 Mantén pulsada la tecla Mayús y haz clic en el último. Después de esto todos los estilos que se encuentre entre los dos quedarán también seleccionados.

Truco: para seleccionar estilos no consecutivos debes mantener pulsada la tecla Ctrl, al mismo tiempo que haces clic en cada uno de los estilos deseados.

Eliminar y renombrar estilos desde el Organizador

Los botones **Eliminar** y **Cambiar nombre** del Organizador tienen como misión quitar cualquier estilo de alguno de los documentos seleccionados o modificar su nombre. Para realizar estas dos operaciones nos basta con utilizar el cuadro de diálogo Estilo, ya que también nos da esta posibilidad, pero si estamos trabajando con los estilos de un documento será mucho más cómodo usar las opciones del Organizador.

Nota: habrás observado que en el cuadro de diálogo **Organizador** existen tres pestañas más. La función de las mismas es copiar entre documentos macros, barras de herramientas creadas por el usuario y elementos de autotexto. Aunque esto nos queda todavía un poco lejos no queríamos dejarte con la duda.

Plantillas

Si los estilos nos permitían agrupar un conjunto de propiedades de formato, en las plantillas damos un paso más y podemos almacenar todas las características del documento que deseemos para utilizarlas cuando necesitemos.

Es habitual utilizar plantillas, cuando necesitamos crear varios documentos con elementos comunes. En este caso, nos evitaremos definir todas las propiedades y ajustes para cada nuevo documento y nos limitamos a crear una plantilla en la que se incluyen todas características que necesitas. Algunos ejemplos de elementos que puedes incluir en la plantilla podrían ser:

- Logotipos
- Hojas de estilo
- Ajustes de documento
- Encabezados y pies de página, etc.

Importante: en Word todos los documentos nuevos se basan en la plantilla Normal.dot.

Plantillas predefinidas

Word incluye por defecto un buen número de plantillas ya creadas que nos pueden ser muy útiles para crear documentos como faxes, cartas, currículos o incluso páginas Web. Para acceder a las plantillas predefinidas, haz clic en el botón **Nuevo** del menú **Archivo**. En el cuadro de diálogo **Nuevo** dispones de varios grupos de plantillas (figura 8.9); haz clic en las distintas pestañas para comprobar las plantillas predefinidas que contienen cada una de ellas.

Cómo crear una plantilla

Para crear una plantilla tienes dos posibilidades: la primera es que utilices un documento ya creado que contenga todos los elementos que quieres emplear en futuros trabajos. La segunda es partir desde cero y crear un nuevo documento donde deberás añadir todas aquellas características que quieres incluir en la plantilla.
En cualquier caso, y una vez listo el documento, sigue estos pasos:

1. Haz clic en el menú **Archivo** y selecciona el comando **Guardar como**. Aparecerá el cuadro de diálogo **Guardar como**.
2. Elige el destino del archivo y escribe el nombre que quieres asignar a la plantilla.
3. En la lista desplegable **Guardar como tipo**, selecciona la opción **Plantilla de documento(*.dot)**.
4. Para finalizar el proceso, haz clic en el botón **Guardar**.

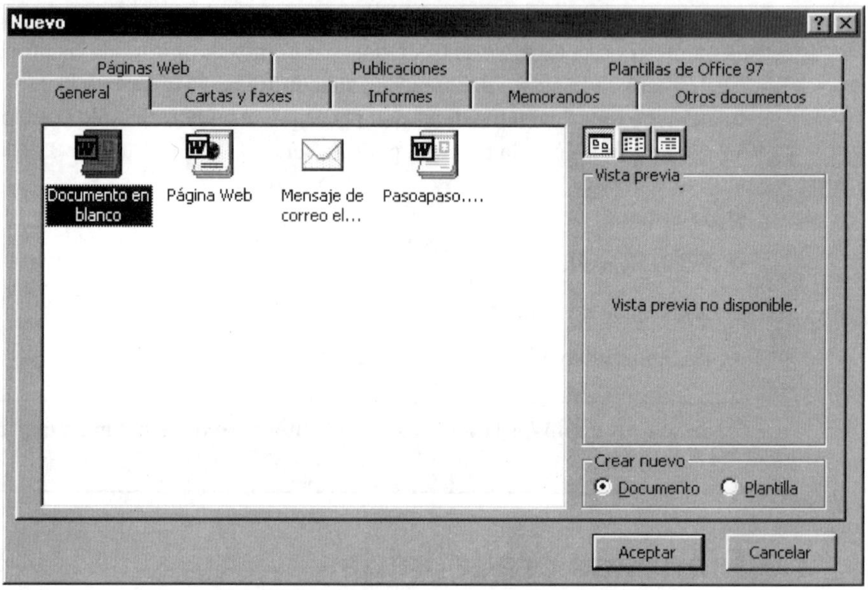

Figura 8.9. *Plantillas predefinidas en Word*

Aviso: si quieres que la plantilla que has creado aparezca cuando utilices el comando **Archivo**, **Nuevo** deberás guardarla en la capeta c:\Archivos de programa\Microsoft Office\Plantillas. Esto siempre que hayas dejado los valores por defecto en la instalación de Microsoft Office.

Cómo modificar una plantilla

Para modificar una plantilla abre el archivo de la manera habitual, haz todos los cambios que necesites y a la hora de volverla a guardar, elige **Sí** cuando Word te pregunte si quieres guardar los cambios en la plantilla.

Consejo: la plantilla Normal.dot será la que tome como base cualquier documento nuevo que crees en Word. Quizás sería conveniente que la adaptaras a tus necesidades incluyendo atajos de teclas, modificando el tamaño de página y los márgenes a tu gusto, etcétera.

Tablas

Las tablas son un medio para organizar y estructurar información dentro de un documento; más concretamente se trata de distribuir esta información en filas y columnas. Esta forma de ordenar elementos resulta muy útil para mejorar la presentación de ciertos bloques de datos.

Las tablas en Word siempre han sido una asignatura pendiente, ya que su uso, lejos de ser sencillo e intuitivo, se mostraba principalmente poco flexible. Pero a partir de la anterior versión de Word, Microsoft dio un giro completo dotando a las tablas de una potencia realmente espectacular. Ahora, la creación de tablas, por muy complicado y enrevesado que sea su diseño, no ofrece ningún tipo de problema.

En esta lección aprenderás a:

- Crear y dibujar tablas
- Modificar las estructuras de la tabla
- Dar formato y utilizar las opciones de autoformato de tablas
- Realizar cálculos dentro de la tabla

Ten siempre presenta las tablas como una de las mejores formas de estructurar la información y sin duda, de presentar cifras o comparativas dentro de un documento.

Métodos para crear una tabla en Word

En las primeras versiones de Word sólo disponíamos de un método para crear una nueva tabla pero a partir de la versión 97 se incorporó un nuevo modo denominado *dibujar tabla*. Como veremos a lo largo de esta lección, ninguno de los dos procedimientos es ni mejor ni peor, cada uno de ellos tiene sus ventajas e inconvenientes y, sin duda, en la combinación de los dos se encuentra la mejor opción.

Nota: como nota curiosa y para que comprendas la importancia que tienen las tablas dentro de Word, haz clic sobre el menú **Tabla** de barra de menús y observa la cantidad de funciones disponibles para el tratamiento de estas.

Crear una tabla

La forma más sencilla de crear una tabla en Word es utilizar el botón **Insertar tabla** situado en la barra de herramienta Estándar:

1 Sitúa el punto de inserción en el lugar del documento donde deseas colocar la tabla.

2 Haz clic en el botón **Insertar tabla**. Aparece una cuadrícula en blanco (figura 9.1).

Figura 9.1. *Crear una nueva tabla con la opción* ***Insertar tabla*** *de la barra de herramientas Estándar*

3 Arrastra el ratón sin pulsar ningún botón, para definir el número de filas y columnas que tendrá tu tabla.

4 Cuando hayas determinado el número de filas y columnas de la tabla, haz clic.

Después de estos pasos, la tabla aparece en el lugar en el que tenías situado el cursor.

Truco: si en lugar de arrastrar simplemente el ratón por la cuadrícula, lo arrastras manteniendo pulsado el botón izquierdo, conseguirás ampliar la cuadrícula para crear una tabla con muchas más filas y columnas. Word te informa de las dimensiones de tu tabla al mismo tiempo que la defines. Observa el pequeño cuadro gris situado debajo de la cuadrícula.

Sin abandonar el método tradicional de crear tablas en Word, existe otra forma mucho menos inmediata pero con algunas posibilidades más que la que acabamos de describir:

1 Sitúa el punto de inserción en el lugar del documento donde deseas incluir la tabla.

2 Haz clic en el menú **Tabla**, selecciona el comando **Insertar** y después **Tabla**. Aparecerá el cuadro de diálogo **Insertar tabla** (figura 9.2).

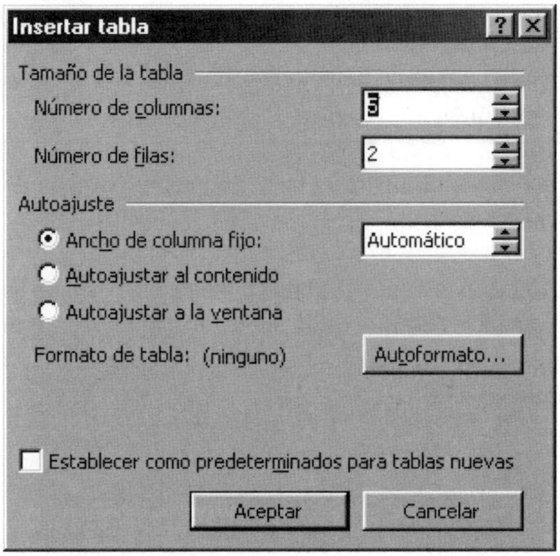

*Figura 9.2. Cuadro de diálogo **Insertar tabla***

3 En los cuadros **Número de filas** y **Número de columnas** escribe los valores que correspondan con las dimensiones de la tabla que quieras crear.

4 En la sección **Autoajuste** hay tres opciones para indicar el ancho de las columnas:

- **Ancho de columna fijo**: si dejas la opción **Automático**, Word asigna el ancho más adecuado para las columnas de la tabla, pero si lo deseas puedes escribir tú mismo el ancho o utilizar los botones de valores de esta opción.
- **Autoajustar al contenido**: determina el ancho de cada columna según la cantidad de información que contenga.
- **Autoajustar a la ventana**: esta hace que la tabla ocupe todo el ancho de la ventana del Explorador Web. Evidentemente está especialmente enfocada para el diseño de páginas Web.

Nota: Word permite crear tablas dentro de las celdas de otra tabla, y aunque te parezca un poco absurdo es un método muy usado en la creación del páginas Web.

Dibujar una tabla

La segunda de las formas de crear una tabla en Word se denomina *Dibujar tabla* y está enfocada principalmente para la creación de tablas con divisiones asimétricas y con distribuciones algo especiales.

Aviso: este segundo método requiere algo más de pulso y destreza para delimitar las divisiones de la tabla pero, no te preocupes, tampoco tendremos que ser Miguel Ángel.

Si quieres insertar una tabla en tu documento utilizando este método debes seguir estos pasos:

1 Haz clic en el botón **Tablas y borde** de la barra de herramientas Estándar o utiliza el comando **Dibujar tabla** del menú **Tabla**. Aparecerá la barra de herramientas **Tablas y bordes** (figura 9.3) y Word pasará a la vista Diseño de página si no estábamos en ella.

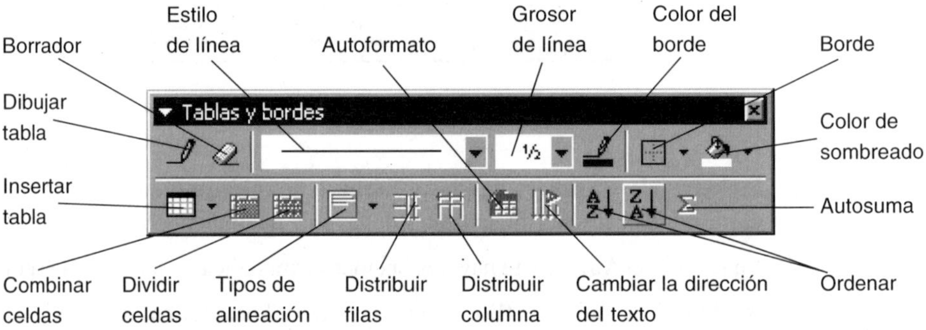

Figura 9.3. Barra de herramientas Tablas y bordes

2 La herramienta **Dibujar tabla** estará seleccionada, si no es así, deberás hacer clic sobre ella. El cursor se transformará en un pequeño lápiz.

3 Haz clic en el punto donde estará la esquina superior izquierda de la tabla y sin soltar el botón izquierdo del ratón, arrastra para definir las dimensiones de la tabla.

4 Una vez delimitada el área de la tabla, toca el turno de dibujar sus divisiones. Para hacer esto debemos seguir utilizando la herramienta Lápiz, por lo tanto selecciónala de nuevo.

5 Coloca el extremo del lápiz sobre uno de los lados hasta que aparezca un ligero sombreado sobre él y arrastra hasta el lado opuesto.

6 Repite el paso anterior para crear todas las divisiones que necesites, tanto horizontales como verticales.

Aviso: Word intuye el destino de tus líneas y en el momento que empiezas a mover el lápiz en una cierta dirección, él se encarga de completar la división. Sí esto último ocurre, significa que no es posible trazar esa división.

Como habrás podido comprobar no es demasiado complicado crear tablas de este modo, aunque estarás de acuerdo en que sí es algo más lento.
Seguro que muchos de los botones que tiene la barra de herramientas Tablas y bordes han despertado tu curiosidad. Para arreglar esto vamos a describir los más importantes:

- *Borrador*: permite eliminar cualquier segmento de la tabla. Selecciona esta herramienta y haz clic sobre la división que quieres eliminar. Si ésta en lugar de desaparecer queda en tono gris, significa que no se puede eliminar hasta que no borres antes alguna división adyacente.
- *Estilo de línea*: despliega esta lista para utilizar el modelo de línea que más te guste para las divisiones de tu tabla.
- *Grosor de la línea*: en esta otra lista elegiremos el ancho de las líneas de la tabla.
- *Color del borde*: ante de seleccionar la herramienta Dibujar tabla, puede elegir el color en esta lista. A partir de ese momento todas las líneas de división que definas aparecerán con el color elegido.
- *Borde exterior*: oculta o muestra los distintos bordes exteriores o interiores de las celdas seleccionadas.
- *Color de sombreado*: sirve para colorear las celdas de la tabla.
- *Combinar celdas*: permite unir varias celdas. Selecciona las celdas que deseas unir y haz clic sobre este botón de la barra de herramientas Tablas y borde.
- *Dividir celdas*: permite hacer divisiones exactas de las celdas.
- *Insertar tabla*: este botón desplegable contiene muchas de las opciones que podemos encontrar en el menú **Tabla**. Es como un acceso directo a estas opciones.
- *Alinear*: en esta nueva versión de Office la posibilidades para alinear el contenido de cada una de las celdas de las tablas ha mejorado mucho. Sólo tienes que hacer clic sobre este botón y comprobar el número de opciones disponibles.
- *Autoformato de tabla*: elige uno de los formatos de tabla predefinidos en Word, si quieres ahorrar tiempo en el diseño y formateado de tus tablas.
- *Cambiar dirección de texto*: podemos colocar el texto de arriba hacia abajo, de abajo a arriba y de izquierda a derecha.
- *Orden ascendente*: ordena las celdas seleccionadas de menor a mayor.

- *Orden descendente*: justo a la inversa de la opción anterior.
- *Autosuma*: cuando hacemos clic sobre este botón, el resultado que obtenemos es la suma de todos los valores de las celdas situadas encima de la celda activa. Al final de esta lección trataremos más ampliamente este concepto.

Aviso: en tablas insertadas para páginas Web no es posible modificar la dirección del texto.

Combinar las dos formas de trabajar

Si empiezas a crear una tabla desde cero utilizando el segundo método descrito, llegará un momento en que estés cansado de dibujar líneas. Por esto la mejor opción es que utilices primero el comando **Insertar tabla** para definir las líneas básicas de la tabla y seguidamente, abras la barra de herramientas Tablas y bordes para realizar todas las modificaciones necesarias.

Esto es simplemente un consejo, pero, después de hacer bastantes tablas, créenos cuando te recomendamos esta forma de trabajar con tablas dentro de un documento de Word.

Modificar una tabla

Una vez creada la tabla, puedes realizar múltiples modificaciones sobre su estructura, desplazando la divisiones del siguiente modo:

1 Sitúa el cursor sobre la división que desees mover. El cursor se transformará en dos líneas paralelas unidas a dos flechas opuestas (figura 9.4).

2 Mantén pulsado el botón derecho del ratón y arrastra hasta que la posición de la línea sea la adecuada.

Esta operación la puedes realizar sobre cualquiera de las líneas que componen la tabla, ya sean interiores o exteriores.

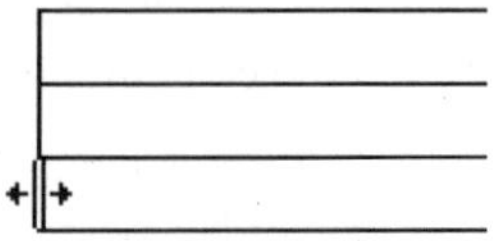

Figura 9.4. *Modificar la situación de una división de la tabla*

Modificar el tamaño de la tabla

Otra de las mejoras incluidas en esta versión de Office es la posibilidad de cambiar el tamaño total de tabla. La forma de hacerlo sería la siguiente:

1 Observa que es suficiente con situar el cursor encima de la tabla para que aparezcan dos pequeños símbolos, uno en la esquina superior izquierda y otro en la esquina inferior derecha.

2 Haz clic sobre este último, mantén pulsado el botón izquierdo del ratón y arrastra para modificar el tamaño de la tabla.

Aviso: cuando amplíes la tabla tendrás como límite las dimensiones de la página, y para reducirla el valor mínimo dependerá del contenido de cada una de sus celdas.

En cualquier caso, cuando escribimos texto en una tabla, por defecto Word ajusta automáticamente sus dimensiones al contenido de cada celda, ampliando el tamaño de la tabla si fuera necesario. Si quieres evitar esto sigue estos pasos:

1 Haz clic en cualquier celda de la tabla.

2 Selecciona el comando **Propiedades de la tabla**, situado dentro del menú **Tabla**. Aparece el cuadro de diálogo **Propiedades de tabla**.

3 Dentro de la pestaña **Tabla**, haz clic en el botón **Opciones** para mostrar un nuevo cuadro de diálogo denominado **Opciones de tabla** (figura 9.5)

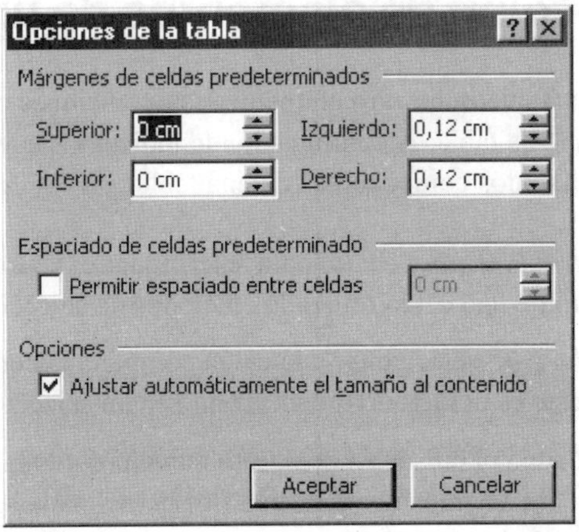

Figura 9.5.** Cuadro de diálogo **Opciones de tabla

4 Desactiva la casilla **Ajustar automáticamente el tamaño al contenido** y haz clic en el botón **Aceptar**.

5 Haz clic de nuevo en el botón **Aceptar**.

Una vez desactivada esta opción Word no modificará el tamaño de la tabla cuando el contenido de alguna celda, exceda de su longitud. En este caso hará que el texto ocupe más de una línea.

Mover la tabla

Para mover la tabla de posición, utiliza el símbolo que aparece en la esquina superior izquierda:

1 Haz clic sobre él, mantén pulsado el botón izquierdo del ratón y arrastra.

2 Cuando la tabla se encuentre en la posición correcta, suelta el botón del ratón.

Desplazamiento entre filas y columnas

Para moverte entre las distintas celdas de una tabla puedes utilizar las teclas del cursor: Arriba, Abajo, Derecha e Izquierda.
Si lo deseas, también puedes utilizar la tecla Tab para desplazarte a la siguiente celda, con la ventaja de seleccionar su contenido al mismo tiempo. Para hacer esta misma operación pero hacia atrás usa la combinación de teclas Mayús+Tab.

Selección de elementos de una tabla

Como para cualquier otro elemento las operaciones de selección son fundamentales dentro de una tabla. A continuación te indicamos qué tienes que hacer para seleccionar los distintos componentes de una tabla:

- *Contenido de una celda*: para seleccionar el texto o los elementos contenidos dentro de una celda utiliza los métodos de selección habituales.
- *Celda*: para seleccionar una celda completa deberás hacer triple clic. Recuerda que este es el método que utilizamos para seleccionar una párrafo completo.
- *Fila*: sitúa el cursor en el extremo izquierdo de la fila que quieres seleccionar hasta que se transforme en una flecha inclinada hacia la derecha y haz clic. Si quieres seleccionar más de una fila consecutiva, utiliza este mismo método y arrastra para incluir en la selección todas las filas que desees.

- *Columna*: coloca el cursor en el extremo superior de la columna hasta que el cursor se transforme en una flecha negra y haz clic. Si lo necesitas puedes arrastrar para seleccionar más de una columna.
- *Tabla completa*: para seleccionar la tabla completa haz clic en el símbolo que aparece en la esquina superior izquierda y que ya hemos utilizado para moverla. También dispones del comando **Seleccionar**, **Tabla** dentro del menú **Tabla**.

Nota: además de los métodos descritos en los puntos anteriores, dentro del menú **Tabla** dispones del comando **Seleccionar**, y dentro de este las opciones **Tabla**, **Fila**, **Columna** y **Celda**.

Eliminar filas y columnas

Es normal que en ciertas ocasiones necesitemos eliminar alguna fila, columna o incluso la tabla entera. Los pasos serían:

1. Coloca el punto de inserción en algunas de las celdas de la fila o la columna que quieras eleminar.
2. Selecciona el comando **Eliminar** del menú **Tabla** y después elige **Tabla**, **Columnas**, **Filas** o **Celdas**, según el elemento que quieres eliminar.

Truco: si en lugar de utilizar los comandos **Eliminar** del menú, usas la tecla Supr, conseguirás eliminar el contenido de la filas o columnas seleccionadas.

Truco: después de seleccionar la fila o la columna que quieres eliminar, haz clic con el botón derecho sobre ella y aparecerá un menú contextual con las opciones **Eliminar fila** o **Eliminar columna** según el elemento seleccionado.

Cuando seleccionas la opción **Celdas** del comando **Eliminar**, Word muestra el cuadro de diálogo **Eliminar celdas** (figura 9.6). Dentro de este cuadro de diálogo dispones de opciones para desplazar las celdas contiguas a la actual después de eliminarla, o de borrar la línea o la fila completa.

Insertar filas y columnas

La manera más rápida de insertar una fila al final de una tabla es situar el punto de inserción en su última celda y pulsar la tecla Tab.

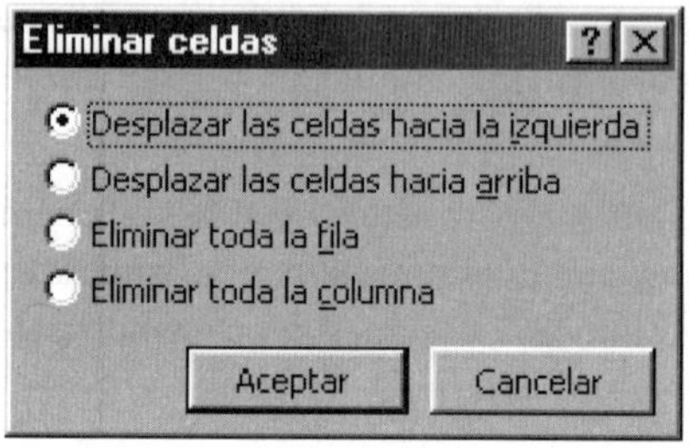

Figura 9.6. *Cuadro de diálogo* ***Eliminar celdas***

Para insertar una fila en otra posición de la tabla sigue estos pasos:

1 Sitúa el punto de inserción en la fila delante o detrás de la cual quieres insertar la nueva.

2 Selecciona el comando **Insertar** del menú **Tabla** y haz clic en la opción **Insertar fila en la parte superior** o **Insertar fila en la parte inferior** según necesites.

Para insertar una columna en lugar de una fila deberás seguir la misma secuencia de pasos anterior, pero en este caso tendrás que seleccionar el comando **Columna a la derecha** o **Columna a la izquierda**.

Truco: para insertar una fila o una columna utilizando el menú contextual, deberás seleccionar en primer lugar la fila o la columna delante de la cual quieres añadir la nueva fila o columna.

Dividir una tabla

Dividir tabla se encuentra entre los comandos ocultos del menú **Tabla** y nos permite seccionar o dividir una tabla por el punto que deseemos. Simplemente tienes que situar el punto de inserción sobre alguna de las celdas que componen la fila que servirá como referencia para la división, es decir, la que se convertirá en la primera de la segunda tabla y ejecutar el comando **Dividir tabla**.

Formato de tablas

La opciones de formato para tablas son muy extensas. En este apartado intentaremos mostrarte las más importantes y dejaremos algo de trabajo a tu espíritu aventurero.

Como siempre, lo primero que te contaremos será la forma más rápida de dar formato a una tabla y, como también es habitual, Word ha pensado en esto y ya nos tiene preparados una serie de modelos predefinidos para que los apliquemos sobre nuestras tablas. Para llegar hasta ellos sigue estos pasos:

1 Sitúa el punto de inserción en cualquiera de las celdas de la tabla.

2 Selecciona el comando **Autoformato de tablas** situado en el menú **Tabla**. Word mostrará el cuadro de diálogo **Autoformato de tablas** (figura 9.7).

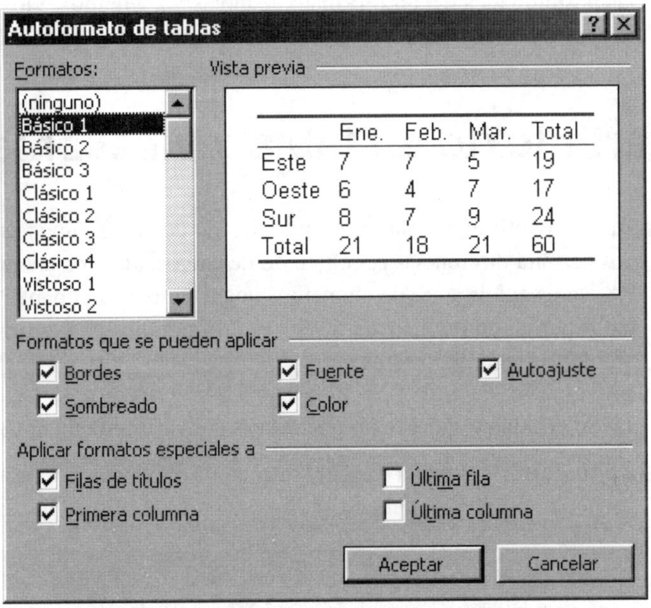

*Figura 9.7. Cuadro de diálogo **Autoformato de tablas***

3 En la ventana **Formato** dispones de un buen número de estilos predefinidos de tabla. Para comprobar el aspecto de cada uno de ellos, selecciónalo y observa la ventana **Vista previa**.

4 En la sección **Formatos** que se pueden aplicar, tienes la posibilidad de activar o desactivar alguna de las características del formato seleccionado.

5 Utiliza las opciones de la sección **Aplicar formatos especiales** para añadir nuevas posibilidades al diseño elegido.

6 Para terminar, haz clic en el botón **Aceptar** y tu tabla adoptará el formato elegido.

Truco: en la barra de herramientas Tablas y bordes también se encuentra disponible el botón **Autoformato de tablas**.

Ésta es la forma más rápida de aplicar atractivos diseños sobre una tablas, pero si quieres hacerlo manualmente lo mejor es utilizar la barra de herramientas Tablas y bordes. Recuerda que para mostrar esta barra debes hacer clic con el botón derecho sobre cualquier barra de herramientas y seleccionar la opción **Tablas y bordes**. En el apartado *Dibujar una tabla* explicamos el significado de los elementos que componen esta barra de herramientas. De todos modos, te recomendamos que uses las posibilidades del autoformato de tablas y si alguno de los elementos de diseño no te convence, lo modifiques con las herramientas de la barra Tablas y bordes.

Convertir texto en tabla y viceversa

Para convertir una tabla en texto lo único que necesitamos es algún elemento que nos permita diferenciar el contenido de cada celda. Por ejemplo, si observas la figura 9.8, verás que la serie de elementos que tenemos en la pantalla se encuentran separados por un guión. Este carácter nos va a permitir convertirlos en una tabla sin problemas siguiendo estos pasos:

1 Selecciona todo el texto que deseas convertir en tabla.

2 Haz clic en el menú **Tabla** y selecciona el comando **Convertir**. Este menú está oculto por lo que deberás pulsar el botón situado en la parte inferior del menú.

Nota: te recordamos que los menús que aparecen ocultos no siempre son los mismos, ya que Word convertirá en visibles aquellos que usemos con frecuencia.

3 Pulsa **Convertir texto en tabla** y aparecerá un cuadro de diálogo.

4 En la casilla **Número de columnas** pon el valor que deseas que tenga la tabla.

5 En la sección **Autoajuste** elige la opción que desees para determinar el ancho de las columnas.

6 En la sección **Separar texto en**, activa la opción **Otro** y escribe un guión en la pequeña casilla de texto que tienes a la derecha.

7 Si lo prefieres puedes utilizar el botón **Autoformato** y aprovechar para aplicar algún diseño predefinido a la tabla.

8 Haz clic en el botón **Aceptar** y observa el resultado en la figura 9.9.

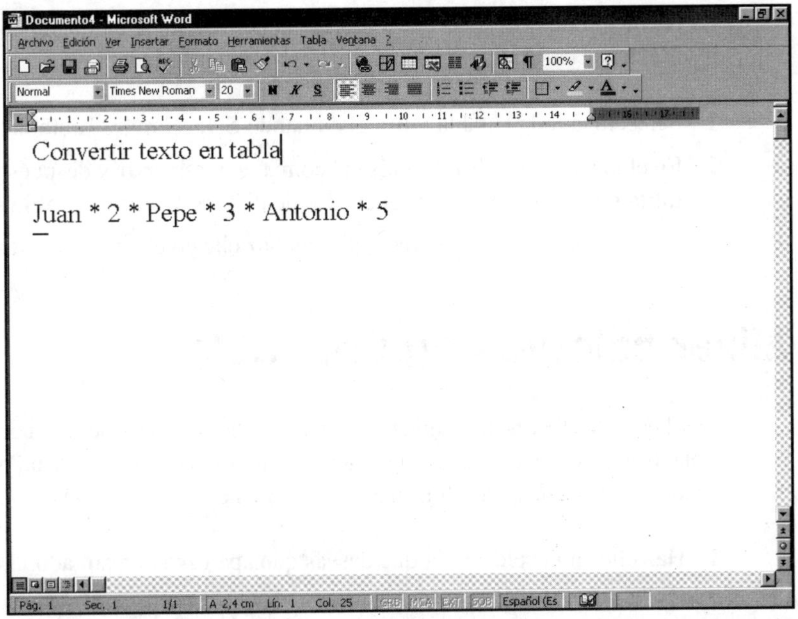

Figura 9.8. *Texto preparado para convertirlo en tabla*

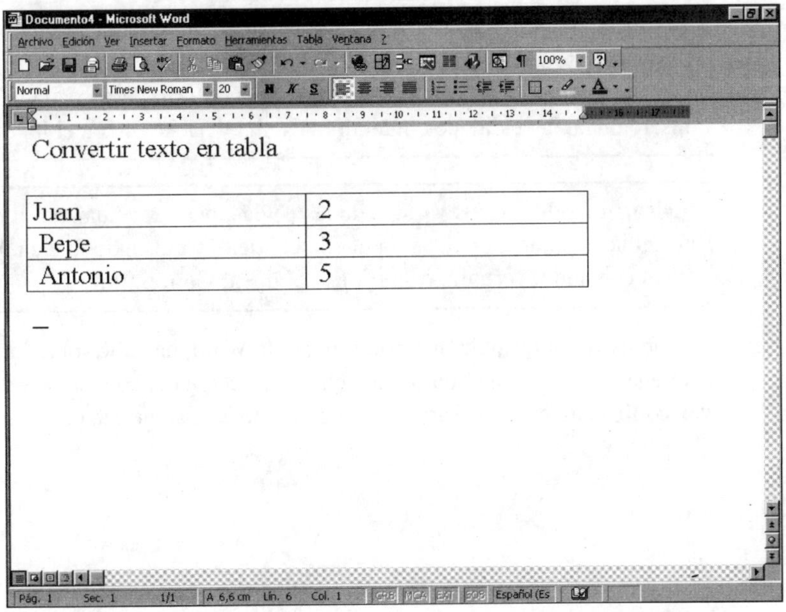

Figura 9.9. *Resultado final del comando* ***Convertir texto en tabla***

La operación inversa, es decir, convertir el contenido de una tabla en texto tampoco resulta demasiado complicada. Puedes comprobar lo sencilla que es con estos pasos:

1 Selecciona toda la tabla y usa el comando **Seleccionar**, **Tabla** del menú **Tabla**
2 En el mismo menú **Tabla** pulsa el comando **Convertir** y después en **Convertir tabla en texto** y aparecerá el cuadro de diálogo **Convertir tabla en texto**.
3 Elige el carácter que quieres utilizar y haz clic en el botón **Aceptar**.

Realizar cálculos en una tabla

Word permite efectuar una serie de cálculos con los datos numéricos contenidos en una tabla. Esto nos puede sacar de algún apuro pero no es el objetivo de un procesador de textos. La forma de incluir fórmulas y realizar cálculos en una tabla sería la siguiente:

1 Haz clic en la celda en la que deseas que aparezca el resultado.
2 Ejecuta el comando **Tabla**, **Fórmula** del menú. Aparece el cuadro **Fórmula**.
3 Si Word propone una fórmula que no deseas usar, elimínala del cuadro **Fórmula** y pulsa una función del cuadro **Pegar función** para seleccionar la que desees.

Truco: la función más utilizada es Autosuma, que permite incluir en una celda la suma de todos los valores contenidos en las celdas situadas encima. Está en la barra de herramienta **Tablas y bordes** y para usarlo debes situar el punto de inserción en la celda que contendrá la suma y hacer clic en el botón **Autosuma**.

Aviso: si modificas los valores de las celdas, puedes actualizar el resultado de la fórmula situándote en la celda que la contiene y pulsando la tecla F9, o utilizando el comando **Actualizar campos** del menú **Contextual**.

Si quieres ver la fórmula que está utilizando Word, haz clic sobre la celda que la contiene, haz clic con el botón derecho y selecciona el comando **Activar o desactivar códigos de campo**. Para dejar todo como estaba, utiliza el mismo comando.

Gráficos

La verdad es que visto como está el patio, un documento sin algún tipo de gráfico o motivo de diseño, siempre se encontrará en desventaja frente a otro que sí contenga estos elementos.

Los gráficos, utilizados con moderación y elegancia, pueden convertir un documento triste y aburrido en todo un ejercicio de estilo. Además, no debemos olvidar el refrán: "Una imagen vale más que mil palabras", ya que en muchas ocasiones una buena imagen logrará transmitir más ideas y sensaciones que muchas páginas redactadas de modo impecable. Esta lección pretende mostrarte la manera de incluir gráficos y de integrarlos en nuestros documentos.

En esta lección aprenderás a:

- Utilizar el sistema de intercambio de información en Windows
- Insertar imágenes y objetos Word
- Incrustar y vincular

Incluir gráficos en nuestros documentos implica, en la mayoría de los casos, importar elementos de otras aplicaciones especialmente diseñadas para estos cometidos como por ejemplo: Adobe Photoshop, Corel PhotoPaint, etcétera. También son comunes las colecciones de gráficos, como Corel Gallery, donde tendrás miles de gráficos de todos los temas inimaginables. Incluso Office 2000 incluye su propia colección de imágenes prediseñadas como podremos comprobar en esta misma lección.

Aviso: la versión 2000 de Office, en alguna de sus distribuciones, incluye el programa de retoque fotográfico de Microsoft PhotoDraw 2000. Ésta también puede ser una buena opción para trabajar con gráficos.

Intercambio de información en Windows

En Word es relativamente sencillo incluir gráficos y objetos de otras aplicaciones en un documento. Esto se debe, en gran medida, a las posibilidades que en este campo nos ofrece Windows.

En concreto, en un documento de Word, pues incluir información de otras aplicaciones de tres modos distintos:

- *Insertar* o *importar*: consiste en incluir en un documento de Word un archivo de cualquier otro programa (o del propio Word). Este modo no contempla ninguna relación posterior entre el archivo en cuestión y el archivo original.
- *Vincular*: al vincular un archivo, realmente lo que se incluye en el documento de Word es un enlace (vínculo) con dicho archivo original. Por tanto, si aplicas alguna modificación en el archivo original, ésta se reflejará automáticamente en el documento de Word. Además, podrás ejecutar la aplicación que creó dicho archivo haciendo doble clic sobre el objeto.
- *Incrustar*: en el caso de la incrustación, no se mantiene ninguna relación entre el archivo original y el que se ha incrustado en el documento de Word. Pero sí se almacena información sobre la aplicación que creó el archivo, de forma que se pueda ejecutar haciendo doble clic sobre el objeto que lo representa.

La técnica de la vinculación e incrustación de objetos recibe el nombre de OLE y podríamos escribir sobre ella páginas y páginas, pero estarás de acuerdo con nosotros en que no es el objetivo de este libro.

Insertar un objeto en Word

Word permite insertar prácticamente cualquier tipo de objeto en sus documentos. Aunque lo más común es insertar un gráfico o una imagen, también puedes añadir los siguientes objetos:

- Archivo de sonido (WAV, MOD...).
- Vídeos (AVI, MOV....).
- Otros documentos de Word.
- Hojas de cálculo.
- Presentaciones en PowerPoint.
- Bases de datos.

De todos modos, y siendo sinceros, en la mayoría de las ocasiones lo que necesitarás será incluir gráficos, aunque tampoco está de más que conozcas el resto de posibilidades.

Insertar imágenes

Sin más vamos a ver los pasos que debes seguir para insertar una imagen que hemos creado previamente o hemos obtenido por cualquier otro medio:

1 Haz clic en el comando **Imagen** del menú **Insertar**, para acceder a un nuevo submenú donde deberás seleccionar la opción **Desde archivo**.

2 En el cuadro de diálogo **Insertar imagen** (figura 10.1) utiliza la lista **Buscar en** y en la ventana que tienes justo debajo localiza la imagen que quieres colocar.

Nota: del mismo modo que ocurría en los cuadro de diálogo **Abrir** y **Guardar**, en este también dispones en la parte izquierda del mismo de accesos directos a Favoritos, el Escritorio…

3 Cuando seleccionas el archivo, puedes ver como Word muestra una vista previa del mismo en la ventana de la derecha.

4 Haz clic en la pequeñas flechas situada a la derecha del botón **Insertar** y elige alguna de las tres posibilidades: **Insertar**, **Vincular al archivo** o **Insertar y vincular**. Si no entiendes estos conceptos elige la opción **Insertar**. De las opciones de vinculación e incrustaremos hablaremos un poco más adelante.

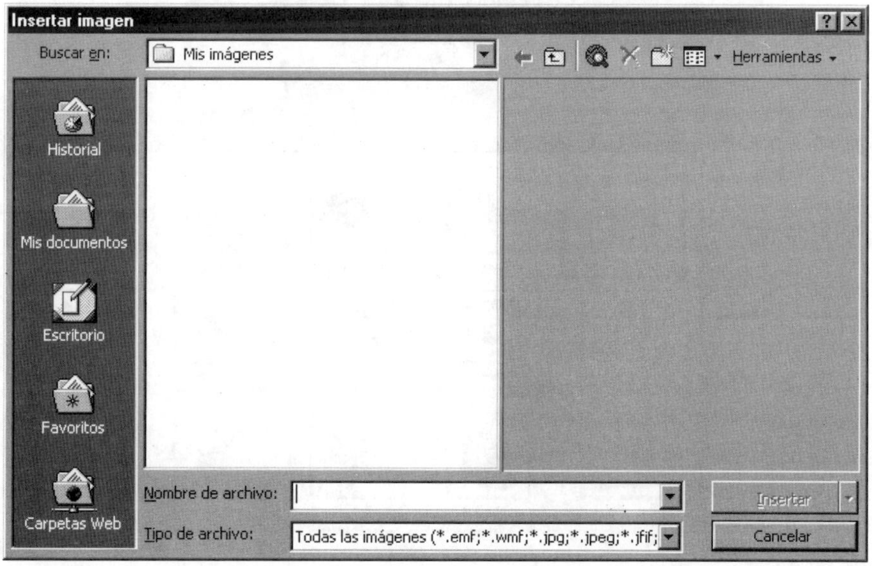

Figura 10.1. *Cuadro de diálogo* ***Insertar imagen***

Después de seguir los pasos anteriores comprueba cómo, alrededor de la imagen, aparecen ocho pequeños cuadrados que nos van a permitir cambiar sus dimensiones simplemente colocando el ratón encima y arrastrando.
Pero si lo que necesitas es cambiar la imagen de posición también lo tienes fácil, sitúa el ratón encima de la imagen y comprueba que aparece una cruz con cuatro flechas. En ese momento haz clic y arrástrala hasta su nueva localización.

Truco: Internet es una fuente inagotable de imágenes gratis que te pueden ayudar a mejorar el aspecto de tus documentos.

El comando **Imagen** del menú **Insertar**, como has podido comprobar, nos muestra otro submenú con las siguientes opciones:

- *Desde archivo*: esta opción permite incluir cualquier imagen sea cual sea su formato.
- *Imágenes prediseñadas*: al seleccionar esta opción aparece la galería de imágenes prediseñadas de Microsoft. Para incluir cualquiera de estos gráficos en tu documento, simplemente tienes que hacer clic sobre el mismo. En la figura 10.2 puedes ver el cuadro de diálogo **Insertar Imagen prediseñada**.

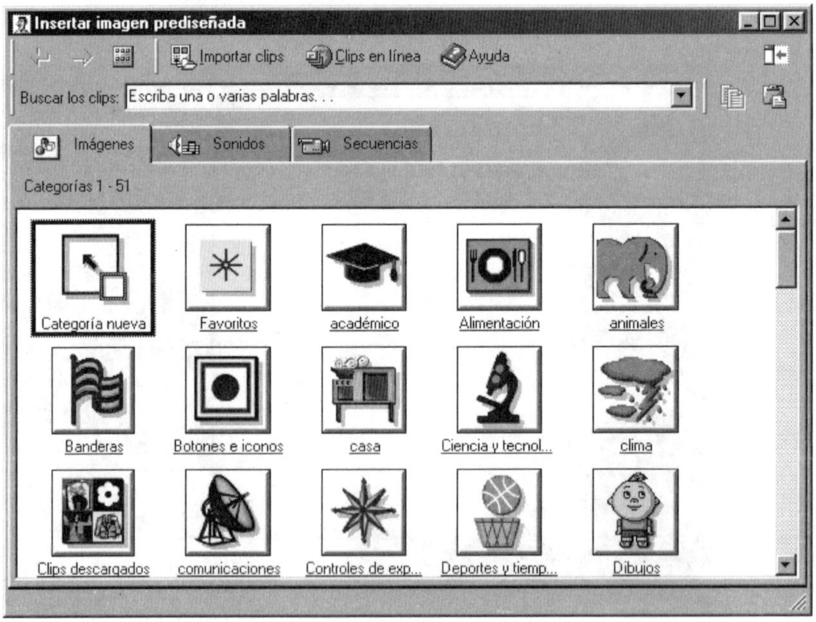

Figura 10.2. *Cuadro de diálogo* ***Insertar imagen prediseñada***

- *Autoformas*: cuando selecciones está opción aparece la barra de herramientas Autoformas donde puedes encontrar un buen número de elementos de diseño distribuidos en diferentes categorías: líneas, formas básicas, flechas de bloque, elementos de diagrama de flujo...
- *Gráfico*: sirve para incluir gráficos que representan datos numéricos similares a los que puedes obtener utilizando una hoja de cálculo.
- *WordArt*: ya hemos utilizado esta herramienta en capítulos anteriores y como recordarás nos permite crear vistosos títulos y texto en tres dimensiones.
- *Desde escáner o cámara*: si disponemos de algunos de estos dos dispositivos conectados a nuestro ordenador, Word nos permite incluir imágenes en nuestro documentos utilizando cualquiera de ellos.

Consejo: si quieres acceder de forma mucho más eficaz a todas las herramientas de dibujo de Word, así como a las posibilidades de relleno y transformaciones que permite, utiliza la barra de herramientas Dibujo (figura 10.3).

Figura 10.3. *Barra de herramientas Dibujo*

Autoformas

Lo que en Word se denomina Autoformas son en realizada multitud de motivos de diseño que nos pueden ser de gran utilidad en muchos de nuestros trabajos. Entre estos objetos podemos encontrar líneas, flechas, viñetas, recuadros, elementos para la creación de diagramas de flujo, etcétera. En la figura 10.4 puedes ver representados algunos de estos objetos.

Para acceder a estos elementos, puedes utilizar la opción que acabamos del comentar del comando **Imagen** o la barra de herramientas Dibujo. La opción más lógica es sin duda esta última, ya que además contiene los comandos necesarios para modificar y personalizar cualquier objeto de autoforma.

Modificar una imagen en Word

Una vez que has insertado la imagen en tu documento, Word pone a tu disposición una serie de utilidades para modificar los parámetros originales de la imagen.

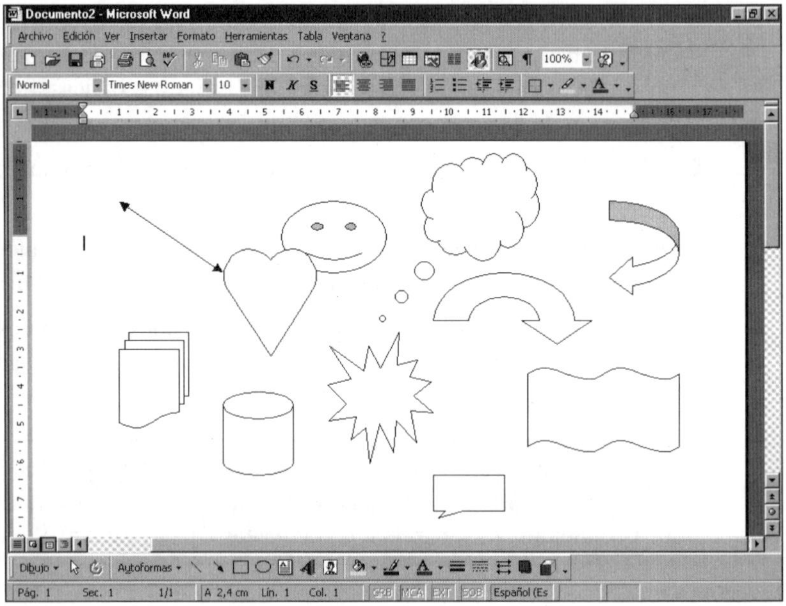

Figura 10.4. Objetos de autoforma

Consejo: aunque las opciones que ofrece Word para modificar una imagen te pueden sacar de algún que otro apuro, te recomendamos que utilices aplicaciones especialmente diseñadas para este fin, si pretendes obtener unos resultados profesionales. La mejor herramienta del mercado para estos fines es sin duda Adobe Photoshop.

La barra de herramientas Imagen, que aparece cuando haces clic sobre un elemento de este tipo, ofrece la posibilidad de realizar ajustes menores sobre la imagen:

- Convertir una imagen a escala de grises, blanco y negro o marca de agua (la imagen queda como diluida).
- Aumentar o disminuir el contraste.
- Aumentar o disminuir el brillo de la imagen.
- Recortar la imagen.
- Seleccionar un estilo de línea para el borde de la imagen.
- Ajustar la forma en la que el texto rodeará a la imagen.
- Convertir colores en transparentes.

Puedes realizar todos estos procesos desde los controles de la barra de herramientas Imagen (figura 10.5). Recuerda que si no aparece automáticamente esta barra, puedes hacer clic con el botón derecho sobre cualquier otra y seleccionar la opción **Imagen** para mostrarla.

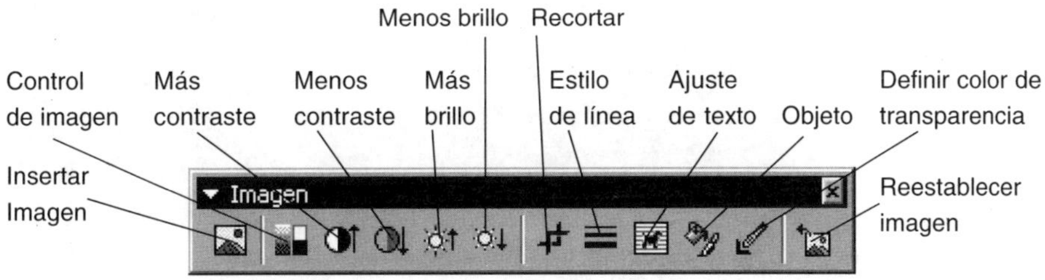

***Figura 10.5.** Barra de herramientas Imagen*

¿Imágenes vinculadas o incrustadas? OLE

Hemos visto que podemos incluir una imagen de forma independiente o integrarla dentro de un párrafo de texto. Pues bien, además tenemos la posibilidad de vincularlas o incrustarlas. Si estás familiarizado con el entorno Windows, asociarás inmediatamente estos dos términos al estándar OLE. Mediante este sistema podemos incluir y actualizar objetos fácilmente dentro de Word o dentro cualquier otra aplicación de Office.

Cuando incluimos un gráfico utilizando OLE, tenemos la posibilidad de modificarlo utilizando la misma aplicación con la que se creó, siempre y cuando esta aplicación se encuentre instalada en nuestro sistema. Existen dos formas de incluir un objeto OLE en nuestro documento: utilizar el Portapapeles o el comando **Objeto** del menú **Insertar** (figura 10.6).

A continuación vamos a pasar a describir las dos formas distintas que tenemos de tratar los objetos cuando trabajamos con OLE: incrustar y vincular.

Incrustar

Con este método podemos incluir en nuestro documento un objeto creado en una aplicación externa, sin necesidad de que éste se encuentre en un archivo independiente. Basta con utilizar el Portapapeles junto con los comandos **Cortar** y **Pegar** para insertar el objeto dentro del documento de Word.

La forma de editar un objeto incrustado es bastante sencilla, sólo debes hacer doble clic sobre el objeto y se abrirá la aplicación con la que se creó.

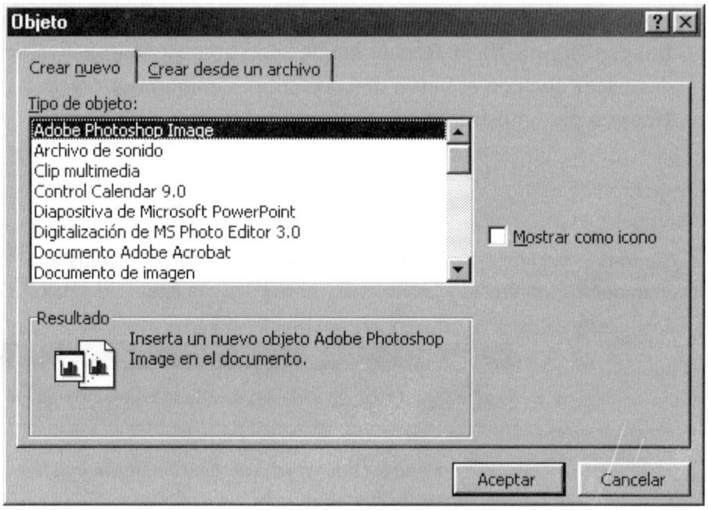

Figura 10.6. *Cuadro de diálogo* ***Objeto***

Nota: si tienes varias copias del mismo objeto incrustado dentro de tu documento y necesitas editarlas, deberás hacerlo abriendo cada una de ellas.

A continuación estudiaremos las diferentes formas de que dispones para incrustar un objeto en tu documento. En primer lugar veremos el método más común; nos referimos a los comandos **Cortar** y **Pegar**. Recuerda que la aplicación de la que vamos a cortar el gráfico debe admitir la característica OLE.

La siguiente secuencia de pasos te indica la forma de incrustar un gráfico utilizando estos comandos:

1. En la aplicación origen, selecciona el objeto y ejecuta el comando **Cortar** o **Pegar**. Este comando se encuentra normalmente en el menú **Edición**.
2. Vuelve a Word. Utiliza las teclas Alt+Tab. Aparece de nuevo el entorno de Word.
3. Selecciona el comando **Pegar** del menú **Edición** y el objeto aparecerá en tu documento de Word.

Entre las opciones ocultas del menú **Edición** existe otra opción para pegar: **Pegado especial**. Este comando también nos permite incrustar objetos aprovechando la tecnología OLE. La diferencia entre los comandos **Pegar** y **Pegado especial** radica en que este último nos permite elegir el formato antes de pegar el objeto en nuestro documento, como puedes ver en el cuadro de diálogo de la figura 10.7. Este cuadro es el que aparece cuando seleccionas el comando **Pegado especial**.

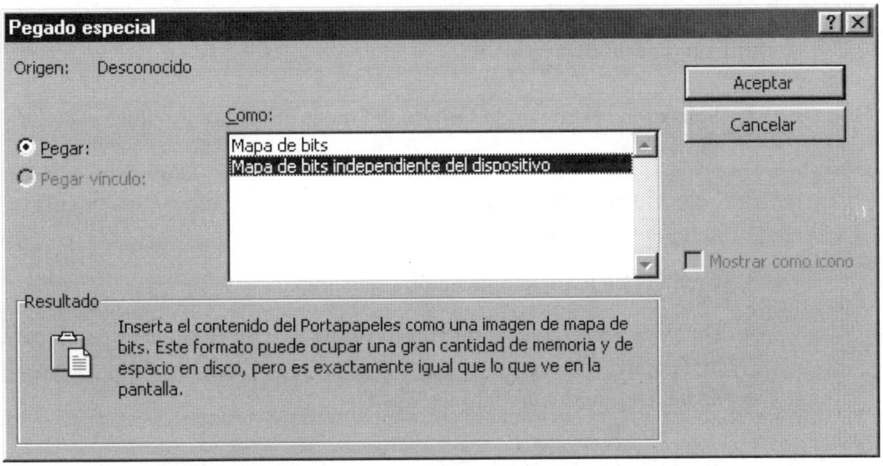

Figura 10.7. *Cuadro de diálogo* ***Pegado especial***

Para incrustar un objeto utilizando el comando **Pegado especial**:

1. En la aplicación origen, selecciona el objeto y ejecuta el comando **Cortar** o **Pegar**. Este comando se encuentra normalmente en el menú **Edición** (por lo general, las distintas aplicaciones suelen tener los mismos comandos y los mismos menús).
2. Vuelve a Word. Utiliza las teclas Alt+Tab. Aparece de nuevo el entorno de Word.
3. Selecciona el comando **Pegado especial**. Después de seleccionar este comando aparece el cuadro de diálogo **Pegar especial**.
4. Dentro de este cuadro de diálogo puedes encontrar información sobre el tipo de archivo que estamos pegando y, lo que es más importante, te permite elegir el formato que quieres que tome el gráfico incrustado una vez que pase a formar parte de nuestro documento de Word.
5. Elige el formato que desees y haz clic en **Aceptar**.

Tanto el comando **Pegar** como **Pegado especial** nos pueden resultar especialmente útiles en aquellas ocasiones en las que necesitemos incluir en nuestro documento un gráfico y éste se encuentre en algún formato que no reconoce Word.

Comando Insertar objeto

Todavía existe otra forma más de incrustar un objeto en nuestro documento. En este caso utilizaremos el comando **Insertar objeto** del menú **Edición**.

La secuencia de pasos que viene a continuación muestra cómo incrustar un objeto utilizando este comando:

1 Selecciona el comando **Objeto** del menú **Insertar**. Aparece el cuadro de diálogo **Objeto**.

2 Selecciona el tipo de aplicación que desees. La aplicación elegida se ejecutará automáticamente.

3 Crea el objeto en la aplicación seleccionada.

4 Después, selecciona la opción **Actualizar** o **Salir** situadas en el menú **Archivo** de la aplicación donde has creado el objeto. El elemento que acabas de crear aparece en tu documento de Word.

Después de esta operación, para volver a la aplicación donde hemos creado el objeto, sólo tienes que hacer doble clic sobre el objeto o utilizar el último comando del menú **Edición** que será diferente en función del objeto insertado.

Vincular

Ya hemos visto las posibilidades que ofrece la incrustación de objetos. Ahora trataremos la segunda de las posibilidades que ofrece la tecnología OLE, nos referimos a la vinculación.
Recuerda que cuando incrustábamos varias veces el mismo objeto y necesitábamos editarlo teníamos que ir uno por uno modificándolo. La vinculación permite actualizar un objeto y todas las copias del mismo sin necesidad de volver a colocarlo en el documento.

Aviso: para vincular un objeto, éste debe estar guardado necesariamente en un archivo independiente de la aplicación de origen.

Otra de las ventajas de la vinculación es el menor tamaño que ocupan los objetos dentro del documento, ya que no se incluye una copia del objeto en el mismo documento, simplemente existe un enlace o "vínculo" entre los dos.
Cuando actualizas un objeto fuera de la aplicación que lo contiene y vuelves a ésta, todas las copias del objeto modificado que contenga el documento se actualizan automáticamente. Imagina que tienes un documento en Word que contiene una hoja de cálculo vinculada. Puedes trabajar con los datos de la hoja de cálculo y, cada vez que abras el documento de Word, ésta aparecerá con los datos actualizados sin necesidad de ejecutar ninguna orden. Interesante, ¿no te parece?

Los métodos para vincular un objeto en Word no son demasiado diferentes de los que hemos visto para incrustar. En primer lugar vamos a tratar la vinculación a partir de los comandos **Cortar** y **Pegado especial**. La siguiente secuencia de pasos te muestra la forma de hacerlo:

1 En la aplicación origen, selecciona el objeto y ejecuta el comando **Cortar** o **Pegar**.

2 Vuelve a Word. Utiliza las teclas Alt+Tab. Aparece de nuevo el entorno de Word.

3 Selecciona el comando **Pegado especial**. Después de seleccionar este comando aparece el cuadro de diálogo **Pegar especial**.

4 Haz clic en el botón de opción **Pegar vínculo** para hacer efectiva la operación.

5 Elige el formato que desees y haz clic en **Aceptar**.

Aviso: la opción **Pegar vínculo** del cuadro de diálogo **Pegar especial** no está disponible si no hay ningún documento abierto, si el Portapapeles no contiene ningún objeto OLE o si no hay un programa servidor OLE activo.

Después de esto ya tendremos el objeto vinculado en nuestro documento. Existe otra forma de vincular un objeto, mediante el comando **Insertar objeto** que utilizamos anteriormente para incrustar, aunque en esta ocasión el archivo que deseamos vincular ya debe estar creado y guardado.

Herramientas de escritura

Las herramientas de escritura nos permiten mejorar la calidad de nuestro trabajo, al tiempo que nos ayudan a ganar tiempo mediante la posibilidad de automatizar ciertas tareas. Algunas de ellas, como el corrector ortográfico, se han convertido en una pieza fundamental dentro de cualquier procesador de textos, si bien es cierto que las últimas versiones de estas herramientas no tienen nada que ver con los primeros correctores. Ahora disponemos incluso de correctores gramaticales que además de revisar la sintaxis nos ayudan en la composición correcta de las frases y nos avisan de posibles errores de concordancia, puntuación, etcétera. Word está repleto de estas ayudas para la escritura, y en esta lección veremos cómo funciona y cómo aprovechar todas sus posibilidades.

En esta lección aprenderás a:

- Utilizar el corrector ortográfico y gramatical
- Configurar las opciones de ortografía y gramática
- Buscar sinónimos
- Cambiar el idioma por defecto
- Añadir comentarios

Corrector ortográfico

El funcionamiento del corrector ortográfico está basado en la gestión de una base de datos donde Word almacena una gran cantidad de términos correspondientes al idioma activo. Al ejecutar el corrector, Word compara cada una de las palabras que contiene el texto con las que él tiene en su base de datos; en el caso de que la palabra buscada no coincida, la considerará como un posible error y nos lo hará saber para que tomemos una decisión con respecto a su corrección. Además localiza en la base de datos todas aquellas posibles palabras similares para que, en el caso de que se trate de un error ortográfico, podamos elegir el término correcto.
En las primeras versiones de Word donde se encontraba presente esta herramienta se utilizaba de forma distinta. Primero se escribía el texto y después utilizábamos el corrector para comprobar los errores. Pero, a partir de la versión 6.0, esta corrección

se hace al mismo tiempo que escribes el texto en tu documento, aunque si lo deseas puedes desactivar esta ayuda.

Aviso: aunque Word trabaja al mismo tiempo que escribimos, tenemos la posibilidad de utilizar el corrector ortográfico una vez que hemos terminado de escribir.

El modo de funcionamiento del corrector se puede resumir en los siguientes pasos:

1 Si el corrector detecta un posible error, marca la palabra subrayándola con una línea ondulada roja. Word considera que hemos terminado de escribir una palabra si detrás de ella insertamos un espacio, signo de puntuación o pasamos al párrafo siguiente.

2 Una vez que Word ha detectado el error, puedes solucionar el problema de dos formas: utilizando los métodos tradicionales (tecla Retroceso y volver a escribir) o situar el puntero del ratón sobre la palabra marcada y pulsar el botón derecho.

3 Si utilizas el método del botón derecho, aparecerá un menú emergente como el que muestra la figura 11.1. Dentro de este menú se distinguen tres secciones:

- La primera sección muestra una serie de palabras que Word considera candidatas posibles para sustituir a la palabra errónea. Si alguna de ellas es la palabra correcta, simplemente haz clic sobre ella.
- En la segunda sección puedes ver dos opciones. La primera **Omitir todas**, hace que Word no considere la palabra como error ortográfico ni en ese caso ni en todas las ocasiones en que aparezca esa palabra en el documento; esto es válido hasta que cerremos el archivo. La opción **Agregar** incluye la palabra en el diccionario de Word.

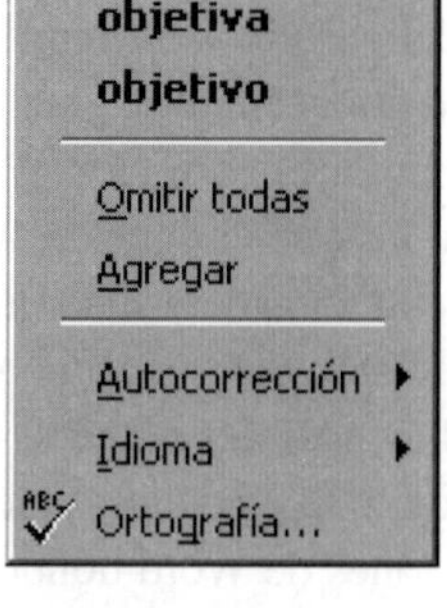

Figura 11.1. *Menú emergente asociado a una palabra resaltada como posible error ortográfico*

- La tercera sección tiene tres comandos: **Autocorrección**, **Idioma** y **Ortografía**. El primer comando nos permite seleccionar palabras aunque no tengamos activa la corrección ortográfica. El segundo nos permite cambiar el idioma que se ha utilizado como base para analizar la palabra por si pudiera estar ahí la raíz del problema. Finalmente, el comando **Ortografía** abre el cuadro de diálogo **Ortografía** (figura 11.2), que comentaremos en el siguiente apartado.

Precaución: antes de incluir una palabra en el diccionario de Word mediante el comando **Agregar**, asegúrate de que es correcta, de lo contrario Word no detectará el error la próxima vez que se produzca.

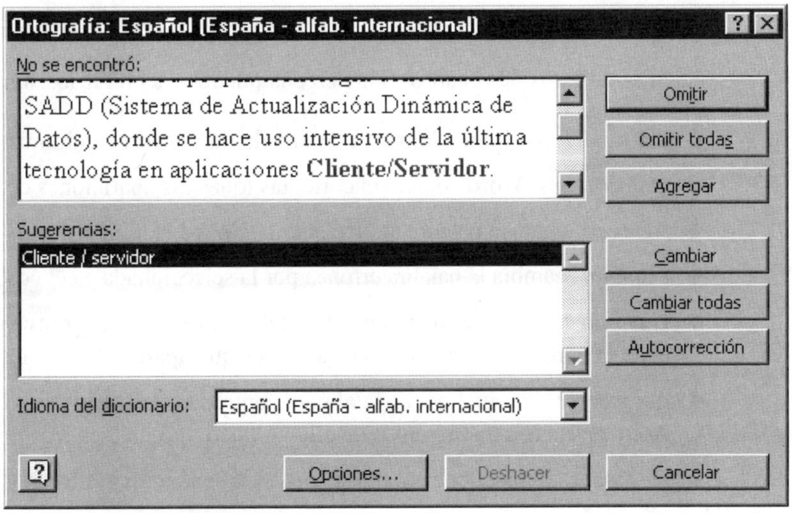

Figura 11.2. *Cuadro de diálogo* ***Ortografía***

Cuadro de diálogo Ortografía

Este cuadro de diálogo te permite hacer una búsqueda tradicional de los errores de tu documento. Puedes activarlo de varias formas: utilizando el comando que aparece en el menú emergente asociado una posible palabra errónea, haciendo clic sobre el icono **Ortografía y gramática** de la barra de herramientas o seleccionando el comando del mismo nombre situado dentro del menú **Herramientas**.

Truco: todavía existiría una forma más de activar la corrector ortográfico y gramatical que sería pulsar la tecla F7.

Antes de seguir queremos hacer una pequeña aclaración, Word permite comprobar la ortografía y la gramática de un documento de forma conjunta o independiente. Si utilizas el comando **Ortografía** del menú emergente asociado a un posible error, se comprobará sólo la ortografía del documento. En cambio, si ejecutas algunos de comandos que acabamos de comentar, esta corrección se hará de forma conjunta. De todo modos es bastante sencillo reconocer que está haciendo Word en cada caso, por el nombre del cuadro de diálogo: **Ortografía**, **Gramática** o **Ortografía y gramática**. Vamos a suponer que hago clic sobre el comando **Ortografía** del menú emergente asociado a un posible error. Se abrirá el cuadro de diálogo **Ortografía** y lo primero que llamará nuestra atención son los dos grandes cuadros blancos que aparecen:

- *No se encontró*: Word muestra en color rojo la palabra que considera errónea.
- *Sugerencias*: aparecerán las palabras que el programa propone como solución.

Además de estos dos cuadros a la derecha puedes encontrar los siguientes botones:

- *Omitir*: Word elimina la marca de la palabra errónea y continúa la búsqueda.
- *Omitir todas*: Word considera correctas todas las apariciones de la palabra.
- *Agregar*: añade la palabra al diccionario y Word la tomará siempre como correcta.
- *Cambiar*: cambia la palabra errónea por la seleccionada en el cuadro **Sugerencias**.
- *Cambiar todas*: sustituye la palabra del cuadro **No se encontró** por la situada en el cuadro **Sugerencias** todas las veces que aparezca en el documento.
- *Autocorrección*: incluye la palabra encontrada y la sugerida en la tabla de Autocorrección (hablaremos de ella un poco más en esta lección).
- *Deshacer*: al hacer clic sobre este botón deshacemos el último cambio realizado.
- *Opciones*: abre el cuadro de diálogo **Ortografía y gramática**. Este cuadro nos permite definir nuestras preferencias para estas dos herramientas de Word.

No vayas a creer que el corrector ortográfico es infalible, ni mucho menos. Serán muchas las ocasiones en las que Word no marcará palabras como erróneas y sí lo son, o viceversa. Por este motivo, te aconsejamos que una vez terminado el trabajo dediques el tiempo necesario a revisarlo para comprobar que todo es correcto.

Corrector gramatical

El corrector gramatical es una de las grandes novedades que incorporó Word en su versión anterior. Esta herramienta nos ayuda a detectar posibles errores en la composición de las frases y entre los elementos que las forman.

Si tienes activada la revisión gramatical, al mismo tiempo que vamos escribiendo Word comprueba la gramática de nuestro documento. La forma de hacernos saber que existe un posible error gramatical es subrayar la palabra con una línea ondulada de color verde. Habrá ocasiones en que los errores sean tan evidentes que no necesitarás ningún tipo de aclaración, pero en muchas otras necesitarás algo de ayuda para conocer el origen del fallo; la forma de obtenerla es bien sencilla:

1 Sitúa el puntero del ratón sobre la palabra.

2 Haz clic en el botón derecho y aparecerá un menú emergente (figura 11.3) dividido en las siguientes partes:

  - En la primera división del menú emergente tienes una breve explicación del problema encontrado. Esta parte se encuentra sobre un fondo amarillo.
  - Después de la opción anterior, Word ofrece una serie de términos como alternativa al problema encontrado.
  - En la tercera parte está la opción **Omitir oración**. Si haces clic sobre ella, Word olvidará el problema y eliminará la marca verde de la palabra.
  - La última opción, **Gramática**, abre el cuadro de diálogo **Gramática**, donde además de explicarte la razón del error, te da una sugerencia más completa para solucionarlo. Hablaremos de este cuadro de diálogo a continuación.

Nota: del mismo modo que ocurría con la ortografía, cuando selecciones el comando **Gramática** del menú emergente se comprobarán sólo los posibles errores gramaticales del documento.

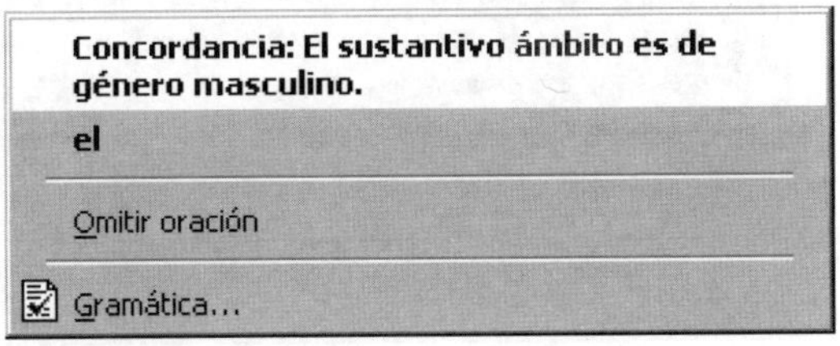

Figura 11.3. *Menú contextual asociado a un posible error gramatical*

Estilo de escritura

No creas que la potencia del corrector gramatical de Word se acaba con lo que te acabamos de contar. Esta herramienta pone a nuestra disposición incluso la posibilidad de seleccionar un determinado estilo gramatical, para realizar la corrección en

función del estilo elegido. Si ninguno de los estilos incluidos en Word te resulta válido puedes personalizar alguno de ellos para crear el tuyo propio.
Sigue los siguientes pasos para seleccionar alguno de los estilos de escritura predeterminados:

1 Selecciona el comando **Opciones** del menú **Herramientas**. Aparece el cuadro de dialogo **Opciones**.
2 Haz clic en la pestaña **Ortografía y gramática** (figura 11.4).
3 Despliega la lista **Estilo de escritura** y selecciona el que más se ajuste al documento actual.

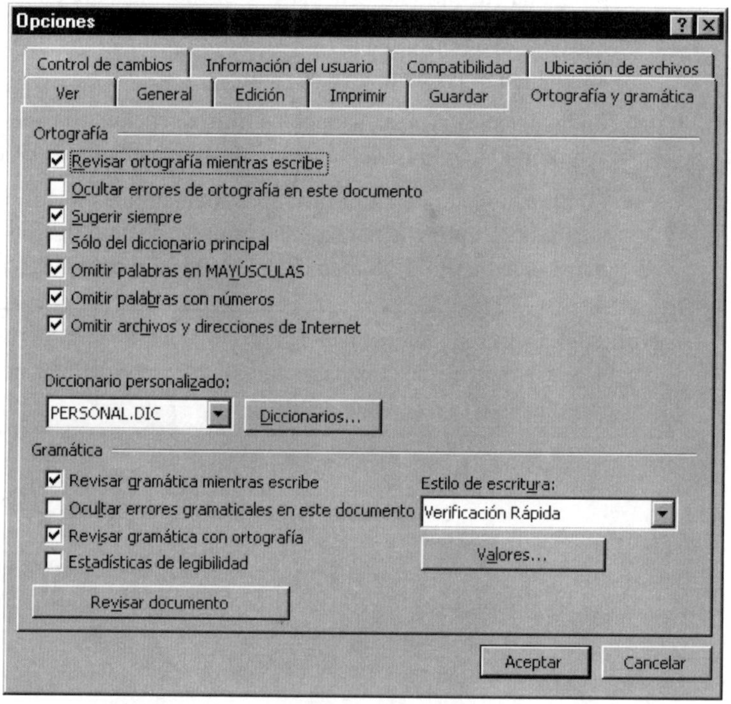

Figura 11.4. *Pestaña **Ortografía y gramática** del cuadro de diálogo **Opciones***

Habrás podido observar que bajo la lista **Estilo de escritura** se encuentra el botón **Valores**; este botón abre el cuadro de dialogo **Personalizar las opciones** (figura 11.5), desde donde podrás adaptar cualquiera de los estilos de escritura que existen para crear tu propio estilo gramatical y utilizarlo como base para corregir tus documentos.

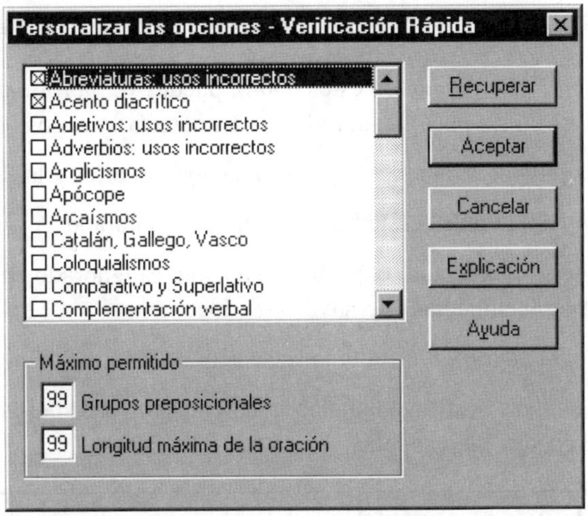

Figura 11.5. *Cuadro de diálogo* ***Personalizar las opciones***

Cuadro de diálogo Gramática

Como ya hemos comentado, el cuadro de diálogo **Gramática** (figura 11.6) aparece cuando seleccionas el comando con el mismo nombre dentro del menú contextual asociado a un posible error gramatical.

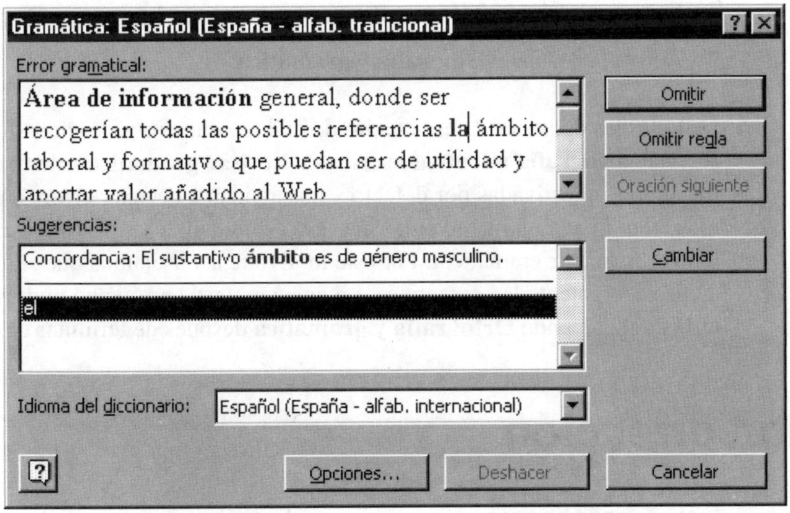

Figura 11.6. *Cuadro de diálogo* ***Gramática***

Dentro de este cuadro de diálogo puedes encontrar los siguientes elementos:

- *Error gramatical*: en este cuadro, puedes ver la frase donde Word ha encontrado el error. La palabra sobre la que ha detectado el posible error aparece en verde.
- *Sugerencias*: aparece la denominación del error y las posibles soluciones.
- *Omitir*: si pulsas este botón, el error es ignorado.
- *Omitir todas*: aquí el problema no sólo es ignorado en este caso, si no en todas las coincidencias que haya en el documento.
- *Siguiente oración*: salta la frase actual y continúa con la corrección.
- *Cambiar*: sustituye la palabra marcada en verde por la que está seleccionada en el cuadro **Sugerencias**.

Nota: los botones **Opciones** y **Deshacer** tienen exactamente la misma función que explicamos para el cuadro de diálogo **Ortografía**.

Opciones de ortografía y gramática

Además de las opciones que hemos visto de ortografía y gramática, existen algunas posibilidades más de configuración a las que podemos acceder del siguiente modo:

1 Haz clic en el menú **Herramientas** y selecciona el comando **Opciones**.

2 Activa la pestaña **Ortografía y gramática**.

De todas las opciones de ese cuadro de diálogo queremos destacar dos casillas: **Revisar ortografía mientras escribes** y **Revisar gramática mientras escribes**. Las dos están activadas por defecto y nos ayudan a detectar errores mientras escribimos, pero tienen un inconveniente, y es la cantidad de recursos que consumen, sobre todo el corrector gramatical. Por este motivo te aconsejamos que si tu equipo no es demasiado potente las desactives. La única molestia es que no podrás olvidarte de utilizar el comando **Ortografía y gramática** después de terminar de escribir.

Autocorrección

Este comando no tiene nada que ver con la corrección ortográfica, ya que funciona independientemente, la tengamos activa o no. Su misión es ayudarnos a corregir los

errores que cometemos al teclear, como por ejemplo: escribir dos mayúsculas seguidas, poner en minúscula la primera letra de una frase, etc.
Para personalizar estas opciones sigue los pasos que te indicamos a continuación:

1 Selecciona el comando **Autocorrección** del menú **Herramientas** para mostrar el cuadro de diálogo **Autocorrección** (figura 11.7).

2 Haz clic en la pestaña **Autocorrección**, si ésta no se encuentra activa.

3 Las cuatro primeras casillas de verificación te permiten activar o desactivar la corrección automática de errores en Word tan comunes como poner dos mayúsculas seguidas o no poner mayúscula al principio de una oración.

> **Aviso:** aunque tengas activas las opciones de corrección de mayúsculas, puedes utilizar el botón **Excepciones** para indicar aquellas palabras sobre las que no deseas que Word aplique la corrección.

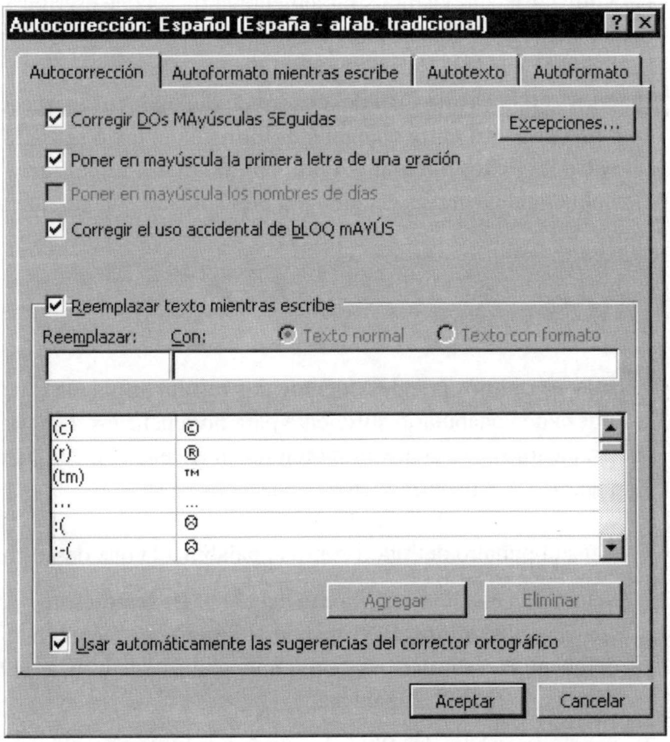

Figura 11.7. *Cuadro de diálogo* ***Autocorrección***

Reemplazar texto mientras escribes

Imagínate la siguiente situación: estás escribiendo un extenso informe sobre la sociedad de la información y por lo tanto tienes escribir continuamente "sociedad de la información". Pues bien, que te parecería si sólo tuvieras que escribir algunas letras como "soc" y que Word escribiera el resto. Esto es ni más ni menos para lo que sirve la opción **Reemplazar texto mientras escribes** del cuadro de diálogo **Autocorrección**, y el modo de hacerlo sería el siguiente:

1. Activa la casilla de verificación **Reemplazar texto mientras escribes**.
2. En la casilla de texto **Reemplazar** escribe la abreviatura que quieres utilizar. Intenta que no sea ningún artículo, pronombre, nombre, etc. Por ejemplo, escribe cdd.
3. Ahora en el cuadro **Con** introduce el texto que quieres que aparezca cuando escribas la abreviatura elegida. Por ejemplo, cuadro de diálogo.
4. Pulsa el botón **Agregar** y haz clic en **Aceptar** para cerrar el cuadro de diálogo.

Para utilizar la abreviatura simplemente la tienes que escribir y Word insertará automáticamente el texto asociado a la misma.
Si lo deseas puedes seleccionar en el documento el texto que quieres reemplazar y aparecerá en la casilla **Con** del cuadro de diálogo **Autocorrección**. Además, en este caso podrás elegir entre mantener el formato del texto seleccionado o no, activando las opciones **Texto normal** o **Texto con formato**. En la figura 11.8 puedes ver un ejemplo, donde hemos seleccionado previamente el texto que queremos utilizar.

Sinónimos

Cuando escribimos grandes documentos resulta difícil, en muchas ocasiones, tener la riqueza de vocabulario suficiente para no repetirnos demasiado en los términos que empleamos. Word nos proporciona un excelente diccionario de sinónimos.
Para acceder a esta herramienta, sigue estos pasos:

1. Sitúa el puntero del ratón sobre la palabra a la que desees buscar un sinónimo.
2. Selecciona el comando **Idioma** del menú **Herramientas** y, en el submenú que aparece, **Sinónimos**. El comando **Idioma** se encuentra entre las opciones ocultas del menú **Herramientas**, por lo que tendrás que utilizar el botón situado al final del mismo para que aparezca.
3. Se muestra el cuadro **Sinónimos** (figura 11.9), con diferentes opciones para la palabra que hemos elegido.

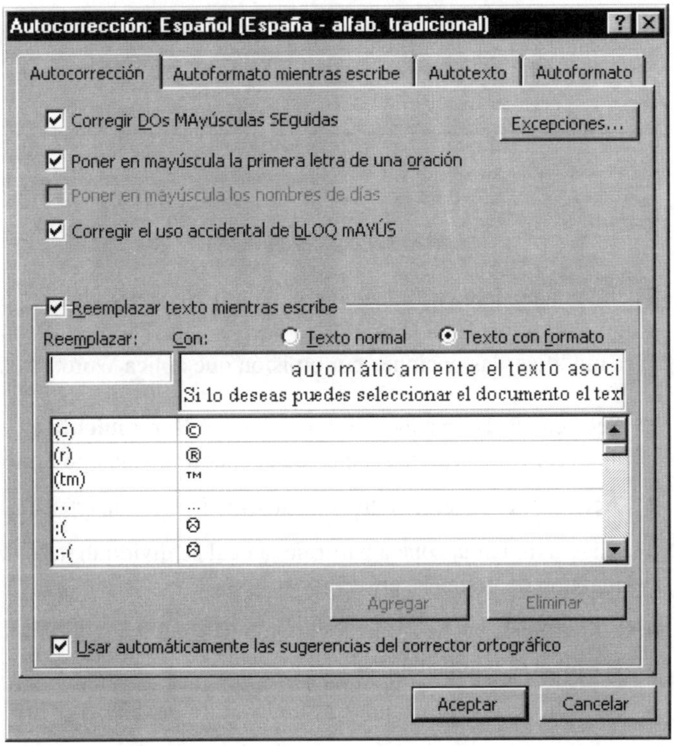

Figura 11.8. Selección previa del texto para utilizarlo en la opción ***Reemplazar texto mientras escribe***

Figura 11.9. Cuadro de diálogo ***Sinónimos***

Truco: para ganar tiempo a la hora de buscar sinónimos, puedes situarte encima de una palabra y utilizar la combinación de teclas Mayús+F7 con lo que aparecerá el cuadro Sinónimos.

Guiones

Cuando una palabra no cabe completa la final de una línea es dividida utilizando un guión. La forma en la que Word hace esta división es totalmente personalizable. Para modificar las opciones por omisión que aplica Word a la división de palabras:

1 Selecciona el comando **Idioma** del menú **Herramientas** y, en el submenú que aparece, elige **Guiones**. Aparece el cuadro de diálogo **Guiones** (figura 11.10).

2 Activa, si lo deseas, la división automática y de mayúsculas.

3 Elige también la zona a partir de la cual se dividirán las palabras y el número máximo de guiones consecutivos.

4 Si lo deseas, puedes utilizar el botón **Manual** para definir tú mismo las directrices de la división silábica.

5 Haz clic en **Aceptar** para cerrar el cuadro de diálogo y efectuar los cambios.

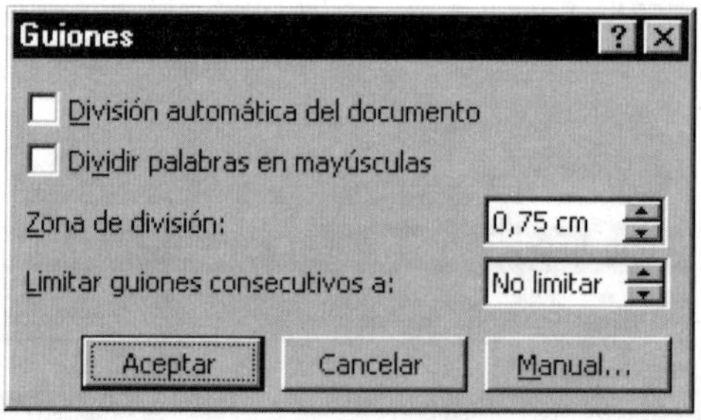

Figura 11.10.** Cuadro de diálogo* ***Guiones

Idioma

El comando **Idioma** se encuentra dentro del menú **Herramientas**; normalmente se encuentra dentro de las opciones ocultas del menú por lo que tendrás que hacer clic en el botó situado al final del menú para acceder a ella o simplemente dejar unos segundos el puntero del ratón sobre el nombre del menú.

Después de seleccionar el comando **Idioma**, deberás hacer clic en la opción **Definir idioma**. El cuadro de diálogo **Idioma** (figura 11.11) te muestra en primer lugar los idiomas utilizados más recientemente y después de estos el resto de lenguajes incluidos.

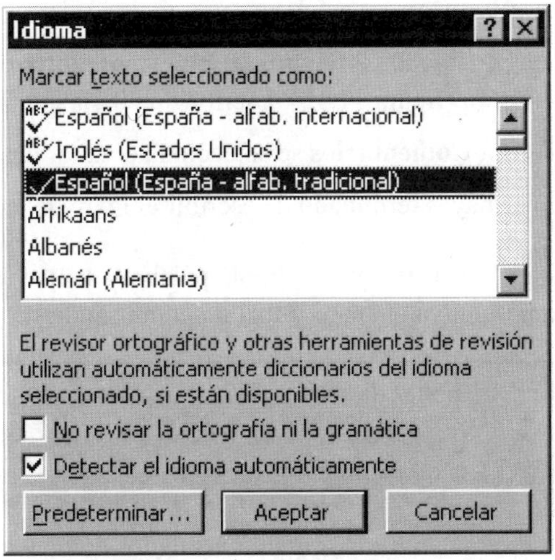

Figura 11.11. *Cuadro de diálogo* ***Idioma***

Puedes cambiar el idioma aplicado a cualquier parte del documento seleccionado el texto que quieres modificar y haciendo clic en el cuadro de diálogo **Idioma** sobre la opción de lenguaje que desees. Pero si quieres definir un idioma tanto para el documento actual como para cualquier documento nuevo, tienes que seleccionar el idioma y después hacer clic sobre el botón **Predeterminar**. La casilla de verificación **Detectar el idioma automáticamente** permite que Word descubra el idioma al que pertenece el texto y lo trate en consecuencia.

Aviso: puede ser un auténtico desastre escribir un documento en español y tener seleccionado como idioma predeterminado el inglés. Ten en cuenta que tanto el corrector ortográfico como el gramatical actuarán según el idioma seleccionado.

Comentarios

Los comentarios son una curiosa utilidad incluida en Word que permite asociar una pequeña explicación a cualquier palabra del documento, de manera que cuando coloquemos sobre ella el cursor aparezca el comentario.

La forma de incluir comentarios en nuestro documento es la siguiente:

1 Sitúa el punto de inserción sobre la palabra a la que deseas asociar el comentario.
2 Haz clic en el menú **Insertar** y haz clic el botón situado al final del mismo para mostrar las opciones ocultas.
3 Elige el comando **Comentario**. En la parte inferior de la pantalla aparece una subdivisión (figura 11.12). Escribe en ella la explicación que desees.
4 En la lista **Comentarios** se selecciona el autor del comentario.
5 Una vez hayas terminado de escribir el texto del comentario, haz clic **Cerrar**.

Si sitúas el cursor del ratón sobre la palabra a la que acabas de asociar el comentario verás cómo junto a él aparece una pequeña banderita y el cuadro con el comentario.

Truco: si dispones de micrófono, altavoces y tarjeta de sonido puedes utilizar el botón **Grabar** de la ventana de edición de comentarios para incluir mensajes hablados en tus comentarios.

Si deseas ver y editar todos o algunos de los comentarios incluidos en tus documentos, utiliza el comando **Comentarios** del menú **Ver**.

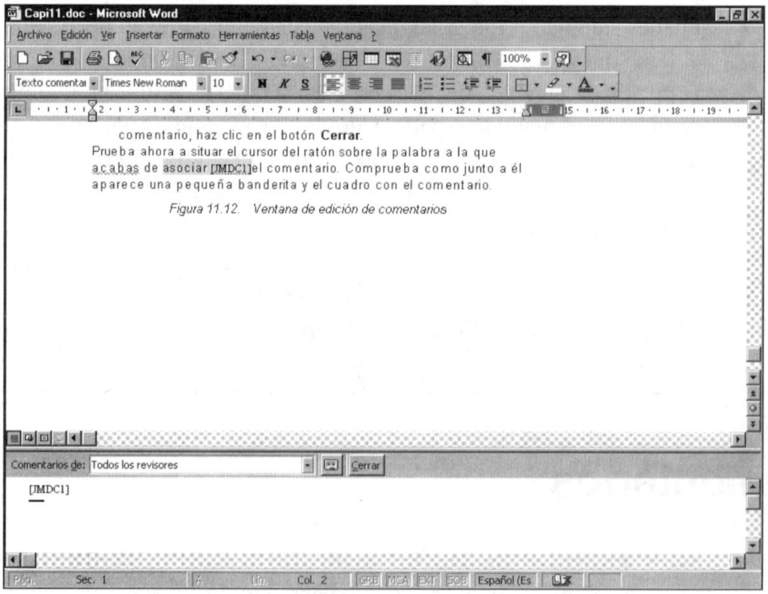

Figura 11.12. Ventana de edición de comentarios

Herramientas avanzadas

Llegados a este punto, podemos decir que hemos tratado la mayoría de los conceptos fundamentales del programa. Si bien es cierto que podríamos haber escrito unas cientos de páginas más sobre este potente procesador de texto, dispones de toda la información necesaria para sacarle todo el partido y, por qué no, ganar en eficacia y productividad tanto en el trabajo como en tu casa.
En cualquier caso, no queremos dejar pasar algunos conceptos que sin duda te podrán venir bien para aprovechar todas las posibilidades de Word. La lección que vas a comenzar trata de una serie de potentes herramientas que te harán comprender la verdadera capacidad y potencia de la aplicación.

En esta lección aprenderás a:

- Realizar búsquedas
- Proteger documentos
- Trabajar con macros
- Crear cartas modelo
- Personalizar el entorno
- Enviar documentos a través del correo electrónico

Búsquedas

Word dispone de un complejo sistema de búsqueda por múltiples criterios que no sólo te permiten localizar texto dentro de tu documento, sino que también podrás buscar formatos, símbolos, estilos, fuentes y un largo etcétera de elementos.
El cuadro de diálogo **Buscar y reemplazar** que puedes ver en la figura 12.1 nos permitirá hacer todo esto. Para comprobar cómo funciona sigue estos pasos:

1. Haz clic en el comando **Buscar** situado dentro del menú **Edición** o, si lo prefieres, utiliza la combinación de teclas Ctrl+B. Aparece el cuadro de diálogo **Buscar y reemplazar**, donde puedes encontrar varias pestañas, aunque de momento sólo vamos a centrarnos en la primera de ellas.
2. Pulsa el botón **Más** para mostrar el resto de las opciones del cuadro de diálogo.

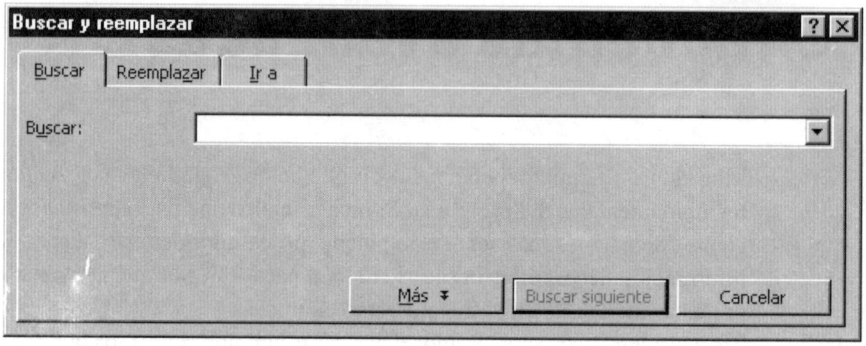

Figura 12.1. *Cuadro de diálogo* ***Buscar y reemplazar***

3 En el cuadro **Buscar**, introduce el texto que quieres localizar dentro del documento actual.

4 En la lista desplegable **Buscar**, puedes indicarle a Word que busque en todo el documento, desde el punto de inserción hacia delante o desde el punto de inserción hacia atrás.

5 El significado de las casillas de verificación es el siguiente:

- **Coincidir mayúsculas y minúsculas**: al activar esta casilla, Word mostrará aquellos casos en los que el uso de mayúsculas y minúsculas coincidan con el texto del cuadro **Buscar**.
- **Palabras completas**: muestra ocurrencias en las que la palabra buscada no forme parte de otra.
- **Usar caracteres comodín**: permite utilizar caracteres como * o ?. Por ejemplo, si introduces **caza*** en el cuadro **Buscar**, Word daría por buenos los términos como **cazador**, **cazadora**, etc. O si utilizas **ca?a**, mostraría **casa**, **capa**, **cara**, etc.
- **Suena como**: busca palabras que aunque se escriban de forma distinta se pronuncien igual. Sólo está disponible cuando el texto tiene habilitado como idioma predeterminado el inglés.
- **Todas las formas de la palabra**: para los casos en los se quiera sustituir una palabra por otra, esta opción también se encarga de modificar el modo gramatical. Solo disponible para textos que tengan como idioma predeterminado el inglés.

6 Una vez que todos los parámetros sean correctos, haz clic en el botón **Buscar siguiente** para comenzar la búsqueda. Cada vez que Word encuentre alguna ocurrencia en el documento, se detendrá y la mostrará seleccionada.

Aviso: si la casilla **Usar caracteres comodín** no está activada, Word interpretará los caracteres comodines como normales y los buscará en el documento.

Buscar caracteres especiales

Si necesitas buscar caracteres especiales en el documento como retornos de carro, saltos de columnas, guiones largos, etc., utiliza el botón **Especial** del cuadro de diálogo **Buscar y reemplazar** para seleccionar el carácter que necesitas localizar. Después de elegir el carácter, comprueba cómo en el cuadro de texto **Buscar** aparece un pequeño símbolo y una letra. Estos dos elementos representan al carácter que quieres buscar.

Nota: a partir de esta lección, si hacemos referencia a un comando dentro de un menú y este no se encuentra visible, haz clic en el botón situado al final del propio menú para mostrar todas las opciones. El motivo de esta decisión es no aburrirte en cada secuencia de pasos avisándote de esto, cuando probablemente ya sepas como hacerlo.

Reemplazar

Ya hemos visto cómo localizar prácticamente cualquier elemento dentro de un documento de Word, pero todavía podemos ir más allá y aprovechar esta potente herramienta para además de buscarlo, reemplazarlo.
La forma de utilizar las herramientas para buscar y reemplazar sería la siguiente:

1 Haz clic en el comando **Reemplazar** del menú **Edición** o utiliza la combinación de teclas Ctrl+L. Aparece el cuadro de diálogo **Buscar y reemplazar** que ya conocemos pero, esta vez, la pestaña activa es **Reemplazar** (figura 12.2).

2 Escribe en el cuadro **Buscar** el texto que quieres localizar para ser sustituido. Recuerda que también puedes incluir formatos, estilos, caracteres especiales...

3 En **Reemplazar con** escribe el nuevo texto que quieres cambiar por el que has introducido en el cuadro anterior.

Nota: a riesgo de parecer pesados, queremos insistir en la posibilidad de sustituir no solo texto, sino fuentes, formatos, tabulaciones, etc., incluso combinaciones de estas posibilidades. Por ejemplo, podrías buscar la palabra Aviso, con un tipo de fuente Arial y negrita, para sustituirla por la misma palabra pero con fuente Times New Roman y cursiva. Con este sencillo ejemplo queremos hacerte ver las posibilidades que ofrece el cuadro de diálogo **Buscar y reemplazar**.

4 Utiliza el resto de opciones del mismo modo que explicamos en el apartado anterior.

5 El botón **Reemplazar** busca la siguiente coincidencia en el documento y la sustituye, seleccionado la siguiente. Es conveniente utilizar esta opción cuando no estamos seguros de querer cambiar todas las posibles ocurrencias.

6. Si no existe posibilidad de confusión, puedes hacer clic sobre el botón **Reemplazar todo** para dejar que Word haga todos los posibles cambios de modo automático.

Nota: el botón **Buscar siguiente** realiza la misma función que vimos en el apartado dedicado a la herramienta **Buscar**.

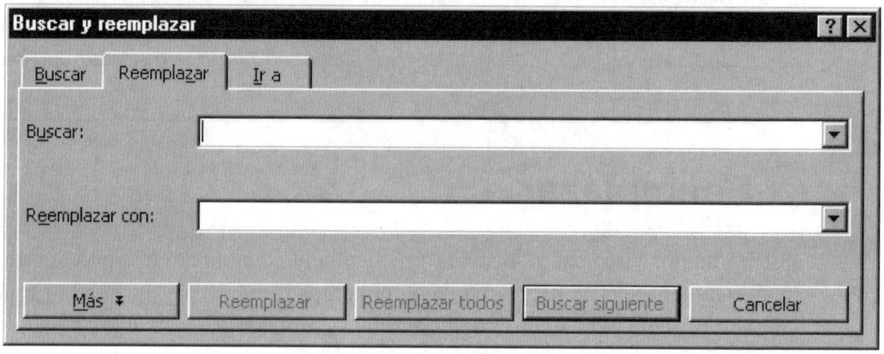

Figura 12.2. *Pestaña* ***Reemplazar*** *del cuadro de diálogo* ***Buscar y reemplazar***

Autoresumen

La función **Autoresumen** del menú **Herramientas** hace una valoración de las palabras y frases que más se utilizan dentro del documento, asignándoles distintos valores y prioridades. Con esta información, Word crea una versión reducida o resumida de nuestro trabajo. Podemos elegir entre varios porcentajes de reducción o seleccionar un número aproximado de frases o palabras.

Aviso: conviene revisar atentamente el documento resumen generado por Word para comprobar que no hemos dejado ninguna idea importante en el proceso de reducción. En cualquier caso, te recomendamos que utilices esta herramienta en situaciones de urgencia dado que su grado de efectividad no es demasiado alto.

Protección de documentos

Si quieres que otras personas no curioseen en tus documentos puedes protegerlos con una contraseña, de forma que sólo los que la conozcan podrán ver su contenido o modificarlo.

A continuación te mostramos los pasos que debes seguir para garantizar la confidencialidad de tus documentos:

1 Selecciona el comando **Opciones** del menú **Herramientas**. Aparece el cuadro de diálogo **Opciones**.

2 Haz clic en la pestaña **Guardar** de este cuadro de diálogo y Word mostrará la información que puedes ver en la figura 12.3.

3 En la parte inferior tienes de dos casillas para introducir la contraseña que evitará que cualquier persona que la desconozca pueda ver el contenido del documento.

4 La primera de las contraseñas permite abrir el documento pero no modificarlo, de modo que para guardar los cambios deberá hacerse con otro nombre.

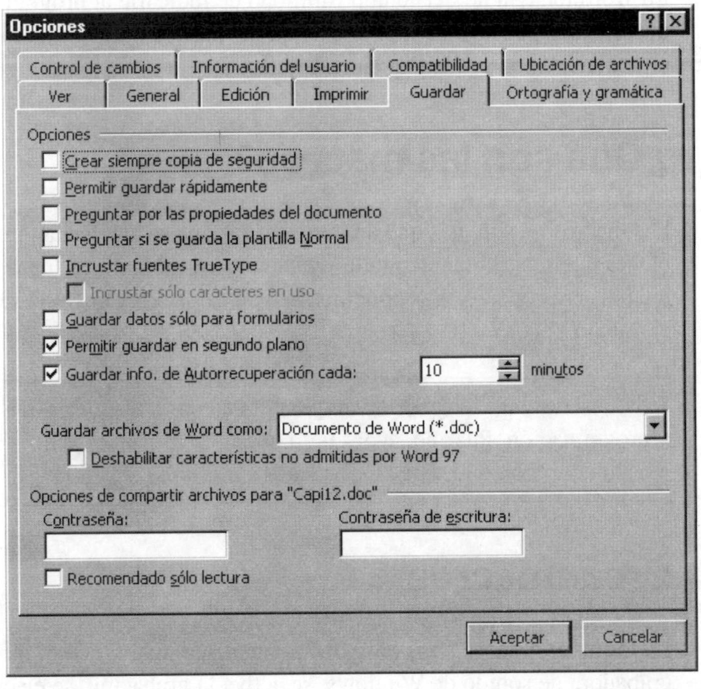

Figura 12.3. *Pestaña* ***Guardar*** *del cuadro de diálogo* ***Opciones***

5 La contraseña de escritura permite modificar el documento siempre que se introduzca la clave correcta.

6 Una vez introducidos los valores para proteger el documento haz clic en el botón **Aceptar** para hacer efectivos los cambios.

Contar palabras

Dentro de Word también puedes encontrar una utilidad que te proporciona las estadísticas de tu documento en cuanto a palabras, frases, párrafos...
La forma de acceder a esta información es seleccionar el comando **Contar palabras** del menú **Herramientas** y aparecerá un cuadro de diálogo con las cifras del documento actual.

Macros

En Word todavía no existe la posibilidad de indicarle al programa que cree los documentos por nosotros, pero existen las macros, que nos simplifican las tareas repetitivas y nos ayudan en ciertos trabajos.

¿Qué son las macros?

Las macros no son más que archivos en los que se almacenan una serie de operaciones que se ejecutan de modo secuencia. Por lo tanto en lugar de hacer nosotros mismos esas operaciones podemos activar la macro y que ella se encargue de hacer el trabajo.

Nota: las malas lenguas dicen que para crear macros necesitas conocimientos de programación. Pues no, Word te lo pone tan fácil que no necesitas nada de eso; así que tú tranquilo, que de ésta sales sin problemas.

Crear macros

La forma de crear macros en Word se puede comparar con el funcionamiento de la grabadora de sonido de Windows: se activa la grabación, se ejecutan las operaciones que se desean almacenar en la macro y, al terminar, se pulsa el botón de Stop.

Los siguientes pasos muestran un ejemplo de macro sencilla. Su misión no es otra que modificar la orientación de la página del documento actual e imprimirlo con las opciones por defecto del cuadro de diálogo **Imprimir**:

1 Ejecuta el comando **Macro** del menú **Herramientas**, elige **Grabar nueva macro** en el submenú que aparece. Podrás ver el cuadro de diálogo **Grabar macro** (figura 12.4).

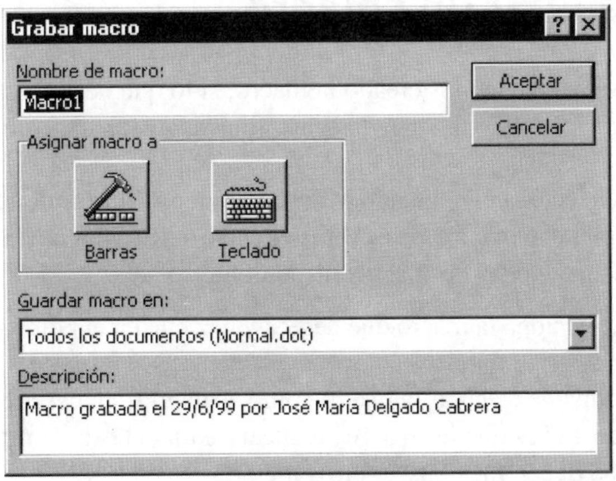

Figura 12.4. *Cuadro de diálogo* ***Grabar macro***

2. Escribe el nombre que desees asignar a la macro en el cuadro **Nombre de macro** y haz clic en **Aceptar**. Aparece una pequeña barra de herramientas (figura 12.5) con tan sólo dos botones: **Detener grabación** y **Pausar grabación**.

3 Realiza las operaciones que quieras almacenar en la macro. En este ejemplo, selecciona el comando **Configurar página** en el menú **Archivo**, haz clic en la segunda pestaña del cuadro de diálogo **Configurar página** y activa el botón de orientación horizontal. Después, selecciona el comando **Imprimir** del menú **Archivo** y haz clic en el botón **Aceptar**.

4 Cuando termines, haz clic sobre el botón **Detener grabación** de la barra de herramientas **Grabar macro**.

Figura 12.5. *Barra de herramientas Macro*

> **Aviso:** el nombre de una macro no puede empezar por un número, aunque sí puede contenerlos.

Como habrás podido comprobar en el cuadro de diálogo **Grabar macro** existen dos botones: **Barras** y **Teclado**. Estos nos ayudan a acceder de forma más eficaz a las macros que creemos (de ellos hablaremos en esta misma lección).

Ejecutar una macro

Ahora que ya hemos creado la macro, si lo que deseas es ejecutarla para comprobar su funcionamiento, sigue los pasos que aparecen descritos a continuación:

1 Selecciona el comando **Macro** del menú **Herramientas** y elige **Macros** en el submenú que aparece. Verás el cuadro de diálogo **Macros** (figura 12.6) con una lista de todas las macros disponibles.

2 Selecciona la macro que desees y haz clic en el botón **Ejecutar**.

La forma de ejecutar la macro como acabamos de describir no está mal. Pero si lo que deseas es que las macros realicen realmente su cometido y nos permitan ahorrar tiempo deberemos buscar otros métodos.

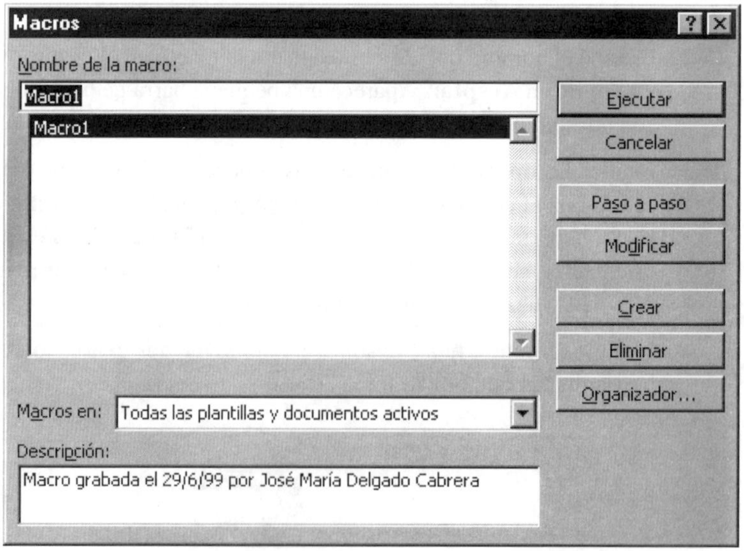

Figura 12.6. *Cuadro de diálogo* ***Macros***

Personalmente, creemos que una de las formas más cómodas y rápidas de ejecutar una macro consiste en asignarle una determinada combinación de teclas:

1 Una vez que estás en el cuadro de diálogo **Grabar Macro** (Herramientas\Macro\Grabar nueva macro) y has asignado un nombre a tu nueva macro, haz clic sobre el botón **Teclado**. Aparece el cuadro de diálogo **Personalizar teclado**.

2 Sitúa el cursor en el cuadro **Nueva tecla de método abreviado** y pulsa la combinación de teclas que deseas asignar a tu macro. Word te informa de si ya esta ocupada o no.

3 Finalmente, haz clic en el botón **Cerrar** y graba las acciones que compondrán la macro.

Una vez hecho esto, tan sólo tendrás que pulsar la combinación de teclas asignada a la macro para que se ejecute. Como verás, este método es mucho más rápido. Además de asignarle una determinada combinación de teclas, Word te permite incluir tu macro como un botón más en la barra de herramientas o como comando de un menú.

Modificar una macro

A la vez que grabas una macro, Word va convirtiendo cada una de las acciones que ejecutas en instrucciones de Visual Basic para Aplicaciones.
Para modificar una macro, elige **Macro** en el menú **Herramientas** y después **Macros**. Selecciona la macro que deseas modificar y haz clic el botón **Modificar** situado a la derecha del cuadro de diálogo. Una vez hecho esto, aparece el Editor de Visual Basic (figura 12.7) y el código correspondiente a la macro seleccionada. Sobre este tema, simplemente mencionarte que existe la posibilidad de programar potentes macros utilizando Visual Basic para Aplicaciones (VBA). La potencia de este sistema es realmente espectacular, aunque es cierto que llegados a este punto sí necesitas conocimientos de programación para Windows y Visual Basic.

Truco: para acceder más rápidamente al Editor de Visual Basic, utiliza la combinación de teclas Alt+F11.

Eliminar una macro

Puede llegar el momento en que tengas macros creadas que realmente no necesitas. Entonces es mejor eliminarlas. Para eliminar una macro, abre el cuadro de diálogo **Macros** (Alt+F8), selecciona la macro que desees y haz clic en el botón **Eliminar**.

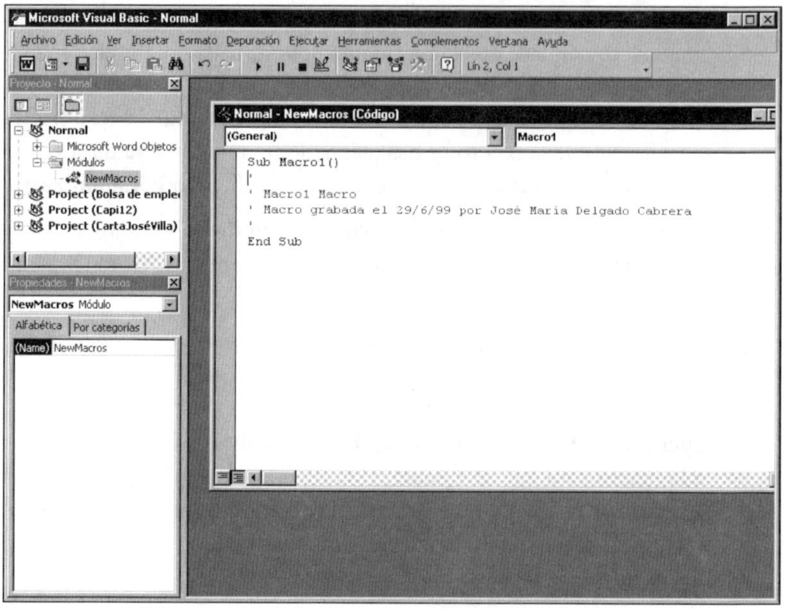

Figura 12.7. Editor de Visual Basic para Aplicaciones

El organizador de macros

Cuando creas una macro, ésta se almacena normalmente en la plantilla por defecto, es decir la plantilla Normal.dot.
Word te ofrece la posibilidad de copiarla entre documentos o plantillas. La forma de hacerlo es prácticamente la misma que utilizábamos en el caso de los estilos:

1 Abre el cuadro de diálogo **Macro** (AL+F8) y haz clic en el botón **Organizador**.

2 Aparece el cuadro de diálogo **Organizador**, donde puedes seleccionar fácilmente las macros que deseas copiar.

Cartas modelo

Esta característica, incluida desde hace algunos años en los procesadores de textos como herramienta indispensable, se conoce también como cartas personalizadas, circulares o mailings.
En Word, el comando encargado de realizar este tipo de procesos se denomina **Combinar correspondencia** y puedes encontrarlo en el menú **Herramientas**.

¿Qué es una carta modelo?

Seguramente habrás recibido alguna que otra vez cartas de este tipo. En ellas aparece nuestro nombre, dirección y después un montón de frases cuidadosamente elegidas para convencernos de la comprar un determinado producto. También utilizan muy a menudo este tipo de cartas las entidades bancarias o empresas para transmitir cierta información a sus clientes.
La estructura de estas cartas siempre es la misma: una parte común donde se puede incluir texto, gráficos, datos estadísticos..., y los datos correspondientes a los destinatarios de las cartas.

Crear cartas modelo

Para crear este tipo de cartas, debes construir en primer lugar las dos partes que la forman: el documento principal y el documento de datos.

Documento principal

Como he comentado antes, esta es la parte común de la carta modelo. Créala como si de un documento normal se tratase, pero teniendo en cuenta que debes reservar el espacio correspondiente para los datos variables: nombre, dirección, precio, etc.
A estos espacios reservados se les denomina *campos*. Puedes considerar estos campos como variables que irán tomando los valores de nuestra lista de datos.
Para insertar un campo, sigue los pasos que aparecen a continuación:

1. Sitúa el cursor en la posición donde deseas colocar el campo.
2. Selecciona el comando **Campo** del menú **Insertar**. Podrás ver el cuadro de diálogo **Campo** (figura 12.8).
3. En la columna **Categorías**, selecciona **Combinar correspondencia** y en la columna **Nombres de campo**, elige **CampoCombinación**.
4. En el cuadro de texto situado bajo las dos columnas de este cuadro de diálogo, aparece el nombre del campo que has seleccionado. Escribe después de este nombre el título que quieras dar a tu campo y para finalizar haz clic en **Aceptar**.

Después de realizar los pasos anteriores, el nuevo campo aparecerá en tu documento entre dobles símbolos de mayor y menor (<<campo>>). En la figura 12.9 puedes ver un documento con varios campos.

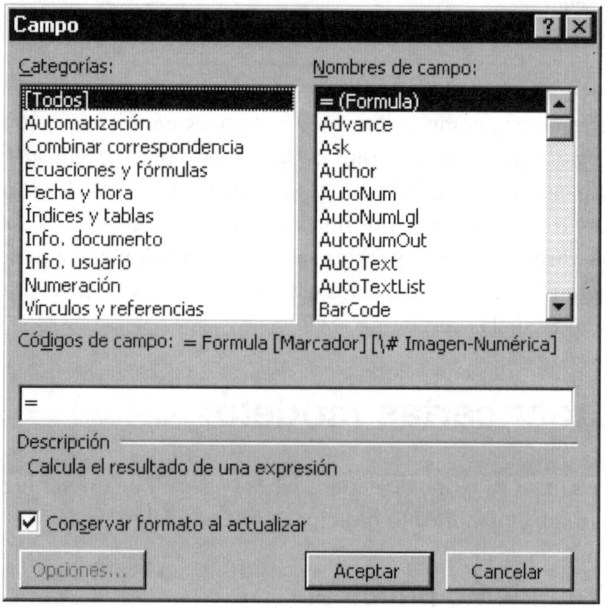

Figura 12.8. *Cuadro de diálogo* ***Campo***

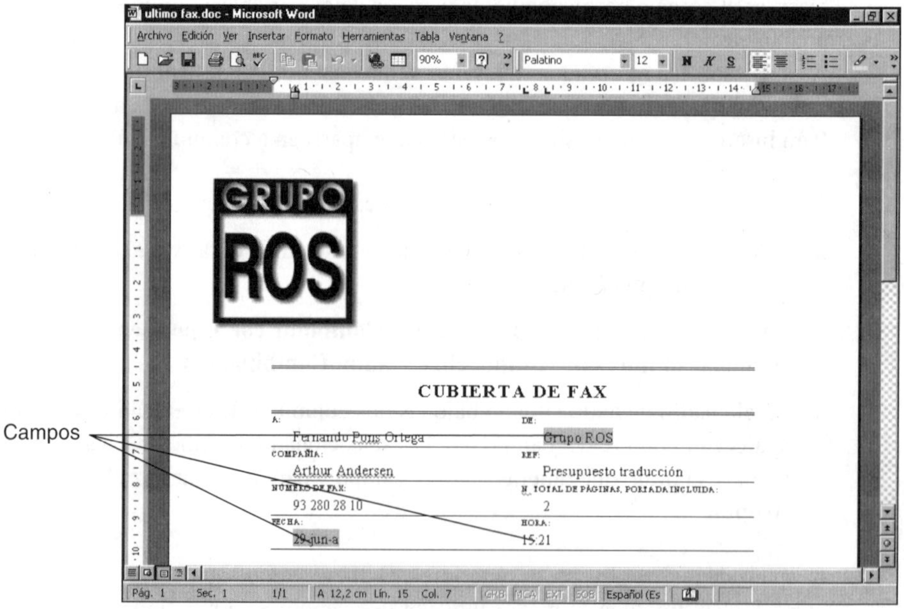

Figura 12.9. *Campos en un documento de Word*

Consejo: intenta dar nombres suficientemente descriptivos a tus campos; de esta forma tendrás muchos menos problemas a la hora de identificarlos.

Nota: otra posibilidad para crear el documento principal es incluir los campos que necesites al final.

Documento de datos

Una vez hecha la parte común de la carta modelo, sólo nos queda crear el documento de datos. En este documento, Word deberá encontrar la información para los campos del documento principal. Para crear la fuente de datos haz lo siguiente:

1 Elige el comando **Combinar correspondencia** del menú **Herramientas**. Aparecerá el cuadro de diálogo **Combinar correspondencia** (figura 12.10).

2 Haz clic en el botón **Crear** y selecciona **Cartas modelo** de la lista. Word te preguntará si quieres que tome el documento activo como principal o por el contrario deseas crear un nuevo documento. Selecciona la opción **Crear nuevo documento principal**.

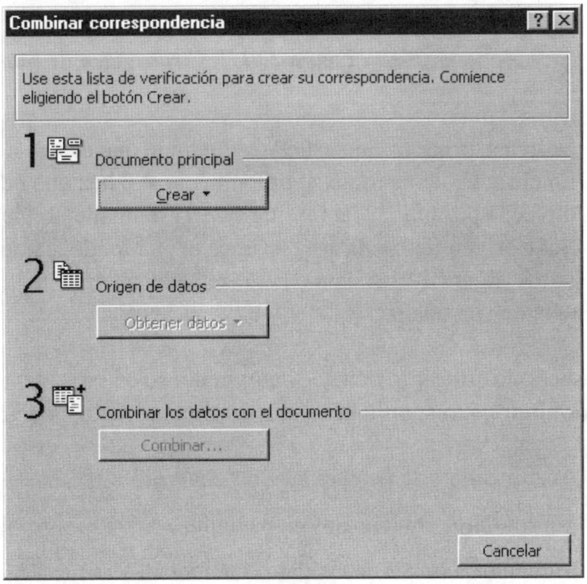

Figura 12.10. *Cuadro de diálogo* ***Combinar correspondencia***

3 Una vez hecho esto, se activan los botones **Modificar** y **Obtener datos** y se creará un nuevo documento.

4 Selecciona este último y elige la opción **Crear origen de datos** (figura 12.11). Aparece un cuadro de diálogo con el mismo nombre. Añade o elimina los campos que creas conveniente.

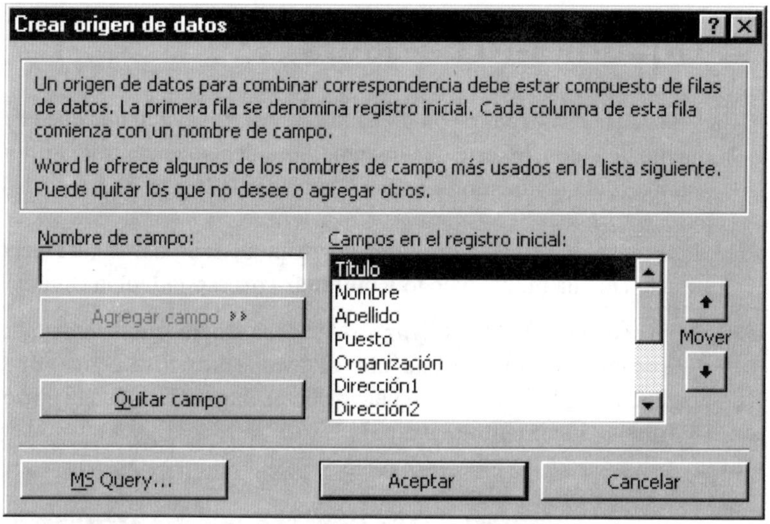

Figura 12.11. Crear origen de datos

5 Después de hacer todo esto, Word te pide que des un nombre al fichero de datos. En el siguiente mensaje, el programa nos indica que no tenemos datos y nos ofrece la posibilidad de insertarlos en ese momento. Selecciona el botón **Modificar origen de los datos** y aparece el cuadro de diálogo denominado **Ficha de datos** (figura 12.12) donde podrás añadir fácilmente la información variable de tu carta personalizada.

Después de utilizar la ficha de datos, aparece en pantalla la barra de herramientas **Combinar correspondencia**, con las siguientes funciones:

- Añadir campos de combinación y de Word.
- Ver los datos combinados en pantalla.
- Movernos a través de los datos combinados.
- Buscar registros introducidos en la ficha de datos.

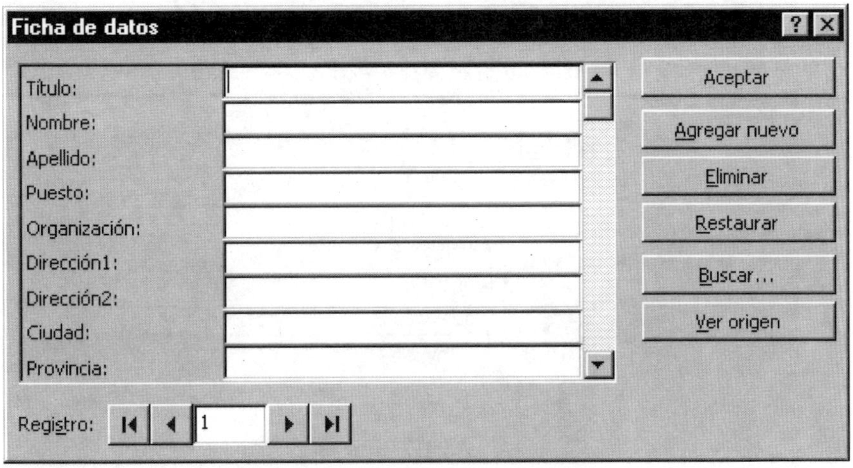

Figura 12.12. Ficha de datos

Combinar correspondencia

Una vez realizado todo el proceso de creación de nuestro mailing, sólo nos queda ejecutarlo. Para ello, puedes hacer clic en el botón **Combinar correspondencia** (lo tienes en la figura 12.13) de la barra de herramientas Combinar correspondencia.

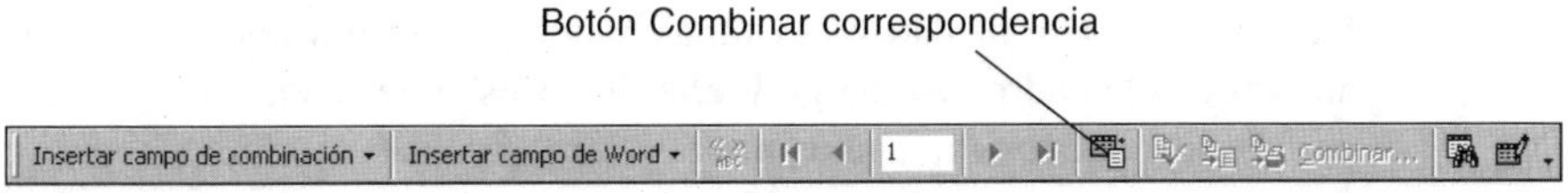

Figura 12.13.** Botón **Combinar correspondencia

Aparecerá el cuadro de diálogo **Combinar** (figura 12.14), donde puedes elegir tres posibles destinos para tu mailing:

- **Documento nuevo**: envía el resultado a un nuevo documento de Word.
- **Impresora**: esta es sin duda la opción más común; con ella obtendrás una copia impresa de tu trabajo.
- **Correo electrónico**: Microsoft Word 97 incorpora esta opción como posibilidad para enviar tus cartas personalizadas.

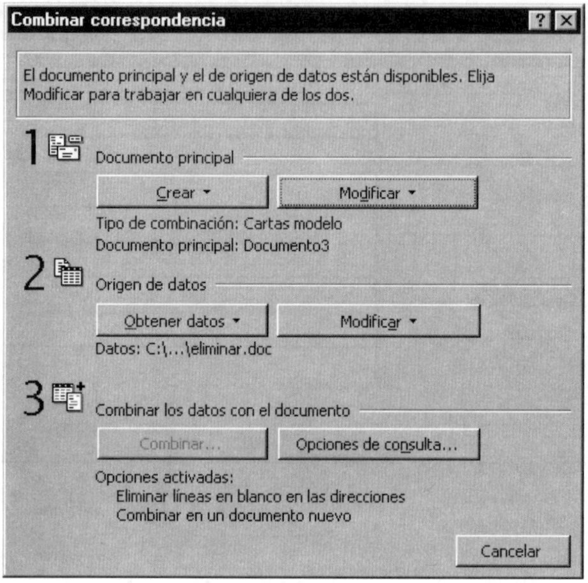

Figura 12.14**. Cuadro de diálogo **Combinar

Modificar origen de los datos

Imagina que tienes una estupenda base de datos con los datos de todos tus mejores amigos y quieres mandarles una felicitación navideña. Esta sería una buena ocasión para utilizar las cartas personalizadas de Word. ¿Qué tal si pudieras utilizar la información de tu base de datos y evitar así tener que escribir los datos de todos tus amigos en el cuadro de diálogo **Ficha de datos**? Pues bien, esta posibilidad está perfectamente contemplada dentro de Word. Además, también puedes obtener los datos de una hoja de cálculo de Excel, de otras bases de datos como FoxPro o dbase, e incluso de tu libreta de direcciones del nuevo Outlook.

Filtrar y ordenar la salida

Word también te ofrece la posibilidad de seleccionar una serie de elementos a través de filtros y consultas.

Para realizar esta selección de datos, antes de ejecutar la combinación, deberás hacer clic sobre el botón **Opciones de consulta** del cuadro de diálogo **Combinar**. Después de hacer esto, aparecerá el cuadro de diálogo **Opciones de consulta** (figura 12.15), donde tienes un buen número de posibilidades para seleccionar los datos de tus cartas personalizadas.

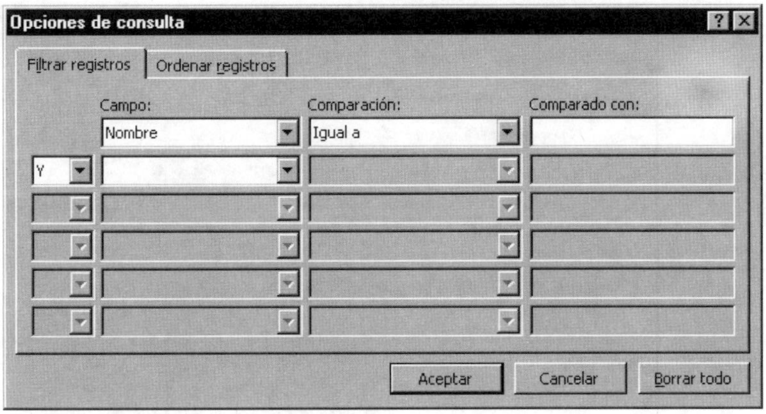

Figura 12.15. *Cuadro de diálogo* ***Opciones de consulta***

Crear sobres y etiquetas postales

Con el método de las cartas personalizadas, también es posible crear sobres y etiquetas. Los pasos son prácticamente los mismos, salvo en una de las opciones del botón **Crear** donde deberás elegir **Cartas postales** o **Sobres**, según desees en cada caso.

Personalización del entorno

El entorno de las aplicaciones de Office siempre ha tenido innumerables posibilidades de configuración, pero en esta versión todo es mucho más sencillo. Observa que al final de las barras de herramientas hay una pequeña fecha apuntando hacia abajo; haz clic en ella y después en la única opción que muestra: **Agregar o quitar botones**. El aspecto de tu pantalla debe ser similar al de la figura 12.16. Dentro de este nuevo menú están todas las posibles opciones de la barra de herramientas; haciendo clic sobre ellas podrás hacer que aparezcan o desaparezcan de la barra. Además, al final de este menú tienes dos opciones: **Reestablecer barra de herramientas** y **Personalizar**. La primera devuelve a la barra su aspecto por defecto, mientras la segunda abre un cuadro de diálogo con otras posibilidades de configuración.
Si lo deseamos también podemos cambiar la posición de cualquier barra de herramientas y hacer que sean fijas o flotantes. El método sería el siguiente:

1. Sitúa el cursor en el extremo izquierdo de la barra de herramientas que quieres mover, hasta que se transforme en una cruz con cuatro flechas.
2. Ahora, haz clic y arrastra para cambiar la posición de la barra. Para convertirla en flotante no la aproximes a ninguno de los bordes de la ventana principal.

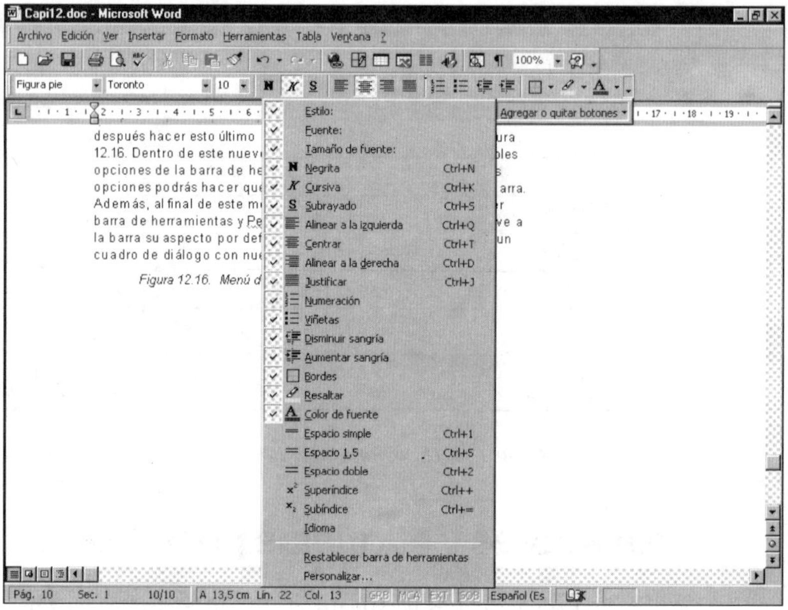

Figura 12.16. *Menú de configuración asociado a las barras de herramientas*

> **Aviso:** estas opciones de configuración son equivalentes para el resto de las aplicaciones de Office.

Enviar documentos con el correo electrónico

Perfecto, acabo de terminar mi maravilloso informe y sólo me queda enviárselo a mi jefe por correo electrónico. Pero… ¿cómo hacerlo? No te preocupes porque es sencillo:

1 Graba el documento que quieres enviar si no lo has hecho aún.

2 Haz clic en el botón **Correo electrónico** de la barra de herramientas Estándar.

3 Escribe la dirección de destino en el cuadro **Para** y pulsa **Enviar una copia**.

4 En ese momento se activará tu conexión a Internet y enviará el mensaje.

Observa que en el apartado **Asunto** aparece el nombre de la lección, puedes cambiarlo y escribir lo que desees. Si no quieres que el documento sea el cuerpo del mensaje, sino un archivo independiente usa el comando **Enviar a\Destinatario de correo(como datos adjuntos)** del menú **Archivo**.

Primeros pasos con Excel

Dejamos atrás Word y comenzamos con otro de los componentes básicos de Office, ni más ni menos que Excel. Esta aplicación está englobada dentro de la categoría de hojas de cálculo y sin duda es una herramienta de inestimable valor en todos aquellos proyectos en los que primen las cantidades y los datos numéricos en general.
Si nunca has trabajado con una hoja de cálculo, descubrirás en esta y las demás lecciones las enormes posibilidades que Excel te ofrece.

En esta lección aprenderás a:

- Conocer las características de las hojas de cálculo
- Dominar las nociones básicas sobre el entorno de Excel
- Crear y abrir libros de trabajo
- Salir de Excel

No pienses en Excel como un programa difícil de utilizar y solo accesible para personas con ciertos conocimientos matemáticos. Siguiendo en la línea de las aplicaciones de Office, Excel incorpora multitud de asistentes y ayudas que te facilitarán desde las tareas más sencillas hasta las más complejas.

¿Qué es una hoja de cálculo?

Una hoja de cálculo no es más que una estructura compuesta de filas y columnas que dan lugar a casillas o celdas donde podremos introducir números, texto, fecha. Hasta aquí no parece demasiado interesante, pero si añadimos que podemos realizar todo tipo de cálculos con el contenido de estas celdas, a las que identificamos por el número de fila y la letra de columna, ya vamos retomando el interés. Pero además, cada vez que modifiquemos el valor de una celda, todas aquéllas que realicen operaciones con su valor, se actualizarán automáticamente, ofreciendo esta posibilidad un medio excelente para realizar predicciones y supuestos financieros.
Con todo lo que hemos dicho quedaría más que justificado el uso de las hojas de cálculo, pero además nos ofrecen la posibilidad de representar la información mediante gráficos y diagramas para obtener una perspectiva visual de la evolución de cualquier parámetro. En la figura 13.1 puedes ver un ejemplo de este último caso.

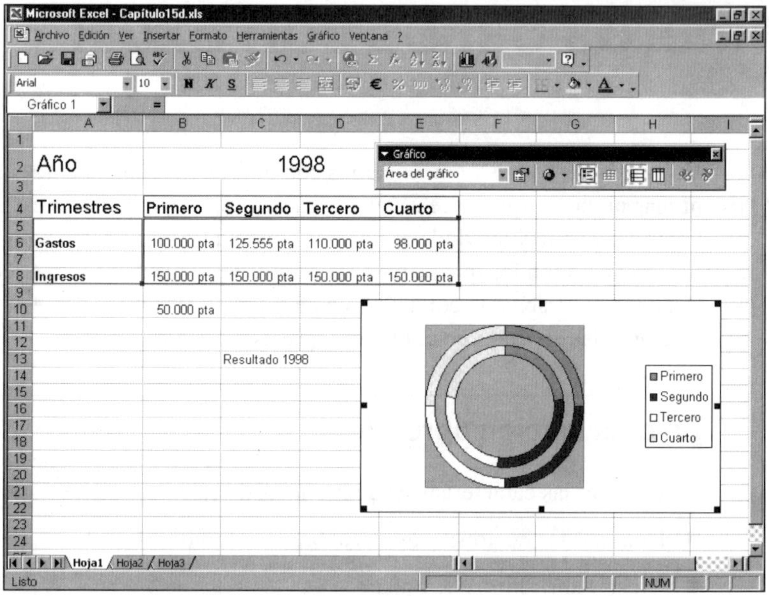

Figura 13.1. Hoja de cálculo con un gráfico circular

Aplicaciones más comunes para una hoja de cálculo

Podríamos enumerar un sinfín de aplicaciones donde la potencia y las especiales características de las hojas de cálculo nos serían muy útiles. Sin ir más lejos, podemos utilizar una hoja de cálculo como medio para tener organizada nuestra economía doméstica y llevar un control exhaustivo de nuestros gastos e ingresos. Con esto podremos saber si tendremos o no dinerillo para irnos de vacaciones en verano. Buscando otros usos algo más sofisticados para las hojas de cálculo, podemos utilizarla para calcular y conocer todos los datos de la amortización de un préstamo. Yo mismo utilicé este método para comparar las distintas ofertas que me ofrecían varias entidades bancarias en el último crédito que solicité. Otras aplicaciones pueden ser:

- Análisis de proyectos de inversión
- Creación de presupuestos y facturas
- Comparación de productos financieros
- Balances y cuentas de resultados
- Análisis de tendencias

Iniciar la aplicación

Es evidente que antes de hacer nada con Excel debes iniciar la aplicación. La opción para arrancar Excel se encuentra junto al resto de aplicaciones de Office y la manera de llegar hasta ella es la siguiente:

1 Haz clic en el menú **Inicio**. Aparece un menú con las opciones principales de Windows.

2 Selecciona **Programas** y verás otro submenú.

3 En la parte inferior encontrarás la opción **Microsoft Excel** junto al pequeño símbolo característico de esta aplicación, una extraña equis. Haz clic sobre este nombre y se iniciará la aplicación.

Consejo: si piensas usar con mucha frecuencia Excel puedes crear una acceso directo en el Escritorio y así evitarás realizar todos los pasos anteriores.

Entorno de Excel

Cuando ejecutas por primera vez Excel, y al igual que pasaba en Word, aparece Clipo para darte la bienvenida. Haz clic en la última de las opciones que muestra nuestro simpático amigo y podrás trabajar con el programa.
En la figura 13.2 puedes ver el entorno por defecto de Excel y una explicación de cada uno de los elementos que lo componen. Alguno de ellos te resultarán familiares, como la barra de menús, las barras de herramientas o la barra de estado. El funcionamiento y la misión de cada una de estas partes es el mismo que ya hemos visto en Word. Pero también dispones de elementos propios del programa que vamos a describir en los siguientes apartados para que te vayas familiarizando con las características del programa.

Celdas

Las celdas, como seguro habrás adivinado ya, son cada una de las casillas que divide el área de trabajo de Excel. Cada una de estas casillas se identifica por el número de fila y la letra de la columna donde se encuentra.
Las celdas son la base del funcionamiento de cualquier hoja de cálculo, dado que en ellas se introducirán los textos, números y fechas que servirán para realizar las operaciones necesarias y obtener los resultados en función de estos datos.

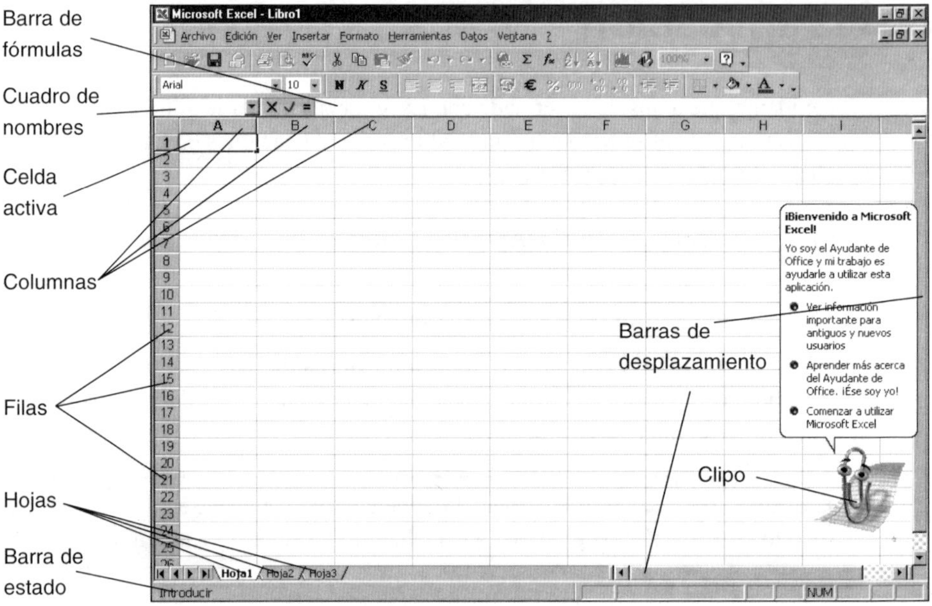

Figura 13.2. Microsoft Excel y los elementos principales del entorno

> **Nota:** no te preocupes por el número de celdas ya que Excel dispone de muchas más de las que puedas rellenar.

Cuadro de nombres

En la parte superior de la hoja de cálculo está la lista **Cuadro de nombres** (figura 13.3). Muestra el nombre de la celda activa y además sirve para agrupar conjuntos de celdas bajo un mismo nombre, pero de esto hablaremos un poco más adelante.

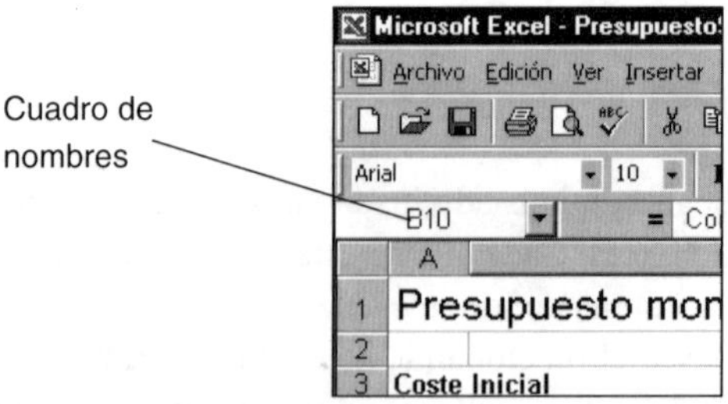

Figura 13.3. Cuadro de nombre

Barras de herramientas

Del mismo modo que ocurría en Word, Excel tiene concentrados la mayoría de sus comandos más utilizados en barras de herramientas para acelerar el acceso a sus funciones. Por defecto, se encuentran activas las barras de herramientas Estándar y Formato.

Truco: si necesitas ampliar temporalmente el área de visión en la hoja actual puedes ocultar la barra de herramientas Estándar utilizando la combinación de teclas Ctrl+7. Pulsa esta misma combinación para activarla de nuevo.

Recuerda que para activar o desactivar una barra de herramientas, tan solo tienes que hacer clic con el botón derecho sobre cualquiera de ellas y hacer clic en la que desees.

Nota: no olvides que puedes hacer que cualquier barra de herramientas esté fija en alguno de los bordes de la ventana de trabajo, o flotante, con tan solo arrastrarla al lugar deseado.

Crear nuestra propia barra de herramientas

Como todo esto de las barras de herramientas ya lo tenemos superado después de lo aprendido en las lecciones anteriores, vamos a dar un paso más y te mostraremos cómo crear tu propia barra de herramientas. El proceso sería el siguiente:

1. Haz clic con el botón derecho sobre cualquier barra de herramientas activa.
2. Selecciona la última opción de la lista, denominada **Personalizar**. Aparecerá el cuadro de diálogo **Personalizar** (figura 13.4).
3. En la pestaña **Barras de herramientas** haz clic sobre el botón **Nueva**.
4. Ahora Excel te pide que introduzcas un nombre para identificar a la nueva barra de herramientas. Hazlo y pulsa **Aceptar** para continuar.
5. Después del paso anterior ya podrás ver la barra de herramientas que acabas de crear. A veces, Excel coloca la nueva barra de herramientas tras el cuadro de diálogo **Personalizar**; desplázalo para tener visible la barra de herramientas.
6. Una vez creada la barra de herramientas tendremos que añadir los comandos que necesitemos. Para hacerlo, haz clic en la pestaña **Comandos** y encontrarás una ventana (figura 13.5) con todos los comandos disponibles en Excel.

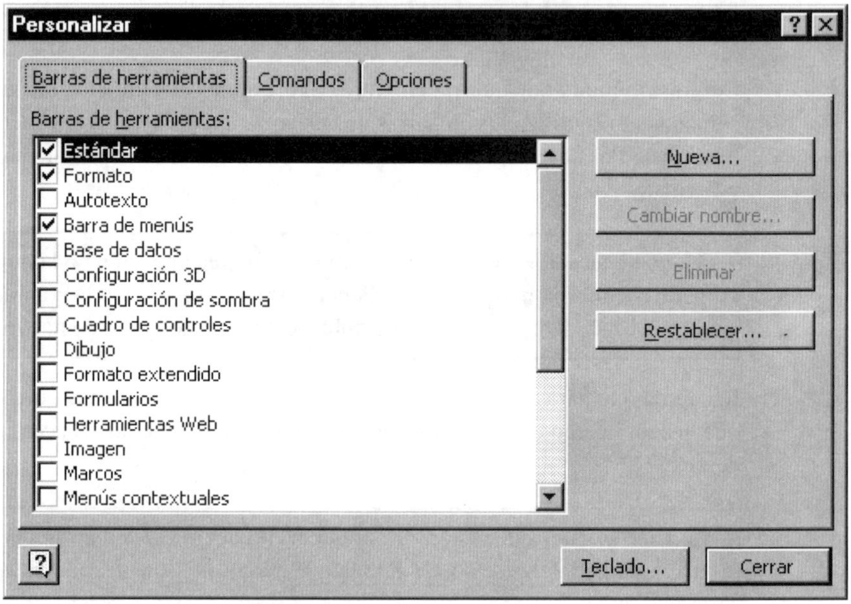

Figura 13.4. *Cuadro de diálogo* ***Personalizar***

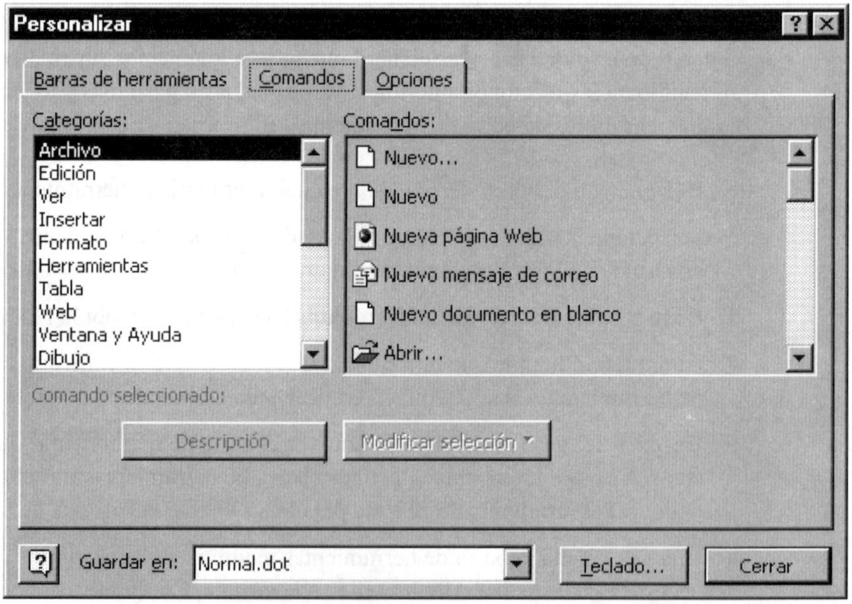

Figura 13.5. *Pestaña* ***Comandos*** *del cuadro de diálogo* ***Personalizar***

7 En el espacio de la derecha están las diferentes categorías, que se corresponden aproximadamente con las entradas de la barra de menús del programa. A la izquierda aparecen los comandos asociados a la categoría seleccionada. Para incluir cualquier comando en tu nueva barra de herramientas, sólo tienes que seleccionarlo y arrastrarlo hasta ella. En la figura 13.6 puedes ver la barra de herramientas de ejemplo que hemos creado.

Nota: el comportamiento de la nueva barra de herramientas no es diferente al resto. Puedes activarla o desactivarla, unirla a alguno de los extremos de la ventana de trabajo o dejarla flotante.

Figura 13.6. *Nueva barra de herramientas*

Barra de fórmulas

Aunque estudiaremos este elemento con mucha más profundidad, queremos adelantarte que se trata de una parte fundamental dentro de Excel. La barra de fórmulas (figura 13.7) es el instrumento que nos permitirá añadir, ver y editar cualquier operación incluida en las celdas de la hoja de cálculo.

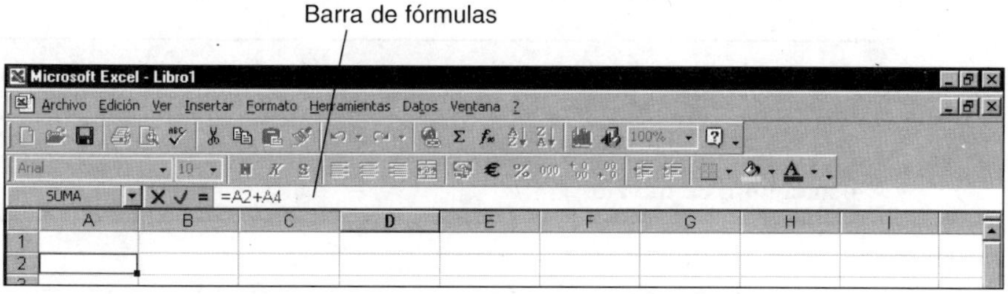

Figura 13.7. *Barra de fórmulas*

Cuando la celda activa contiene un valor constante, la barra de fórmulas simplemente reproduce este dato pero, si se trata de una fórmula podrás ver la expresión completa y una serie de botones para modificarla y validarla. Este último es fundamental en el trabajo con Excel, ya que en las celdas que contienen alguna fórmula o función solo aparece el resultado, pero no la expresión que se está aplicando.

Filas y columnas

Las filas y las columnas determinan las divisiones de la hoja de cálculo y sirven para referenciar exactamente la posición del cualquier valor. Cada fila tiene asociada un número que la identifica, mientras que las columnas utilizan letras para este mismo fin. El sistema que siguen las columnas es igual al que se utiliza en las matrículas de los vehículos actuales en España, es decir, si llegamos a la columna Z, la siguiente será la AA, después, la AB y así sucesivamente (bueno la AA no es válida como matrícula pero sí en Excel).

Como veremos a lo largo de lo capítulos dedicados a Excel, las dimensiones de las filas y columnas se pueden modificar e incluso, si fuera necesario, ocultarlas.

Libros y hojas

Un libro de trabajo es el término que se maneja dentro de Excel para englobar todo el contenido de la hoja de cálculo. Dentro del libro de trabajo tenemos distintas hojas. Con todo esto, podemos concluir diciendo que un libro de trabajo no es más que la forma de agrupar bajo un mismo nombre a un conjunto de hojas.

Esta manera de trabajar nos permite tener distintas hojas para estructurar, de forma más ordenada, la información teniendo la posibilidad de utilizar e interrelacionar la información de todas las hojas que compongan el libro de trabajo.

La forma de identificar y acceder a cada una de las hojas que componen el libro de trabajo es mediante las pestañas que tienes en la parte inferior de la ventana de la aplicación (figura 13.8). De todos modos en la lección siguiente veremos cómo añadir nuevas hojas, cambiar su posición, modificar su nombre, etc.

> **Aviso:** a lo largo del libro utilizaremos también el término hoja de cálculo para referirnos a todo el contenido de libro, es decir, al libro de trabajo. Y la palabra hoja, a secas, para cuando hablemos de cada uno de estos elementos que componen el libro de trabajo.

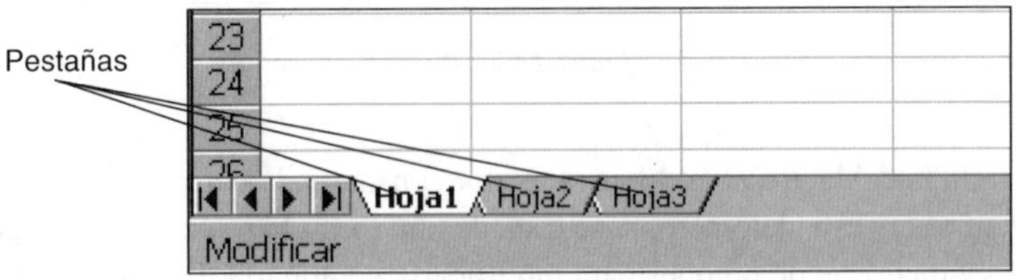

Figura 13.8. *Pestañas que identifican y nos permiten acceder a cada una de las hojas que componen el libro de trabajo*

Crear un nuevo libro de trabajo

Cuando abres Excel, éste muestra por defecto un nuevo libro de trabajo. De cualquier forma, la manera más sencilla de crear un nuevo libro de trabajo es utilizar el botón **Nuevo** de la barra de herramientas Estándar o la combinación de teclas Ctrl+U.

> **Truco:** desde el menú **Inicio**, puedes usar la opción **Nuevo documento de Office** y hacer clic sobre el icono **Libro en blanco** para crear un documento de Excel.

Utilizar las hojas de cálculo predefinidas

Excel pone a nuestra disposición una serie de hojas de cálculo predefinidas que nos ayudarán a la hora de crear nuevos proyectos. Para acceder a ellas sigue estos pasos:

1. Haz clic en el menú **Archivo** y selecciona el comando **Nuevo**. Aparece el cuadro de diálogo **Nuevo**.
2. Selecciona la pestaña **Soluciones hoja de cálculo** y elige el modelo que desees.
3. Por defecto los modelos predefinidos no están instalados, por lo que tendrás que introducir el primer CD de Office en tu unidad y después hacer clic **Aceptar**.

Abrir un libro de trabajo existente

Para abrir un libro de trabajo existente haz clic sobre el botón **Abrir** de la barra de herramientas **Estándar** y utiliza el cuadro de diálogo **Abrir** para localizar el archivo. En Excel, como ya vimos en Word, también ha cambiado sustancialmente el cuadro de diálogo **Abrir**, ofreciendo ahora muchas más posibilidades. Si lo prefieres puedes usar el comando **Abrir** del menú **Archivo** o pulsar Ctrl+A.

> **Truco:** en la parte inferior del menú **Archivo** encontrarás los últimos libros de trabajo que hayas utilizado.

Guardar el libro de trabajo

Te aconsejamos que no esperes a terminar todo el trabajo para guardarlo. Para guardar el libro de trabajo actual emplea el botón **Guardar** de la barra de herramientas

Estándar. Si es la primera vez que utilizas este comando, Excel mostrará el cuadro de diálogo **Guardar como** (figura 13.9) para que le asignes un nombre y una ubicación.

> **Nota:** también puedes utilizar el comando **Guardar** del menú **Archivo** o la combinación de teclas Ctrl+G.

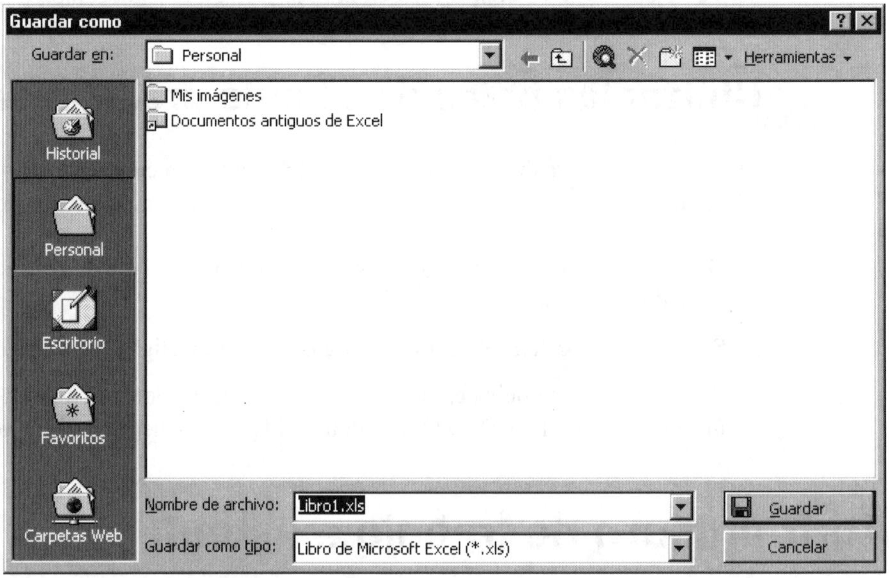

Figura 13.9. *Cuadro de diálogo* ***Guardar como***

Autoguardar

La función **Autoguardar**, te permite definir un intervalo de tiempo para que el programa guarde el archivo actual automáticamente.
Por defecto la función **Autoguardar** no aparece dentro del menú **Herramientas**, por lo que en primer lugar tendremos que activarla. La forma de hacerlo es la siguiente:

1 Haz clic en el menú **Herramientas** y selecciona **Complementos**. Aparecerá el cuadro de diálogo **Complementos**.

2 Activa la casilla de verificación **Autoguardar** y haz clic en **Aceptar**. Después de esto la opción ya deberá estar activa dentro de tu menú **Herramientas**.

3 Ahora selecciónala y aparecerá el cuadro de diálogo que puedes ver en la figura 13.10. En él, puedes indicar el intervalo de tiempo para que Excel ejecute el comando **Guardar automáticamente**, si quieres guardar sólo el libro actual o todos los libros abiertos y si deseas que Excel te pregunte antes de guardar.

Consejo: normalmente la ejecución del comando **Guardar** no interrumpe tu trabajo, por lo que si estás trabajando con información muy importante te aconsejamos que reduzcas el intervalo de tiempo para la función de autoguardado.

Figura 13.10. *Cuadro de diálogo* ***Autoguardar***

Guardar como

Para guardar el archivo actual con otro nombre distinto puedes utilizar el comando **Guardar como** del menú **Archivo**. También puedes realizar esta operación para convertir el libro actual en cualquiera de los formatos disponibles en Excel; para ello elige el formato en la lista **Guardar como tipo** del cuadro de diálogo **Guardar como**.

Información de resumen

Si lo deseas puedes añadir información complementaria a tu libro de trabajo utilizando la información de resumen. Utiliza el comando **Propiedades** de menú **Archivo** y completa los campos que creas conveniente.

Ayuda

El sistema de ayuda de Excel funciona del mismo modo y sigue las mismas reglas que ya vimos cuando hablamos de la ayuda en Word. Por este motivo tampoco vamos a extendernos demasiado en este aspecto.

De nuevo podemos utilizar a nuestro amigo Clipo o cualquier otra mascota que hayamos seleccionado para que nos proporcione ayuda sobre el tema que le indiquemos. También disponemos del cuadro de diálogo Ayuda de Microsoft Excel (figura 13.11), donde puedes utilizar las pestañas situadas en el margen izquierdo para localizar cualquier información que necesites.

> **Nota:** la configuración que asignes al Ayudante de Office se mantendrá para el resto de aplicaciones de la suite.

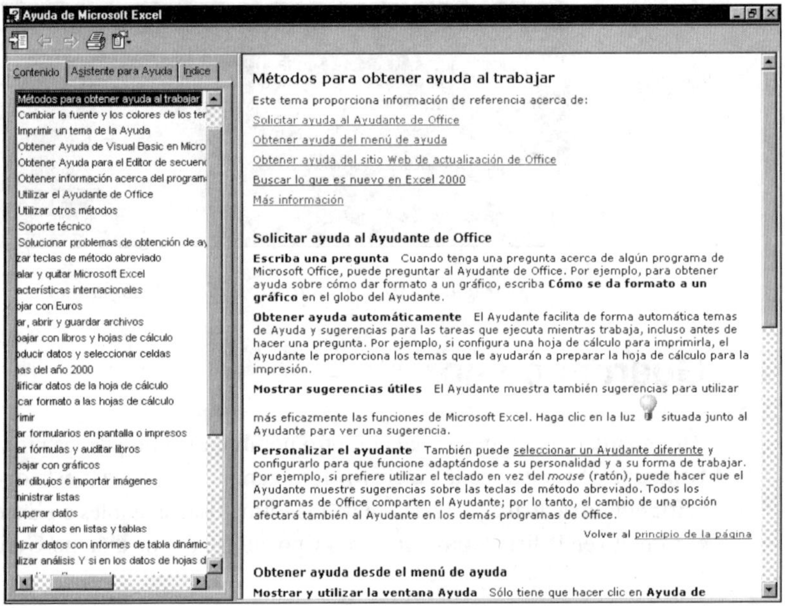

Figura 13.11. Cuadro de diálogo ***Ayuda de Microsoft Excel***

Salir de Excel

Para salir de Excel puedes utilizar el comando **Salir** del menú **Archivo**, la combinación de teclas Alt+F4, o hacer clic en el botón **Cerrar** de la ventana de la aplicación. Si has hecho cambios en alguno de los libros abiertos y no los has guardado, Excel te avisará y te ofrecerá la oportunidad de hacerlo.

En esta lección hemos empezado a conocer algunas de las características de esta estupenda aplicación pero todavía nos queda mucho por aprender, así que te aconsejamos que tomes fuerzas y continúes con el siguiente tema.

Introducción y edición de datos

Ya conocemos los elementos principales del entorno de Excel y alguno de los aspectos fundamentales de las hojas de cálculo, como las celdas, la filas y columnas, los libros y las hojas, etcétera. En esta lección veremos cómo rellenar nuestra hoja de calculo y los métodos existentes para la edición de estos datos. Tanto esta lección como la siguiente son fundamentales, ya que mostraremos primero cómo incluir la información en la hoja de cálculo y después cómo aprovechar toda la potencia de Excel para realizar cálculos y obtener resultados a partir de estos datos.
Te pedimos disculpas por la extensión de esta lección, conscientes de lo pesada puede resultarte. Pero lo cierto es que la cantidad de materia nos ha obligado a extenderla.

En esta lección aprenderás a:

- Desplazarte por las filas y columnas de la hoja de cálculo
- Seleccionar celdas
- Añadir datos a la hoja de cálculo
- Editar y mover datos
- Editar filas y columnas
- Buscar y reemplazar datos
- Incluir comentarios
- Ordenar el contenido de las celdas
- Utilizar el corrector ortográfico
- Imprimir la hoja de cálculo

Desplazamiento por las celdas de nuestra hoja

Quizás esto que vamos a explicar ahora sea algo obvio, pero como este libro quiere partir de unos conocimientos mínimos de Office vamos a dedicar unas líneas a aprender a movernos por la hoja de cálculo.

Para movernos entre las distintas celdas de la hoja utilizaremos tanto el ratón como las teclas del cursor. El primero nos servirá para situarnos en cualquier celda de la hoja de forma rápida y sencilla. En cambio, las teclas del cursor las utilizaremos en aquellos casos en los que tengamos que movernos a celdas adyacentes o cercanas a la celda activa.

En aquellas ocasiones en las que las celdas o el espacio de la hoja hasta donde deseamos llegar no se encuentre visible, podemos utilizar las barras de desplazamiento vertical y horizontal que ya aprendimos a manejar con Word. Además disponemos de las teclas Página arriba y Página abajo para movernos hacia arriba y hacia abajo una pantalla completa dentro de la hoja actual.

Ir a una celda concreta

La forma más rápida de llegar a una celda determinada de la hoja de cálculo es utilizar el comando **Ir a**. Su funcionamiento es el siguiente:

1 Haz clic en el comando **Ir a** del menú **Edición** o utiliza la combinación de teclas Ctrl+I. Aparecerá el cuadro de diálogo **Ir a** (figura 14.1).

2 En el cuadro de texto **Referencia** introduce la celda hasta la que quieres llegar, por ejemplo B50. Si lo deseas también puedes buscar un grupo de celdas o rango, por ejemplo A10:B10. De los rangos hablaremos en esta misma lección y veremos cómo resultan imprescindibles en el trabajo con Excel.

3 Haz clic en **Aceptar** y Excel se desplazará hasta la celda o celdas seleccionadas.

Figura 14.1. *Cuadro de diálogo* ***Ir a***

En el cuadro de diálogo **Ir a**, también encontrarás las últimas referencias utilizadas y un botón **Especial** que puedes utilizar para llegar y seleccionar aquellas celdas con unas características determinadas.

...entre las hojas de un libro de trabajo

Para moverte entre las distintas hojas de un libro, tan solo tendrás que hacer clic sobre la pestaña de la hoja que quieras utilizar. En esta misma lección veremos cómo modificar, añadir y eliminar hojas en nuestro libro de trabajo.

Seleccionar celdas

Antes de entrar de lleno en los procesos de introducción y edición de datos te queremos enseñar los métodos básicos de selección dentro de una hoja de cálculo de Excel.
En primer lugar, para seleccionar una celda sólo tienes que hacer clic sobre ella.
En ese momento un recuadro negro la rodeará indicando que es la celda activa.
Los pasos para seleccionar un grupo de celdas tampoco son demasiado complicados:

1. Haz clic en la primera celda que quieres que componga la selección.
2. Después, mantén pulsada la tecla Mayús y haz clic en la última celda que quieres incluir en la selección. Una vez hecho esto, todas las celdas situadas entre las dos seleccionadas aparecen en vídeo inverso, como puedes ver en la figura 14.2.

Estos pasos nos permiten seleccionar celdas contiguas pero si quieres incluir en la selección varias celdas no consecutivas haz lo siguiente:

1. Haz clic en la primera celda o grupo de celdas que quieres incluir en la selección.
2. Ahora mantén pulsada la tecla Ctrl y haz clic en la siguiente celda que quieres seleccionar.
3. Repite el paso anterior para seleccionar tantas celdas no consecutivas como desees.

Truco: utilizando las teclas del cursor también puedes seleccionar celdas consecutivas. Selecciona la primera, mantén pulsada la tecla Mayús y utiliza las teclas del cursor para seleccionar tantas celdas consecutivas como desees.

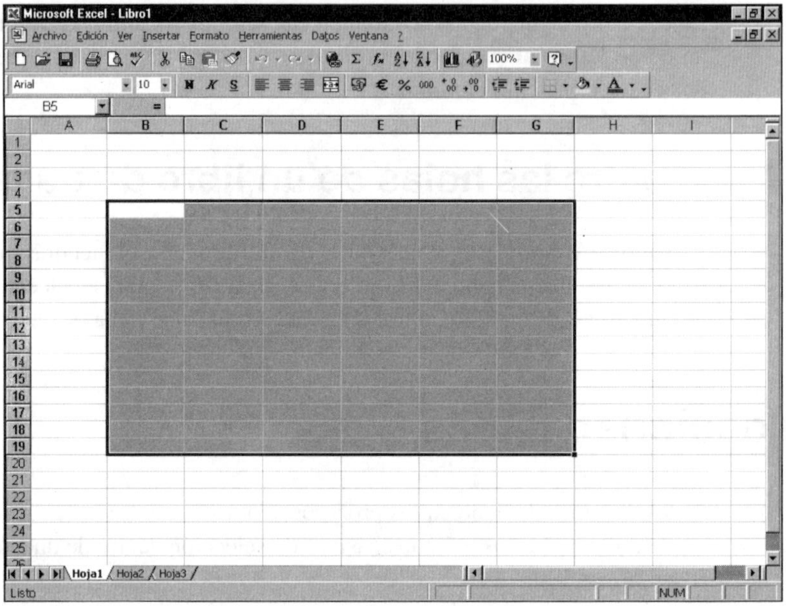

Figura 14.2. Aspecto de un grupo de celdas seleccionadas

Ahora con el ratón

Para seleccionar celdas con el ratón, sólo tienes que hacer clic en la primera y arrastrar el cursor mientras mantienes pulsado el botón izquierdo del ratón. También puedes utilizar este método en combinación con la tecla Ctrl para seleccionar grupos de celdas no consecutivos.

Filas y columnas completas

La forma de seleccionar celdas y columnas es sencilla: haz clic en el nombre de la celda o de la fila y todas las celdas que la componen quedarán seleccionadas.

Truco: la combinación de teclas Ctrl+Barra espaciadora selecciona toda la columna y Mayús+Barra espaciadora toda la fila donde se encuentre la celda activa.

Seleccionar toda la hoja

Para seleccionar toda la hoja activa, haz clic en el cuadro vacío que se encuentra en la esquina superior izquierda de la hoja, junto a la barra de fórmulas.

> **Nota:** aunque existen otras combinaciones para seleccionar celdas éstas son las que utilizaremos con más frecuencia.

Añadir datos a la hoja de cálculo

Una vez abierto o creado un nuevo libro de trabajo, Excel pone a nuestra disposición tres hojas por defecto. Aunque veremos un poco más adelante cómo añadir nuevas hojas o cambiar el nombre de éstas, nos centraremos en el proceso de introducción de información.

Como ya hemos comentado, las celdas de nuestras hojas pueden contener textos, números y fechas. Bueno, esto no es totalmente cierto, ya que algunas de ellas contendrán las fórmulas y funciones que nos permitirán realizar los cálculos necesarios, pero esto lo veremos en la próxima lección.

Introducir texto

Los textos nos ayudarán a identificar el origen de los datos y, en definitiva, a crear una hoja de cálculo más legible. La forma de incluir texto en una celda es la siguiente:

1. Haz clic en la celda en la que quieres colocar el texto para que sea la celda activa.
2. Escribe el texto que desees y no te preocupes si sobrepasa los límites de la celda.
3. Pulsa la tecla Intro o haz clic con el ratón en cualquier otra celda.

Si quieres que el texto no ocupe las celdas contiguas, cuando su tamaño sea superior al de la celda, haz lo siguiente:

1. Selecciona la celda que contiene el texto.
2. Haz clic con el botón derecho del ratón y selecciona el comando **Formato de celdas**. Aparece el cuadro de diálogo **Formato de celdas**.
3. Selecciona la pestaña **Alineación** (figura 14.3) y dentro de ésta, haz clic sobre la opción **Ajustar texto**.
4. Finalmente, utiliza el botón **Aceptar** para confirmar el cambio.

> **Nota:** a lo largo de esta lección veremos otros métodos para hacer que el texto se ajuste a un determinado espacio como, por ejemplo, modificar el ancho de la columna o agrupar varias celdas.

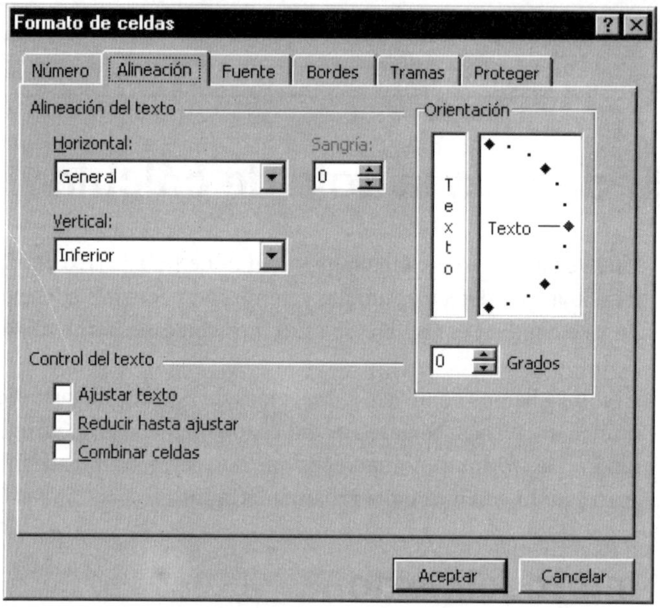

Figura 14.3. *Pestaña* ***Alineación*** *del cuadro de diálogo* ***Formato de celdas***

Introducir Fechas

Excel dispone de formatos de fecha para todos los gustos como puedes ver en la figura 14.4, desde la más escueta como 4-3 hasta la más completa como 4 de Marzo de 1999. En principio sigue estos pasos:

1. Selecciona la celda sobre la que quieres introducir la fecha.
2. Introduce la fecha de la manera que te resulte más cómoda, por ejemplo 14/5/98 (utilizamos la barra inclinada porque se encuentra en el teclado numérico).
3. Pulsa Intro o haz clic con el ratón en cualquier otra celda.
4. Ahora, haz clic con el botón derecho sobre la celda en la que acabas de introducir la fecha y selecciona el comando **Formato de celdas**. Aparece el cuadro de diálogo **Formato de celdas**.
5. Haz clic sobre la pestaña **Número** y en la lista **Categoría** selecciona **Fecha**. Después de hacer esto aparecen en la ventana de la derecha todos los posibles formatos de fecha disponibles en Excel.
6. Para finalizar, selecciona el modelo de fecha que desees y haz clic en el botón **Aceptar**.

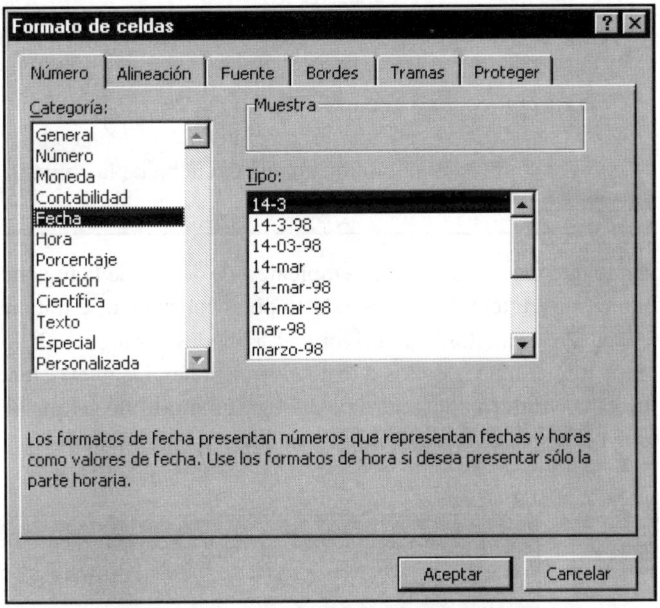

Figura 14.4. *Distintos modelos de fechas en Excel*

A partir de este momento, sea cual sea el modo en que introduzcas la fecha, Excel siempre la mostrará con el formato elegido. Es decir, si el modelo es 12 de Marzo 1999 y tú introduces 12/3/99, el programa se encargará de cambiar la representación de la fecha. Esta característica te vendrá muy bien cuando tengas que introducir muchas fechas, ya que podrás usar la manera más corta y Excel hará el resto.

Truco: para introducir la fecha del día en una celda utiliza la combinación de teclas Ctrl+Mayús+; (punto y coma) y para la hora Ctrl+Mayús+: (dos puntos).

Horas

La forma de incluir horas sigue el mismo modo de funcionamiento que las fechas, salvo que en la sección **Categoría** del cuadro de diálogo **Formato de celdas** deberás elegir **Hora**, en lugar de **Fecha**, y escoger el modelo adecuado.

Introducir Números

Para introducir datos numéricos en la hoja de cálculo actúa del mismo modo que has seguido con el texto y fechas. Selecciona la celda y escribe el valor que desees.

Aviso: cuando la longitud del valor numérico supera el ancho de la celda, el programa sustituye el contenido por símbolos #########. Para solucionar este contratiempo, coloca el cursor en el borde derecho del nombre de la columna, hasta que el cursor se transforme en una doble flecha y haz doble clic. Con esto Excel ajustará automáticamente el ancho de la columna al contenido de la celda.

Dado que los datos que más emplearemos dentro de la hoja de cálculo serán los numéricos, Excel despliega toda su potencia cuando se trata de elegir el modelo adecuado para ellos. En la figura 14.5 puedes ver alguno de los formatos numéricos más comunes de los que puedes disponer. De nuevo, tendrás que utilizar la pestaña **Número** del cuadro de diálogo **Formato de celdas** para elegir el formato que desees para tus datos.

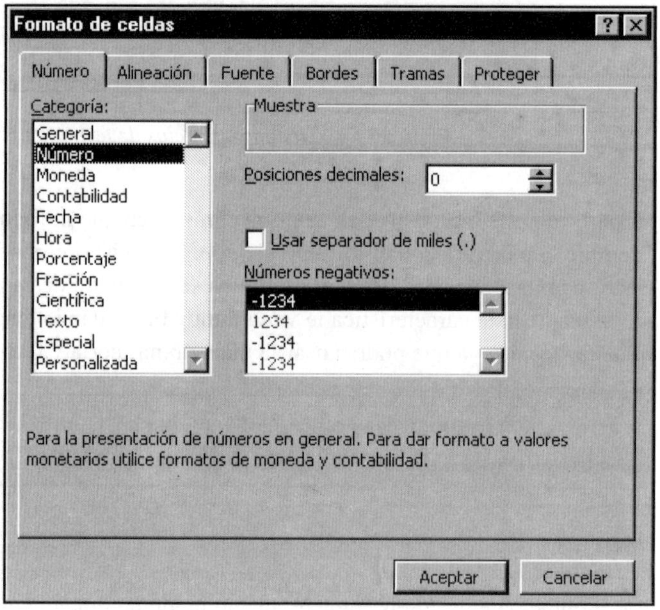

Figura 14.5. *Formatos numéricos*

Aviso: para que Excel reconozca el dato introducido como un número, no debes utilizar ningún tipo de símbolos ni de texto delante del valor. Los únicos símbolos que acepta son el tanto por ciento, la coma decimal y el signo de exponenciación (E o e, para notación científica).

Formato rápido para valores numéricos

Dentro de la barra de herramientas **Formato**, encontramos seis botones (figura 14.6) que nos permiten aplicar de forma rápida un formato a nuestros números.

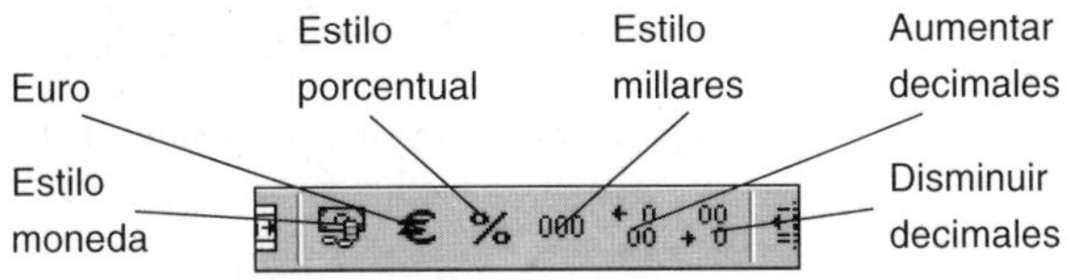

Figura 14.6. *Botones de formatos numéricos de la barra de herramientas Formato*

Estos botones son los siguientes:

- *Estilo moneda*: añade pts al valor numérico y elimina los decimales, redondeando el valor si existieran.
- *Euro*: aplica el formato moneda añadiendo el símbolo del euro al final del valor.
- *Estilo porcentual*: convierte el valor en un porcentaje, incluyendo el símbolo de tanto por ciento (%).
- *Estilo millares*: coloca el punto de los millares al dato o datos seleccionados.
- *Aumentar decimales*: añade una nueva posición decimal a los datos seleccionados.
- *Disminuir decimales*: elimina una posición decimal, redondeando el resultado.

Nota: otro modo de introducir textos, fechas o números en una celda, es seleccionándola y escribiendo la información en la Barra de fórmulas, aunque este método en principio es algo más lento.

Aplicar formato al contenido de las celdas

Por defecto, Excel aplica un formato automático según la información que introduzcamos en una celda. Pero en la mayoría de las ocasiones necesitarás utilizar las posibilidades que ofrece la barra de herramientas Formato (figura 14.7) para modificar su aspecto. Desde esta barra puedes:

- Cambiar el tipo y el tamaño de la fuente.
- Aplicarles los atributos Negrita, Cursiva o Subrayado.

- Alinear el texto (Izquierda, centrada, derecha o justificada).
- Cambiar el color.
- ...

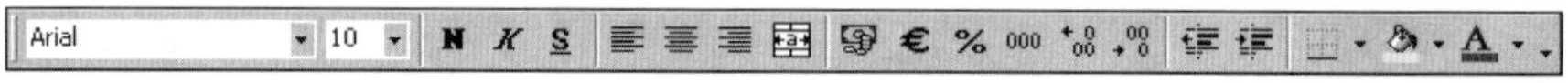

Figura 14.7. *Barra de herramientas Formato*

Todos estos atributos y propiedades para el texto deben resultarte familiares ya que hemos aprendido a utilizarlos en las lecciones dedicadas a Word. De todos modos, en Excel la forma de aplicarlos es algo diferente, ya que tienes dos posibilidades: aplicar el formato a todo el contenido de la celda o sólo a parte del mismo.

Para formatear todo el contenido de la celda, selecciónala y después utiliza los botones de la barra de herramientas **Formato**. Si lo que deseas es aplicar un atributo determinado a parte del contenido de la celda:

1. Haz doble clic sobre la celda en cuestión.
2. Después, utiliza los métodos habituales para seleccionar sólo la parte del contenido que desees.
3. Aplica el atributo de formato.

> **Truco:** si lo deseas puedes aplicar un mismo formato a un grupo de celdas al mismo tiempo. Sólo tienes que seleccionarlas utilizando alguno de los métodos que vimos al principio de la lección.

Copiar y pegar formato

Como ocurría en Word, aquí también disponemos del comando **Copiar formato** que nos va a permitir aprovechar el formato ya aplicado sobre una celda o grupo de celdas. El funcionamiento del proceso de copiar y pegar formato en Excel sería el siguiente:

1. Selecciona la celda o celdas que tienen el formato que quieres copiar. Cuando hablamos de formato incluimos fuente, colores, formato de fecha o número, etc.
2. Haz clic en el botón **Copiar formato** situado en la barra de herramientas **Formato** (está representado por una pequeña brocha).
3. Observa que junto al cursor habitual de Excel aparece una brocha. Ahora haz clic para aplicar el formato copiado sobre la celda o celdas que desees.

Unir celdas

La unión de celdas se utiliza principalmente para colocar títulos que engloben varias columnas, como puedes ver en el ejemplo de la figura 14.8.

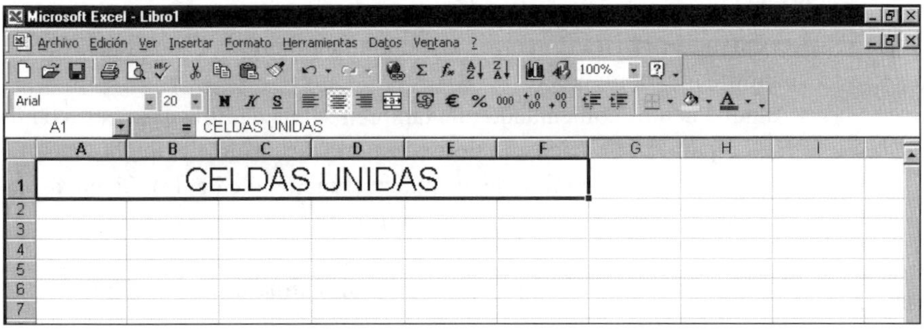

Figura 14.8. *Ejemplo de unión de varias celdas*

A continuación vamos a ver cómo haríamos esto mismo en nuestra hoja de cálculo:

1 Abre una hoja en blanco.

2 Haz clic en la celda **A2** y escribe: **Año 1999**.

3 Ahora mantén pulsada la tecla Mayús y haz clic en la celda **G2**. Todas las celdas intermedias entre la **A2** y la **G2** quedan seleccionadas.

4 Ahora haz clic en el botón **Combinar y centrar**, situado en la barra de herramientas Formato, junto a los botones de alineación. Después de esto todas las celdas seleccionadas se habrán convertido en una sola y, además, el texto habrá quedado centrado dentro de la nueva celda.

Nota: también puedes unir celdas activando la casilla **Combinar celdas** del cuadro de diálogo **Formato de celdas**. Aunque si utilizas esta opción después tendrás que aplicar la alineación centrada.

Editar los datos de la hoja de cálculo

Para modificar los datos de cualquier celda de la hoja de cálculo dispones de dos métodos: editarlos en la propia celda o utilizar la barra de fórmulas.

En el primero de los casos:

1 Haz clic en la celda que quieres modificar.

2 Escribe el nuevo valor y pulsa la tecla Intro o haz clic en cualquier otra celda.

Si no quieres sustituir el valor, pero sí que deseas modificar parte del contenido de la celda, haz doble clic en la celda que quieras editar para que aparezca en su interior el cursor de edición. A partir de ese momento utiliza los métodos habituales para modificar el contenido.

Aunque hemos comentando que también se puede utilizar la barra de fórmulas como medio para editar celdas, lo normal es utilizarla sólo en aquellos casos en los que la celda contiene algún tipo de expresión (función o cálculo). Si aún así la quieres utilizar para modificar el contenido de una celda sigue estos pasos:

1 Haz clic en la celda que quieres modificar para seleccionarla.

2 Después, haz clic en la barra de fórmulas para que aparezca el cursor de edición. A partir de ese momento ya puedes realizar cualquier cambio. Comprueba que las modificaciones aparecen reflejadas al instante en la celda.

3 Pulsa la tecla Intro o haz clic en el botón **Introducir** (símbolo verde de validación) de la barra de fórmulas.

Eliminar datos

Para eliminar la información de una o varias celdas selecciona la celda o celdas que desees y pulsar la tecla Supr, o utilizar la opción **Borrar contenido** del menú emergente que aparece después de hacer clic con el botón derecho sobre la selección.

Aviso: no confundas eliminar el contenido de la celda, con borrar la propia celda. Cuando borras los datos, la celda permanece, aunque vacía.

Mover datos

Excel permite mover el contenido de una o varias celdas dentro de cualquier lugar de la hoja activa. Para hacerlo sigue estos pasos:

1 Selecciona la celda o celdas que quieres mover.

2 Coloca el cursor en el borde de la selección y comprueba cómo se transforma en una flecha inclinada hacia la izquierda.

3 Haz clic y arrastra hasta situar la selección sobre la nueva ubicación. Para facilitarte esta tarea, Excel sombrea la celda sobre la que se encuentra situado el cursor en cada momento y muestra su referencia como puedes ver en la figura 14.9.

4 Cuando estés sobre la celda adecuada, suelta el botón izquierdo del ratón.

Nota: para mover el contenido a otras hojas del libro o incluso de otro libro, deberás utilizar el comando **Copiar** (Ctrl+C) y después, el comando **Pegar** (Ctrl+V).

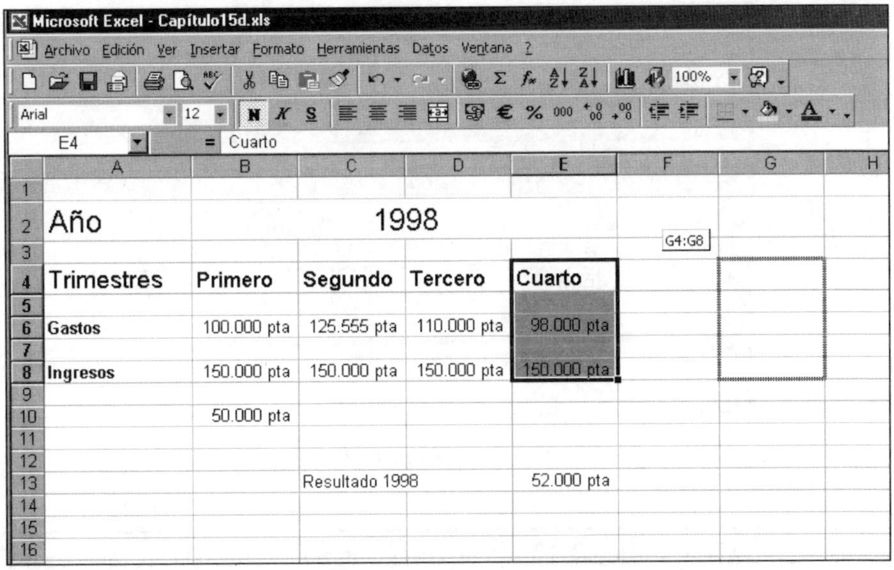

Figura 14.9. *Moviendo datos*

Relleno automático de celdas y series

Excel nos ofrece varios métodos para facilitarnos la tarea de introducir datos iguales o con alguna relación de incremento entre celdas contiguas. Por ejemplo, imagina que has introducido un valor y quieres que las diez celdas que se encuentran debajo contengan también la misma cantidad. Es evidente que una solución puede ser usar los comandos **Cortar** y **Pegar**, pero existe otra forma más sencilla de hacerlo:

1 Haz clic sobre la celda que contiene el dato que quieres copiar para convertirla en la celda activa.

2 Coloca el cursor sobre el pequeño cuadrado negro situado en la esquina inferior derecha de la celda, denominado controlador de relleno. Observa que el cursor se transforma en una delgada cruz negra.

3 Haz clic, mantén pulsado el botón izquierdo del ratón y arrastra para rellenar las celdas contiguas (figura 14.10).

4 Suelta el botón del ratón para que aparezcan los datos en las celdas seleccionadas.

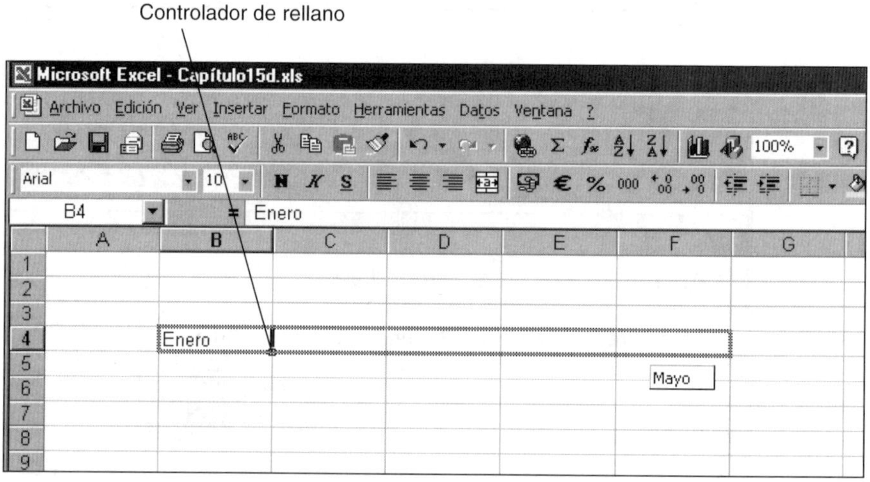

Figura 14.10. *Copiar datos*

Aviso: solamente puedes arrastrar dentro de la fila o la columna en la que te encuentres.

Del mismo modo, puedes reducir el número de celdas que contiene el dato que acabas de copiar, haciendo clic en el cuadrado de copia y retrocediendo sobre las celdas en las que no quieres que aparezca el valor. Todo esto mientras se mantenga la selección sobre las celdas rellenas.

Series, autorellenado de celdas

Lo que hemos visto en la última secuencia de pasos está muy bien, pero Excel es mucho más potente que todo eso y para demostrarlo te vamos a plantear una situación bastante común. Imagina que estás haciendo una previsión sobre los gastos fijos anuales de tu empresa, por lo que tienes que rellenar doce celdas con el nombre de cada mes. ¿Qué te parecería si tú sólo tuvieras que escribir Enero y que Excel hiciera el resto?:

1 Selecciona la celda que quieres que contenga el primer mes y escribe **Enero**.

2 Después, coloca sobre el controlador de relleno y comprueba cómo el cursor se transforma en una cruz negra.

3 Haz clic y arrastra hacia la derecha para que el programa rellene automáticamente las celdas contiguas con los meses correspondientes (figura 14.11).

4 Suelta el ratón cuando aparezca la etiqueta Diciembre.

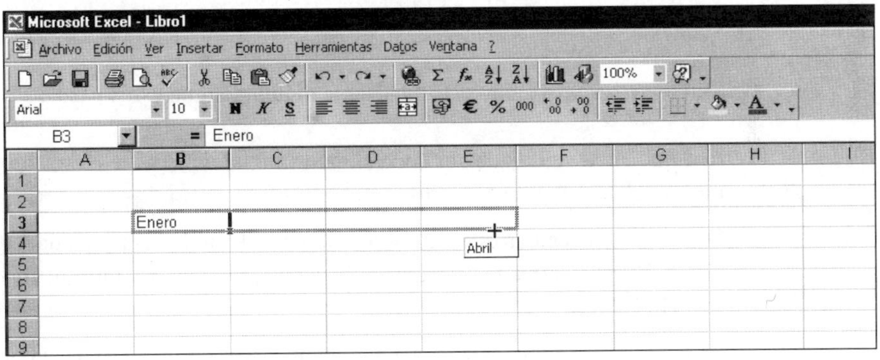

Figura 14.11. *Crear una serie*

¿No te parece estupendo?, con sólo arrastrar el ratón nos hemos ahorrado el trabajo de escribir los doce meses del año. Esta misma operación la puedes hacer con los días de la semana y no tienes por que empezar por el primer mes o primer día, puedes hacerlo por cualquiera. También puedes utilizarlo con la fecha o la hora.

Truco: también puedes emplear este método con valores numéricos, con la única diferencia de que tendrás que mantener pulsada la tecla Ctrl mientras arrastras, si no Excel entenderá que quieres copiar el dato y no crear una serie.

Cuadro de diálogo Serie

El cuadro de diálogo **Serie** (figura 14.12) nos permite controlar de forma mucho más precisa el resultado de la serie, indicando los valores de incremento, determinado con exactitud valores cronológicos, etcétera.

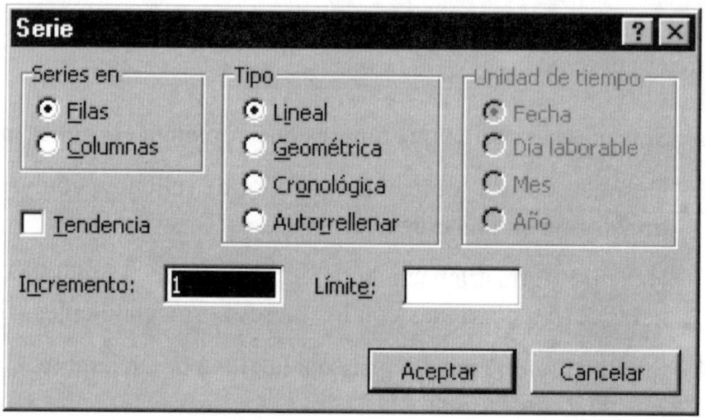

Figura 14.12. *Cuadro de diálogo* ***Serie***

Para crear series utilizando este cuadro de diálogo, sigue estos pasos:

1 Haz clic en la celda que contiene el valor inicial de la serie o escríbelo en una nueva celda si fuera necesario.

2 Selecciona las celdas que vamos a rellenar utilizando las propiedades de las series. Recuerda que la primera celda debe ser donde has introducido el valor inicial.

3 En el menú **Edición**, selecciona el comando **Rellenar** y después la opción **Series**. Aparece el cuadro de diálogo del mismo nombre.

4 Elige las opciones que desees, así como el incremento y el valor límite si se trata de un dato numérico. Observa que para la opción **Cronológica**, dispones incluso de la posibilidad de crear series sólo con los días laborales.

5 Finalmente haz clic en **Aceptar** para crear la serie.

Nota: si activas la casilla de verificación **Tendencia** se ignoran los valores de incremento y el programa se encarga de aplicar el mejor ajuste para la serie; se fijará en la información situada en la parte superior o izquierda de la celda seleccionada como inicio de la serie.

Listas personalizadas

Como has podido comprobar, Excel dispone de series predefinidas como los días de la semana, meses, fechas, etcétera. Pero también ofrece la posibilidad de crear nuestras propias series.

Por ejemplo, vamos a crear una serie que contenga los elementos uno, dos y tres:

1 Haz clic en el comando **Opciones** del menú **Herramientas**; aparecerá el cuadro de diálogo **Opciones**.

2 Selecciona la pestaña **Listas personalizadas** (figura 14.13).

3 Haz clic en la ventana **Entradas de lista** y escribe: uno, dos, tres (no olvides las comas para separar cada término).

4 Ahora haz clic en el botón **Agregar** y después, en **Aceptar**.

5 Comprueba que la serie que acabas de crear funciona.

Truco: desde la pestaña **Listas personalizadas** puedes utilizar el botón **Importar** para crear una lista a partir de los datos disponibles en la hoja de cálculo.

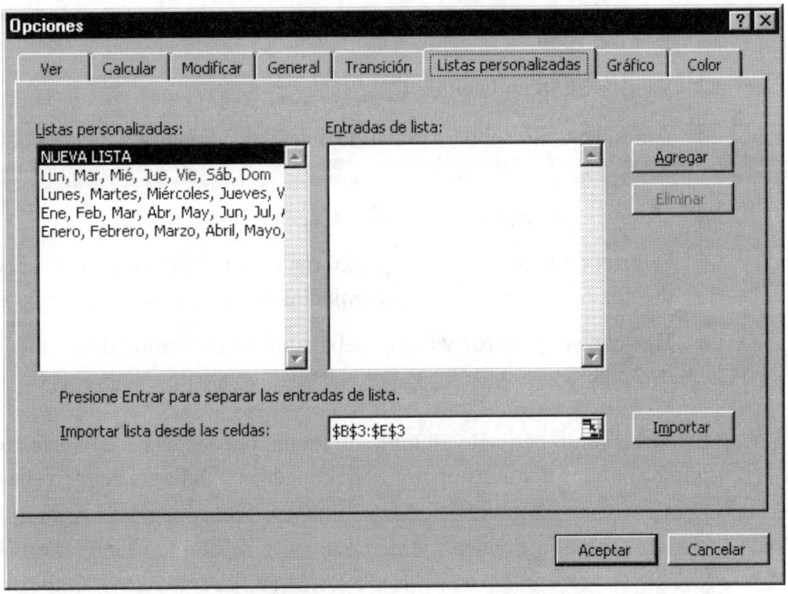

*Figura 14.13. Pestaña **Listas personalizadas** del cuadro de diálogo **Opciones***

Relleno de múltiples celdas

Siguiendo con lo métodos disponibles en Excel para facilitarnos la tarea de introducción de información en la hoja de cálculo, te vamos a explicar la forma de introducir un valor en más de una celda al mismo tiempo.

La forma de hacerlo es la siguiente:

1 Selecciona el grupo de celdas donde quieres incluir el mismo valor.
2 Escribe el dato que quieras que contengan todas las celdas seleccionadas.
3 Pulsa la combinación de teclas Ctrl+Intro.

Pegado especial

El comando **Pegar especial** es otra potente herramienta para completar información en la hoja de cálculo, ya que nos permite tener un control detallado de los elementos que queremos pegar, permitiéndonos pegar sólo el formato de las celdas seleccionadas, sólo los comentarios, realizar operaciones con los valores de origen y de destino... pero mejor veamos un ejemplo:

1 Escribe **1000** en la celda **A2**.
2 Escribe **1258** en la celda **C2**.
3 Ahora haz clic sobre la celda **A2** para seleccionarla y ejecuta el comando **Copiar** (Ctrl+C).
4 Después haz clic sobre la celda **C2**.
5 Elige el comando **Pegar especial** del menú **Edición** y en la sección **Operación** del cuadro de diálogo **Pegar especial** (figura 14.14) activa la opción **Sumar**.
6 Haz clic en **Aceptar** y comprueba como el contenido de la celda C2 ahora es **2258**.

Esto es sólo un pequeño ejemplo de lo que puedes hacer con este comando; ahora prueba con las distintas opciones del cuadro de diálogo **Pegar especial**.

Nota: el botón **Pegar vínculo** del cuadro de diálogo **Pegar especial** permite crear una referencia a la celda de origen en la celda de destino. Pero de todo esto hablaremos largo y tendido en la siguiente lección.

Redimensionar filas y columnas

En algún apartado anterior hemos visto cómo adaptar el ancho de una columna para que muestre toda la información y evitar los dichosos símbolos #######.

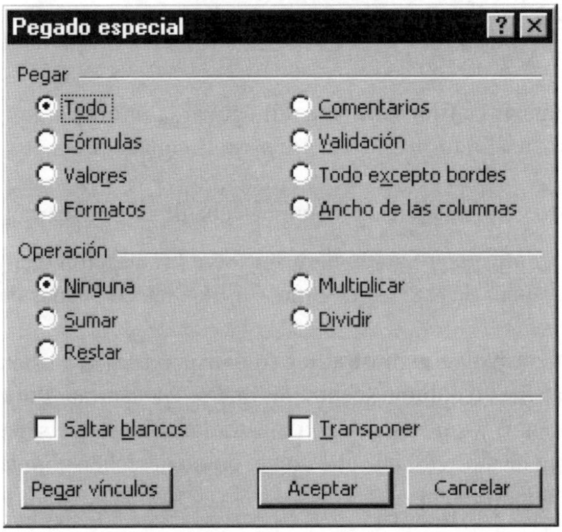

Figura 14.14. *Cuadro de diálogo* ***Pegado especial***

Pero existe otro método para modificar el alto y ancho de filas y columnas:

1. Sitúa el cursor en el borde de la fila o la columna que quieras mover. Comprueba cómo el cursor se transforma en una doble flecha.
2. Ahora, haz clic y arrastra para modificar el ancho de la columna o el alto de la fila.

Si quieres hacer esta misma operación pero necesitas aplicar un valor exacto, puedes hacer clic con el botón derecho sobre la fila o la columna que quieras modificar y seleccionar el comando **Ancho de columna** o **Alto de fila**. Después de esto aparecerá un cuadro de diálogo como el que puedes ver en la figura 14.15; el valor que introduzcas representará el número máximo de caracteres que puede mostrar la fila o la columna.

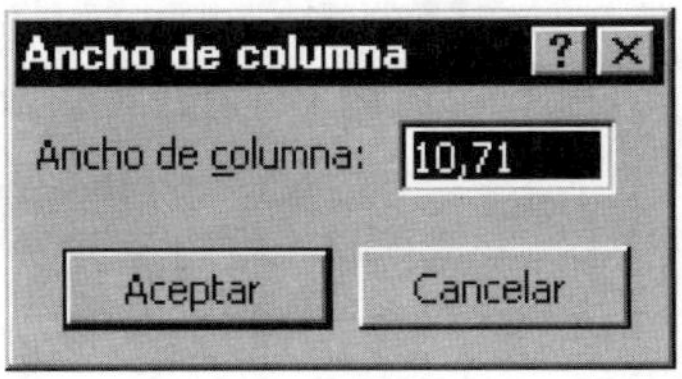

Figura 14.15. *Cuadro de diálogo* ***Ancho de columna***

Ocultar filas y columnas

En algunas ocasiones te será útil ocultar la información que muestran algunas filas o columnas. La forma de hacerlo sería la siguiente:

1 Selecciona las filas o columnas que deseas ocultar.

2 Haz clic con el botón derecho sobre la selección y elige el comando **Ocultar**. Después de esto las columnas o filas seleccionadas desaparecerán.

Si quieres volver a mostrar las columnas o filas que están ocultas deberás seleccionar las filas o columnas entre las que se encuentran. Por ejemplo si has ocultado la columna B y quieres volver a mostrarla, tendrás que seleccionar las columnas A y D. Un vez hecho esto, haz clic con el botón derecho sobre la selección y elige el comando **Mostrar**.

Buscar y reemplazar

El cuadro de diálogo **Buscar** (figura 14.16) de Excel funciona de forma similar al que ya vimos en Word, con algunas pequeñas diferencias que se centran principalmente en las dos listas desplegables disponibles en la parte inferior del cuadro de diálogo:

- **Buscar**: determina el sentido de la búsqueda, por columnas y hacia arriba o por filas y hacia la derecha. Normalmente es más rápida la búsqueda por columnas.
- **Buscar dentro de**: selecciona el elemento de la hoja donde se encuentra el concepto que quieres buscar: fórmulas, valores o comentarios.

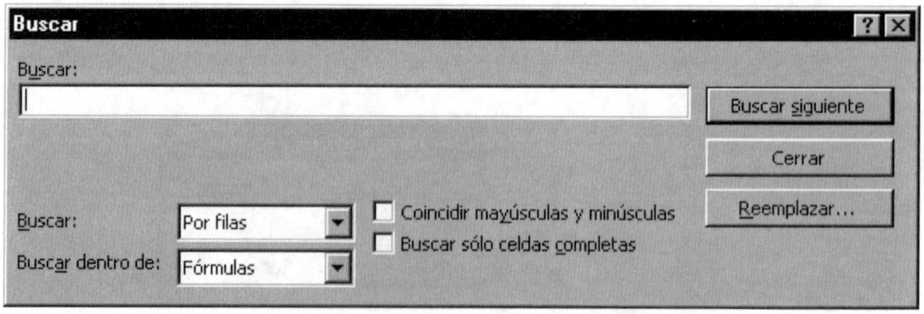

Figura 14.16. *Cuadro de diálogo* ***Buscar***

Truco: para buscar por columnas y hacia arriba o por filas y hacia la izquierda, mantén pulsada la tecla Mayús al mismo tiempo que haces clic en el botón **Buscar siguiente**.

El funcionamiento de este cuadro de diálogo ya lo conoces, introduces un valor en el cuadro **Buscar** y haces clic en el botón **Buscar siguiente**. Puedes llegar hasta el comando **Buscar** desde el menú **Edición** o pulsando la combinación de teclas Ctrl+B. Para buscar un elemento y reemplazarlo por otro, selecciona el comando **Reemplazar** en el menú **Edición**, utiliza la combinación de teclas Ctrl+L o el botón **Reemplazar** del propio cuadro de diálogo **Buscar**.

Incluir comentarios

Para facilitar la comprensión de todos los datos incluidos en la hoja de cálculo, Excel nos da la posibilidad de asociar comentarios a cualquiera de las celdas de la hoja. Quizás en Word esta utilidad no te parezca tan importante, pero cuando trabajas con Excel se convierte en un elemento fundamental para entender la información contenida en la hoja de cálculo. La manera de incluir un comentario en una celda, sería la siguiente:

1 Haz clic con el botón derecho sobre la celda a la que quieres asociar el comentario y elige el comando **Insertar comentario**. Aparece un pequeño recuadro amarillo como puedes ver en la figura 14.17.

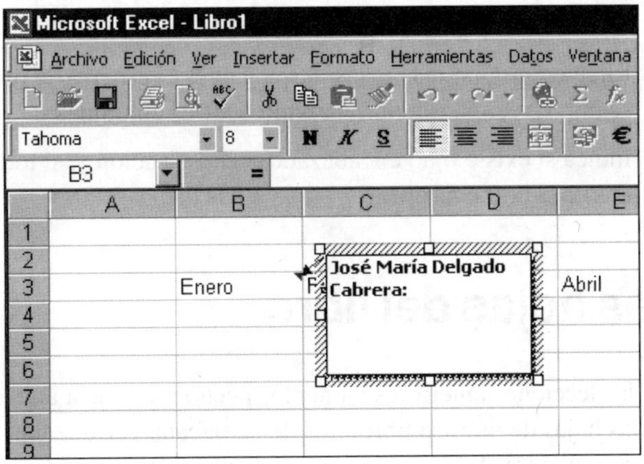

Figura 14.17. *Insertar un comentario*

2 Escribe dentro del recuadro el texto que desees. Si el tamaño por defecto no es suficiente puedes modificarlo situando el cursor sobre cualquiera de sus esquinas y arrastrando.

3 Haz clic en cualquier otra celda para cerrar el recuadro del comentario. Observa cómo en la celda aparece un pequeño triángulo rojo en la esquina superior derecha.

Para ver el comentario que acabas de asociar a la celda, sitúa el cursor encima. Si lo deseas puedes modificar el comentario. Para hacerlo, pulsa con el botón derecho sobre la celda que contiene el comentario y selecciona el comando **Modificar comentario**. También puedes borrarlo con el comando **Eliminar comentario**.

Ordenar el contenido de las celdas

Otra de las operaciones más o menos habituales en el trabajo con las hojas de cálculo es la ordenación de datos. La forma más rápida de hacerlo sería la siguiente:

1 Selecciona las celdas que deseas ordenar.

2 Haz clic en los botones **Orden ascendente** u **Orden descendente** de en la barra de herramientas Estándar, según el sentido de ordenación que necesites aplicar.

Pero si quieres realizar una ordenación más compleja, involucrando más de una columna en la ordenación, deberás utilizar el comando **Ordenar** del menú **Datos**:

1 Haz clic para seleccionar las columnas que intervendrán en la ordenación.

2 Selecciona el comando **Ordenar** del menú **Datos**. Aparece el cuadro de diálogo **Ordenar** (figura 14.18).

3 Elige en las distintas listas desplegables el criterio de ordenación que vas a seguir. Excel permite un máximo del tres columnas.

4 Indica si existe o no encabezado en la selección y, si todo es correcto, haz clic en el botón **Aceptar**.

Editar las hojas del libro

En las lecciones anteriores ya hemos hecho referencia a las posibilidades de edición de las hojas de nuestro libro. Por defecto, cada vez que creamos un nuevo libro, éste aparece con tres hojas denominadas Hoja1, Hoja2 y Hoja3. Pero esto no tiene por qué ser definitivo y a continuación vamos a ver cómo cambiarlo.

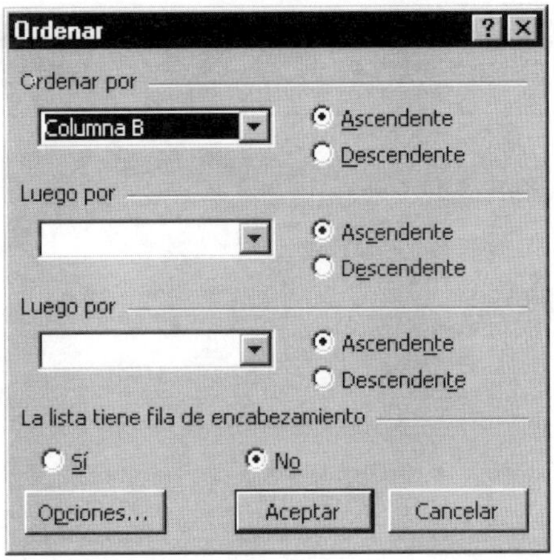

Figura 14.18.** Cuadro de diálogo **Ordenar

Cambiar nombre

La verdad es que los nombres Hoja1, Hoja2... no nos dicen demasiado, así que vamos a ver cómo modificar esta denominación:

1 Haz clic con el botón derecho del ratón sobre la pestaña de la hoja a la que quieras cambiar el nombre.

2 Selecciona el comando **Cambiar nombre**. En ese instante el nombre de la hoja aparece seleccionado.

3 Escribe el nuevo nombre de la hoja y pulsa Intro. Ten en cuenta que el nombre de una hoja puede tener como máximo treinta caracteres.

Añadir una nueva hoja

Otra de las operaciones habituales con las hojas de nuestro documento es añadir nuevas hojas y para hacerlo sigue estos pasos:

1 Haz clic con el botón derecho sobre la pestaña de alguna de las hojas de tu libro de trabajo.

2 En el menú emergente que aparece, selecciona el comando **Insertar**. Excel muestra el cuadro de diálogo **Insertar** (figura 14.19).

3 Haz doble clic sobre el icono **Hoja de cálculo**. La nueva hoja aparecerá justo delante de la hoja sobre la que hayas hecho clic.

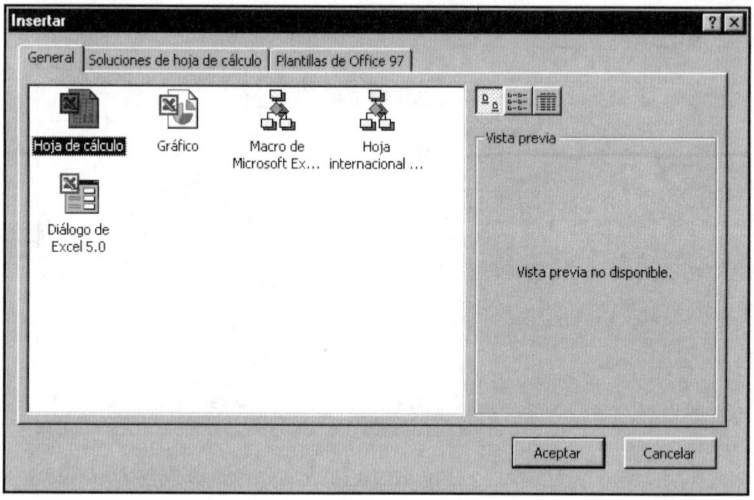

Figura 14.19. Cuadro de diálogo ***Insertar***

Eliminar

Siguiendo con las posibles operaciones que podemos realizar con las hojas de nuestro libro de trabajo, ahora le toca el turno a eliminar una hoja:

1 Haz clic con el botón derecho sobre la pestaña de la hoja que quieras borrar.
2 Selecciona el comando **Eliminar** y después, pulsa **Aceptar** en el cuadro de diálogo de confirmación que aparece.

Mover

Para cambiar la posición de una hoja sigue los pasos que mostramos a continuación:

1 Para variar, haz clic con el botón derecho sobre la pestaña de la hoja que quieras mover.
2 Selecciona el comando **Mover o copiar**. Aparece el cuadro de diálogo **Mover o copiar** (figura 14.20).
3 En la lista, elige entre los libros abiertos el destino de la hoja o, si lo prefieres, puedes enviarla a un nuevo libro de trabajo con la opción **Nuevo libro**.
4 En la ventana **Antes de la hoja**, haz clic sobre la hoja que quieres anteponer a la seleccionada.
5 Finalmente, haz clic en el botón **Aceptar**.

Si lo que quieres es hacer una copia de la hoja seleccionada, sólo tienes que activar la casilla **Crear una copia**.

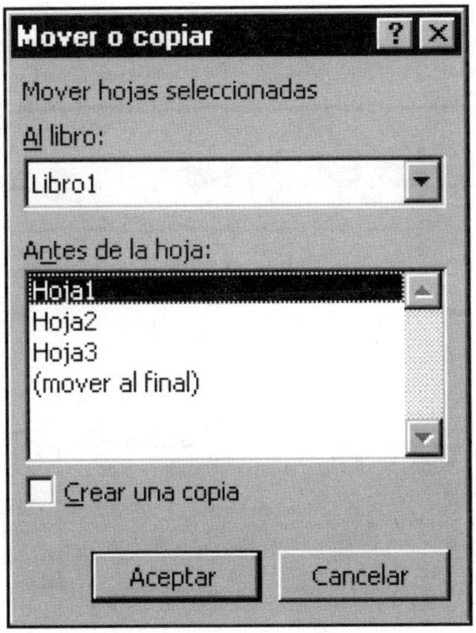

Figura 14.20. *Cuadro de diálogo* ***Mover o copiar***

Dividir la ventana de la hoja de cálculo

Imagina que dentro de una misma hoja hemos incluido los datos sobre los gastos de los seis últimos meses y necesitas hacer una serie de comparaciones entre Enero y Junio. Con la vista Normal tendrías que estar continuamente utilizando la barra de desplazamiento y aún así sería bastante incómodo. Para solucionar este tipo de problema podemos crear una división temporal de la hoja para que muestre dos secciones al mismo tiempo. La forma de hacerlo sería la siguiente:

1 Haz clic en la pestaña de la hoja que quieres dividir.

2 Después, selecciona el comando **Dividir** del menú **Ventana** y obtendrás un resultado similar al que puedes ver en la figura 14.21.

La primera vez que utilizas el comando **División** la hoja queda partida en cuatro zonas iguales con sus respectivas barras de desplazamiento. Si sólo quieres utilizar la división vertical u horizontal, arrastra la barra de división que no necesites hasta que se encuentre fuera de la hoja y después suelta. La próxima vez que ejecutes el comando **División** aparecerá la última configuración utilizada.

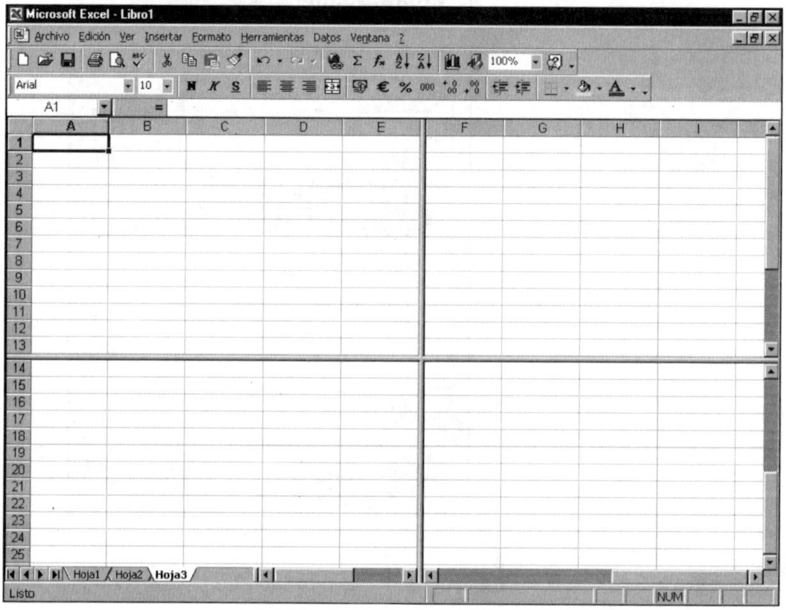

Figura 14.21. *Hoja dividida en cuatro partes iguales; observa el detalle de las barras de desplazamiento asociadas a cada sección*

Inmovilizar y movilizar paneles

Otras dos opciones interesantes son los comandos **Inmovilizar** y **Movilizar paneles** del menú **Ventana**. Con ellos puedes hacer que las filas o columnas que desees permanezcan siempre visibles cuando utilices las barras de desplazamiento vertical u horizontal.

1 Haz clic en la columna o la fila después de la que quieres inmovilizar. Es decir, si quieres mantener siempre visible hasta la columna **D**, selecciona la columna **E**.

2 Haz clic en el comando **Inmovilizar** paneles del menú **Ventana**.

Para devolver la hoja a su estado normal, sólo tienes que recurrir al comando **Movilizar paneles** del mismo menú **Ventana**.

Corrector ortográfico

El corrector ortográfico de Excel funciona del mismo modo que ya vimos cuando tratamos este tema en las lecciones dedicadas a Word. Esta función del programa recorre todas las celdas de las distintas hojas de nuestro libro de trabajo, analizando si existe algún posible error ortográfico.

Para ejecutar el corrector puedes utilizar el botón **Ortografía** de la barra de herramientas **Estándar**, el comando del mismo nombre situado dentro del menú **Herramientas** o simplemente la tecla F7. Como puedes observar en la figura 14.22, el cuadro de diálogo **Ortografía** mantiene el mismo aspecto que ya vimos en Word y del mismo modo, sus funciones son también idénticas.

Nota: hasta la versión actual no existe la posibilidad de comprobar la gramática en Excel, aunque teniendo en cuenta que la mayoría de sus datos son números o expresiones se puede considerar lógica esta decisión.

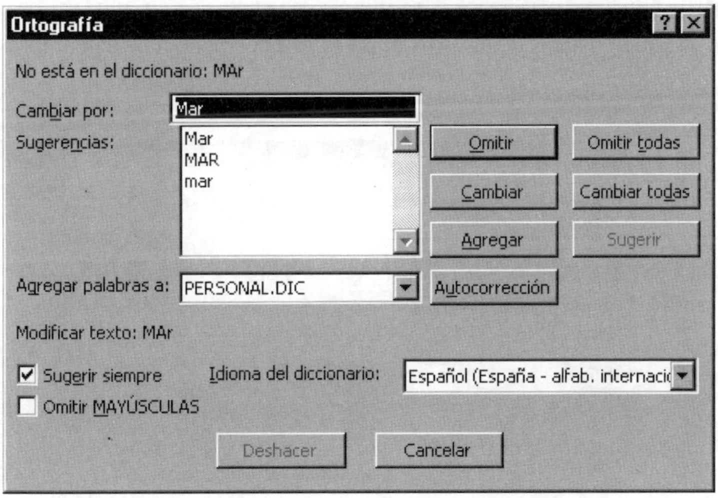

Figura 14.22. *Cuadro de diálogo* ***Ortografía***

Autocorrección y autotexto

De nuevo nos encontramos ante dos opciones que ya aprendimos a utilizar en las lecciones dedicadas a Word. Para no aburrirte demasiado sólo queremos decirte que en Excel funcionan exactamente del mismo modo y que nos permiten tanto definir

algunas opciones automáticas de corrección como acrónimos para hacer más rápida la introducción de términos que utilicemos con mucha frecuencia.
El comando se denomina **Autocorrección** y se encuentra dentro de las opciones del menú **Herramientas**.

Aviso: las entradas del cuadro de diálogo **Autocorrección** son comunes para todas las aplicaciones de Office; esto quiere decir que si en Word incluiste alguna expresión en esta herramienta, podrás usarla también en Excel, Access, PowerPoint, etc.

Impresión

El primer paso que deberíamos seguir antes de imprimir sería utilizar el comando **Configurar página** del menú **Archivo**. Después de seleccionar este comando aparecerá un cuadro como el que puedes ver en la figura 14.23. Las opciones de este cuadro de diálogo serán las que nos servirán para definir las principales características de la copia impresa de nuestra hoja de cálculo.

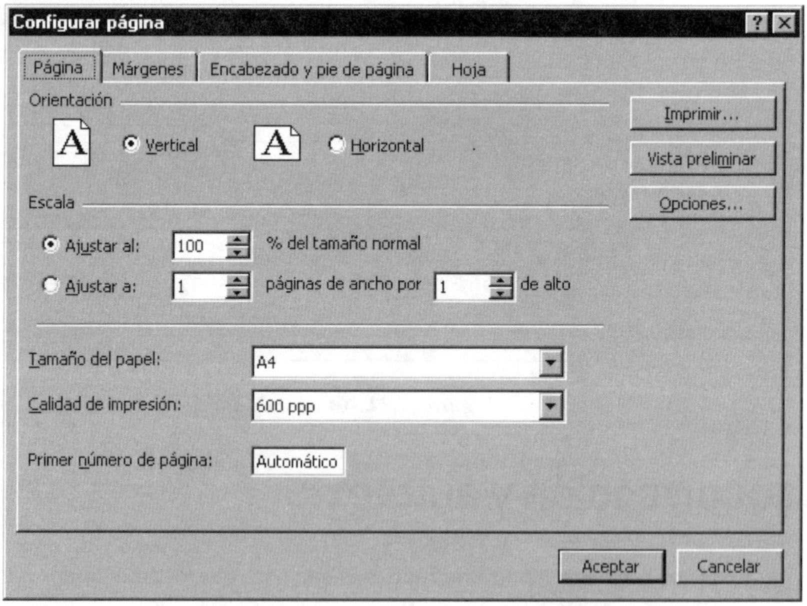

Figura 14.23. *Cuadro de diálogo* ***Configurar página***

El cuadro de diálogo **Configurar** se encuentra dividido en cuatro pestañas:

- **Página**: en esta primera pestaña deberemos seleccionar la orientación del papel (horizontal o vertical), el valor de escala con el que podemos reducir o ampliar el tamaño de la hoja impresa, el tamaño del papel y la resolución.
- **Márgenes**: en las seis casillas de texto de esta pestaña, introduce los valores de cada uno de los márgenes del documento; además del encabezado y del pie de página. Si lo deseas puedes utilizar el botón **Vista preliminar** para comprobar el resultado antes de imprimir.
- **Encabezado y pie de página**: puedes elegir alguno de los encabezados y pies de página predefinidos o utilizar los botones **Personalizar encabezado** o **Personalizar pie de página** para mostrar el cuadro de diálogo de la figura 14.24. Este cuadro de diálogo nos permite crear un encabezado o pie de página a nuestro gusto, incluyendo elementos como la hora, el número de página, la fecha, texto, etcétera.
- **Hoja**: dentro de esta pestaña puedes utilizar la opción **Área de impresión** para delimitar el rango de celdas que vas a imprimir. También te permite decidir sobre qué elementos de la página incluir en la copia impresa y el orden que se debe seguir en el caso de que la hoja ocupe más de una página.

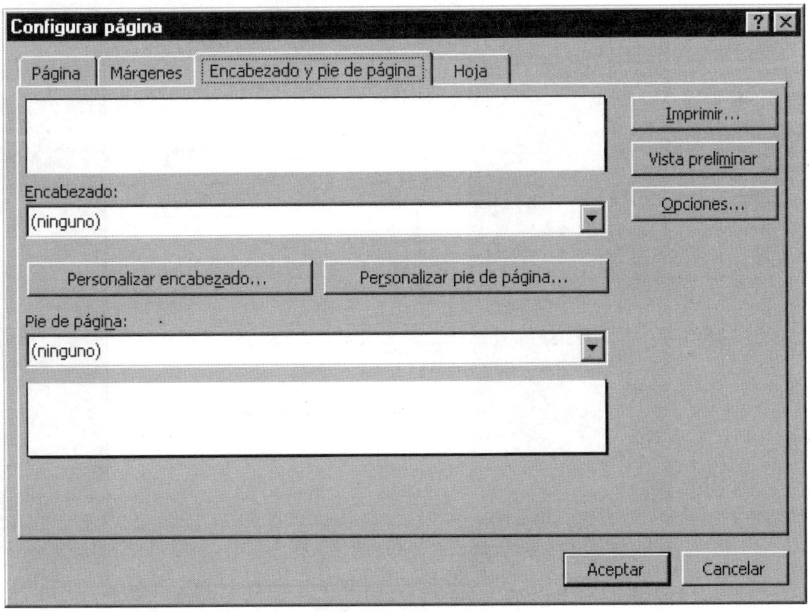

Figura 14.24. *Personalizar Encabezado o pie de página*

- **Gráfico**: esta pestaña aparece en lugar de la pestaña **Hoja** cuando seleccionamos un gráfico o la hoja actual es una hoja de gráfico. En ella podemos decidir el tamaño impreso del gráfico y la calidad de impresión.

Nota: desde todas las pestañas del cuadro de diálogo **Configurar página** puedes imprimir el documento, acceder a las opciones de la impresora o abrir la vista preliminar. Cada una de estas opciones se encuentra reflejada en los botones situados en la parte derecha de cada pestaña.

Vista preliminar

La vista preliminar nos permite comprobar el aspecto de la página antes de imprimir; podemos, de esta forma, descubrir posibles errores en la configuración de la página, con el consiguiente ahorro de tiempo y papel.

Para acceder a la vista preliminar puedes utilizar el botón **Vista preliminar** de la barra de herramientas **Estándar** o el comando del mismo nombre situado dentro del menú **Archivo**. Después de utilizar alguna de estas dos opciones la ventana de Excel se transformará y tomará un aspecto similar al que puedes ver en la figura 14.25.

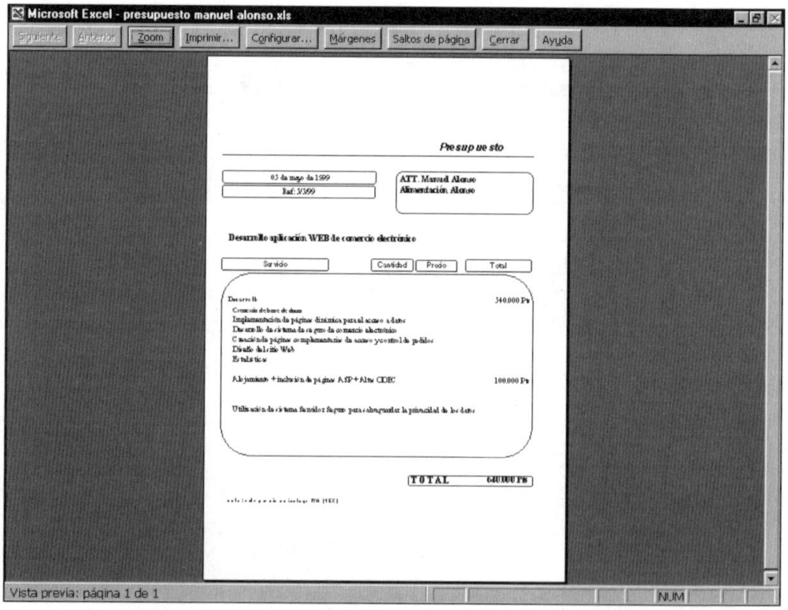

Figura 14.25. *Vista preliminar*

En la parte superior de la ventana se encuentran una serie de botones cuyo significado es el siguiente:

- **Siguiente** y **Anterior**: nos permiten desplazarnos entre las distintas páginas del documento. Para esta tarea puedes utilizar también las teclas RePág y AvPág.
- **Zoom**: amplía o reduce la vista preliminar de la página seleccionada. Conseguirás lo mismo pulsando sobre la página con el ratón, que se convertirá en una lupa.
- **Imprimir**: este botón no tiene demasiadas explicaciones, ¿no crees?
- **Configurar**: desde aquí podemos acceder al cuadro de diálogo **Configurar página** para cambiar alguna de las características de impresión del documento.
- **Márgenes**: al pulsar este botón verás en la página unas marcas. Con las cuatro situadas en los extremos modificas los márgenes laterales, inferior y superior: coloca el cursor encima de estas marcas y arrastra para definir el espacio reservado a los márgenes. Las marcas intermedias de la parte superior representan las columnas de la hoja de cálculo; para modificar su ancho, coloca el cursor encima de ellas y arrastra.
- **Saltos de página**: con ellos indicas desde dónde se imprime en una nueva página.
- **Cerrar**: salimos de la vista preliminar y volvemos a Excel.
- **Ayuda**: nos da información adicional sobre la vista preliminar y sus componentes.

Saltos de página

Con los saltos de página obligamos a que ciertos elementos aparezcan en una nueva página. Esto sólo tiene validez a la hora de imprimir y, por tanto, el aspecto de la hoja de cálculo en pantalla no variará. Para incluir o modificar un salto de página:

1. Haz clic en el comando **Vista previa de salto de página** situado en el menú **Ver**.
2. Un cuadro de diálogo te informa de que puedes cambiar y modificar los saltos de página utilizando el ratón. Haz clic en **Aceptar**.
3. Observa como una serie de líneas azules marcan los límites de la página (figura 14.26): son los saltos de páginas naturales, que puedes modificar situando el ratón sobre cualquiera de ellos y arrastrando.
4. Para insertar saltos de página selecciona el comando **Insertar**, **Salto de página**.
5. A partir de aquí, si quieres imprimir utiliza el botón situado en la barra de herramientas Estándar o el comando del menú **Archivo**.
6. Para volver a la vista habitual, selecciona el comando **Normal** del menú **Ver**.

Nota: en la vista Normal, observa que han aparecido unas líneas discontinuas de color negro. Estas líneas informan sobre los límites actuales de la página.

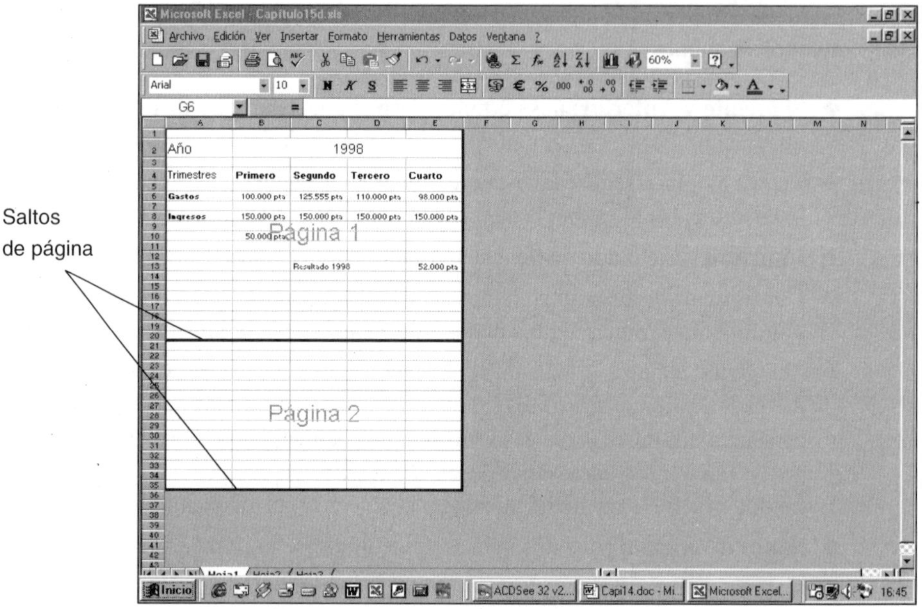

Figura 14.26. *Líneas representando los saltos de página*

Cuadro de diálogo Imprimir

Una vez configurada la página y comprobado su aspecto en la vista preliminar, sólo nos queda imprimir. Para hacerlo sigue estos sencillos pasos:

1. Selecciona el comando **Archivo**, **Imprimir**. Aparece el cuadro **Imprimir**.
2. Selecciona la impresora donde quieres imprimir y utiliza el botón **Propiedades** si deseas cambiar alguna de sus características.
3. En **Intervalo de páginas**, elige si imprimir todas algunas de las hojas del libro.
4. En la sección **Imprimir**, activa la opción **Selección** para imprimir sólo las celdas seleccionadas; **Hojas activas** para imprimir las hojas que se encuentren visibles, o **Todo libro** para imprimir el documento completo.
5. Por último, en el cuadro **Número de copias** introduce el valor que desees.
6. Para completar el proceso, haz clic en el comando **Imprimir** y un cuadro de diálogo donde te informará sobre el proceso.

Nota: para imprimir la página actual con la configuración por defecto del programa o la última utilizada, pulsa el botón **Imprimir** de la barra de herramientas Estándar.

Cálculos y funciones

Si todavía andas un poco despistado en cuanto a la utilidad y posibilidades de Excel, esta es sin duda la lección definitiva. Ahora que ya tenemos la información perfectamente ordenada en nuestra hoja, el siguiente paso es articular los medios necesarios para obtener resultados a partir de esos datos.

En esta lección aprenderemos a trabajar con fórmulas, a realizar expresiones de cálculo sencillas y, en definitiva, a encontrarle el sentido a Excel. Las fórmulas y las funciones de cálculo son la espina dorsal de Excel por lo que te pedimos una dedicación especial a esta lección y, sobre todo, no dejes de seguir nuestros los ejemplos.

En esta lección aprenderás a:

- Introducir y editar formulas
- Trabajar con funciones simples
- Utilizar funciones de fechas y horas
- Editar funciones
- Crear una factura sencilla
- Calcular la cuantía de los pagos de un préstamo
- Trabajar con filtros.

Introducción a las fórmulas

Antes de meternos de lleno en el funcionamiento y la utilización de las fórmulas y funciones de Excel, es imprescindible conocer algunos elementos fundamentales como son los rangos y las referencias a celdas.

Rangos

Un rango no es más que un grupo de celdas de nuestra hoja de cálculo. Las celdas que componen un rango no tienen por qué ser consecutivas. Normalmente, para identificar un rango se utilizan los nombres de las celdas situadas en los vértices separados por dos puntos, como puedes ver en los ejemplos de la figura 15.1.

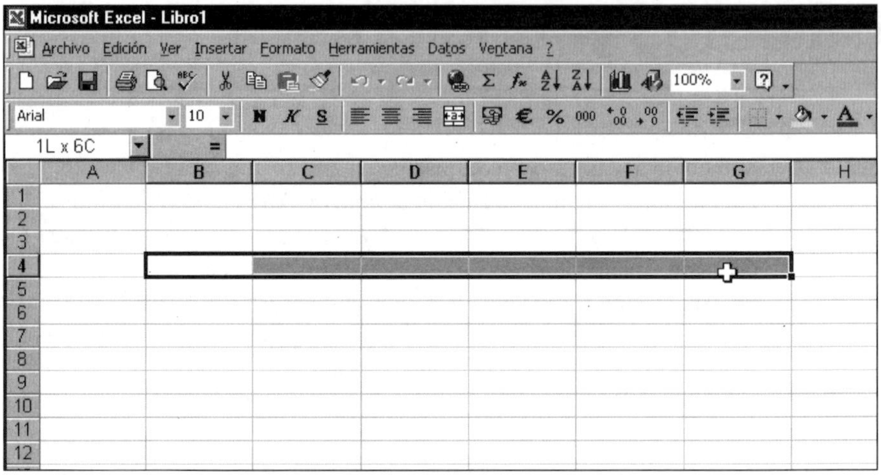

Figura 15.1. *Ejemplos de rangos*

Excel permite asignar nombres a los rangos, de modo que podemos utilizar este nombre para hacer referencia a las celdas que representan el rango dentro de cualquier fórmula o función. Esta característica, además de hacernos la vida más fácil cuando realizamos cálculos, nos permite identificar mucho más rápidamente el origen o la procedencia de los datos. Para asociar un nombre a un rango de celdas sigue estos pasos:

1 Utiliza los métodos que ya conoces para seleccionar el conjunto de celdas que formarán el rango al que quieres dar nombre.

2 Haz clic sobre el comando **Nombre** del menú **Insertar** y, en el nuevo menú que aparece, selecciona **Definir**.

3 En el cuadro de diálogo **Definir nombre** (figura 15.2) escribe el nombre que quieres asignar al rango seleccionado.

4 Finalmente, haz clic **Aceptar**.

> **Truco:** una forma más rápida de asignar un nombre a un rango es seleccionar las celdas y después hacer clic en el **Cuadro de nombres** de la barra de fórmulas. Una vez aquí escribe el nombre que desees y pulsa la tecla Intro.

Para ver y seleccionar cualquiera de los rangos creados dentro del libro de trabajo actual, sólo tienes que desplegar la lista **Cuadro de nombres** situada en la barra de fórmulas. Si haces clic sobre alguno de los nombres de rango definido, se seleccionarán todas las celdas que lo componen.

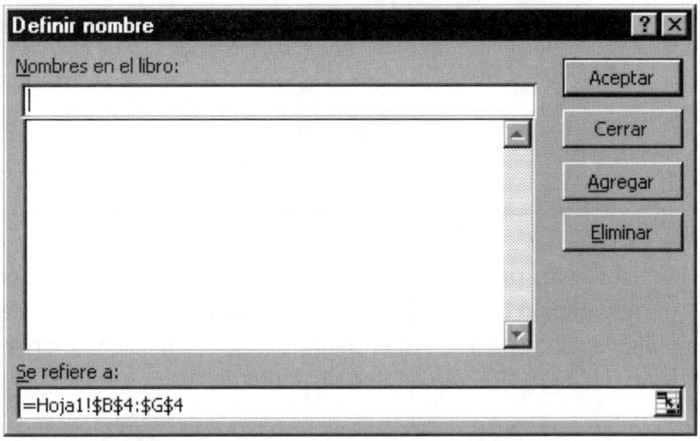

Figura 15.2. *Cuadro de diálogo* ***Definir nombre***

Fórmulas y funciones

Ya hemos comentando la importancia de las fórmulas dentro de Excel. Las fórmulas nos permiten realizar cálculos sencillos a partir de los datos contenidos en la hoja de cálculo. Las fórmulas pueden estar formadas por: referencias a celdas, operadores aritméticos, funciones, constantes, rangos, nombres de rangos, etc. Pero no te preocupes porque de todos estos elementos hablaremos en esta misma lección.

> **Nota:** las celdas que contienen algún tipo de cálculo se actualizan automáticamente cuando cambia el contenido de alguna de las celdas que intervienen en el cálculo.

Los operadores aritméticos nos permiten realizar cálculos sencillos en la hoja de cálculo. La lista de los operadores aritméticos permitidos en Excel está en la tabla 15.1.

Tabla 15.1. *Operadores aritméticos*

Operador	Función
+	Suma
-	Resta
*	Multiplicación
/	División

(continúa)

Tabla 15.1. *Operadores aritméticos (continuación)*

Operador	Función
^	Exponenciación
%	Porcentaje

Además de los operadores aritméticos, existen en Excel los llamados operadores de comparación que nos permiten determinar si el resultado de la verificación es verdadero o falso (observa la figura 15.3). Además en la tabla 15.2, tienes todos los operadores de comparación disponibles.

Nota: las funciones nos permiten realizar cálculos más complejos y hablaremos de ellas un poco más adelante, dentro de esta misma lección.

Tabla 15.2. *Operadores de comparación*

Operador	Función
<	Menor que
>	Mayor que
=	Igual a
<>	Distinto que
<=	Menor o igual que
>=	Mayor o igual que

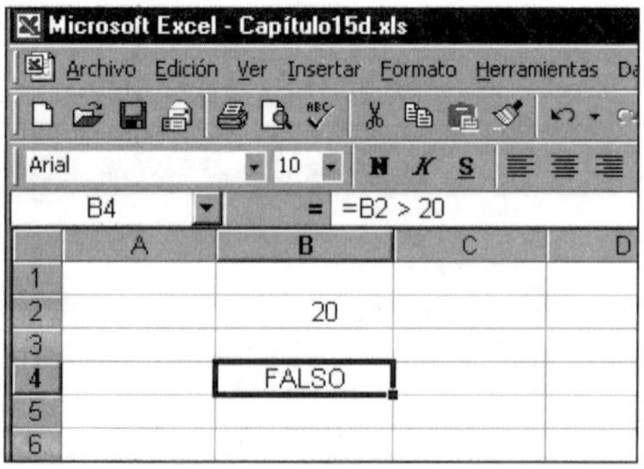

Figura 15.3. *Ejemplo de utilización de los operaciones de comparación*

Crear una fórmula

Vamos a ver cuáles son los pasos que debemos seguir para introducir una fórmula en nuestra hoja de cálculo. En este caso utilizaremos los datos de ejemplo de la hoja que tienes en la figura 15.4 (si no deseas escribirlos, puedes abrir el archivo lección15.xls situado en la carpeta /ejemplos/Excel del CD-ROM que acompaña este libro).

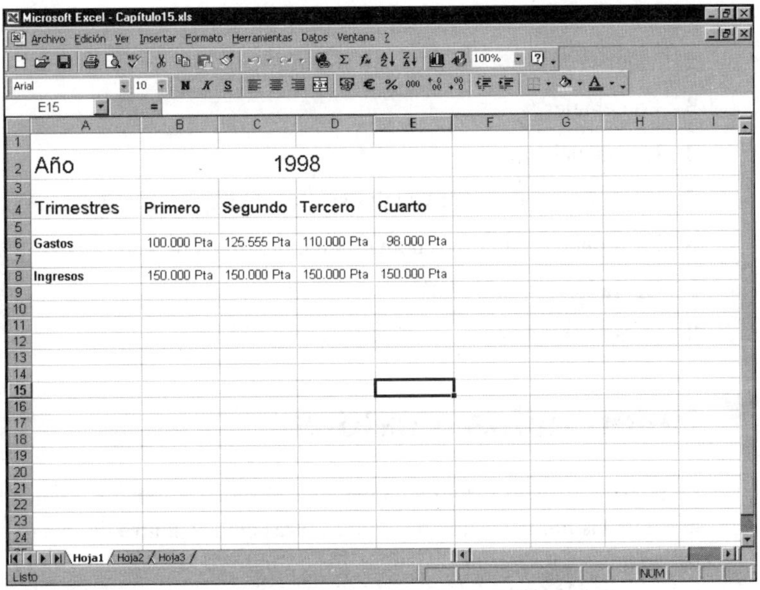

Figura 15.4. *Datos para nuestro ejemplo*

Utilizando los valores de este ejemplo vamos a calcular la diferencia entre los gastos y los ingresos del primer trimestre:

1. Haz clic en la celda **B10** y escribe el símbolo **=**. Esta es la forma de indicarle al programa que lo que viene a continuación no es un dato sino una fórmula o expresión. Observa también que se ha activado la barra de fórmulas.
2. Escribe el nombre de la celda que contiene los ingresos del primer trimestre (**B8**).
3. A continuación, introduce el símbolo **menos** (**-**) y después, el nombre de la celda que contiene los gastos, **B6**.
4. Para finalizar, pulsa la tecla Intro y comprueba que ahora la celda **B10** contiene la diferencia entre los gastos y los ingresos del primer trimestre.

Nota: observa que al seleccionar de nuevo la celda B10 aparece en la barra de fórmulas la expresión que acabamos de insertar.

Orden de prioridades

Excel no aplica la misma prioridad a todos los operadores dentro de una expresión; el orden de prioridades sería el siguiente:

1 Cualquier operación contenida entre paréntesis ().

2 Valor negativo -.

3 Porcentajes %.

4 Exponenciación ^.

5 La multiplicación (*) y la división (/) de izquierda a derecha.

6 La suma (+) y la diferencia (-) de izquierda a derecha.

7 Operador de texto (&).

8 Operadores de comparación (< = >).

Referencias a celdas

En nuestra primera fórmula ya hemos utilizado referencias a celdas. Estas no son más que las llamadas que hacemos a otras celdas dentro de una expresión. En nuestro ejemplo anterior utilizábamos los nombres de las celdas B6 y B8 para realizar el cálculo, por lo tanto estamos utilizando referencias a las celdas B6 y B8.
Las referencias pueden ser a rangos de celdas o a nombres de rangos, pero en este caso es mejor utilizar el ratón para introducirlas.

Referencias con el ratón

Existe un método mucho más cómodo que escribir el nombre de las celdas o rangos que queremos utilizar en una fórmula. Esta forma implica utilizar el ratón y para ilustrarlo vamos a seguir con el ejemplo de los ingresos y los gastos.
A continuación, vamos a calcular la diferencia total entre todos los gastos y todos los ingresos del año:

1 Haz clic en la celda **C13** y escribe: **Resultado 1998**.

2 Selecciona la celda **D13** y escribe el signo **=**, para indicarle al programa que a continuación viene una fórmula o una expresión.

3 Ahora haz clic en la celda **B8** y sin soltar el botón izquierdo del ratón, arrastra hasta la celda **E8**. Comprueba como el rango que aparece es **B8:E8**.

4 Escribe el signo **menos** (-) y haz clic en la celda **B6** y arrastra hasta la celda **E6**.

5 Para finalizar, pulsa la tecla Intro. En la figura 15.5 puedes ver el resultado de nuestras últimas operaciones.

Esta forma de crear fórmulas y de introducir referencias es mucho más sencilla, pero aún quedan muchas sorpresas que te iremos mostrando a lo largo de esta lección.

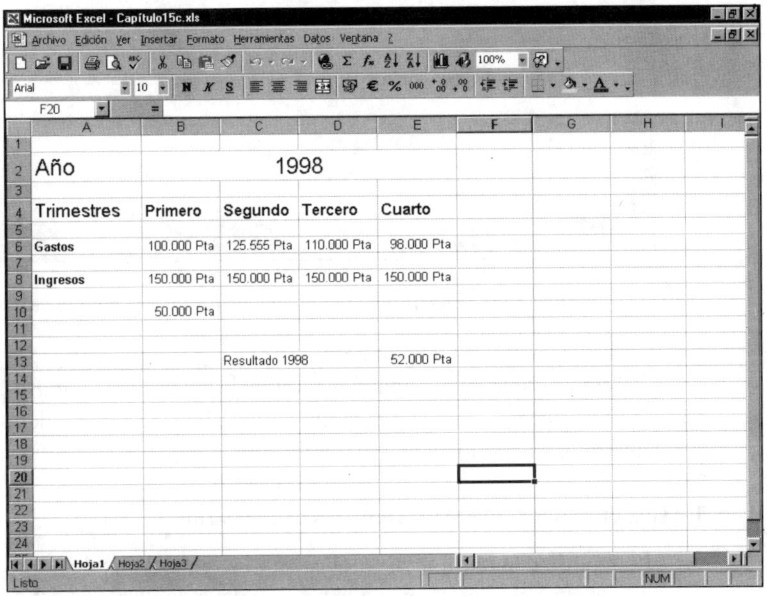

***Figura 15.5.** Resultado de nuestras operaciones*

Referencias absolutas y relativas

Siguiendo con nuestra hoja de ejemplo, haz clic en celda **B10** para seleccionarla, después coloca el ratón sobre controlador de relleno (esquina inferior derecha) y arrastra hacia la derecha para copiar la fórmula en la celda **C10**. Ahora haz clic sobre esta última celda y comprueba que no sólo se ha copiado la fórmula sino que se están utilizando las celdas **C6** y **C8** para los cálculos (figura 15.6).
Esto ocurre porque las referencias de la fórmula que hemos copiado son *referencias relativas* y, por lo tanto, se actualizan al copiar o mover la fórmula. Esto nos viene muy bien, ya que nos evita tener que modificar la expresión. Pero en otras ocasiones

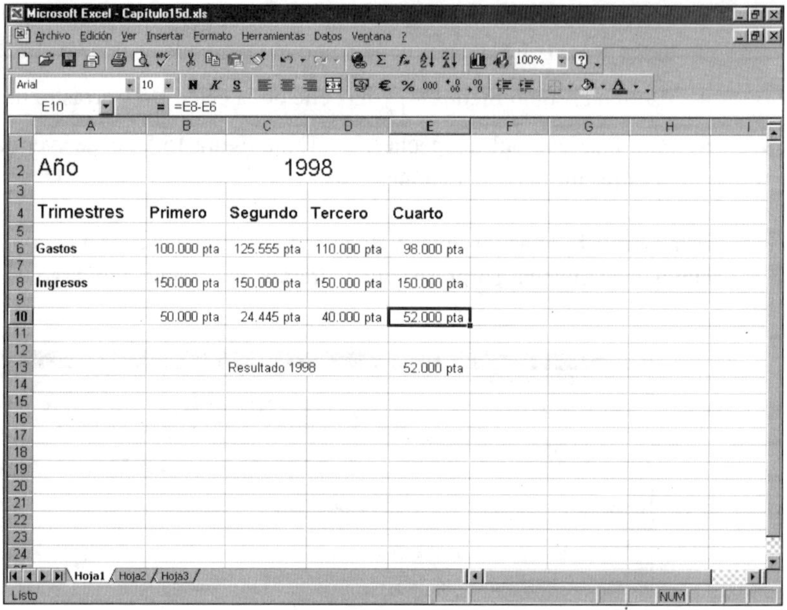

Figura 15.6. *Ejemplo de actualización al utilizar referencias relativas*

necesitaremos que se mantengan las referencias a las celdas originales y para estos casos sólo es necesario incluir el símbolo del dólar ($) delante del nombre de la fila y de la letra de la columna. Por ejemplo:

1 Haz clic sobre la celda **C10** para seleccionarla.

2 Ahora, utiliza la barra de fórmulas para incluir delante de la referencia de cada celda el símbolo del dólar. La expresión debe quedar: **=$C$8-$C$6**.

3 Pulsa la tecla Intro o utiliza el botón **Introducir** de la barra de fórmulas para validar la expresión.

4 Selecciona de nuevo la celda **C10** y utiliza el controlador de relleno para copiarla en la celda **E10**.

Como puedes comprobar, si haces clic en la celda E10, en esta ocasión no se han actualizado las referencias, sino que se mantienen las que tenía la celda C10.

Referencias mixtas

Utilizando referencias mixtas, Excel nos permite bloquear sólo la fila o la columna de la expresión. Un ejemplo podría ser: **=D$4:E$4 + D$6:E$6**. En este caso, al

copiar la fórmula se actualizarían los valores de las columnas y se mantendrían los de las filas. Otro ejemplo sería: **=$D$4 + D6**, aquí se mantendría fija la primera referencia y se actualizaría la segunda.
Con los valores de nuestra hoja de cálculo de ejemplo, haz distintas combinaciones para comprobar el efecto de las distintas posibilidades.

Funciones simples

Una vez vistas las fórmulas que, como hemos comentando, son expresiones sencillas que nos permiten mediante los distintos operadores hacer cálculos más o menos simples con la información contenida en la hoja de cálculo, ahora llega el momento de dar un paso más y, para hacerlo, explicaremos cómo se utilizan y para qué sirven las funciones. En realidad se tratan de herramientas que realizan cálculos específicos a partir de unos determinados valores que tomaremos de los datos de la hoja de cálculo.

Nota: las funciones se componen de dos partes: el nombre de la función SUMA, MIN, MAX..., y los argumentos, que no son más que referencias a celdas, rangos o nombres de rangos.

Excel contiene una gran cantidad de funciones y si tuviéramos que explicar el comportamiento de todas necesitaríamos varios libros como éste. Nos dedicaremos sólo a las más comunes que serán, en definitiva, las que uses en la mayoría de los casos.
Las funciones tienen una sintaxis determinada y como es imposible acordados de todas, Excel nos ofrece varias posibilidades para ayudarnos en este aspecto. La primera es la barra de fórmulas, al introducir el símbolo = y activarse la barra de fórmulas; podrás encontrar en el extremo izquierdo una lista de funciones (figura 15.7); para utilizar cualquiera de ellas sólo tienes que seleccionarla.
Otra posibilidad es utilizar el comando **Función** del menú **Insertar**. En esta ocasión, Excel muestra el cuadro de diálogo **Pegar función** (figura 15.8), donde podrás encontrar todas las funciones disponibles en el programa divididas por categorías.
El cuadro de diálogo **Pegar función** es una excelente herramienta ya que además de permitirnos encontrar la función que necesitamos en cada caso, nos da información sobre la sintaxis de la función y sobre las operaciones y resultados que devuelve.

La más sencilla, Autosuma

Una de las funciones que utilizarás con más frecuencia será Autosuma y como podrás imaginar por su nombre, devuelve el resultado de la suma de las celdas cuyas referencias pasemos como argumento de la función.

Figura 15.7. *Lista de funciones de la barra de fórmulas*

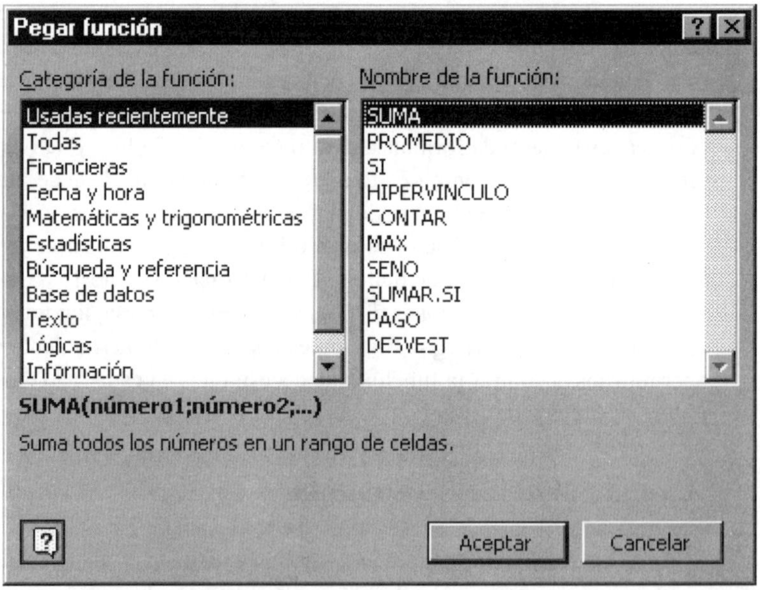

Figura 15.8. *Cuadro de diálogo* ***Pegar función***

Para ver una aplicación práctica de la función Autosuma, vamos a seguir utilizando el ejemplo de los ingresos y los gastos. En este caso, calcularemos el total de gastos y el total de ingresos de todo el año.

1 Haz clic en la tecla **G4** y escribe **Totales año**; después pulsa la tecla Intro.

2 A continuación, haz clic en la celda **G6**.

3 Selecciona el botón **Autosuma** (figura 15.9) de la barra de herramientas Estándar. Como puedes ver en la figura 15.10, Excel se ha anticipado a nuestra operación y ya ha seleccionado el rango de celdas que queremos incluir como argumento en la función Autosuma.

4 De todos modos, como no queremos incluir la celda F6 vamos a definir por nosotros mismos el rango. Haz clic en la celda **B6**, arrastra hasta la **E6** y pulsa la tecla Intro o haz clic en cualquier otra celda.

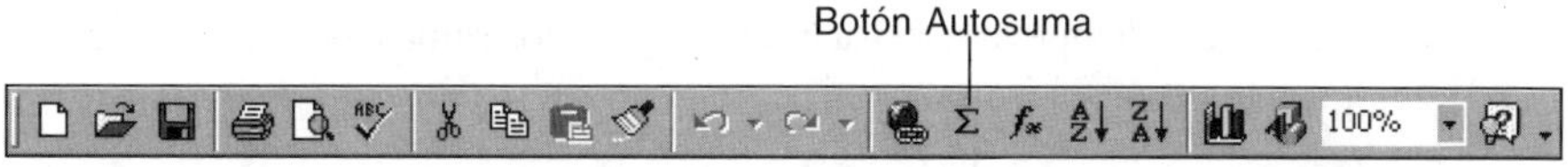

Figura 15.9. *Botón **Autosuma** de la barra de herramientas Estándar*

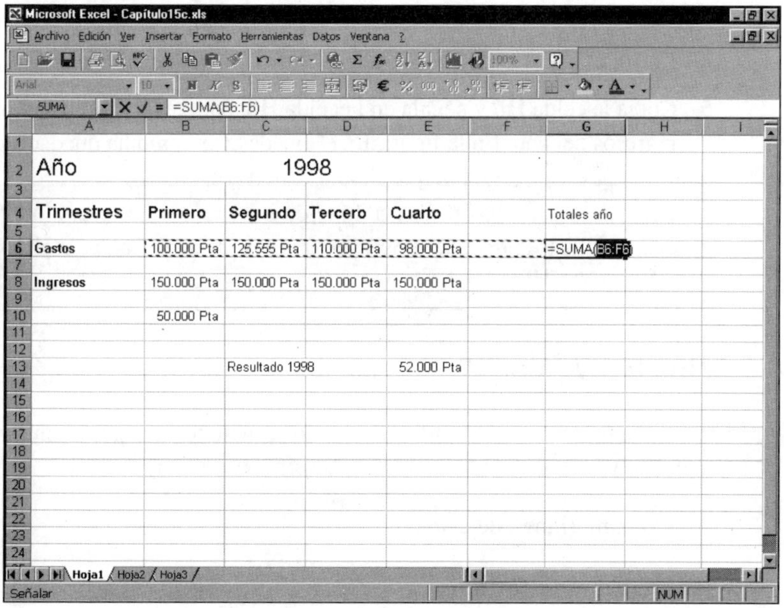

Figura 15.10. *Excel se anticipa a nuestros deseos*

5 Para calcular del mismo modo la suma de todos los ingresos, haz clic en la celda **G6** y utiliza el comando **Copiar** (Ctrl+C).

6 Ahora selecciona la celda **G8** y ejecuta el comando **Pegar** (Ctrl+V).

Nota: para eliminar la selección de la celda G6 puedes utilizar la tecla Esc o pulsar Intro.

Si quieres comprobar la sintaxis de la función Autosuma, haz clic en la celda G6 o G8 y observa la barra de fórmulas.

Promedio

La función Promedio nos devuelve la media de una serie de los valores de las celdas que indicaremos como parámetros. En definitiva, se trata de sumar todos los valores y dividirlos por el número de ellos.
Utilizando de nuevo nuestra hoja de ejemplo, vamos a calcular el promedio de gastos e ingresos:

1 Haz clic en la celda **H4** y escribe **Promedio año**.

2 Ahora, selecciona la celda **H6** y escribe la siguiente expresión: **= Promedio (**.

3 A continuación selecciona con el ratón el rango de celdas **B6:E6**.

4 Cierra el paréntesis y pulsa la tecla Intro o haz clic en cualquier otra celda.

5 Copia la celda **H6** y pégala en la celda **H8**, para tener también el promedio de ingresos del año. En la figura 15.11 puedes ver cómo ha quedado nuestro ejemplo.

Truco: si no quieres escribir la función o no recuerdas exactamente su sintaxis puedes utilizar la lista de funciones de la barra de fórmulas o el cuadro de diálogo **Pegar función**.

Máximo y Mínimo

Como su propio nombre indica, estas dos funciones nos permiten conocer el valor más alto y el más bajo de una serie. Su sintaxis es muy sencilla:

=Máximo(rango de celdas)

y

=Mínimo(rango de celdas)

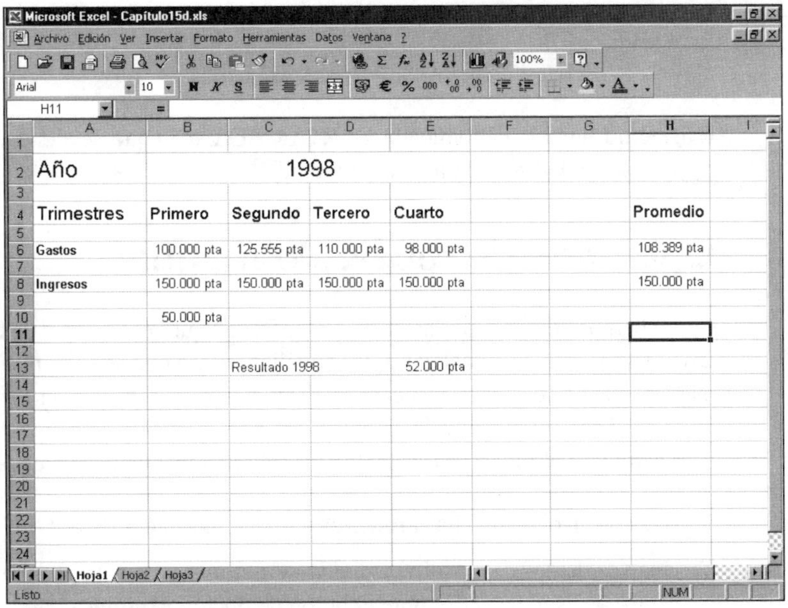

Figura 15.11. *Resultado de la función Promedio*

Estas dos funciones pueden resultarnos bastante útiles y, sin ir demasiado lejos, aplicadas sobre el ejemplo de ingresos y gastos, nos pueden permitir ver aquellos trimestres en los que los ingresos fueron mayores o el trimestre en el que hubo menos gastos.

Contar

Otra función interesante. Contar nos devuelve el número de celdas que contienen algún valor, dentro de una serie que indiquemos como parámetro. Es decir, sin tener en cuenta las celdas vacías. Por ejemplo:

1 Haz clic en la celda **E16**, y escribe: **=Contar(**.

2 Ahora, utilizando el ratón, selecciona el rango de celdas desde **B6** hasta **F6**.

3 Cierra el paréntesis y pulsa Intro.

Podrás comprobar que el valor que devuelve la función es cuatro, ya que la celda F6 está vacía. Prueba a introducir cualquier cantidad en la celda F6 y verás cómo cambia automáticamente el contenido de la celda donde hemos introducido la función Contar.

Nota: los archivos con el resultado de los distintos pasos que estamos siguiendo en esta lección, los podrás encontrar en el CD-ROM que acompaña a este libro.

Existe otra función denominada CONTAR.BLANCO que devuelve el número de celdas vacías dentro del rango especificado.

Opciones de recálculo manual

Como hemos comprobado hasta ahora, cada vez que realizamos algún cambio, Excel se encarga de actualizar todas aquellas celdas que se ven afectadas. En la mayoría de las ocasiones esta característica nos vendrá muy bien pero, cuando nuestra hoja se complique, quizás desees hacer esta operación sólo cuando te interese. Para cambiar del modo de recálculo automático a manual, sigue estos pasos:

1 Haz clic en el menú **Herramientas** y selecciona el comando **Opciones**.

2 Una vez dentro del cuadro de diálogo **Opciones**, activa la pestaña **Calcular** y dentro de ésta, haz clic sobre el botón de opción **Manual**.

3 Para confirmar el cambio, haz clic en **Aceptar**.

A partir de este momento, cuando quieras que se actualicen las celdas de tu hoja de cálculo tendrás que utilizar la tecla F9. Para volver al modo automático, sigue los mismos pasos pero activando el botón de opción **Automático**.

Asistente para funciones

Si todo esto de las funciones todavía te resulta algo complejo, puedes utilizar el asistente para funciones de Excel, con el que sólo tendrás que seguir los pasos que aparezcan para incluir cualquier función en tu hoja de cálculo. Para ejecutar este asistente sigue estos pasos:

1 Haz clic en el comando **Función** del menú **Insertar**. Aparecerá el cuadro de diálogo **Pegar función**.

2 Utiliza la ventana de la derecha para seleccionar una categoría y después la parte izquierda para elegir la función que necesites.

3 Una vez hecho esto, aparecerá una nueva ventana del asistente que variará según la función seleccionada. En la figura 15.12 puedes ver el cuadro de diálogo que aparece cuando elegimos la función **PAGO**.

4 Sigue los pasos del asistente, hasta completar la expresión de la función elegida.

> **Truco:** el pequeño botón que aparece a la derecha de los cuadros de texto (figura 15.13) nos lleva hasta la hoja de cálculo para seleccionar la celda o rango de celdas que queramos incluir como valores en el parámetro de la función.

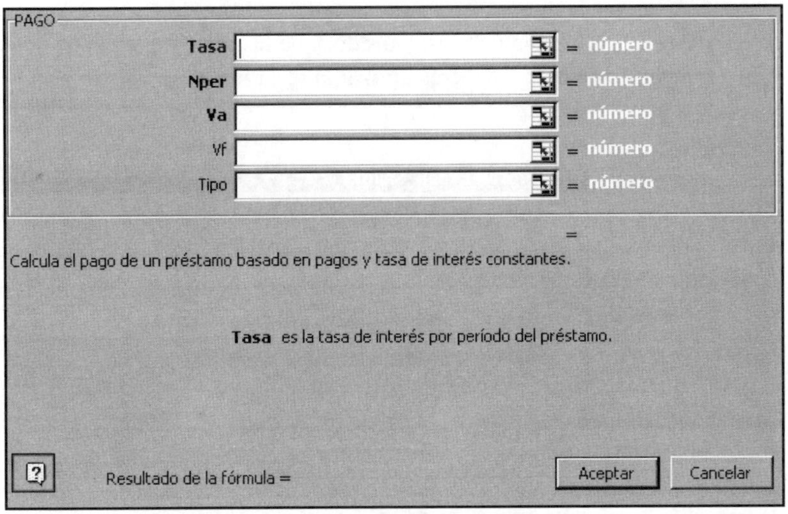

Figura 15.12. Ayudante para funciones (función PAGO)

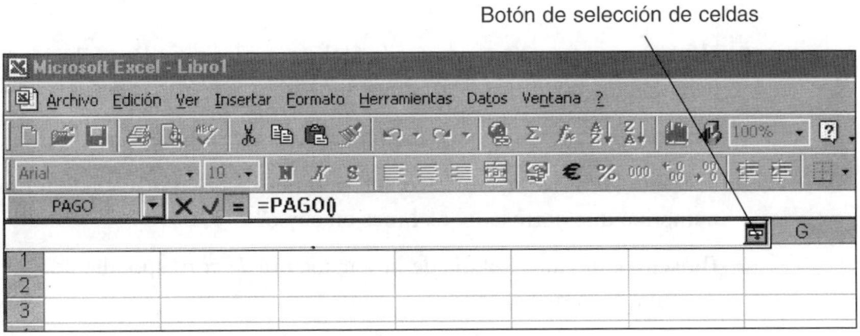

Figura 15.13. Botón de selección de celdas

Funciones para fechas y horas

En Excel también son de uso bastante común las funciones que nos aportan información sobre fechas y horas.

Por ejemplo, si incluyes en una celda la función:

= Ahora()

...siempre tendrás en ella la fecha y la hora actual (figura 15.14).

Aviso: para actualizar los datos de aquellas celdas que contengan funciones de fechas o de horas, deberás utilizar la tecla F9.

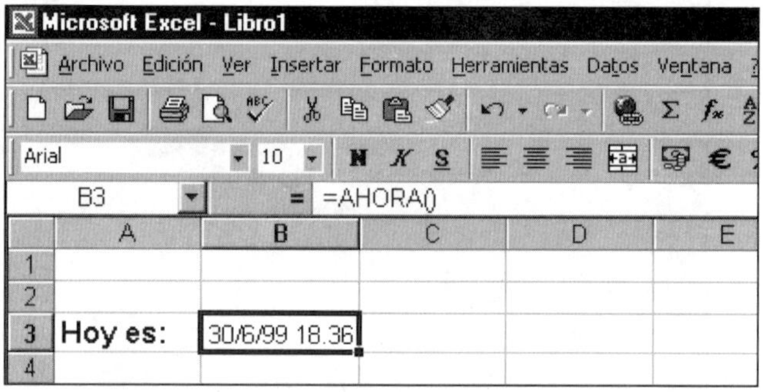

Figura 15.14. *Resultado de utilizar la función Ahora()*

Otros ejemplos de funciones de este tipo pueden ser:

- **HOY()**: esta función devuelve la fecha actual y se utiliza sobre todo en combinación con las funciones Mes, día y año.
- **Día(hoy())**: con esta composición de funciones obtendríamos el día actual.
- **Mes(hoy())**: igual que el caso anterior, pero en esta ocasión tendremos el valor numérico que corresponde al mes en curso.
- **Diasem()**; devuelve el día de la semana (1a 7) correspondiente a la fecha indicada como parámetro.
- **DIAS360(fecha inicial, fecha final, método)**: esta es una interesante función que nos devuelve el número de días transcurridos entre dos fechas. Para el parámetro Método, el valor FALSO equivale a utilizar el modelo EEUU y VERDADERO a utilizar el modelo Europeo.

Todavía existirían algunas funciones más pero quizás éstas sean las que puedes utilizar con más frecuencia; si quieres conocerlas todas, sólo tienes que seleccionar la categoría Fecha y hora dentro del cuadro de diálogo **Pegar función**.

Edición de funciones

La herramienta para editar cualquier fórmula es la barra de fórmulas o incluso la propia celda. De todos modos la barra de fórmulas concede algunas ventajas. Por ejemplo, cuando hacemos clic sobre un rango utilizado como parámetro en una fórmula dentro de la barra de fórmulas, éste se activa en la hoja de cálculo (figura 15.15), y queda delimitado por un rectángulo de color azul. De este modo, y utilizando el cuadro de relleno, podemos modificar el rango fácilmente.

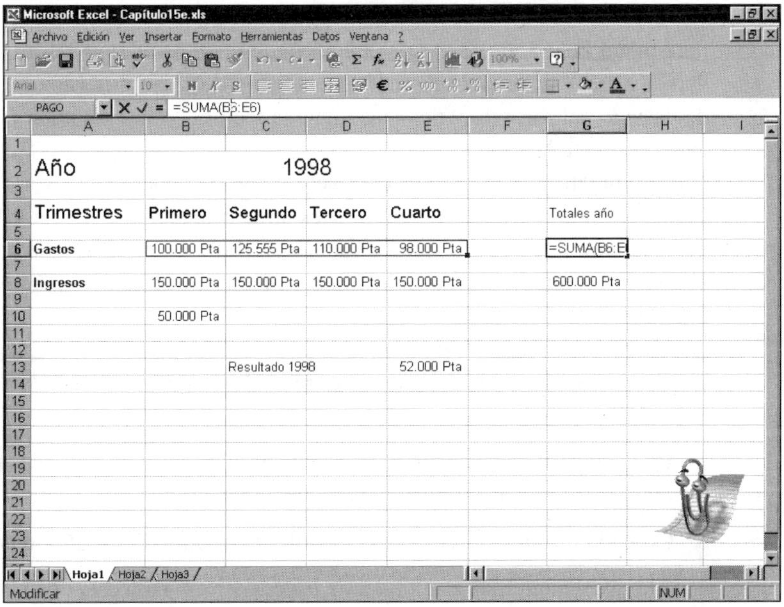

Figura 15.15. Edición de expresiones utilizando la barra de fórmulas

Además, la barra de fórmulas contiene tres botones (figura 15.16) que nos ayudan a trabajar con estos elementos:

- **Botón Cancelar**: deja la expresión como estaba y sale del modo Edición. Este botón está representado por una equis de color rojo.

Figura 15.16. Botones de la barra de fórmulas

- **Botón Introducir**: el elemento que identifica a este botón es una pequeña marca de verificación de color verde. La misión de este botón es terminar la edición, introduciendo los cambios realizados en la expresión.
- **Botón Modificar fórmulas**: al utilizar este botón representado por un signo igual, aparece el asistente para funciones de Excel. Como ya sabes, este asistente nos ayuda a completar cualquier función con éxito.

Ejemplo, una sencilla factura

Para poner en práctica algunos de los conocimientos adquiridos en esta lección, vamos a crear un modelo de factura sencillo. Ahora no nos vamos a preocupar demasiado del formato y del aspecto de la factura, ya que de todo eso hablaremos en la siguiente lección.
Nuestro objetivo es conseguir una factura como la que puedes ver en la figura 15.16 (para ahorrarte parte del trabajo puedes utilizar el archivo "Lección15 factura.xls" que encontrarás en el CD que acompaña al libro). Como podrás comprobar sólo está el texto, por lo tanto quedaría incluir las funciones necesarias para hacer los cálculos que necesita la factura.

1 Haz clic en la celda **B7** y escribe: **=hoy()**. Con esto incluimos automáticamente la fecha actual en la factura.

2 En la celda **E13** necesitamos multiplicar el número de unidades por el precio por unidad. En tal caso la fórmula que debemos utilizar está clara: **= A13*B13**.

3 Copia la fórmula anterior para calcular el importe del segundo concepto.

4 Ahora calcularemos el subtotal de los conceptos. Para esta operación haz clic en la celda **E18** y selecciona el icono **Autosuma** de la barra de herramientas Estándar.

5 Deja el rango que propone Excel por defecto y pulsa la tecla Intro para aceptar el valor.

6 Para calcular el IVA de la operación deberás utilizar la siguiente expresión en la celda **E19: = E18*16%**.

7 Finalmente deberás sumar los dos últimos valores y aunque lo podríamos hacer con una sencilla expresión (**=E18+E19**), aplicaremos de nuevo la función Autosuma. Por lo tanto, haz clic en la celda **E21**, selecciona el icono **Autosuma** y modifica el rango para que solo afecte a las celdas **E18** y **E19**. Pulsa Intro.

Después de todos estos pasos tu hoja debe tener el aspecto que puedes observar en la figura 15.17.

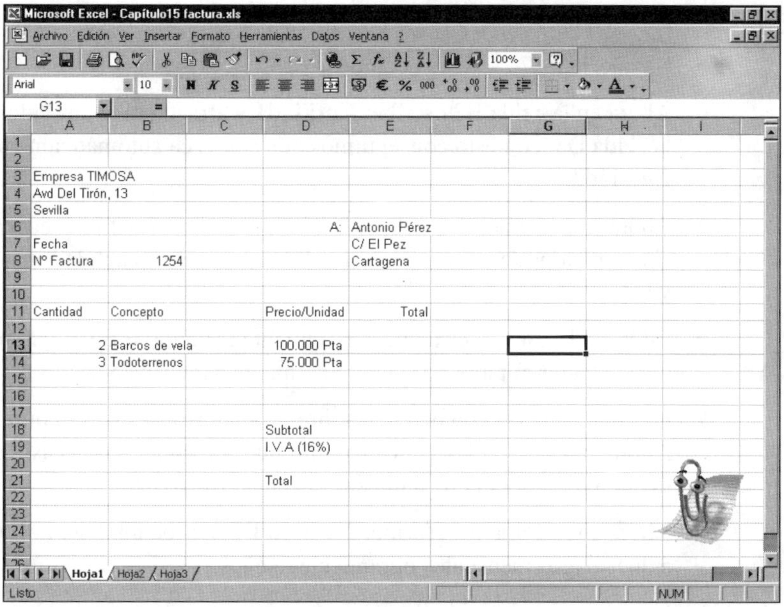

Figura 15.17. Factura completada

Cómo calcular la cuantía de los pagos de un préstamo

Por suerte o por desgracia la mayoría nos hemos encontrado o nos encontraremos en la situación de solicitar un préstamo. Y como es lógico, acudiremos a más de una sucursal bancaria para comparar las distintas ofertas y elegir la que nos parezca más ventajosa.

Para ayudarnos en estas circunstancias Excel dispone de una función denominada Pago, que nos informa sobre el valor de las cuotas del préstamo. Nuestros *amigos* de los bancos son muy dados a utilizar una jerga técnica y abrumarnos con palabrejas extrañas, pero a nosotros lo que realmente nos interesa es cuánto tendremos que pagar al mes, al trimestre…

Para ver cómo podemos utilizar la función Pago qué mejor que utilizar un ejemplo:

1 En la celda A1 escribe: **Comparativa préstamos**.

2 En la celda A4 escribe: **Cantidad a pedir**.

3 En la celda A5 escribe: **Interés anual**.

4 En la celda A6 escribe: **Interés por período**.

5 En la celda A7 escribe: **Períodos**.

6 Ahora en la celda B3 escribe: **Entidad1** y arrastra el controlador de relleno hasta la celda D3, con esto conseguimos que aparezca automáticamente **Entidad2** y **Entidad3**.

7 Ahora en la celda **B4** escribe: **2000000**, aplícale formato de moneda y utiliza el controlador de relleno para introducir esta misma cantidad en las celdas **C4** y **D4**.

8 En la celda **B6** vamos a tener la siguiente fórmula: **= B5/B7**. Esto nos va a servir para calcular el tanto por ciento de interés para cada período.

9 Haz clic con el botón derecho sobre la celda **B6** y elige **Formato** de celda. Ahora, haz clic en **Porcentaje** e introduce el valor **2** en la casilla **Posiciones decimales**. Copia la fórmula en las celdas **C6** y **D6**.

10 Ahora en la celda **B5** escribe: **7%** y en **B7** escribe **60**. Este último valor equivale a doce pagos mensuales durante cinco años.

11 Haz clic sobre la celda **B9**, después selecciona el comando **Función** del menú **Insertar**.

12 En la categoría **Financieras**, elige la función **Pago** y haz clic en **Aceptar**.

13 Haz clic en el botón que tienes a la derecha del cuadro de texto **Tasa** y, cuando se oculte el cuadro de diálogo, selecciona la celda **B6**. Para volver a mostrar el cuadro haz clic en el botón que indica la figura 15.18.

14 Ahora haz clic sobre el botón asociado al valor **Nper** (**Número de períodos**), pero esta vez haz clic sobre la celda **B7**.

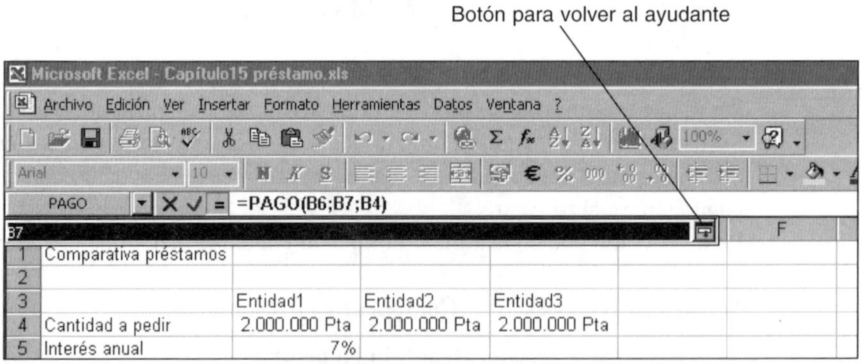

Figura 15.18. *Botón para volver al ayudante para funciones*

15 De nuevo, en el cuadro de diálogo, haz clic sobre el botón asociado al parámetro **Va** (valor actual o cantidad a pedir).

16 Finalmente haz clic en **Aceptar** pero, para mejorar el aspecto de la celda **B9**, haz clic en ella con el botón derecho y selecciona la categoría **Moneda**. Además introduce un cero en la casilla **Valores decimales**.

17 El aspecto de la hoja después de todas estas operaciones será el que puedes ver en la figura 15.19.

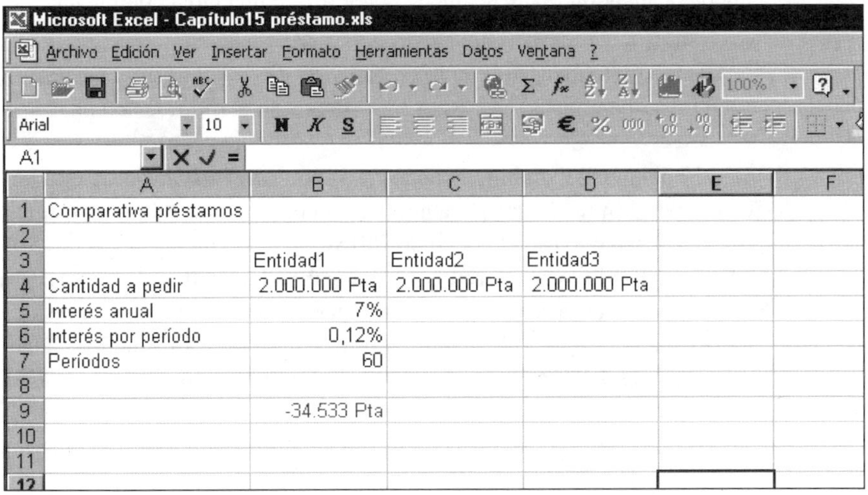

	A	B	C	D	E	F
1	Comparativa préstamos					
2						
3		Entidad1	Entidad2	Entidad3		
4	Cantidad a pedir	2.000.000 Pta	2.000.000 Pta	2.000.000 Pta		
5	Interés anual	7%				
6	Interés por período	0,12%				
7	Períodos	60				
8						
9		-34.533 Pta				
10						
11						
12						

Figura 15.19. *Aspecto final de la hoja de cálculo después de utilizar la función PAGO*

En el CD que acompaña al libro encontrarás el archivo de Excel "Lección15 Préstamo.xls" con el resultado del ejemplo anterior por si tienes alguna duda o no consigues completar alguno de los pasos.

Truco: las funciones de tipo financiero en Excel devuelven un valor negativo siempre que se trate de un pago y valores positivos cuando la función devuelve dividendos obtenidos Para arreglar esto puedes multiplicar el resultado por –1, de manera que la expresión quedaría: **=PAGO(B6;B7;B4)*(-1)**.

Aviso: no olvides los gastos de constitución, impuestos y otras costas que conllevan en la mayoría de los casos la solicitud de un préstamo bancario. Estos gastos como es lógico, no los contempla la función PAGO.

En la categoría Financieras podrás encontrar otras funciones bastante interesantes, por si haces uso frecuentemente de los productos que ofrecen las entidades bancarias como pagarés, fondos de inversión, etcétera.

Filtros

Cuando tenemos almacenada en una hoja de cálculo demasiada información, la búsqueda de cualquier dato se puede convertir en una tarea complicada.

Nota: para realizar los ejemplos que vienen a continuación puedes utilizar el archivo "Lección15 Filtros.xls" que tienes en el CD que acompaña a este libro.

Dentro del menú **Edición**, dispones del comando **Buscar** que te ayudará a localizar cualquier término dentro de la hoja de cálculo, pero no siempre resulta suficiente y por este motivo existe el comando **Filtro**.
El comando **Filtro** nos permite seleccionar sólo aquellos elementos de una lista que cumplan con los criterios que nosotros indiquemos, ocultando el resto. Por ejemplo en la lista de la figura 15.20 queremos que muestre sólo aquellos elementos que contengan la palabra Badajoz en la columna Población:

1. Haz clic en la celda que contenga el dato que queremos utilizar como criterio de búsqueda; en este caso, **Badajoz**.
2. Después, selecciona el comando **Filtro** del menú **Datos** y en el nuevo menú que aparece, elige **Autofiltro**. A partir de ese momento el primer elemento de cada una de las columnas seleccionadas se convierte en lista desplegable (figura 15.21), indicando que el modo Filtro está activo.
3. Haz clic en el botón situado a la derecha de la celda **Población** y selecciona **Badajoz** de la lista. Como puedes comprobar, han desaparecido todos los elementos de la lista salvo aquellos que contienen el elemento Badajoz.

Para volver mostrar todos los elementos de la lista, selecciona el comando **Mostrar todo** situado dentro de la opción **Filtro** del menú **Datos**. Del mismo modo, para desactivar el modo **Filtro** haz clic sobre el comando **Autofiltro** situado dentro de este mismo menú.

Aviso: después de ejecutar la opción de filtrado, el número de las filas seleccionadas aparece de color azul.

Figura 15.20. Información de ejemplo

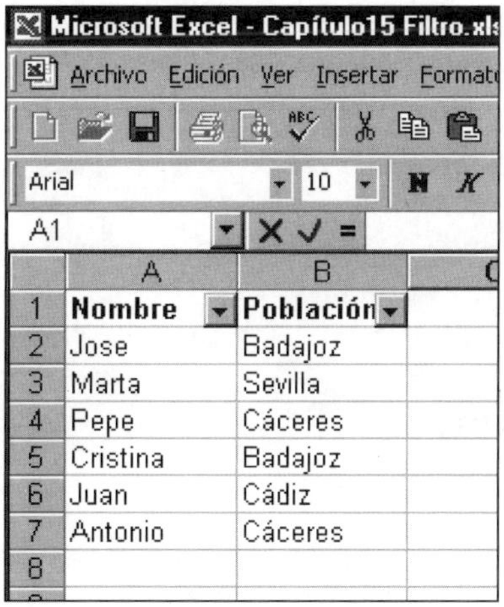

Figura 15.21. Modo filtro activo

Truco: otra forma de volver a mostrar todos los registros es utilizar la opción **Todas** de la lista desplegable que hemos utilizado para elegir el criterio de filtrado.

Personalizar

Entre las opciones que aparecen en la lista desplegable del modo Filtro, cabe destacar una denominada **Personalizar**. Al seleccionarla, Excel muestra el cuadro de diálogo **Autofiltro personalizado** donde puedes utilizar criterios más complejos de selección.

Los diez mejores

Junto a la opción que acabamos de ver en el apartado anterior, también disponemos de otra denominada **Las 10 más**. Con ésta podemos hacer que aparezcan los diez elementos de lista mayores o los diez menores, pero debes tener en cuenta que esta opción sólo funciona con valores numéricos.

Formato de la hoja de cálculo

Como no podía ser de otro modo, ahora que sabemos cómo aprovechar las posibilidades que ofrece Excel, tenemos que aprender a mejorar el aspecto de nuestras hojas de cálculos. Insistimos en este tema ya que en muchas ocasiones la fuerza o la capacidad de convicción de unos datos dependen de su presentación, por este motivo te recomendamos que no descuides nunca esta cuestión en tus proyectos.
En esta lección trataremos todos aquellos aspectos relacionados con el formato de la hoja de cálculo, tanto el de las celdas como el de la hoja o libro.

En esta lección aprenderás a:

- Utilizar las propiedades básicas de formato en Excel
- Aprovechar las posibilidades de la función Autoformato
- Utilizar estilos
- Insertar imágenes
- Las posibilidades de las Autoformas y WordArt
- Utilizar los comandos de la barra de herramientas Dibujo

Formatos básicos

La mayoría de los formatos básicos que utilizaremos en nuestras hojas de cálculo te resultarán familiares, ya que son los mismos que vimos en las lecciones dedicadass a Word. Incluso muchos de los elementos de la barra de herramientas Formato de Excel son idénticos a los disponibles en la barra del mismo nombre en Word.
En la figura 16.1 puedes ver la barra de herramientas Formato donde están los elementos más comunes de formato. Como también es habitual, todos los botones de esta barra de herramientas tienen su equivalente en alguno de los menús del programa. En este caso, la mayoría se encuentran recogidos dentro del menú **Formato**.

***Figura 16.1.** Barra de herramientas Formato*

Fuentes

Como ya sabemos, las fuentes o tipos de letras son los diferentes conjuntos de caracteres utilizados para la representación del texto. La forma de cambiar la fuente de una o varias celdas de la hoja de cálculo es sencilla:

1 Selecciona la celda o grupo de celdas a las que quieres modificar el tipo de letra.

2 Utiliza la lista desplegable **Fuente** para elegir el modelo de fuente que desees.

Nota: del mismo modo que ocurría en Word, las fuentes que aparezcan en la lista serán aquéllas que tengas instaladas en tu sistema. Además, Excel muestra el nombre de cada fuente con su aspecto real para que sea mucho más sencillo encontrar el modelo adecuado.

Como has podido comprobar siempre que quieras cambiar la fuente del texto existente en una celda no es necesario seleccionar su contenido. Pero si quieres cambiar el formato de parte del texto, sí tendrás que hacer doble clic sobre la celda y seleccionar la palabra o palabras que quieras modificar.

Color del texto

Para cambiar el color del texto utiliza la paleta de colores del botón **Color de fuente** de la barra de herramientas **Formato**. La opción **Automático** corresponde al color por defecto, normalmente el negro, aunque si tenemos alguna opción de autoformato seleccionada podrá ser cualquier otro.

Nota: el comando **Autoformato** lo veremos en el siguiente apartado de esta misma lección.

Te aconsejamos que elijas con cuidado los colores del texto y que tengas en cuenta siempre la legibilidad del mismo. En muchas ocasiones, se utilizan muchos colores o combinaciones poco agraciadas, consiguiendo un resultado demasiado recargado para el documento.

Color de celdas

Del mismo modo que podemos cambiar el color del texto, también es posible seleccionar el color de relleno para las celdas de nuestra hoja de calculo.

Para cambiar el color de cualquier celda:

1 Selecciona la celda o celdas a las quieras aplicar un nuevo color de relleno.

2 Haz clic en el botón **Color de relleno** para desplegar la paleta de colores (figura 16.2) asociada a esta opción.

3 Haz clic sobre el color que quieres utilizar para las celdas seleccionadas.

La opción **Sin relleno** dejará la celda o celdas seleccionas en blanco.

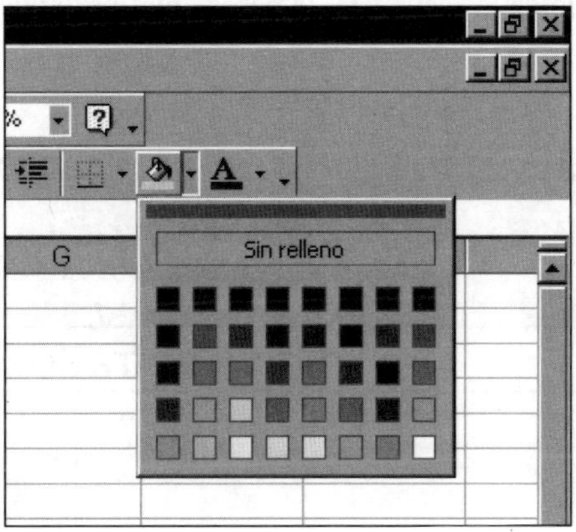

Figura 16.2. *Botón* ***Color de relleno*** *y su paleta de colores*

Alineación

La alineación de texto es otra de las operaciones de formato habituales. Como ya conocemos de Word, la alineación consiste en ajustar el texto a partir de los márgenes derecho e izquierdo. En este caso, los límites que se usan para ajustar el texto son los de la propia celda o celdas (si están combinadas). Los tipos de alineación en Excel son:

- *Izquierda*: el texto se ajusta al borde izquierdo de la celda.
- *Derecha*: el texto se ajusta al borde derecho de la celda.
- *Central*: el texto se ajusta en el centro de la celda, dejando el mismo espacio a la derecha e izquierda de cada línea.

Para cambiar la alineación del texto sólo tienes que seleccionar la celda o celdas que lo contienen y después hacer clic sobre el botón de alineación que desees en la barra de herramientas Formato.

Ajustar el texto

Como ya vimos en las primeras lecciones dedicadas a Excel, también es posible ajustar el texto sobre más de una celda:

1 Escribe el texto en la primera de las celdas.

2 Selecciona las celdas que quieres utilizar para centrar el texto.

3 Haz clic en el botón **Combinar y centrar** de la barra de herramientas Formato.

El resultado de la secuencia de pasos anterior lo puedes comprobar en el ejemplo de la figura 16.3.

Figura 16.3. *Texto centrado sobre más de una celda*

Formato de celda

Utilizando la combinación de teclas Ctrl+1 o el comando **Celdas** del menú **Formato**, podremos acceder hasta el cuadro de diálogo **Formato de celdas** (figura 16.4). Una vez abierto nos encontramos con seis pestañas que nos van a permitir aplicar todas las posibles combinaciones de formato disponibles en Excel.

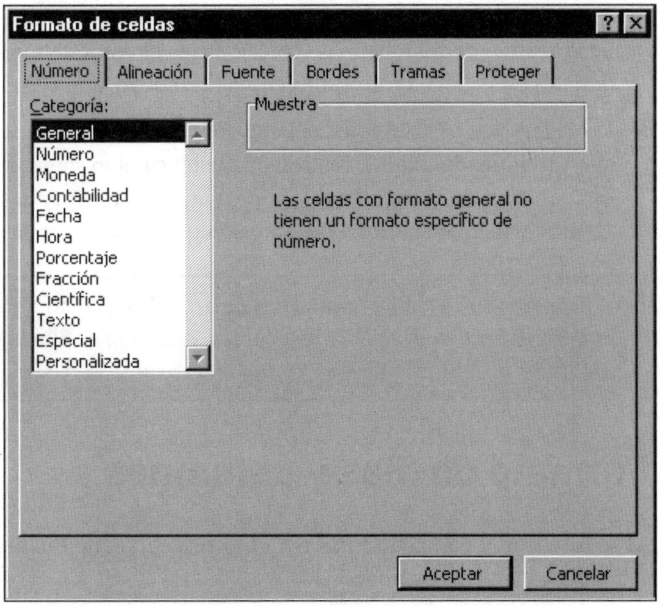

Figura 16.4. *Cuadro de diálogo* ***Formato de celdas***

El propósito de cada una de las pestañas del cuadro de diálogo **Formato de celdas** es el siguiente:

- **Número**: muestra una lista con todas las posibles combinaciones de formato para valores numéricos..
- **Alineación**: en esta pestaña, además de las tres opciones de alineación que hemos visto hasta ahora, tienes dos más: **Rellenar** y **Justificar**. También puedes elegir el borde sobre el que se ajustará el contenido de la celda verticalmente. Por ultimo, en la sección **Orientación**, puedes modificar el ángulo de inclinación del texto, desplazando el punto rojo hacia arriba o hacia abajo o, si lo prefieres, introduce el número exacto de grados en la casilla que se encuentra debajo.
- **Fuente**: aquí se encuentran recogidas todas las posibilidades de formato relacionadas con el tipo de letra. Puedes cambiar, modificar sus atributos, su tamaño, etcétera.
- **Bordes**: los bordes son líneas que rodean la celda o celdas seleccionadas, diferenciándolas del resto. En **Preestablecidos** elige el tipo de borde, después en la sección **Borde** activa aquellos segmentos que te interesen. Finalmente haz clic en el estilo de línea que quieras utilizar y selecciona un color.

- **Tramas**: además del color de fondo, en esta pestaña puedes elegir un determinado motivo como relleno de celdas. Elige el color de fondo que prefieras para después en la lista **Trama** seleccionar el motivo y su color.
- **Proteger**: esta pestaña sólo contiene dos casillas de verificación. La primera de ellas, **Bloqueada**, impide realizar cualquier cambio sobre la celda. De todos modos esta propiedad no será efectiva si no hemos protegido nuestra hoja. La casilla **Oculta** evita que aparezca la expresión que contiene en la barra de fórmulas.

Aviso: para proteger una hoja debes utilizar el comando **Proteger** del menú **Herramientas** y después **Proteger hoja**. Activa la casilla **Contenido** e introduce la contraseña que desees.

Formato de filas y columnas

Al seleccionar el comando **Filas** o **Columnas** del menú **Formato**, aparece un nuevo submenú con cuatro opciones:

- **Ancho**: esta opción nos permite definir de manera exacta el ancho de la columna o el alto de la fila. En el caso de las columnas el valor representa el número máximo de caracteres que puede representar, y para las filas este parámetro está referido al número de puntos que tendrá el alto de la fila.
- **Autoajustar**: el ancho de la columna o el alto de la fila se ajusta al contenido, siendo visible la información de las celdas que componen la fila o la columna.
- **Ocultar**: hace invisibles las columnas o filas seleccionadas.
- **Mostrar**: presenta de nuevo las columnas o filas ocultas. Para que el comando sea efectivo, debes seleccionar las dos columnas o filas entre las que se encuentran aquéllas que se han ocultado previamente.

Nota: para el caso del menú **Columna**, tienes la opción **Ancho estándar** donde podrás indicar el valor por defecto para todas las columnas de la hoja de cálculo.

Formato de hoja

También dentro del menú **Formato** tenemos el comando **Hoja**, desde donde puedes cambiar el nombre de la hoja, ocultar o mostrar cualquier hoja y, como detalle curioso dispones de la opción **Fondo**. Ésta te permite añadir una imagen de fondo a la hoja de cálculo como puedes ver en el ejemplo de la figura 16.5.

Figura 16.5. Ejemplo de hoja de cálculo con una imagen de fondo

Autoformato

Igual que en Word, Excel pone a tu disposición una serie de formatos predefinidos a los que puedes llegar desde el comando **Autoformato**:

1 Selecciona el grupo de celdas a las que quieres aplicar alguno de los estilos de autoformato.

2 Haz clic sobre el comando **Autoformato** del menú **Formato**. Aparecerá el cuadro de diálogo **Autoformato** (figura 16.6).

3 Escoge la combinación de autoformato que más se ajuste a tus necesidades.

4 El botón **Opciones** amplia las posibilidades del cuadro de diálogo; con ellas podemos hacer que sólo se apliquen las propiedades de formato que seleccionemos en la sección **Formato para aplicar**.

5 Haz clic en el botón **Aceptar** para aplicar el formato elegido.

Consejo: puedes utilizar alguna de las combinaciones predefinidas de Excel para aplicar las líneas generales de formato y después personalizarlo a tu gusto.

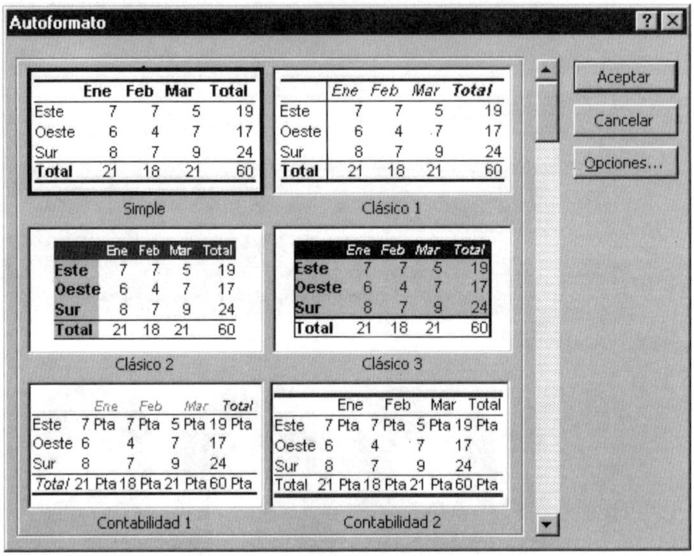

Figura 16.6. *Cuadro de diálogo* ***Autoformato***

Copiar y pegar formato

Si deseas aprovechar las propiedades de formato de una o varias celdas puedes utilizar el comando **Pegar formato** del siguiente modo:

1 Selecciona la celda o celdas cuyo formato deseas copiar.

2 Haz clic sobre el botón **Pegar formato** (figura 16.7) de la barra de herramientas Estándar. Observa que junto al cursor del ratón aparece una pequeña brocha y las celdas seleccionadas quedan rodeadas por una línea intermitente.

3 Para completar la operación, haz clic sobre aquellas celdas a las que quieres aplicar el formato seleccionado.

> **Nota:** el comando **Copiar formato** también reproduce los formatos numéricos y de representación de las celdas seleccionadas.

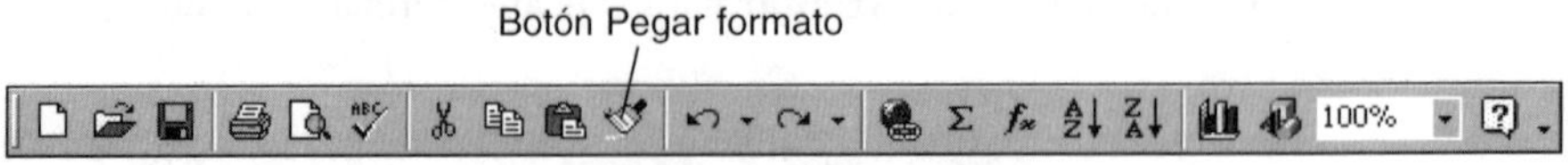

Figura 16.7. *Botón* ***Pegar formato***

Estilos

Si hacemos un poco de memoria recordaremos que los estilos nos permitían agrupar bajo un mismo nombre a una serie de características de formato. Para crear un estilo en Excel deberás seguir estos pasos:

1. Haz clic en el comando Estilo del menú **Formato**. Aparece el cuadro de diálogo **Estilo** (figura 16.8).
2. En la casilla **Nombre del estilo**, escribe un nombre para el nuevo estilo.
3. Utiliza el botón **Modificar** para llegar hasta el cuadro de diálogo **Formato de celdas** y elegir todas aquellas propiedades de formato asociadas al estilo.
4. En la sección **El estilo incluye** puedes activar o desactivar aquellos elementos que no quieras incluir en la descripción del estilo.
5. Utiliza el botón **Agregar** para incorporar el nuevo estilo a la lista y seguir creando estilos.
6. Para cerrar el cuadro de diálogo **Estilo**, utiliza el botón **Aceptar**.

Si quieres borrar alguno de los estilos creados, debes volver de nuevo al cuadro de diálogo **Estilo**, seleccionarlo y hacer clic en botón **Eliminar**.

> **Truco:** el botón **Combinar** del cuadro de diálogo **Estilo** nos permite copiar estilos de otros libros abiertos.

Figura 16.8.** Cuadro de diálogo **Estilo

Bordes

En el apartado dedicado al formato de celdas ya vimos cómo añadir un borde a una o varias celdas. En esta ocasión sólo te diremos que en la barra de herramientas **Formato** se encuentra el botón **Bordes**; haz clic sobre él y comprueba como se despliega una paleta con diez modelos de bordes. Para utilizar esta característica:

1 Selecciona la celda o celdas a las que quieras aplicar el borde.

2 Haz clic sobre el botón **Bordes** y selecciona el estilo que desees utilizar.

Insertar imágenes

Es algo habitual que necesitemos incluir el logotipo de nuestra empresa o alguna otra imagen en los trabajos que realicemos con Excel. Para hacer esto y, en general, para incluir cualquier imagen en nuestra hoja de cálculo sigue estos pasos:

1 Selecciona el comando **Imagen** del menú **Insertar** y en el nuevo submenú que aparece, selecciona **Desde archivo**. Aparece el cuadro de diálogo **Insertar imagen**.

2 Utiliza el cuadro de diálogo para localizar la imagen que deseas insertar. Al seleccionar la imagen aparece una vista preliminar en el cuadro de la derecha.

3 Una vez elegida la imagen haz clic en el botón **Insertar** y el gráfico aparecerá en tu hoja de cálculo (figura 16.9).

4 Puedes modificar la ubicación de la imagen colocando el cursor sobre ella y arrastrando.

5 Para modificar el tamaño de la imagen, coloca el cursor sobre alguno de los cuadrados situados en sus esquinas y arrastra para reducirla o ampliarla proporcionalmente. Si en lugar de estos, utilizas los cuadros laterales podrás cambiar sólo el ancho o el alto de la imagen.

Además de la opción **Desde archivo** que acabamos de ver en los pasos anteriores, existen otras posibilidades dentro del menú **Imagen**:

- **Imágenes prediseñadas**: Office incluye un buen número de imágenes de ejemplo que nos pueden servir para complementar nuestros trabajos. Al seleccionar esta opción aparece el cuadro de diálogo donde puedes encontrar todas las imágenes disponibles dividas por categorías.

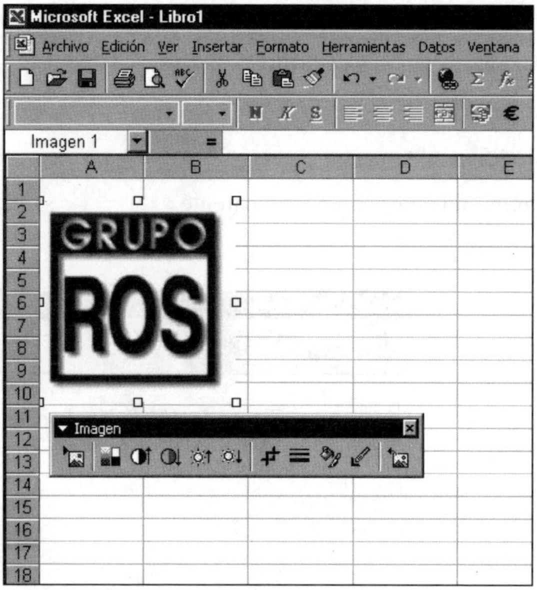

***Figura 16.9.** Imagen insertada en una hoja de cálculo*

- **Autoformas**: de estos elementos hablaremos en uno de los apartados siguientes, pero te adelantamos que son objetos de dibujo básicos como flechas, círculos, etc.
- **Organigrama**: desde esta opción se activa el programa para la creación de organigramas de Microsoft.
- **WordArt**: ya conocemos qué son los objetos WordArt, pero para hacer un poco de memoria le daremos un repaso en el siguiente apartado.
- **Desde escáner o cámara**: si dispones de un escáner o una cámara digital puedes utilizar esta opción para incluir en la hoja de cálculo una imagen directamente desde alguno de estos dispositivos.

Modificar la imagen

Una vez incluida la imagen en la hoja de cálculo, Excel nos permite aplicarle algunas modificaciones. Desde la paleta **Imagen** (figura 16.10) podemos:

- Incluir una nueva imagen.
- Convertir la imagen a escala de grises, blanco y negro o mostrarla como una marca de agua.

- Modificar el contraste.
- Alterar los valores de brillo.
- Recortarla.
- Modificar el tamaño.
- Definir un color como transparente.

Figura 16.10. *Paleta* ***Imagen***

WordArt

Dentro de las hojas de cálculo de Excel también es posible crear atractivos títulos mediante la herramienta WordArt. La forma de hacerlo es igual que la que vimos en Word:

1 Selecciona el comando **Imagen** del menú **Insertar** y después la opción WordArt.

2 Haz clic sobre el estilo que desees y después en **Aceptar**.

3 Ahora, escribe el texto y selecciona la fuente, su tamaño y sus atributos.

4 Finalmente haz clic en **Aceptar** y el objeto WordArt aparecerá en la hoja activa. También puedes comprobar que se activa la barra de herramientas WordArt para modificar algunas de las características del objeto.

Autoformas

Las autoformas son un conjunto de líneas, rectángulos, símbolos de diagramas, etcétera, que nos permiten dar un aspecto diferente a nuestros trabajos y mejorar la representación de la información. En la figura 16.11 puedes ver algunos ejemplos de autoformas y en los siguientes pasos tienes la forma de incluirlas en tu hoja de cálculo:

1 Selecciona el comando **Imagen** del menú **Insertar** y haz clic en **Autoformas**. Aparece la barra de herramientas Dibujo y la barra de herramientas Autoformas.

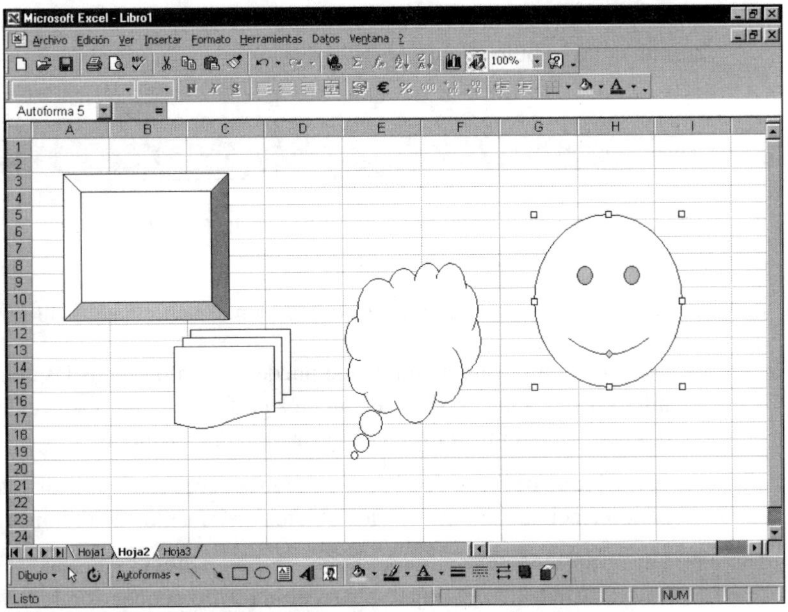

Figura 16.11. Ejemplos de autoformas

2 Haz clic sobre cualquiera de las categorías de autoformas disponibles en la barra de herramientas Autoformas y después selecciona el elemento que desees.

3 Si el objeto seleccionado ofrece la posibilidad de contener texto, aparecerá el punto de inserción en su interior.

Para cambiar el tamaño de cualquier objeto utiliza los pequeños cuadrados que aparecen alrededor cuando haces clic sobre ellos para seleccionarlos. También puedes modificar su posición haciendo clic y arrastrando, del mismo modo que hemos visto con las imágenes.

> **Consejo:** investiga entre los diferentes objetos que ofrecen las categorías de autoformas, nunca sabes cuando puedes necesitar alguno de estos elementos en tus trabajos.

Barra de herramientas Dibujo

Además de las posibilidades de los elementos de Autoforma que acabamos de ver, existen otras funciones dirigidas a la incorporación de motivos gráficos en nuestra hoja de cálculo. La mayoría de estas herramientas se encuentran en la barra de herramientas Dibujo (figura 16.12).

Figura 16.12. *Barra de herramientas Dibujo*

La descripción de cada uno de sus componentes sería la siguiente:

- **Dibujo**: contiene un menú donde puedes encontrar todas las operaciones disponibles para trabajar con los elementos gráficos de tu hoja de cálculo: agrupar y desagrupar, alterar su orden de agrupamiento, etcétera.
- **Seleccionar objetos**: en ciertas ocasiones necesitarás utilizar esta herramienta para seleccionar algunos de los objetos o elementos de tu hoja de cálculo.
- **Girar**: selecciona cualquier objeto, gráfico o dibujo y después haz clic en este botón. Alrededor del objeto aparecerán cuatro pequeños círculos verdes, haz clic sobre cualquier de ellos y arrastra para girarlo libremente.
- **Autoformas**: permite acceder a las categorías de autoformas que vimos en el apartado anterior.
- **Línea**, **Flecha**, **Rectángulo**, **Elipse**: estos cuatro botones permiten crear formas geométricas dentro de la hoja de cálculo.
- **Cuadros de texto**: los cuadros de texto son contenedores de texto flotante, es decir, texto que no se encuentra asociado a ninguna celda y que, por tanto, podemos colocar y mover a nuestro gusto. De todos modos al final de este apartado puedes ver cómo crear y modificar cuadros de texto.
- **WordArt**: crea objetos WordArt. Es otra forma de llegar hasta esta herramienta.
- **Color de relleno**, **de línea** y **de texto**: estas tres paletas nos permiten cambiar el color de relleno, de línea y del texto de cualquier objeto o dibujo de la hoja de cálculo.
- **Estilo de línea**: muestra todos los posibles modelos de líneas. Selecciona una línea en la hoja o créala y después elige en esta lista el estilo de línea que desees.
- **Tipo de línea**: igual que la opción anterior pero esta vez asociado a la representación de la línea.
- **Tipo de flecha**: selecciona o crea una flecha en tu hoja de cálculo y después elige dentro de esta opción el modelo que más te guste.

- **Sombra**: añade un efecto de elevación o sombra sobre cualquier objeto o dibujo. Recuerda que antes de aplicarle un efecto de sombra, debes seleccionarlo.
- **3D**: en este caso, podemos conseguir vistosos efectos 3D sobre cualquier objeto o dibujo, con las variaciones de esta herramienta. En la figura 16.13 puedes ver algunos ejemplos de sombras y efectos 3D.

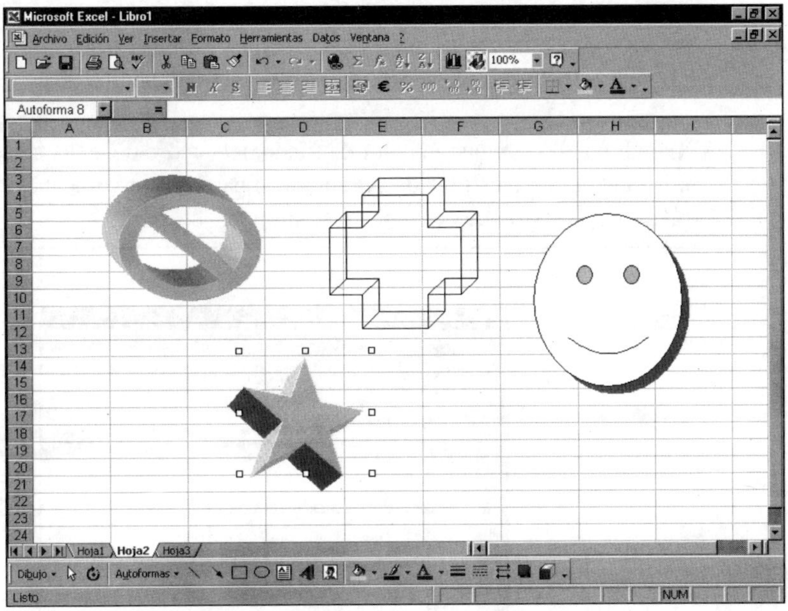

Figura 16.13. *Sombras y efectos 3D*

Cuadros de texto

Ya hemos hecho un breve comentario sobre los cuadros de texto, pero a continuación vamos a mostrar los pasos necesarios para crearlos:

1. Haz clic en el icono **Cuadro de texto** y observa cómo el cursor se transforma en una pequeña cruz invertida.
2. Haz clic en el punto donde quieras situar la esquina superior izquierda del cuadro de texto.
3. Mantén pulsado el botón izquierdo del ratón y arrastra para determinar las dimensiones del cuadro de texto.

4 El punto de inserción aparece en el interior del cuadro para que escribas el texto que desees. Puedes aplicar sobre el texto cualquiera de las opciones de formato que hemos visto en esta lección.

Si quieres modificar el tamaño del cuadro de texto, una vez creado, sólo tienes que arrastrar alguno de los pequeños cuadros blancos que lo rodean.

Aviso: para mover el cuadro de texto tienes que hacer clic y arrastrar en la franja que aparece alrededor del mismo, después de seleccionarlo.

En la figura 16.14 puedes ver el aspecto de algunos cuadros de texto de ejemplo.

Truco: puedes cambiar el color de fondo del cuadro de texto, seleccionándolo y utilizando el botón **Color de relleno** de la barra de herramientas **Dibujo** o también desde la barra de herramientas Formato.

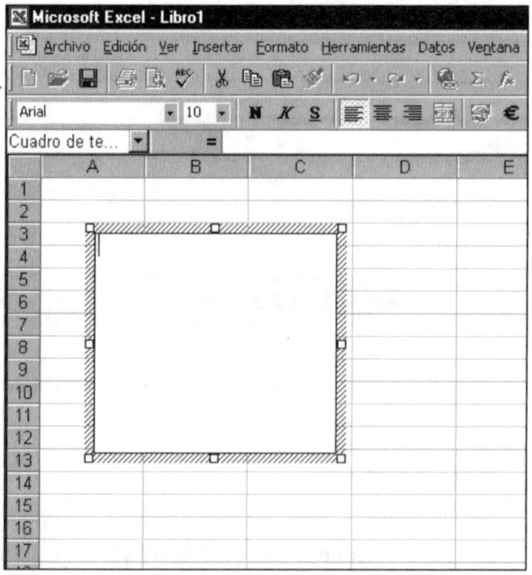

Figura 16.14. *Cuadros de texto*

Ejercicio práctico

Ahora que ya sabes cómo cambiar el formato de los elementos y de la propia hoja de cálculo para hacerla más atractiva. Te proponemos que los apliques sobre la factura que hemos creado en el apartado anterior.

Representación gráfica de los datos

Seguro que a estas alturas habrás visto muchos gráficos de representación de datos. Estos elementos nos ayudan a comprobar de manera rápida y visual las evoluciones de los valores relevantes dentro de una muestra, desde intenciones de votos hasta el crecimiento económico, pasando por encuestas, comparativas, etcétera.
En un programa como Excel donde la materia prima está formada por valores numéricos, una potente herramienta para la creación de gráficos resulta imprescindible. Buscando un sencillo ejemplo, cualquier informe sobre los resultados económicos de nuestra empresa no estaría completo si no incluyera gráficos que mostraran las evoluciones de las ventas o de la facturación con respecto a los últimos años.

En esta lección aprenderás a:

- Utilizar el Asistente para gráficos
- Crear Hojas de gráficos
- Editar un gráfico
- Añadir nuevos datos a un gráfico

Introducción a los gráficos en Excel

Como acabamos de decir, los gráficos en Excel son una poderosa herramienta que debemos aprovechar para enriquecer nuestros trabajos. Sin duda, nos proporcionan una perspectiva mucho más amplia e intuitiva de las tendencias y evoluciones de cualquier tipo de información.
La figura 17.1 muestra el típico gráfico de barras que seguro has visto más de una vez. Como puedes comprobar, de un simple vistazo percibimos si la evolución de los valores mostrados es al alza o a la baja.
Dado que las características de representación de los datos son muy diversas, Excel dispone de un extenso catálogo de modelos de gráficos diferentes y totalmente personalizables.

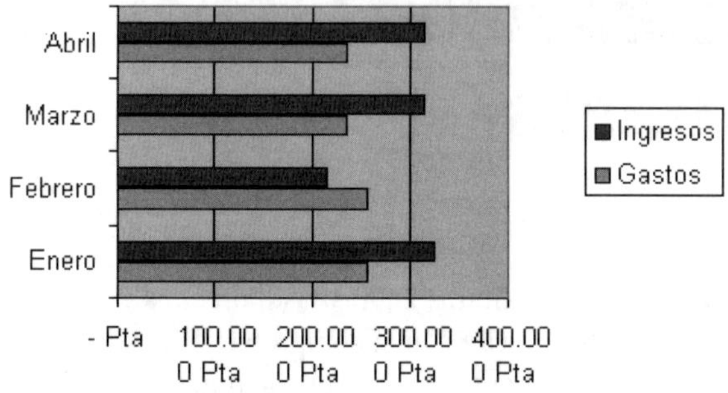

Figura 17.1. *Típico ejemplo de un gráficos de barras*

Otra de las ventajas de los gráficos en Excel es que no sólo permite representar valores bilineales sino que podemos ampliar la representación al eje Z e incluir más parámetros en la representación como puedes ver en el ejemplo de la figura 17.2. En este ejemplo, el modelo de gráfico elegido es tridimensional para la evolución de los datos basándose en tres parámetros de referencia.

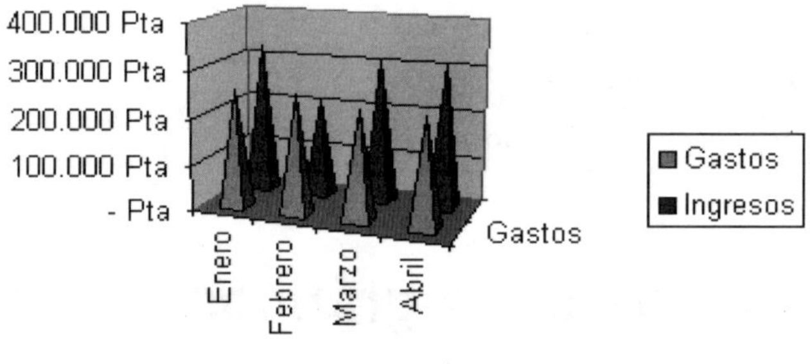

Figura 17.2. *Gráfico tridimensional*

Asistente para gráficos de Excel

Después de la pequeña introducción anterior, seguro que estás deseando conocer la forma de crear gráficos. Pero antes daremos un breve recorrido por los elementos principales que componen un gráfico. Para que te sea más fácil identificarlos, hemos preparado las figuras 17.3 y 17.4. Esta última corresponde a un gráfico en tres dimensiones, dado que estos incluyen algunas características especiales no disponibles en los modelos bidimensionales:

- **Gráfico**: como ya hemos comentado es la representación gráfica de un conjunto de datos de la hoja de cálculo.
- **Área de trazado**: la forman los datos fundamentales del gráfico, sin incluir el título del mismo ni la leyenda.

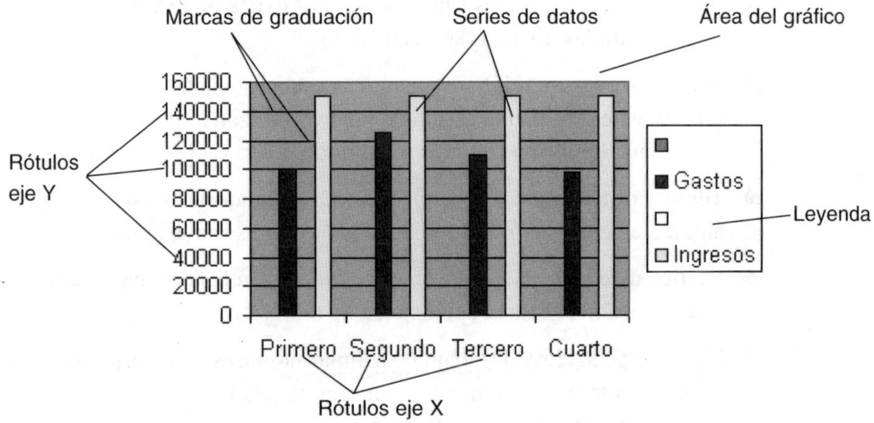

Figura 17.3. *Componentes de un gráfico de dos dimensiones*

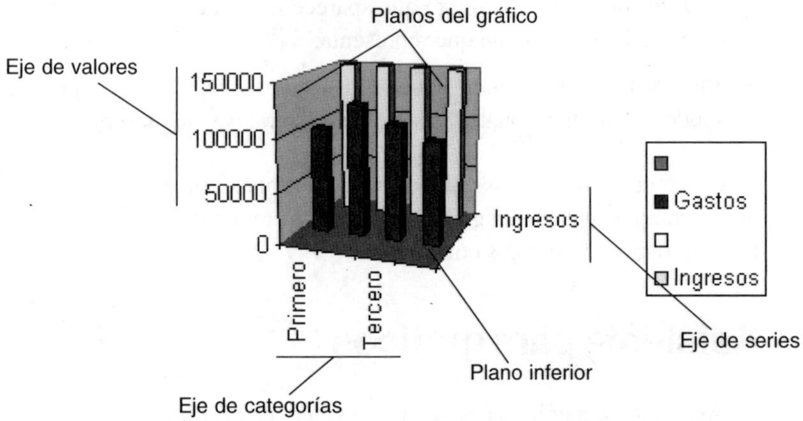

Figura 17.4. *Componentes de un gráfico de tres dimensiones*

- **Series de datos**: en nuestro ejemplo corresponderían a cada una de las columnas que representan un conjunto de valores. Las series de datos varían en función del modelo de gráfico seleccionado, pudiendo ser una línea, un segmento de un círculo, un área circular, etcétera.
- **Título**: es simplemente el nombre del gráfico. Normalmente se utilizar una etiqueta de texto situada en el encabezado del gráfico.
- **Ejes**: son las líneas que marcan la escala de referencia dentro del gráfico en todos los modelos de gráficos salvo en los circulares o de tarta. En los gráficos de dos dimensiones tenemos un eje X o de abscisas y un eje Y o de categorías. Además, en los gráficos tridimensionales existe un tercer eje, denominado Z, que muestra las distintas series de datos.
- **Marcas de graduación**: estas marcas están asociadas a cada uno de los ejes del gráfico y determinan la escala de valores utilizada. Son fundamentales para determinar de forma clara las magnitudes de la representación.
- **Texto**: normalmente son pequeñas notas aclaratorias y pueden estar unidas a algún elemento del gráfico (asignadas) o libres (no asignadas).
- **Puntos de datos**: valor que aparece asociado a las diferentes series de datos para tener constancia exacta del alcance de la misma.
- **Nombre de series**: el trabajo de asignar nombres a las series de datos lo hace normalmente Excel, tomando como referencia la información de la hoja de cálculo, aunque puedes asignar y modificar el nombre de las series tú mismo.
- **Leyenda**: este cuadro cumple una misión informativa, ofreciéndonos mediante un código de colores el concepto que representa cada serie.
- **Rótulos de los ejes**: nombre que aparece junto a cada uno de los ejes como reseña a la información que representa.
- **Planos del gráfico**: planos que se utilizan para representar el gráfico; en los modelos tridimensionales tenemos dos laterales y uno inferior.

Es lógico que no conozcas muchos de los términos utilizados en la descripción de los componentes de un gráfico, pero no te preocupes porque a lo largo de esta lección iremos tratándolos con detalle.

Asistente para gráficos

En Asistente para gráficos es la mejor manera de añadir gráficos a nuestra hoja de cálculo de un forma rápida y sencilla. Sería impensable los cuadros de diálogo que tendríamos que utilizar para crear un gráfico si no existiera este asistente.

> **Nota:** en el CD que acompaña a este libro dispones del archivo "Lección17.xls". Utiliza este ejemplo para seguir los pasos que vamos a describir a continuación.

Existen dos modos de comenzar a crear un gráfico. Una de ellos consiste en seleccionar primero en la hoja de cálculo los datos que vamos a representar. Y la segunda es hacer esto mismo pero una vez que estemos dentro del asistente. En principio vamos a utilizar esta última:

1 Abre el libro y la hoja de cálculo donde tienes la información que vas a representar. En nuestro ejemplo el libro es Lección17.xls y la hoja es la primera.

2 Haz clic en el botón **Asistente para gráficos** (figura 17.5) situado en la barra de herramientas Estándar. Aparecerá el primer cuadro de diálogo del asistente (figura 17.6).

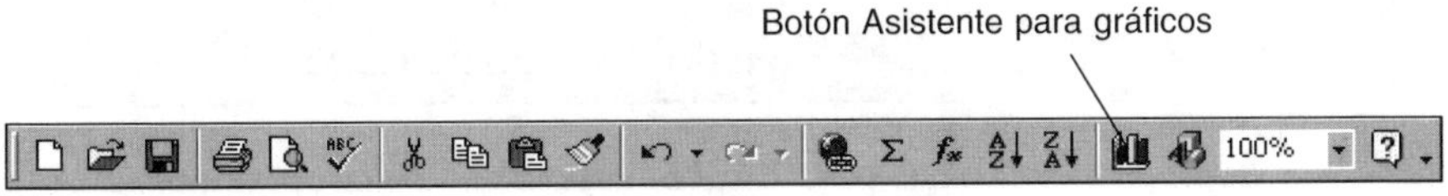

Figura 17.5. *Botón* ***Asistente para gráficos*** *de la barra de herramientas Estándar*

3 En el primer paso deberás seleccionar el modelo de gráficos que quieres utilizar. En la lista de la derecha se encuentran todos los tipos posibles y a la derecha puedes ver los distintos subtipos asociados a cada modelo.

> **Truco:** si has seleccionado antes el rango de datos, haz clic y mantén pulsado el botón **Presionar para ver muestra** si quieres que aparezca una imagen ampliada del tipo de gráfico seleccionado.

4 En este caso vamos a seleccionar el tipo **Columnas** y como subtipo, el primero denominado **Columna agrupada**. Por si no te has dado cuenta, bajo la ventana de subtipos tienes el nombre y una pequeña descripción del gráfico elegido.

5 Haz clic en **Siguiente** y aparecerá el segundo de los cuadros de diálogo del asistente para gráficos (figura 17.7).

6 Haz clic sobre el botón asociado al cuadro de texto **Rango de datos** para seleccionar los datos que utilizaremos para representar en el gráfico. Cuando hacemos esto, el cuadro de diálogo desaparece, quedando reducido al título y al cuadro **Rango de datos** (figura 17.8).

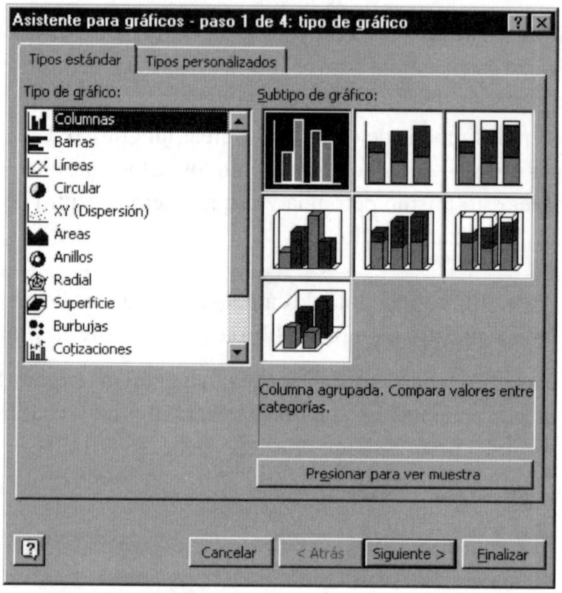

Figura 17.6. Primer paso del Asistente para gráficos

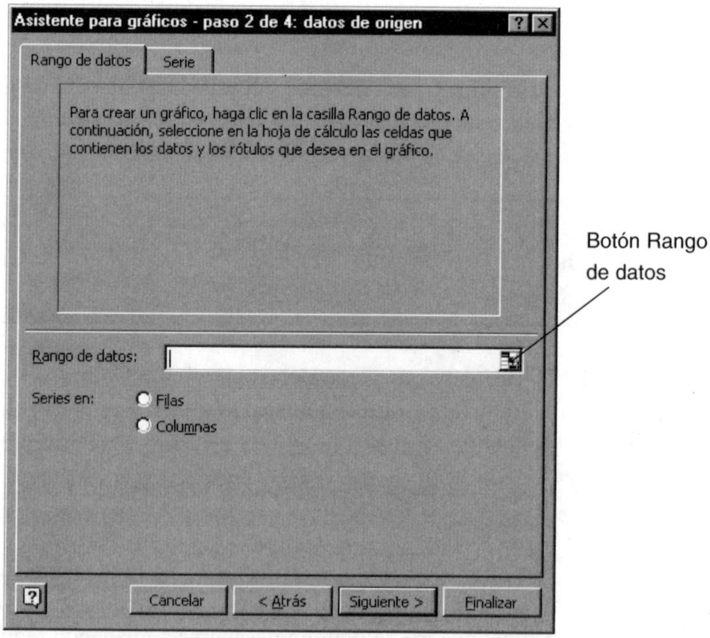

Figura 17.7. Segundo paso del Asistente para gráficos

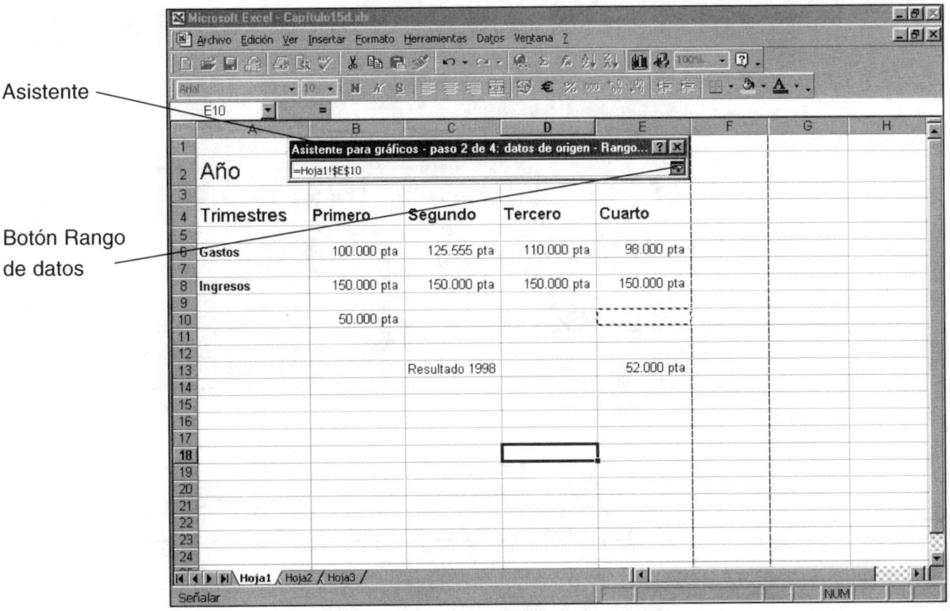

Figura 17.8. Aspecto del Asistente después de hacer clic sobre el botón del cuadro Rango de datos

7 Selecciona desde la celda A4 hasta la celda E8. Comprueba cómo el rango elegido aparece en el cuadro de texto. Ahora haz clic de nuevo en el pequeño botón asociado al campo Rango de datos.

8 En la sección **Series en**, indicaremos si las series de datos vienen determinadas por las filas o por las columnas del rango seleccionado. Haz clic en las dos opciones y observa cómo cambia el aspecto del gráfico en la vista preliminar. Para seguir con el ejemplo, utilizaremos la opción **Filas**.

9 Haz clic en **Siguiente** para llegar hasta el tercer paso del asistente (figura 17.9).

10 El tercer cuadro de diálogo del asistente está compuesto por seis pestañas que nos van a permitir delimitar todas las características del gráfico. El significado de cada una de ellas es el siguiente:

- **Títulos**: dentro de esta primera pestaña utiliza los cuadros de texto situados a la derecha para escribir el nombre que desees, tanto para el nombre del gráfico como para cada uno de los ejes.

Nota: después de hacer cualquier cambio comprueba los resultados y el aspecto del gráfico en la vista preliminar.

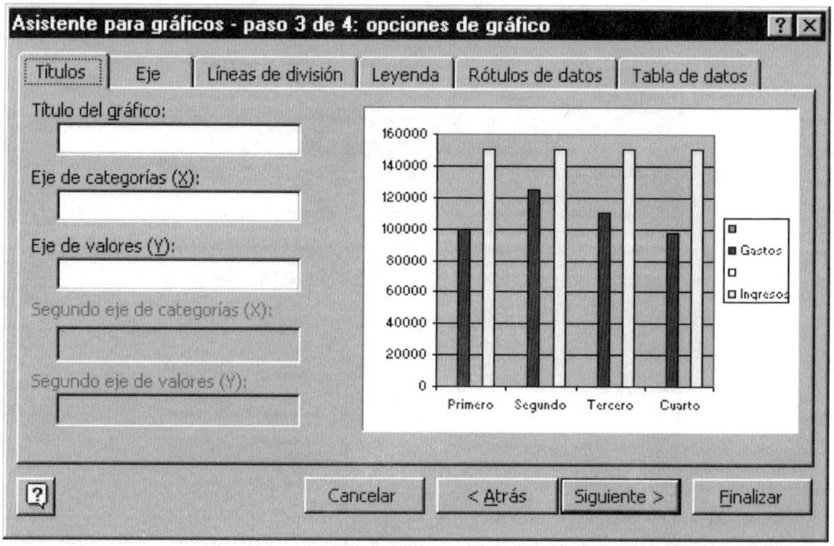

Figura 17.9. *Tercer paso del Asistente para gráficos*

- **Ejes**: aquí podremos activar o desactivar los distintos ejes que forman el gráfico y, en el caso del eje de categorías determinar, la forma en que aparecerán los rótulos del eje.
- **Líneas de división**: activa o desactiva las distintas líneas que dividen el gráfico, tanto horizontales como verticales. No conviene incluir demasiadas líneas de división que comprometerían la legibilidad de la información.
- **Leyenda**: dentro de esta pestaña podemos decidir si queremos o no una leyenda en nuestro gráfico, además de la posición donde queremos colocarla.
- **Rótulos de datos**: como ya hemos comentado, los rótulos de datos son los valores que aparecen en cada una de las series informando de la cantidad exacta que representa la misma. Desde esta pestaña podemos activar o desactivar este dato. Aunque también tenemos la posibilidad de sustituirlo por el rótulo de la serie.
- **Tablas de datos**: muestra una cuadrícula con los valores de cada serie bajo del gráfico. Si se encuentra en una hoja diferente, lejos del origen de los datos, esta información puede ayudar a la compresión de los datos del gráfico.

11 Una vez completada la información de este paso, haz clic en **Siguiente** para llegar al último paso del asistente (figura 17.10).

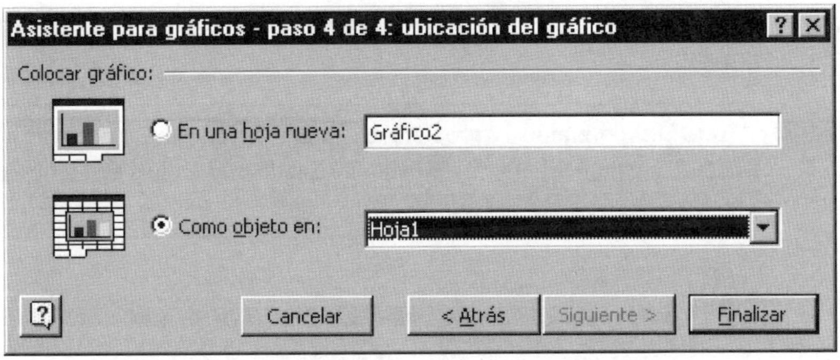

Figura 17.10. Último paso del Asistente para gráficos

12 La última decisión que debemos tomar es si queremos que el gráfico forme parte de alguna de las hojas de nuestro libro o que aparezca en una hoja de gráfico nueva. En el primero de los casos deberás seleccionar una de las hojas del libro actual y para el segundo, sólo es necesario que escribas el nombre que quieres asignar a la nueva hoja de gráficos.

13 Finalmente, haz clic en el botón **Terminar** para cerrar el asistente y ver el resultado en nuestro libro.

Nota: en el siguiente apartado encontrarás más información sobre los gráficos incrustados y las hojas de gráficos.

Aviso: los datos representados en el gráfico están vinculados a los datos de origen, de modo que si estos son modificados, el cambio queda reflejado automáticamente en el gráfico.

Gráficos incrustados y hojas de gráficos

Como ya sabemos por el último paso del Asistente para gráficos, existen dos modos de incluir un gráfico en un libro de Excel: incrustado dentro de cualquiera de las hojas del libro o de forma independiente en una hoja de gráficos.
La principal ventaja de los gráficos incrustados es la proximidad de los datos de origen, con lo que es más fácil comprobar y conocer cualquier valor. En su contra tiene que puede complicar la hoja si ésta posee mucho volumen de información.
Las hojas de gráficos están diseñadas sólo para contener estos elementos, y este hecho hace que sea más fácil organizar la información del libro de trabajo y además

ofrece una mejor visualización del gráfico. En la figura 17.11 puedes una hoja de gráfico.

Nota: los comandos y propiedades que tratemos para modificar un gráfico son idénticos, tanto si el gráfico está incrustado como si se encuentra en una hoja de gráfico.

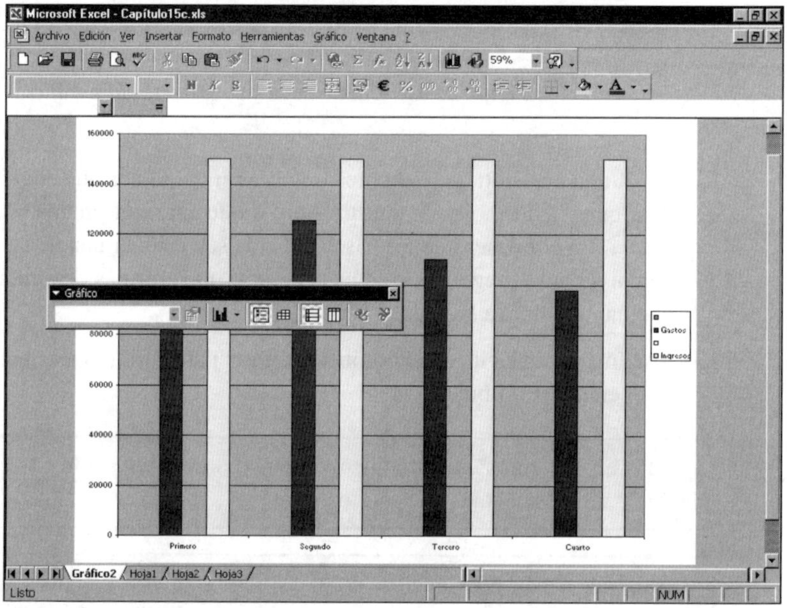

Figura 17.11. *Hoja de gráfico*

Editar el gráfico

Es lógico que necesitemos cambiar alguna de las propiedades o características del gráfico. Para ayudarnos en esta tarea, Excel pone a nuestra disposición la barra de herramientas Gráfico, que se activa de forma automática cada vez que haces clic sobre un gráfico o abres una hoja de gráfico.

Con la barra de herramientas Gráfico visible, los pasos para modificar los diferentes aspectos del gráficos serían estos:

1 En la lista **Objetos del gráfico** (figura 17.12), selecciona el elemento que quieres modificar.

2 Después, haz clic en el botón que se encuentra a la derecha de la lista de objetos y aparecerá en cada caso el cuadro de diálogo asociado al elemento seleccionado.

Truco: otra forma de acceder a las propiedades de un objeto del gráfico es hacer doble clic sobre él, aunque no todos permiten este procedimiento.

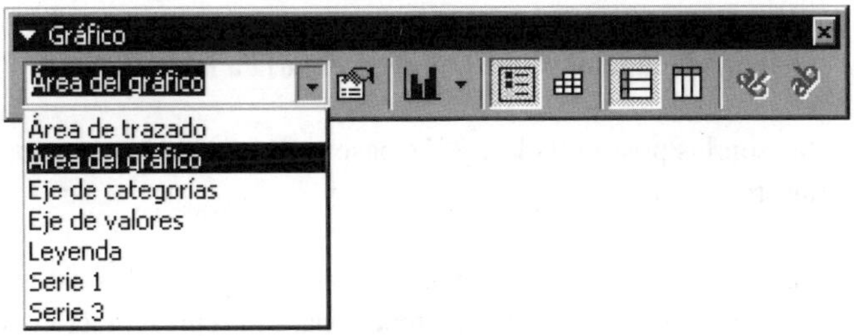

Figura 17.12. *Lista Objetos del gráfico de la barra de herramientas Gráfico*

Propiedades del gráfico

Haz clic con el botón derecho sobre el gráfico y selecciona el comando **Opciones de gráfico**. Aparecerá el cuadro de diálogo que ya vimos en el tercer paso del Asistente para gráficos; en él puedes cambiar y modificar un buen número de propiedades del gráfico.

Cambiar el subtipo de gráfico

El modelo de representación de los datos elegido no tiene por qué ser definitivo, en la barra de herramientas **Gráfico** dispones del botón **Tipo de gráfico**. Haz clic sobre él y se desplegará una lista con algunos de los tipos de gráficos más comunes. Selecciona el modelo que desees y el gráfico adoptará el nuevo aspecto.

Nota: con los botones **Leyenda** y **Tabla de datos** de la barra de herramientas **Gráficos** puedes activar o desactivar estos elementos del gráfico seleccionado.

Añadir nuevos datos a un gráfico

Los datos seleccionados en el momento de crear un gráfico no tienen por qué ser definitivos. Ya hemos comentado que las modificaciones hechas sobre la hoja de cálculo se reflejan automáticamente en el gráfico pero, ¿qué ocurre si lo que necesitemos realmente es añadir nuevos datos? No te preocupes porque el proceso es sencillo, aunque existen dos posibilidades:

- *Incluir nuevos datos a la serie ya existente*: Tomando como referencia el ejemplo que estamos utilizando en esta lección, equivaldría a añadir un nuevo trimestre a los ya representados.
- *Nueva serie de datos*: en nuestro caso sería, por ejemplo, añadir una nueva fila denominada totales que complementaría a la de Ingresos y Gastos existente.

Estas son las posibilidades, y los pasos que se deben seguir para añadir información a nuestros gráficos:

1 Incluye la información necesaria en el origen de los datos, es decir, en la hoja de cálculo que sirve como referencia para la representación del gráfico.

2 Haz clic en el gráfico y comprueba cómo las dos series de datos y los valores quedan rodeados por rectángulos de distinto color (figura 17.13).

3 Cada uno de los rectángulos tiene un cuadrado en la esquina inferior derecha sobre el que debes hacer clic y arrastrar para incluir en la selección los nuevos datos.

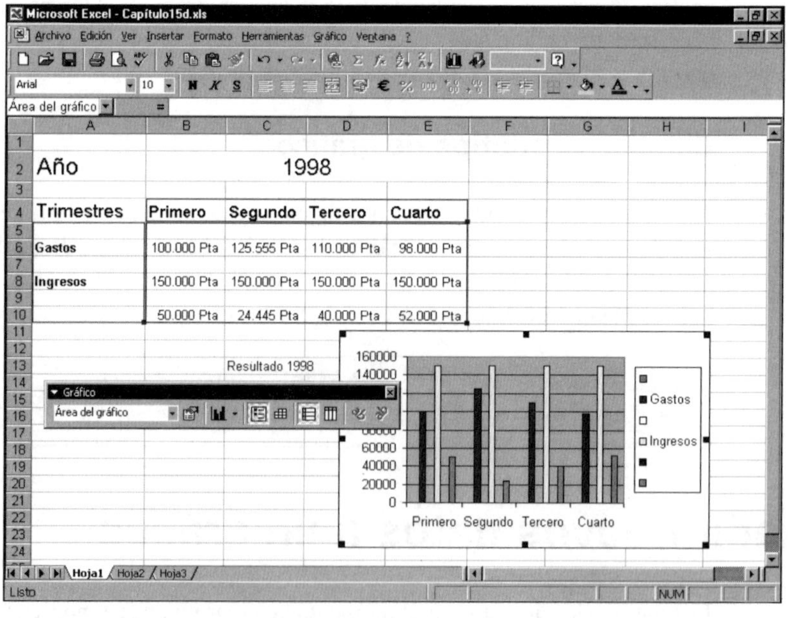

Figura 17.13. *Series de datos y valores listos para modificarlos*

Nuevos datos para gráficos en hojas de gráficos

Cuando el gráfico se encuentre en una hoja de gráfico, el procedimiento para incluir nuevos datos es algo diferente:

1. Haz clic con el botón derecho sobre él y selecciona el comando **Datos de origen**.
2. Aparece el cuadro de diálogo del mismo nombre y se abre la hoja que contiene los datos de origen, con el rango de celdas actual seleccionado.
3. Selecciona el nuevo rango que incluya la información que quieres añadir al gráfico.

Este mismo método lo puedes utilizar para los gráficos incrustados, aunque no tiene mucho sentido ya que el que acabamos de ver en la secuencia de datos anterior resulta mucho más sencillo.

Fundamentos de Access

Llegados a este punto del manual nos encontramos, a nuestro juicio, con una de las aplicaciones más potentes y complejas de Office. Access es el sistema gestor de bases de datos incluido en Microsoft Office, aunque no en todas sus versiones, sólo se encuentra disponible en las ediciones Profesional y Premium.
Mires a donde mires seguro que estás rodeado de información almacenada en bases de datos. Esta forma de guardar y mantener ordenada la información es fundamental en estos días. Nuestros datos estarán en decenas de bases de datos donde los utilizarán para diversos fines, como por ejemplo enviarnos esa dichosa publicidad o controlar si pagamos o no nuestros impuestos (aquí es donde más duele, ¿no crees?).

En esta lección aprenderás a:

- Conocer los fundamentos de las bases de datos
- Abrir y comenzar a trabajar con Access
- Reconocer los elementos que componen un base de datos de Access
- Gestionar y planificar una base de datos
- Trabajar con bases de datos relacionales

El objetivo de esta lección es introducirte y aproximarte a los conceptos asociados a las bases de datos. No te preocupes si al principio te resulta todo un poco confuso, es lógico si nunca has trabajo con bases de datos. Por nuestra parte hemos intentando seguir un método muy didáctico para que puedas adquirir los conocimientos necesarios de forma progresiva; pero para que esto sea efectivo, insistimos en que sigas los ejemplos y que pruebes por ti mismo toda la nueva información que te demos.

Qué es una base de datos

Explicar qué es una base de datos es difícil. Simplificando mucho podemos decir que es un conjunto de información ordenada según ciertas reglas y criterios. Si a esta definición le añadimos el concepto de *Gestor de bases de datos* estamos ante un sistema que nos permite almacenar de forma ordenada cualquier tipo de información, así como acceder y recuperar estos datos aplicando distintos filtros y criterios de selección.

Por ejemplo, imagina que tienes tantos CD de música que necesitas ordenarlos y clasificarlos de algún modo. La solución puede ser crear una base de datos con todos los títulos de tu colección. En este caso, cada título tendría un número o clave, que lo identificaría y que deberías pegar a cada CD utilizando algún tipo de adhesivo. El título de cada CD iría acompañado de información complementaría como el género musical al que pertenece, el intérprete, la discográfica, etcétera.

Una vez hecho el trabajo de campo, es decir, rellenar la base de datos con toda la información sobre tu maravillosa colección de música, llega la hora de sacarle partido. Llega una amigo a tu casa y te pide por favor que le dejes todos los discos de "El último de la fila" para una fiesta que tiene dentro de una hora. Pero, aun siendo consciente de la urgencia de la petición, invitas a tu amigo a un café. Este se pone algo nervioso e insiste, tú le dices que tienes todo perfectamente organizado y que tardarás escasos segundos en localizar todos los títulos que te ha pedido. Como tu amigo es algo incrédulo, se lo demuestras. Abres tu base de datos y le pides que te deje ver el código de todos los CD que tienen el valor "El último de la fila" en el apartado dedicado a intérpretes y... en unos segundos tienes la lista de todos los CD que necesitas. Después sólo tienes que ir hasta tu estantería con el código que te ha proporcionada la base de datos y... "ya tá".

Este es un ejemplo más o menos real de cómo podemos aprovechar las posibilidades que nos ofrece la base de datos. En el resto de la lección irás descubriendo que Access es imprescindible en este y otro tipo de tareas.

Ejecutar el programa

Seguro que en este punto del libro ya habrás hecho alguna que otra excursión por las distintas aplicaciones que componen Office y por lo tanto sabrás cómo iniciar Access. De cualquier modo, por si este no fuera tu caso te contaré cómo hacerlo:

1 Haz clic en el botón **Inicio** de la **Barra de tareas** y selecciona **Programas**.

2 Dentro del nuevo submenú, deberás hacer clic sobre la opción denominada **Microsoft Access**, que podrás identificar por la pequeña llave de color violeta dentro de un recuadro que aparece junto al nombre de la aplicación.

3 Lo primero que puedes ver es un cuadro de diálogo como el de la figura 18.1, donde deberás elegir entre: crear una nueva base de datos o abrir una existente. Elige la opción **Base de datos en blanco** y haz clic en **Aceptar**.

4 Escribe un nombre para la nueva base de datos y selecciona la carpeta donde quieres guardarla.

5 Finalmente, haz clic en el botón **Crear**.

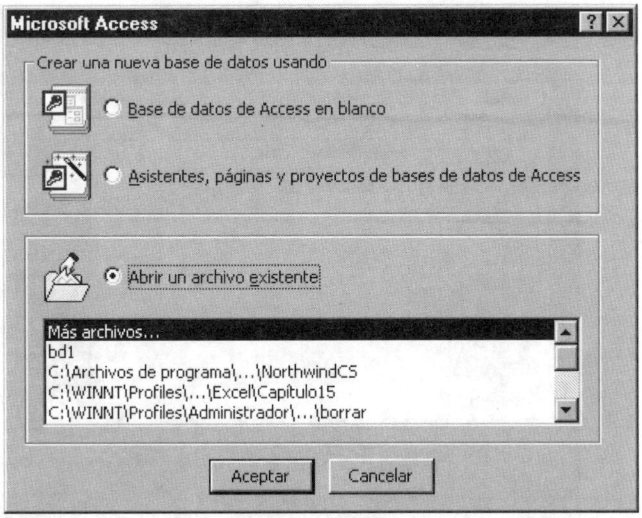

Figura 18.1. *Cuadro de diálogo de inicio de Access*

Aviso: si en la instalación del programa elegiste una localización diferente para las aplicaciones de Office, deberás buscar estos elementos en esa ubicación.

Después de completar estos pasos se ejecutará la aplicación y en unos segundos, podrás acceder a su entorno de trabajo.

Entorno de Access, más de lo mismo

A simple vista y como puedes ver en la figura 18.2, no vemos demasiados elementos nuevos dentro del entorno de Access. Seguimos teniendo una barra de menús, barras de herramientas (una sola por defecto), una barra de estado, etcétera.
Lo que sí debe llamar nuestra atención es el cuadro de diálogo central, donde aparece el nombre de la base que acabamos de crear. Este panel central es nuestro "centro de operaciones" cuando trabajamos con Access, ya que desde él podemos llegar y trabajar con los distintos elementos que compondrán nuestra base de datos.

Nueva ventana Base de datos

En esta versión, Microsoft ha abandonado la típica estructura de pestañas para la ventana Base de datos y ha utilizado un sistema mucho más actual, similar al que puedes encontrar en productos tan conocidos como Outlook.

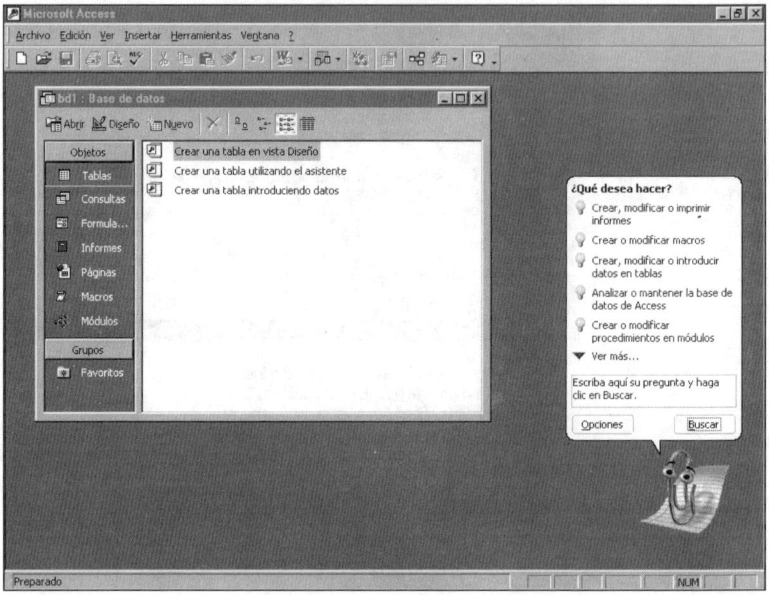

***Figura 18.2.** Entorno de Access*

Por defecto tenemos dos opciones en la parte derecha de la ventana base datos: Objetos y Grupos. El primero sirve para trabajar con cualquiera de los componentes de una base de datos de Access. Dentro del elemento Grupos, por defecto sólo está el acceso directo Favoritos donde podremos tener los elementos que más utilicemos. Dentro de la lista Grupos puedes crear nuevos elementos para organizar mejor la información de tu base de datos. La forma de hacerlo sería la siguiente:

1 Haz clic con el botón derecho sobre algún grupo existente o sobre cualquier espacio vacío de este margen de la ventana Base de datos.

2 En el menú que aparece, selecciona **Nuevo Grupo**. Access muestra un cuadro de diálogo para asignes un nombre al nuevo grupo.

3 A partir de este momento ya puedes incluir cualquier acceso directo dentro del grupo creado.

En la figura 18.3 puedes ver el nuevo grupo creado denominado PasoaPaso.

Truco: puedes situar el cursor encima de las etiquetas **Objetos** o **Grupos** para desplazarlas y poder ver así su contenido. Otra forma de abrirlas o cerrarlas es haciendo clic sobre ellas.

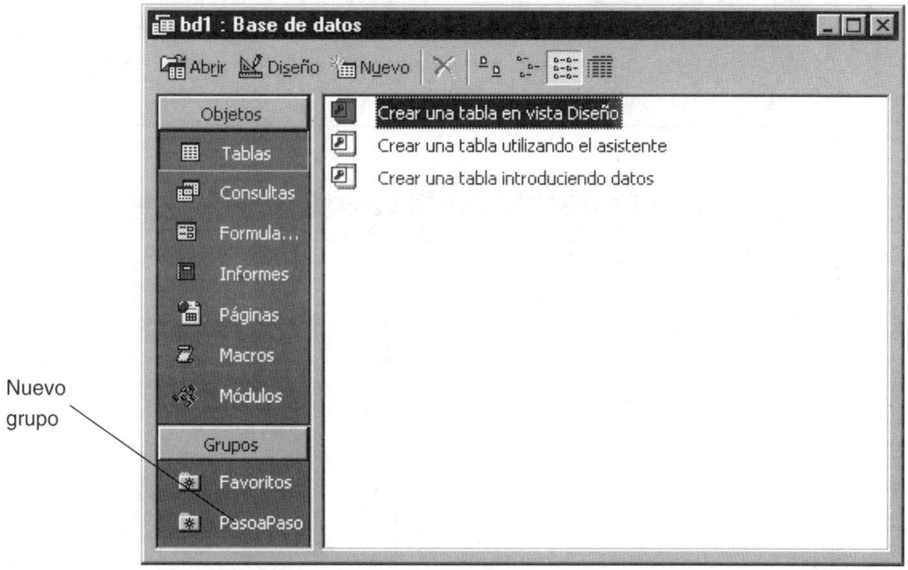

Figura 18.3. *Nuevo grupo*

Componentes de una base de datos de Access

Como acabamos de decir, el panel de control de la base de datos que tengamos abierta contiene seis pestañas. En cada una de ellas iremos creando los componentes de la base de datos que necesitemos. En las lecciones siguientes trataremos cada uno de ellos con detalle, pero, de todos modos, para que vayas familiarizándote los describiremos brevemente a continuación.

Tablas

Las tablas son el elemento principal de cualquier sistema gestor de bases de datos y, por lo tanto, en Access. Son estructuras, formadas por campos y registros que nos van a permitir almacenar la información, así como distribuirla como queramos. Sin tablas la base de datos se puede decir que no existe, ya que el resto de componentes depende de las tablas que tengamos creadas. En resumen, las tablas son los contenedores de datos donde se almacenarán los mismos y sobre los que se actualizará la información manualmente o utilizando algunas de las herramientas que veremos a continuación. En la figura 18.4 puedes ver una tabla de ejemplo.

Nota: hablaremos de los campos y de los registros en la siguiente lección dedicada a las tablas, por ahora te adelantamos que es la forma en que se estructura la información dentro de cada tabla.

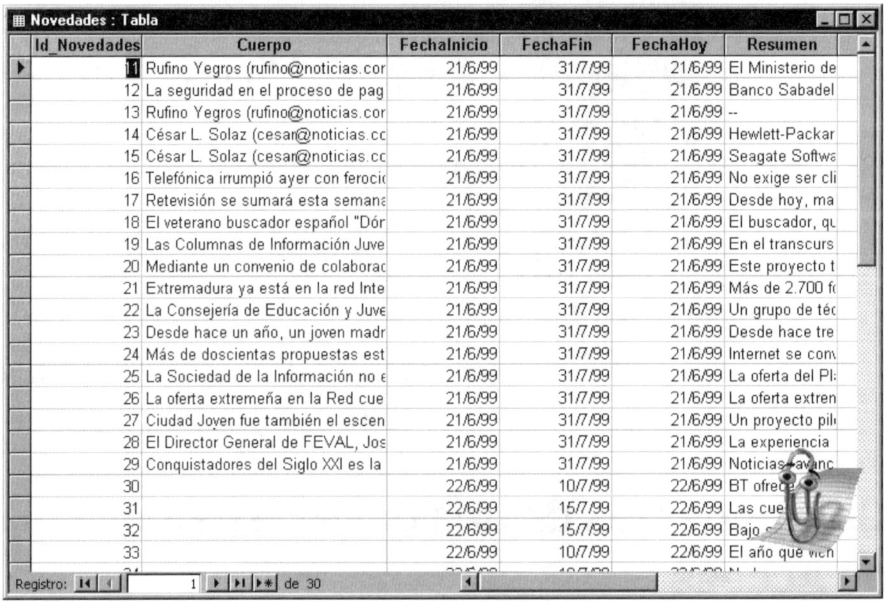

Novedades : Tabla

Id_Novedades	Cuerpo	FechaInicio	FechaFin	FechaHoy	Resumen
11	Rufino Yegros (rufino@noticias.cor	21/6/99	31/7/99	21/6/99	El Ministerio de
12	La seguridad en el proceso de pag	21/6/99	31/7/99	21/6/99	Banco Sabadel
13	Rufino Yegros (rufino@noticias.cor	21/6/99	31/7/99	21/6/99	--
14	César L. Solaz (cesar@noticias.cc	21/6/99	31/7/99	21/6/99	Hewlett-Packar
15	César L. Solaz (cesar@noticias.cc	21/6/99	31/7/99	21/6/99	Seagate Softwa
16	Telefónica irrumpió ayer con feroci	21/6/99	31/7/99	21/6/99	No exige ser cli
17	Retevisión se sumará esta semana	21/6/99	31/7/99	21/6/99	Desde hoy, ma
18	El veterano buscador español "Dór	21/6/99	31/7/99	21/6/99	El buscador, qu
19	Las Columnas de Información Juve	21/6/99	31/7/99	21/6/99	En el transcurs
20	Mediante un convenio de colaborac	21/6/99	31/7/99	21/6/99	Este proyecto t
21	Extremadura ya está en la red Inte	21/6/99	31/7/99	21/6/99	Más de 2.700 f
22	La Consejería de Educación y Juve	21/6/99	31/7/99	21/6/99	Un grupo de téc
23	Desde hace un año, un joven madr	21/6/99	31/7/99	21/6/99	Desde hace tre
24	Más de doscientas propuestas est	21/6/99	31/7/99	21/6/99	Internet se con
25	La Sociedad de la Información no e	21/6/99	31/7/99	21/6/99	La oferta del Pl
26	La oferta extremeña en la Red cue	21/6/99	31/7/99	21/6/99	La oferta extren
27	Ciudad Joven fue también el escen	21/6/99	31/7/99	21/6/99	Un proyecto pil
28	El Director General de FEVAL, Jos	21/6/99	31/7/99	21/6/99	La experiencia
29	Conquistadores del Siglo XXI es la	21/6/99	31/7/99	21/6/99	Noticias avanc
30		22/6/99	10/7/99	22/6/99	BT ofre
31		22/6/99	15/7/99	22/6/99	Las cue
32		22/6/99	15/7/99	22/6/99	Bajo
33		22/6/99	10/7/99	22/6/99	El año que

Registro: 1 de 30

Figura 18.4. *Tabla de una base de datos*

Consultas

Las consultas tienen como misión principal, en cualquier base de datos, recuperar la información contenida en las tablas. Sólo con esta información podrás pensar… ¿y por qué no la miramos directamente en las tablas? Pues bien, la ventaja que nos ofrecen las consultas es la de filtrar la información y mostrar sólo aquellos datos que nos interesen. Por ejemplo, tienes una enorme base de datos con cientos de recetas de cocina y resulta que hoy te apetece hacer arroz. En este caso, crearías una consulta para obtener sólo aquellas recetas que hablen de arroz. Imagina que tienes que hacer este mismo trabajo mirando una a una las recetas que tienes almacenadas en la base de datos.

Existen muchos tipos de consultas: unas sólo nos muestran resultados, con otras puedes crear tablas a partir de los resultados, otras eliminan información de las tablas, etcétera.

Otra de las características importantes de las consultas es que pueden utilizar más de una tabla para mostrar datos relacionados. Esto es así gracias a que Access es un sistema de bases de datos relacional, aunque de esta característica hablaremos cuando conozcamos un poco mejor la aplicación.

Formularios

Los formularios nos facilitan principalmente la tarea de introducir información en la base de datos. Cuando tenemos que incluir pocos datos lo podemos hacer directamente sobre las tablas pero cuando el volumen de información es importante, esta manera se vuelve poco operativa. Para resolver este problema tenemos los formularios, con los que la inclusión de datos se hace mucho más intuitiva y sencilla. En la figura 18.5 tienes un ejemplo de formulario.

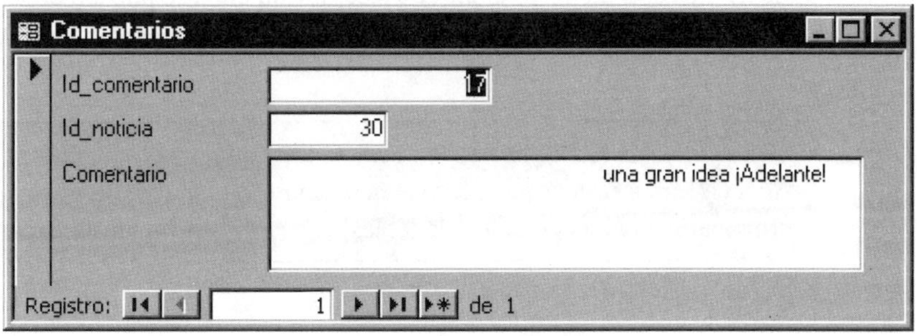

Figura 18.5. *Formulario de ejemplo*

Informes

Para imprimir nuestros datos usaremos los informes. Esta es una sencilla descripción de este elemento, pero la verdad es que los informes van un poco más allá y nos permiten hacer operaciones de agrupado, suma y cálculo con los datos. Otra de las ventajas de los informes es su creación, ya que es totalmente visual y muy sencilla.

Páginas

Esta versión Access nos permite crear páginas Web de acceso a datos con la misma facilidad que diseñamos el resto de componentes de la base datos. Si bien esto es cierto, necesitas tener algunos conocimientos sobre la programación en Internet para sacarle partido a esta herramienta, por este motivo pensamos que queda lejos de los objetivos de este libro tratar este aspecto del programa.

Macros

Las macros en Access funcionan del mismo modo que ya vimos en Word y Excel. En definitiva, nos permiten ahorrar tiempo cuando se trata de realizar ciertas operaciones.

La manera de crear macros en Access no es tan sencilla como las que hemos visto hasta ahora, ya que es mucho menos visual. En realidad se trata de elegir los comandos de una lista e ir componiendo de esta forma la acción que realizará la macro.

En un principio quizás no necesites macros, aunque es bueno que las conozcas y las tengas presentes para cuando tus conocimientos sobre Access te permitan utilizarlas.

Módulos

Estos elementos están especialmente dedicados para programadores y la creación de aplicaciones complejas basadas en Access. Con ellos se pueden crear definiciones personalizadas de cualquier objeto de la base de datos para adaptarlos a nuestras necesidades.

Consejo: estos son todos los elementos que componen una base de datos de Access. En un primer momento te aconsejamos que dediques tus esfuerzos principalmente a la creación de tablas, consultas, formularios e informes.

Gestión y planificación

Antes de empezar a trabajar en Access es imprescindible realizar una labor de planificación del trabajo. Por ello es conveniente coger lápiz y papel para hacernos un pequeño esbozo de lo que será la estructura de la base de datos.

Consejo: quizás entiendas mejor todo este trabajo de planificación después de ver la estructura real de una tabla de Access en la siguiente lección. De todos modos puedes leer las ideas que te damos a continuación y volver a ellas cuando termines de leer la lección de tablas.

1 Debemos tener clara la finalidad del trabajo, ya que esto será determinante para crear las tablas y, en definitiva, la estructura de la base de datos.

2 Enumera las tablas que necesitas. Por ejemplo, si estás creando una base de datos para un pequeño negocio, probablemente necesitarás una tabla de clientes, otra de proveedores, otra de pedidos, etcétera.

3 Una vez tomada la decisión sobre las tablas, toca el turno a la información que almacenarás en cada una de ellas. Siguiendo con el ejemplo anterior, para la tabla de clientes necesitaras el nombre, dirección, teléfono, persona de contacto, etcétera. Desde el principio, es necesario tener claro todos estos datos para evitar modificar la estructura de la base de datos una vez creada.

4 Pensar en la relación que tendrán las tablas entre sí. Por ejemplo está claro que la tabla de pedidos tiene que estar asociada de algún modo a la tabla de proveedores. Aunque esto todavía nos queda un poco lejos es bueno tenerlo presente.

5 Piensa en el tipo de elementos de Access que necesitarás como Consultar, Formularios o Informes.

Terminados todos estos puntos, estudia la estructura propuesta para detectar posibles fallos. Insistimos en que una buena planificación te hará mucho más fácil la tarea de creación y diseño de la base de datos. Además evitará que tengas que hacer cambios sobre la estructura, cuando ésta ya contenga información.

Bases de datos relacionales

Aunque dedicaremos una lección a las relaciones en Access, queremos darte una pequeña introducción sobre el significado del término *base de datos relacional.* Para entenderlo mejor utilizaremos un ejemplo, imagina de nuevo esa base de datos con datos de clientes, proveedores y pedidos. Pero sobre todo nos vamos a centrar en la tabla de pedidos, que podría ser similar a la que tienes en la figura 18.6. Observa que para cada pedido se repiten todos los datos del proveedor y que además ya los tenemos en la tabla de proveedores. A simple vista y sin tener demasiada idea sobre bases de datos, esto no parece demasiado lógico.

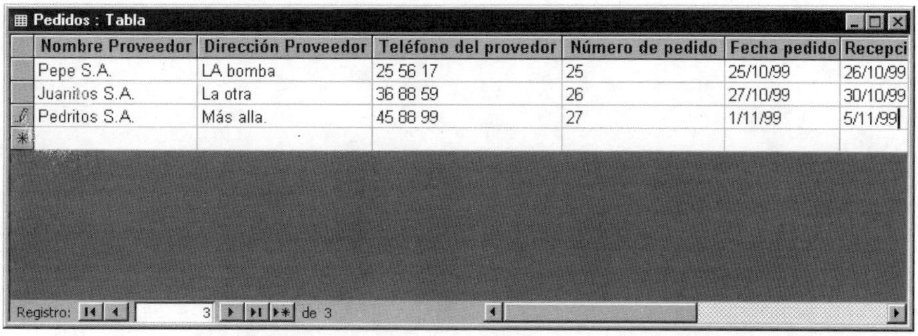

Nombre Proveedor	Dirección Proveedor	Teléfono del provedor	Número de pedido	Fecha pedido	Recepci
Pepe S.A.	LA bomba	25 56 17	25	25/10/99	26/10/99
Juanitos S.A.	La otra	36 88 59	26	27/10/99	30/10/99
Pedritos S.A.	Más alla.	45 88 99	27	1/11/99	5/11/99

Figura 18.6. *Tabla de pedidos sin relacionar*

¿Cómo podríamos arreglar esto? Pues bien, ¿qué te parece si sustituimos todos los datos del proveedor sólo con un código que lo identifique? Este código coincidirá con el que tiene asignado cada proveedor en la tabla Proveedores. Pero ahora, ¿qué pasa si quieres conocer la información de un pedido y junto a ésta la del proveedor que lo proporciona? Es sencillo, utilizamos el código de proveedor para acceder a la tabla Proveedores y conocer todos sus datos. Con esto último estamos relacionando dos tablas, pedidos y proveedores, comprobando así la eficacia de los sistemas de bases de datos relacionales a la hora de eliminar información redundante.

En la lección dedicada a las relaciones entre tablas, veremos cómo crearlas pero antes debemos conocer otras muchas cosas sobre Access.

Ayuda

La ayuda en Access funciona del mismo modo que en el resto de aplicaciones de Office. Tenemos a nuestro amigo Clipo (o cualquier otra mascota de Office) y las opciones del menú **Ayuda**. También dispones de la tecla F1 para acceder al cuadro de diálogo **Ayuda de Microsoft Access,** cuyo funcionamiento es el mismo que ya vimos en Word y Excel.

Cerrar la base de datos y salir del programa

Para cerrar la base de datos actual puedes utilizar el comando **Cerrar** del menú **Archivo** o hacer clic sobre el botón **Cerrar** de la ventana de la Base de datos. Finalmente, para salir de la aplicación tienes diversos métodos: Alt+F4, el botón **Cerrar** de la aplicación o el comando **Salir** del menú **Archivo**.

Diseño e implementación de tablas en Access

Las tablas son la columna vertebral de Access y, por lo general, de cualquier sistema gestor de bases de datos. Como ya sabemos, las tablas son las estructuras que servirán de contenedores para toda la información que necesitemos ordenar, organizar y almacenar en nuestras bases de datos.
Como no podía ser menos, dedicaremos esta lección a las tablas y veremos desde cómo crearlas hasta la definición de sus elementos principales: campos y registros. Dado que nos encontramos ante una aplicación mucho menos intuitiva que el resto de las que componen Office, utilizaremos un sencillo ejemplo para complementar las explicaciones. El ejemplo, al que ya hemos hecho referencia en la lección anterior, trata de una necesidad bastante habitual: ordenar y archivar nuestros CDs. Por lo tanto, crearemos una sencilla base de datos que nos permitirá tener perfectamente organizada nuestra música.

En esta lección aprenderás a:

- Crear una nueva base de datos
- Añadir nuevas tablas
- Trabajar con campos y registros
- Utilizar las vistas de tablas
- Introducir y editar datos en tus tablas
- Utilizar el Asistente para tablas
- Buscar datos en tablas
- Imprimir tablas

Crear una nueva base de datos

Para comenzar con nuestro ejemplo necesitamos crear una nueva base de datos y para hacer esta operación tenemos varias posibilidades. La primera y más sencilla es utilizar el cuadro de diálogo que aparece cuando arrancamos Access y que puedes ver en la figura 19.1. En la primera parte de este cuadro de diálogo tienes dos opciones: **Base de datos en blanco** y **Asistente para bases de datos**. Por ahora utilizaremos la primera, ya que la segunda es un modo automático que veremos un poco más adelante.

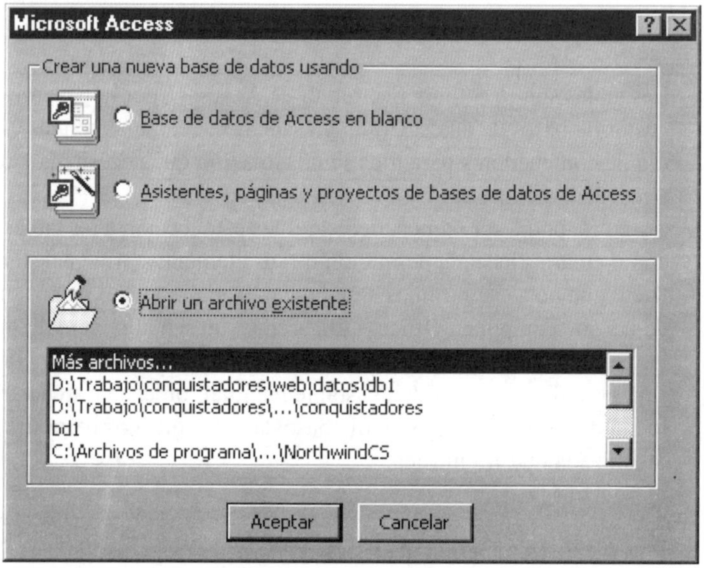

Figura 19.1. *Cuadro de diálogo de inicio*

Seguro que te preguntarás por qué no utilizamos el Asistente, si estamos diciendo que es un modo más automático. La razón es que al utilizar el asistente muchas de las operaciones quedan ocultas tras unos bonitos e intuitivos cuadros de diálogo, de manera que cuando llega el momento de enfrentarnos con algún problema, desconocemos la estructura real porque el asistente nos permitió obviarla. Personalmente, preferimos hacer las cosas de forma manual para que puedas ver cómo se construye realmente la base de datos. Después, cuando todo esto ya lo tengas superado y quieras ahorrar tiempo, podrás utilizar los asistentes.

Si ya estás dentro de Access, puedes utilizar el siguiente método para crear una nueva base de datos:

1 Haz clic en el comando **Nueva** del menú **Archivo**. Aparecerá el cuadro de diálogo **Nueva** (figura 19.2).

2 Después haz doble clic en el icono **Base de datos**.

3 En el cuadro de diálogo **Archivo nueva base de datos** pon el nombre de la base de datos en la casilla **Nombre de archivo** y elige la carpeta donde guardarlo.

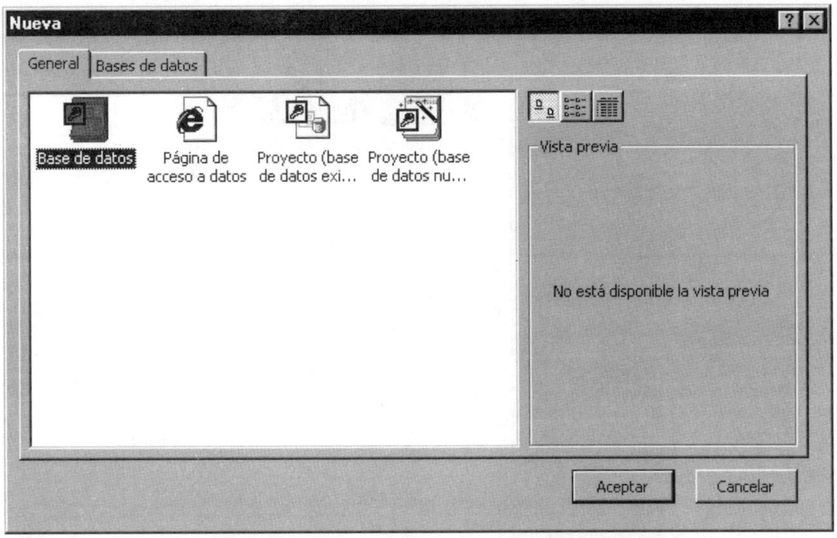

Figura 19.2. *Cuadro de diálogo* ***Nueva***

Nota: si lo deseas puedes utilizar "MiMúsica" como nombre para la base de datos. De todas formas para que te resulte más sencillo, en el CD-ROM que acompaña al libro, encontrarás una base de datos con el nombre de cada una de las lecciones dedicadas a Access. En cada una de ellas se irán incorporando las novedades que aporte cada lección.

4 Haz clic en el botón **Crear** y aparecerá la ventana Base de datos (figura 19.3).

Truco: el botón **Nueva** de la barra de herramientas cumple la misma misión que el comando **Nueva** del menú **Archivo**.

Consejo: a partir de ahora utiliza el comando **Guardar** con cierta frecuencia para evitar perder todo el trabajo.

Nuestra primera tabla

Una vez creada la base de datos, el siguiente paso es diseñar la estructura de tablas que soportará la información de la misma. Te recomendamos dedicarle el tiempo necesario para evitar errores futuros y posibles cambios en la estructura de la base de datos.

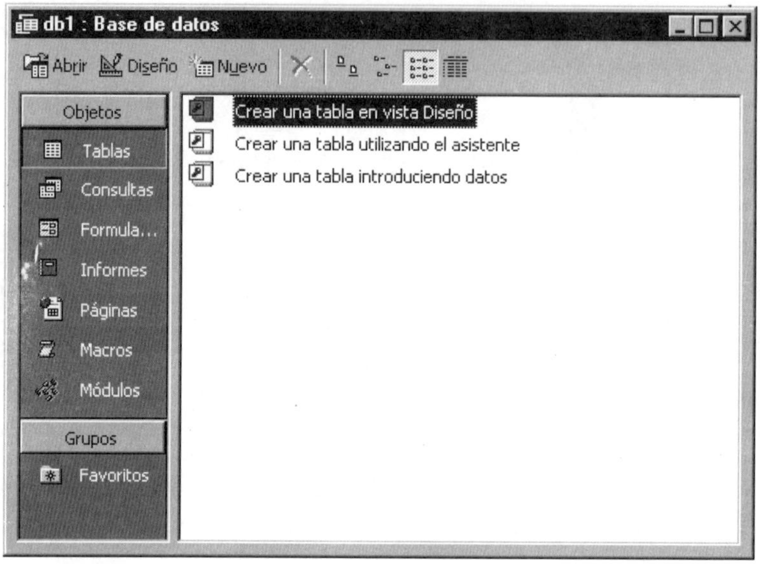

Figura 19.3. *Ventana Base de datos*

Vamos a suponer que ya hemos trabajado el tiempo suficiente sobre la planificación de la base de datos y decidimos que vamos a utilizar cuatro tablas:

- Una tabla donde almacenaremos los intérpretes.
- Otra donde guardaremos información sobre los temas.
- Una más donde se encontrarán nuestros títulos o grabaciones.
- Y una última de estilos musicales.

Nota: para no alargarnos demasiado en la creación del ejemplo, almacenaremos sólo la información básica y dejamos en tus manos la tarea de completarla tanto como desees.

Crear las tablas

Pues bien, sin más rodeos vamos a crear cada una de las tablas que compondrán la base de datos; los pasos serían los siguientes:

1 Suponemos que tenemos la base de datos de ejemplo abierta, si no es así, utiliza el comando **Abrir** del menú **Archivo**.

2 Selecciona la opción **Tablas** situada bajo la etiqueta **Objetos**. Si ya se encuentra activa puedes pasar al siguiente paso.

3 En la parte derecha de la ventana, haz doble clic sobre **Crear una tabla en vista Diseño**. Aparece la ventana de diseño de tablas de Access (la tienes en la figura 19.4).

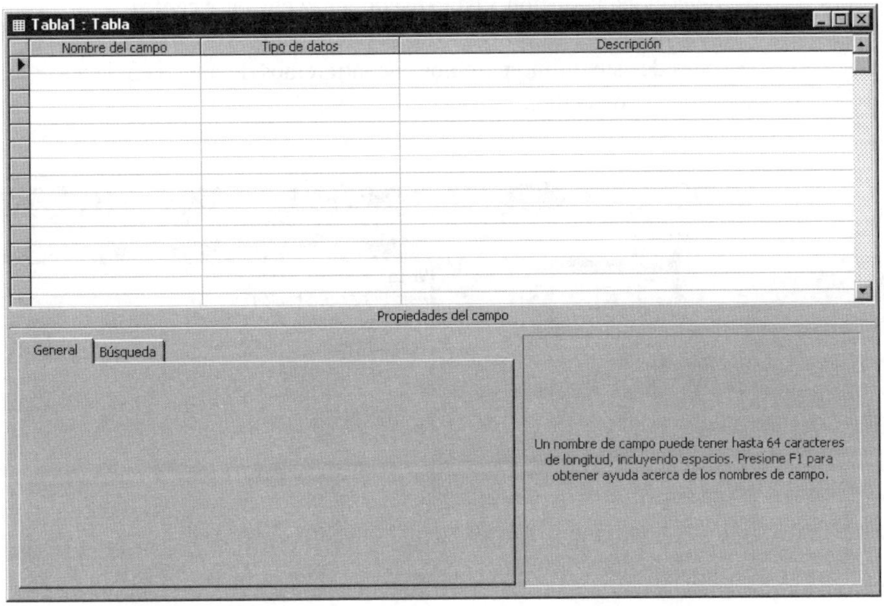

Figura 19.4. *Cuadro de diálogo* ***Nueva tabla***

Además de la opción que hemos seleccionado en la parte derecha de la ventana Base de datos, dispones de algunas posibilidades más, cuyo significado puedes ver a continuación:

- **Crear una tabla en vista Diseño**: es la opción que acabamos de utilizar y se trata de la mejor formar de acceder directamente a la vista Diseño para crear por primera vez una tabla.
- **Crear una tabla utilizando el Asistente**: a través de una serie de pasos permite completar el proceso de creación de una tabla.
- **Crear una tabla introduciendo datos**: abre una nueva tabla en la vista hoja de datos con diez campos predefinidos, para cuando necesitemos rellenar la tabla de información rápidamente obviando la fase de diseño.

Además del método anterior, existe otra forma de crear una nueva tabla:

1 Comprueba que se encuentra seleccionada la opción **Tablas** en la parte izquierda de la ventana Base de datos.

2 Haz clic sobre el icono **Nuevo** situado en la parte superior izquierda, para mostrar el cuadro de diálogo **Nueva tabla** (figura 19.5).

3 Selecciona la opción **Vista Diseño** y haz clic en **Aceptar**.

Después de este último paso nos encontraremos de nuevo en disposición para crear la estructura de la tabla.

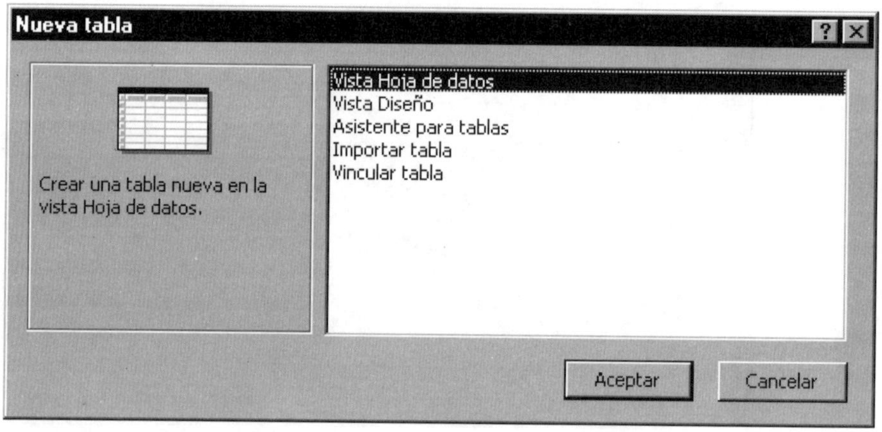

Figura 19.5.** Cuadro de diálogo **Nueva tabla

Hasta aquí lo único que hemos hecho es crear el contenedor de información. Ahora nos toca definir las características de los datos que almacenará la tabla; para ello necesitamos la ayuda de los *campos*.

Aviso: Access no te permite utilizar el comando **Guardar** si la tabla se encuentra vacía.

Campos

Un campo es la unidad de información mínima dentro del conjunto de la base de datos. Por ejemplo, para nuestra tabla de intérpretes podrían ser el nombre del intérprete, su nacionalidad, etcétera.

Retomamos la tabla en el estado donde la dejamos en el apartado anterior para crear los campos necesarios:

1 El cursor se encuentra en la primera casilla, por lo tanto aprovechamos para escribir el primer campo: **ID_intérprete**. Este valor nos servirá para identificar de manera única a cada intérprete.

2 Haz clic en la columna **Tipos de datos** y después en el pequeño botón con la flecha negra. En la lista desplegable que aparece, selecciona el tipo **Autonumérico**.

3 En la columna **Descripción** escribe: **Código del intérprete**.

4 A continuación, haz clic en la segunda fila de la columna **Nombre del campo** y escribe **Nombre**.

5 En la columna **Tipo de datos** deja la opción que aparece por defecto, es decir, **Texto**.

6 En la columna **Descripción** escribe: **Nombre del intérprete o grupo**.

7 De nuevo en la tercera fila de la primera columna escribe: **Nacionalidad** y deja el tipo **Texto** en la columna de la derecha.

8 Para la descripción de este último campo puedes escribir: **País de origen del intérprete o grupo**.

9 El aspecto de tu tabla debe ser similar a la que muestra la figura 19.6. Haz clic en el botón **Guardar** y Access mostrará el cuadro de diálogo **Guardar como**; en él escribe **Intérpretes** y haz clic en **Aceptar**.

10 A continuación aparece un mensaje indicándonos que no hemos definido ningún campo clave y nos ofrece la posibilidad de hacer este trabajo por nosotros mismos. Por ahora y hasta que aprendamos que significa eso de campo clave, haz clic en **No**.

Como puedes ver, la primera de las columnas nos sirve para establecer el nombre que identificará al campo o unidad de información. Después, el **Tipo de datos** nos indica el tipo de información que contendrá el campo: texto, número, fecha, moneda... Por último, la columna **Descripción** nos aporta algunos detalles más sobre el contenido del campo.

Nota: quizás te pueda parecer que la columna **Descripción** no es demasiado útil, nada más lejos de la realidad. Cuando la tabla en lugar de tres campos tenga treinta o la base de datos en lugar de tres tablas tenga veinte, la descripción de cada campo resulta vital para comprender el funcionamiento de la base de datos y para solucionar cualquier problema.

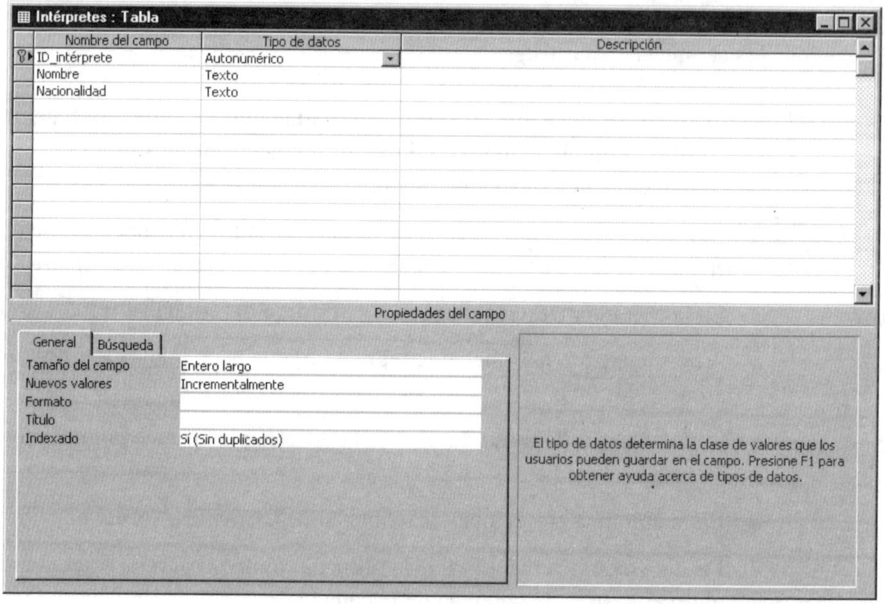

Figura 19.6. *Tabla Intérpretes con tres campos*

Algunos consejos y reglas para definir el nombre de los campos de una tabla son:

- No utilices nombres demasiado cortos que apenas dejen intuir el contenido del campo. Por ejemplo, img_ctr.
- No es conveniente que sean demasiado largos, ya que resultan poco manejables.
- Escoge con cuidado el tipo de datos para optimizar al máximo la base de datos.
- Utiliza la columna **Descripción**.
- El nombre de los campos puede tener como máximo 64 caracteres, incluidos espacios. Aunque no pueden empezar por espacios ni contener signos de puntuación ni corchetes.

Aviso: aunque es bastante obvio no pueden existir dos campos con el mismo nombre.

Tipos de datos

Para que no tengas ningún problema a la hora de seleccionar el tipo adecuado para cada campo, en la tabla 19.1 tienes una breve descripción de cada uno de ellos.

Tabla 19.1. Tipos de datos

Tipo	Descripción
Texto	Tipo específico para aquellos casos en los que los campos van a contener caracteres con una longitud más o menos fija. También se puede usar cuando el campo contenga tanto caracteres como números (NIF, CIF, etc.). El código postal suele ser de este tipo.
Memo	Dedicado a los campos en los que se almacenará gran cantidad de información, como comentarios, explicaciones, etc.
Numérico	Define campos que contendrán cantidades y valores numéricos.
Fecha/hora	Este no necesita demasiadas explicaciones. Se utiliza para campos que contengan horas y fechas.
Moneda	Para cantidades que hagan referencia a valores monetarios es conveniente utilizar este tipo en lugar del numérico.
Autonúmerico	Cuando defines un campo con este tipo, Access se encarga de incrementar su valor automáticamente para cada nuevo registro. Se utiliza principalmente en campos clave.
Sí/No	Estos campos sólo pueden tener dos estados lógicos: Sí/NO, Activado/desactivado, etc.
Objeto OLE	Nos proporciona la potencia suficiente para incluir objetos en nuestras tablas, formularios o informes.
Hipervínculo	Especialmente diseñado para Internet, contiene la información relativa a una dirección de Internet.
Asistente para búsqueda	De este tipo hablaremos con más detalle en esta misma lección, pero te adelantamos que nos permite incluir una lista de valores predefinidos asociados al campo.

Una de las partes que debes incluir en el estudio preliminar de la base de datos serán los tipos para cada uno de los campos. Utilizar los tipos adecuados en cada caso es fundamental para optimizar la base de datos.

Propiedades de los campos

Como hemos podido ver en la última secuencia de pasos, cada vez que seleccionamos un determinado tipo de dato, en la parte inferior del cuadro de diálogo aparecen una serie de propiedades. Por ejemplo, en la figura 19.7 puedes ver las propiedades del tipo Texto. En este caso, cabe destacar la primera de las opciones, denominada **Tamaño del campo**, que contempla el tamaño máximo de la cadena de caracteres que contendrá el campo.

> **Nota:** la longitud máxima del tipo Texto es de 255 caracteres. Si crees que el campo superará este límite deberás utilizar el tipo Memo.

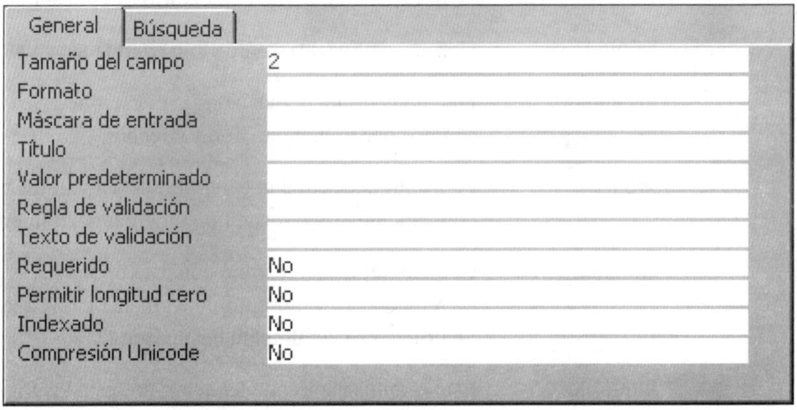

Figura 19.7. *Propiedades de los campos*

En el espacio situado a la derecha de las propiedades de tipo, puedes ver una descripción de cada una de ellas en el momento que la seleccionas. De todos modos, en la tabla 19.2 dispones de un breve comentario de cada una de las propiedades de los campos pero, si necesitas más información, puedes situar el cursor en la propiedad y pulsar la tecla F1.

Tabla 19.2. *Definición de las propiedades de los campos*

Propiedad	Definición
Tamaño del campo	Define el número máximo de caracteres en los tipos de texto y el valor mayor que se puede representar en los tipos numéricos.
Formato	Para algunos de los tipos como las fechas y horas, podemos elegir entre varios formatos de representación.

(continúa)

Tabla 19.2. Definición de las propiedades de los campos (continuación)

Propiedad	Definición
Lugares decimales	Esta propiedad es evidente que sólo está disponible para los tipos numéricos y define el número de posiciones decimales que se utilizarán para almacenar y representar el valor.
Máscara de entrada	Exige que el campo se ajuste a un formato determinado.
Título	Determina el nombre del campo en los formularios e informes donde se utilice.
Valor predeterminado	Aquí puedes introducir el valor por omisión para el campo. Este aparecerá antes de introducir nada.
Regla de validación	Determina las condiciones que debe cumplir la información para que se introduzca en el campo.
Texto de validación	Cuando el valor que queremos introducir no cumpla la regla anterior, aparecerá el mensaje que escribamos en esta propiedad.
Requerido	Hace obligatoria o no la introducción de un valor en el campo.
Permitir longitud cero	Con esta propiedad activa es posible introducir cadenas de longitud cero en los campos de tipo Texto o Memo.
Indexado	Para acelerar el proceso de búsqueda es muy útil definir índices. Con esta propiedad podemos determinar si el campo será o no un índice.

Nota: algunas de las propiedades no están disponibles para todos los tipos de datos existentes en Access.

Registros

Después de ver el concepto de campo, no queda más remedio que avanzar un paso más y hablar de los registros. Simplificando mucho, un registro es un conjunto de campos o, simplificando aún más, cada una de las filas de la tabla. Por lo tanto si los campos eran la unidad mínima de información dentro de la base de datos, los registros serían el siguiente peldaño dentro de esa escala y se pueden considerar como uno de los conceptos más importantes y que más utilizaremos a lo largo de estas lecciones.

Cuando hablamos de la información contenida dentro de una tabla, nos referimos casi siempre a sus registros ya que son la estructura que nos proporciona la información que deseamos conocer. Por ejemplo, en el caso de la tabla de intérpretes un registro sería:

0001	Revolver	Wea

Como puedes comprobar esta ya es una estructura que nos proporciona suficiente información para empezar a considerarla útil. En la figura 19.8 puedes ver una tabla con varios registros.

Figura 19.8. *Registros dentro de una tabla*

Campos clave

Para identificar de manera única cada registro de una tabla es necesario definir un campo denominado *Clave*. La clave es única para cada tabla y puede estar compuesta por uno o varios campos. Este último caso se utiliza cuando ninguno de los campos de la tabla por sí solo puede identificar de forma exclusiva a los registros de la tabla.

Para ilustrar todo esto con un ejemplo, imagina que tenemos una base de datos de clientes. Es evidente que el primer apellido no puede ser una clave válida ya que podría existir más de un cliente con el mismo apellido, incluso tampoco nos valdría si utilizáramos los dos apellidos, dado que existe la posibilidad de tener hermanos entre nuestros clientes. En cambio, el CIF o el NIF, sí son valores asociados de forma exclusiva a una persona y, por lo tanto, nos podrían servir perfectamente como clave para nuestra tabla de clientes.

> **Aviso:** Access no te permite incluir dos valores iguales dentro de un campo definido como clave en la base de datos. Esta protección se puede quitar, aunque quebrantarías muchas de las reglas básicas de los sistemas de bases de datos.

Volviendo a nuestro ejemplo, hasta ahora hemos creado tres campos y todavía no tenemos un campo clave. Pero, sin duda, el campo ID_intérprete cumple todas las características para ser la clave de nuestra tabla. El hecho de ser de tipo autonumérico le proporciona la propiedad de identificador único, ya que será Access quien se encargue de dar un nuevo valor a este campo cada vez que creemos un nuevo registro. Para hacer que este sea el campo clave de nuestra tabla sigue estos pasos:

1 Retomando el estado de la base de datos tal y como la dejamos en la última secuencia de pasos, haz clic en el nombre del campo ID_intérprete.

2 Haz clic con el botón derecho del ratón y en el menú contextual que aparece selecciona la opción **Clave principal**.

3 Selecciona el botón **Guardar**.

Con esto ya está definida la clave principal de nuestra base de datos; observa que junto al campo ID_intérprete aparece una pequeña llave (figura 19.9).

> **Nota:** siguiendo los mismos pasos que acabamos de utilizar para definir una clave principal, puedes eliminar esta propiedad y asignarla a cualquier otro campo que cumpla con las características necesarias.

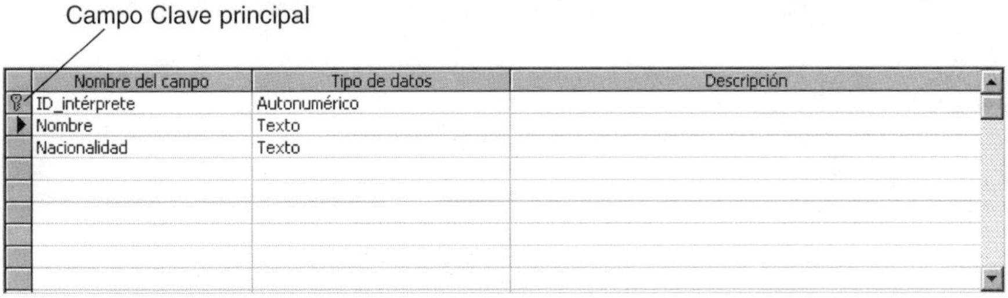

Figura 19.9. *Campo clave principal*

Editar campos

Antes de llenar la base de datos de información no existe ningún problema en modificar alguno de sus campos, pero cuando ésta ya contiene registros es mejor no hacerlo a no ser que resulte estrictamente necesario.

Para cambiar el nombre de cualquier campo, sólo tienes que hacer clic sobre él y utilizar los métodos de edición habituales. Del mismo modo, para cambiar el tipo, sólo tienes que seleccionar el nuevo tipo que desees.

Continuamos con el ejemplo

Para completar tu base de datos de música, necesitarás tres tablas más, además de la que ya tenemos de intérpretes. La primera de ellas, con información sobre los temas que componen tu discografía; otra, con los datos de cada disco; y una última, sobre estilos musicales.
Utiliza la información tabla 19.3 y lo aprendido hasta este punto de la lección para crearlas.

Tabla 19.3. *Información para crear las tablas de ejemplo*

Nombre de la tabla	Campo	Tipo de dato
Temas	ID_Tema (CLAVE)	Autonumérico
	NombreTema	Texto
	FechaPublicación	Fecha/Hora
	Intérprete	Texto
Títulos	ID_Título (CLAVE)	Autonumérico
	Intérprete	Texto
	NombreTítulo	Texto
	NúmCanciones	Numérico
	FechaPublicación	Fecha/hora
	Formato	Texto
Estilo	ID_Estilo	Autonumérico
	NombreEstilo	Texto

Se podría completar cada una de las tablas para almacenar más información sobre nuestra discografía, pero esta tarea ya la dejamos en tus manos, porque lo que realmente nos interesa es que comprendas el funcionamiento de las bases de datos con Access.

Vistas Diseño y Hoja de datos

Hasta ahora la única vista que conocemos de la base de la tabla es la que hemos utilizado para crear su estructura, a esta vista se le denomina Vista Diseño. Además de la vista Diseño, necesitamos algún otro modo para introducir información en la tabla. A esta segunda vista se la conoce como *Hoja de datos* y se accede de esta forma:

1 Selecciona **Tablas** en la ventana Base de datos y luego la tabla que deseas abrir.

2 Haz clic en el botón **Abrir**. La tabla aparecerá con el aspecto que puedes ver en la figura 19.10. En esta vista ya podemos introducir información en la tabla. En el siguiente apartado veremos cómo hacerlo.

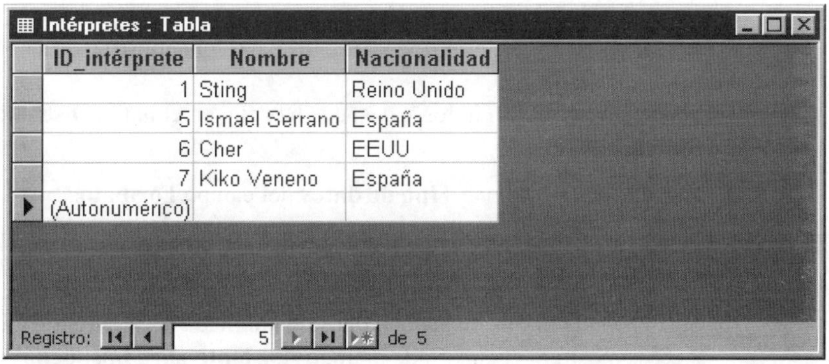

Figura 19.10. *Tabla en modo Hoja de datos*

Truco: por defecto cuando haces doble clic sobre el nombre de la tabla ésta se abre en el modo Hoja de datos.

Una vez abierta la tabla en alguna de las vistas puedes usar el botón **Vista** (figura 19.11) de la barra de herramientas para seleccionar el modo que desees. Cada uno de los objetos de la base de datos tiene su propia vista.

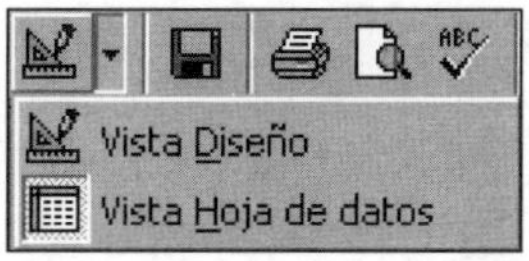

Figura 19.11. *Botón **Vistas** de la barra de herramientas*

Crear campos con una lista de elementos asociada

Como hemos comentado, la última de las opciones disponibles en la lista de tipos se denomina **Generador de campos**. Esta opción es una especie de asistente para crear campos personalizados, similares a los cuadros de listas que estás acostumbrado a ver en cualquier aplicación Windows.

Por ejemplo, en los títulos que acabas de crear puedes encontrarlos en el campo **Formato**. La verdad es que las posibilidades de este campo podríamos limitarlas a: CD, Cintas, MiniDisc, Discos y si me apuras mucho podemos incluir MP3. Pues si éstas son todas las opciones, por qué no creamos un tipo que contenga cada una de ellas. De esta forma, cuando rellenes este campo sólo tendrás que seleccionar una de las posibilidades en lugar de escribirla.

Para crear un campo de este tipo, sigue los pasos que mostramos a continuación:

1. Selecciona la tabla Títulos y después haz clic en el botón **Diseño** de la ventana Base de datos.
2. Haz clic en la columna **Tipo de datos** del campo **Formato**.
3. Pulsando en el pequeño botón situado a la derecha, se desplegará la lista de tipos de datos.
4. Selecciona la última de las opciones denominada **Asistente para búsquedas** y Access mostrará el cuadro de diálogo **Asistente para búsquedas** (figura 19.12).
5. Selecciona la opción **Escribiré los valores que desee** y haz clic en **Siguiente**.
6. Deja el número de columnas a uno y escribe en la tabla los valores: CD, Cinta, MiniDisc, Discos y MP3.
7. Deja la etiqueta por defecto y haz clic en **Finalizar**.

Ahora guarda la tabla y vuelve al modo Hoja de datos. Después haz clic en el campo **Formato** y comprueba como aparece un pequeño botón que al hacer clic sobre él despliega una lista con las opciones que acabamos de introducir (figura 19.13).

Introducción y edición de datos

Ahora que conocemos el modo Hoja de datos, tan sólo nos queda contarte la manera de introducir nuevos datos en la tabla y de editar su contenido, así como parte de su estructura.

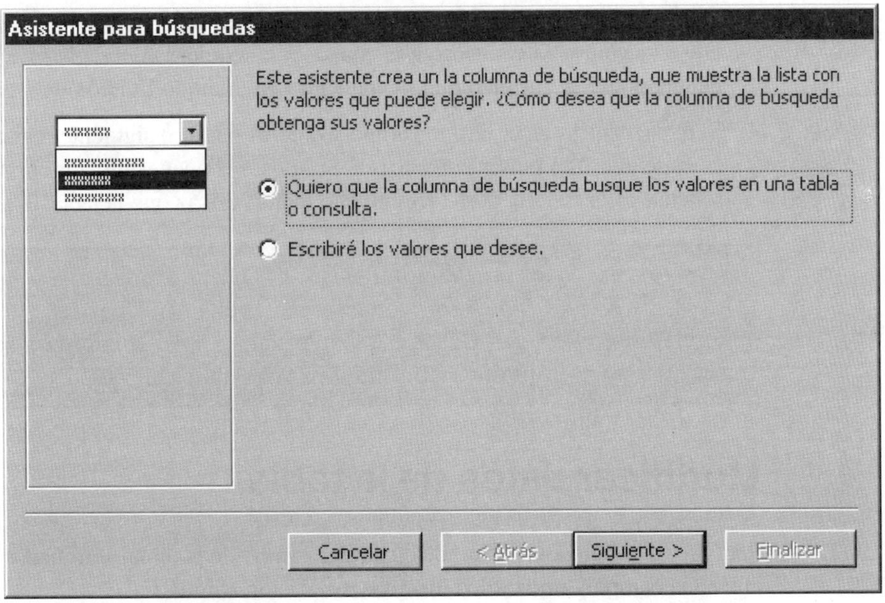

Figura 19.12. *Cuadro de diálogo* ***Asistente para búsquedas***

Figura 19.13. *Lista de opciones del campo Formato*

Añadir registros a la tabla

La forma de añadir nuevos registros a una tabla es bien sencilla:

1 Abre la tabla en el modo Hoja de datos.

2 Haz clic en el primer campo, si este es del tipo autonumérico puedes dejarlo como está y pasar al siguiente, ya que en estos casos Access se encarga de asignarle un valor.

3 Escribe la información y utiliza la tecla Tab para pasar al siguiente campo. Observa cómo, en el cuadro gris situado a la izquierda del registro, aparece un pequeño lápiz indicando que se encuentra en el modo Edición.

4 Si te encuentras en el último campo y quieres pasar al siguiente registro, también es suficiente con pulsar la tecla Tab. Si lo deseas puedes utilizar el ratón para rellenar cada campo, pero sería mucho menos eficaz que la tecla Tabla.

Consejo: cuando te encuentres introduciendo información en una tabla de Access, no olvides utilizar con cierta frecuencia el botón **Guardar** o la combinación de teclas Ctrl+G. De este modo evitarás perder la información ante cualquier posible corte de suministro eléctrico o fallo del equipo.

Modificar datos de la tabla

Para modificar cualquier dato de cualquier campo de la tabla, sólo tienes que hacer clic en el campo y utilizar los métodos de edición habituales.

Eliminar registros

Para eliminar uno o varios registros de una tabla sigue los pasos que mostramos a continuación:

1 Sitúa el cursor sobre el margen gris situado a la izquierda de cada registro. Comprueba cómo se transforma en una flecha negra apuntando hacia la derecha.

2 Haz clic y todo el registro quedará seleccionado.

3 Pulsa la tecla Supr o utiliza el botón **Eliminar registro** de la barra de herramientas. Access te preguntará si estás seguro de la operación, haz clic en **Aceptar**.

Aviso: una vez borrado el registro no existe ningún comando que te permita deshacer la operación, por lo que debes estar bien seguro antes de ejecutarla.

Cortar, copiar y pegar

Estos tres comandos también están disponibles en Access y los puedes utilizar del mismo modo que ocurría en Word y Excel para pasar información al portapapeles y después pegarla donde desees.

Deshacer

Lo cierto es que el comando **Deshacer** en Access no es tan potente como he podido comprobar en las aplicaciones anteriores. En este caso sólo permite deshacer la última operación y no en todos los casos, ya que existen muchos comandos que no contemplan esta posibilidad.

Truco: recuerda que la combinación de teclas Ctrl+Z es la forma más rápida para deshacer la última operación.

Buscar y reemplazar

Para buscar y reemplazar cualquier dato contenido en la tabla, puedes utilizar los comandos **Buscar** y **Reemplazar** del menú **Edición**. Estos dos comandos sólo están disponibles cuando abres una tabla en modo Hoja de datos y funcionan del mismo modo que vimos en Word y Excel.

Insertar columnas

En la vista Hoja de datos puedes añadir nuevas columnas a la tabla, teniendo en cuenta que cuando incluyes una nueva columna lo que realmente estás haciendo es añadir un nuevo campo a la base de datos.
Para insertar una nueva columna, haz lo siguiente:

1. Haz clic sobre el nombre de la columna, delante de la cual quieres insertar la nueva. Cuando colocas el cursor encima del nombre de la columna éste se transforma en una flecha negra hacia abajo, en ese momento puedes hacer clic para seleccionar toda la columna.
2. Ahora utiliza el comando **Columna** del menú **Insertar** y en un instante aparecerá una nueva columna con el nombre por defecto que le asigna Access.
3. Para cambiar el nombre de la columna haz clic con el botón derecho sobre su encabezado y selecciona el comando **Cambiar nombre de columna**.
4. A continuación escribe el nombre que desees y pulsa Intro.

Nota: para cambiar el tipo de dato de la nueva columna deberás ir hasta la vista Diseño y elegir el tipo que desees.

Cambiar el orden de los campos

En la vista Diseño puedes cambiar el orden de los campos en la tabla:

1 Haz clic sobre el cuadro de selección del campo que quieres mover (recuerda que nos referimos al cuadro gris situado a la izquierda del campo).
2 Ahora vuelve a hacer clic sobre el campo seleccionado, mantén pulsado el botón izquierdo del ratón y arrastra hacia arriba o hacia abajo según desees. Una línea más gruesa de color negro te indica la posición de destino del campo.
3 Cuando se encuentre en el lugar correcto, suelta el botón del ratón.

Guardar la tabla

Para guardar la tabla o el objeto activo pulsa Ctrl+G, haz clic en el icono **Guardar** de la barra de herramientas o usa el comando del mismo nombre del menú **Archivo**.

Guardar como

Puedes guardar una copia de la tabla con otro nombre en la misma base de datos:

1 Selecciona la tabla que quieres copiar y por lo tanto guardarla con otro nombre.
2 Selecciona el comando **Guardar como** del menú **Archivo**. Aparece el cuadro de diálogo **Guardar como** (figura 19.14).
3 Introduce el nombre que quieres asignar a la copia de la tabla.
4 En la lista **Como** elige el tipo de objeto para la copia de la tabla.
5 Haz clic en **Aceptar**.

Figura 19.14. *Cuadro de diálogo* ***Guardar como***

Exportar

El comando **Exportar** permite convertir la tabla seleccionada a cualquiera de los formatos disponibles en Access. Basta con escribir el nombre del tabla y seleccionar el formato de exportación en la lista **Guardar como tipo**.

Generador de campos

El generador de campos en realidad es un potente asistente que nos facilita la tarea de incluir los campos más comunes a una tabla. La forma de utilizar este generador de campos es la siguiente:

1. Haz clic en Tablas dentro de la ventana Base de datos, si esta opción no se encuentra activa.
2. Haz doble clic sobre **Crear una tabla en vista Diseño** para abrir una nueva tabla en la vista Diseño.
3. A continuación, selecciona el botón **Generar** de la barra de herramientas. Lo podrás reconocer fácilmente porque está representado por una pequeña varita mágica.
4. En el cuadro de diálogo **Generador de campos** (figura 19.15) tienes dos ventanas; en la situada a la izquierda tienes las distintas categorías y en la de la derecha los campos que componen dicha categoría.

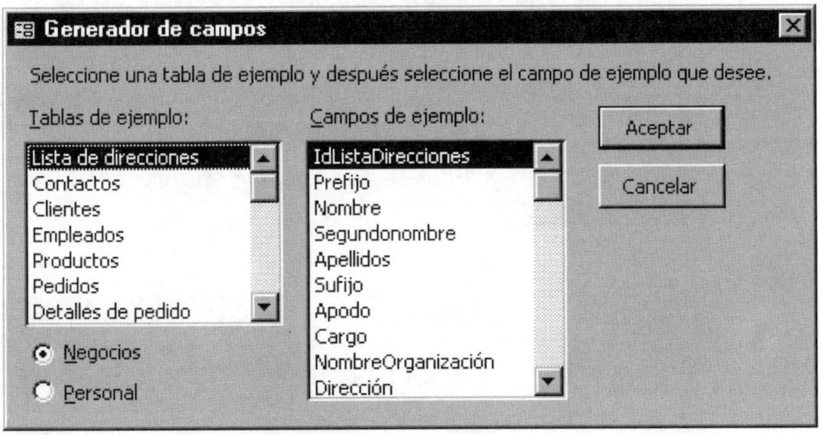

Figura 19.15. *Generador de campos*

5 Elige la categoría que desees, el campo que quieras utilizar y haz clic en el botón **Aceptar** para incluirlo en la tabla.

6 Repite estos pasos para insertar todos los campos que necesites.

> **Aviso:** cuando utilizas el Generador de campos, Access además de incluir el campo en la tabla le aplica ciertas propiedades que mejoran su rendimiento.

Asistente para tablas

Ya sabemos cómo crear una tabla, cómo añadir campos, cómo editar sus registros y completar su información. Con todo esto, la verdad es que hemos avanzado bastante pero, como comentamos al principio de la lección, Access dispone de un asistente para la creación de tablas que nos puede resultar muy útil, ahora que ya conocemos sus fundamentos.
Para utilizar el asistente para tablas sigue los pasos que mostramos a continuación:

1 Comprueba que la opción Tabla está seleccionada, si no es así selecciónala.

2 Haz doble clic sobre el icono **Crear una tabla utilizando el asistente**. En ese momento aparecerá la primera pantalla del Asistente (figura 19.16).

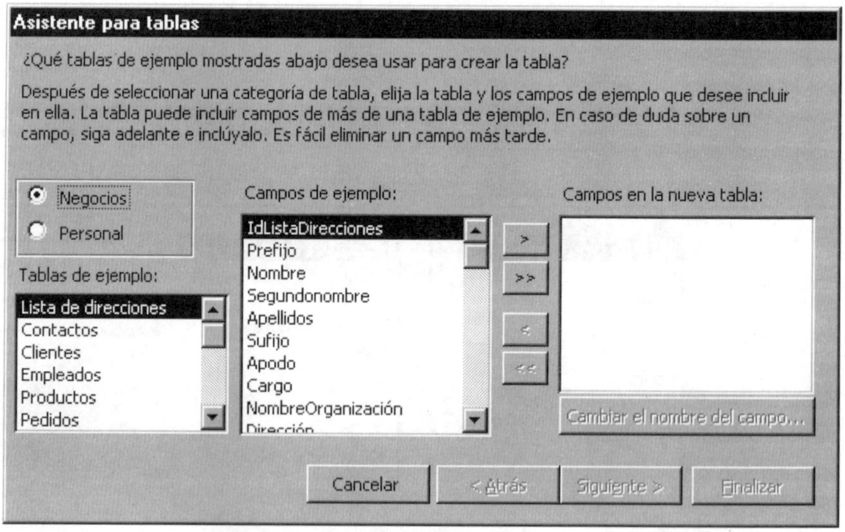

Figura 19.16. *Primer paso del Asistente para tablas*

Nota: todas las opciones para crear una nueva tabla e incluso alguna más se encuentran también disponibles cuando utilizas el botón **Nuevo** del ventana Base de datos.

3 En la parte inferior selecciona la opción **Negocios** o **Personal** para mostrar en la ventana **Tablas de ejemplo** los modelos predefinidos de tablas asociados a cada una de estas dos categorías.

4 En la ventana **Tablas de ejemplo** elige la tabla que desees y al instante aparecerán en la columna de la derecha los campos asociados a la tabla elegida.

5 Selecciona el campo que quieras incluir y haz clic en el primer botón ">". Si prefieres añadir todos los campos de una vez, utiliza el segundo de los botones ">>".

6 Para eliminar algún campo utiliza el botón "<" y para eliminarlos todos, "<<".

Aviso: los campos seleccionados no tienen por qué ser de la misma tabla, de este modo puedes crear tus propias tablas a partir de todas las que integra el asistente.

7 Una vez seleccionados los campos haz clic en **Siguiente** y aparecerá el segundo cuadro de diálogo del Asistente (figura 19.17).

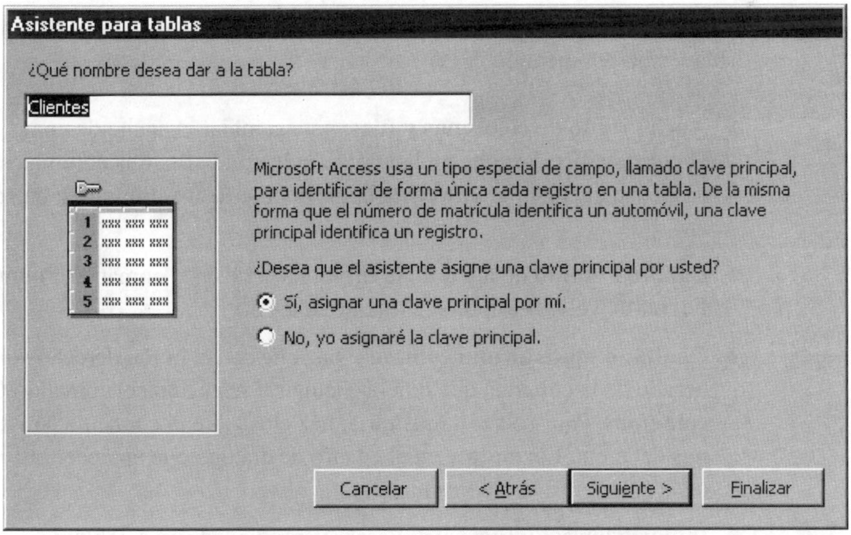

Figura 19.17. *Segundo paso del Asistente para tablas*

8 Escribe el nombre que quieres asignar a la base de datos y elige si deseas que Access cree una clave principal o prefieres elegirla tú mismo. En este caso vamos a seleccionar nosotros la clave, por lo tanto, activa la segunda de las opciones y haz clic en **Siguiente**.

9 Elige el campo que actuará como clave de la tabla y deja activada la primera de las opciones de la parte inferior. Haz clic en **Siguiente**.

10 El siguiente cuadro de diálogo del Asistente nos habla de relaciones y como todavía no sabemos nada de esto, simplemente haz clic en **Siguiente**.

11 Deja la opción activada por defecto y haz clic en **Finalizar**.

La tabla aparece en el modo Hoja de datos, lista para que introduzcamos la información en ella.

Como has podido comprobar, el Asistente nos permite abstraernos de casi todo el trabajo tedioso en la creación del tablas pero, al mismo tiempo, perdemos el contacto directo con el proceso real de creación y por lo tanto, corremos el riesgo de caer en el desconocimiento de algunos de sus aspectos fundamentales. Como consejo personal, recomendamos utilizar el asistente sólo para casos motivados por la urgencia o por un alto nivel de desconocimiento.

Modificar el aspecto de la tabla

Access nos ofrece la posibilidad de cambiar el aspecto de algunos elementos de la tabla, como por ejemplo:

- **Ancho y alto de columnas y filas**: para cambiar el ancho de una columna o el alto de una fila, haz clic en la intersección con la fila o la columna siguiente hasta que el cursor se convierta en una doble flecha. Entonces, haz clic y arrastra.
- **Cambiar el tipo de letra de la tabla**: haz clic en el comando **Fuente** del menú **Formato** y elige el tipo de letra que desees.
- **Ocultar o mostrar una columna**: haz clic con el botón derecho sobre el encabezado de la columna que quieras ocultar y selecciona el comando **Ocultar columnas**. Para volver a mostrarla, haz clic sobre el comando **Mostrar columnas** del menú **Formato** y en el cuadro de diálogo que aparece, activa la casilla de la columna que quieres mostrar.
- **Inmovilizar columnas**: al aplicar esta propiedad a una columna, ésta siempre quedará visible aunque nos desplacemos a cualquier otro lugar de la tabla. Para

inmovilizar una o varias columnas, selecciónalas y elige el comando **Inmovilizar columnas** del menú **Formato**. Para devolverlas a su estado normal utiliza el comando **Liberar todas las columnas** del mismo menú.

- **Desplazar una columna**: haz clic en su encabezado para seleccionarla, suelta el ratón y vuelve a hacer clic. Mantén pulsado el botón izquierdo del ratón y arrastra la columna hasta su nueva posición.

Búsqueda de datos en la tabla

Aunque en las lecciones siguientes hablaremos de las consultas, que sin duda son la mejor forma de buscar información en una base de datos, quizás te encuentres en determinadas situaciones donde tengas que buscar algún dato directamente sobre la tabla. La forma de hacerlo es la siguiente:

1 Abre la tabla en la que quieras realizar la búsqueda en el modo Hoja de datos.

2 Ahora haz clic con el botón derecho sobre el campo que desees utilizar como base para la búsqueda. Aparece el menú emergente (figura 19.18).

3 Las tres primeras opciones de este menú están asociadas a métodos de búsqueda:

- *Filtro por selección*: muestra todos aquellos registros donde el contenido del campo coincida con la selección. Por ejemplo, si contiene la palabra "Sting", la seleccionas y después eliges esta opción, Access mostrará todos los

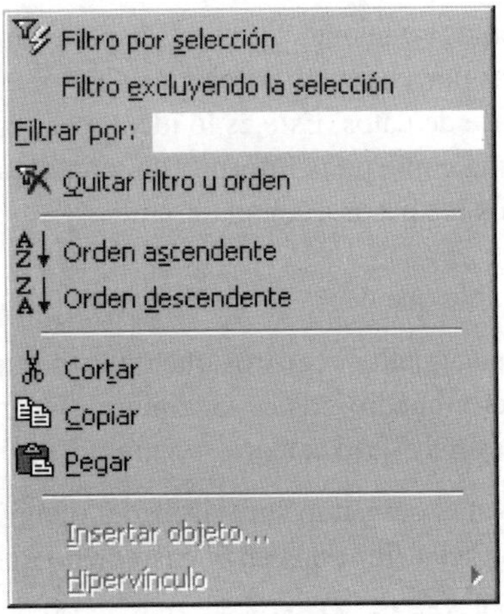

Figura 19.18. Menú emergente con las tres opciones de filtrado

registros que contengan la palabra seleccionada en ese campo. Puedes seleccionar tanto texto como necesites.

- *Filtro excluyendo la selección*: actúa de manera similar a la opción anterior pero, en este caso, utiliza como parámetro de búsqueda todo el contenido del campo menos aquello que hayamos seleccionado previamente.
- *Filtrar por*: en esta última opción, deberás escribir en el cuadro asociado los valores que quieras utilizar para localizar los registros que desees.

4 Una vez realizada la búsquedas puedes volver al estado inicial de la tabla seleccionando la opción **Quitar filtro u ordenar**.

Ordenar

Además del método que acabamos de describir para localizar registros dentro de una tabla, también tenemos ciertos comandos para ordenarlos. El proceso sería el siguiente:

1 Abre la tabla en la vista Hoja de datos.

2 Haz clic con el botón derecho del ratón sobre el campo que quieras utilizar como referencia para la ordenación.

3 Selecciona el comando **Orden ascendente** u **Orden descendente** según desees.

Impresión de la tabla

Como ya hemos comentado, Access dispone de un objeto denominado **Informe** que nos ofrece las herramientas necesarias para obtener una copia impresa de la información de la base de datos. Esto es lo ideal, pero en ciertas ocasiones simplemente querremos una copia de la información contenida en alguna de nuestras tablas; en estos casos los pasos a seguir serían:

1 Abre la tabla que deseas imprimir.

2 Selecciona aquellos registros que quieras imprimir, haciendo clic en el selector del primero (cuadro gris de la izquierda) y arrastrado. Si quieres imprimir toda la tabla no es necesario seleccionar ningún registro.

3 Haz clic en el comando **Imprimir** del menú **Archivo**. Activa la casilla **Todo** o **Registros seleccionados** en el caso de no querer imprimir toda la tabla.

4 Utiliza el botón **Propiedades** para cambiar la configuración por defecto y si todo es correcto, haz clic en **Aceptar**.

Consejo: antes de imprimir la tabla utiliza la vista preliminar para comprobar el resultado antes de obtener la copia impresa. En el caso de que no sea posible mostrar todos los campos, prueba a utilizar el papel con una orientación horizontal o a modificar el ancho de los campos manualmente.

Importante

A lo largo de las lecciones siguientes iremos añadiendo nuevos objetos a la base de datos. Esto provocará que tengamos que hacer algunos cambios en su estructura, sobre todo durante el desarrollo de la última lección. Por este motivo te aconsejamos que para seguir los ejemplos del libro no introduzcas demasiada información en las tablas de la base de datos, ya que la versión de la misma no será definitiva hasta el final de la última lección. A partir de ese momento, ya podrás empezar a modificarla a tu gusto y a introducir toda la información que desees.

Formularios en Access

El segundo de los objetos de Access que vamos a ver son los formularios. La misión principal de este objeto es hacer más fácil la introducción de información en la base de datos. Si ya has empezado a completar las tablas que hemos creado en la lección anterior, seguro que has resoplado más de una vez, pensado si no existe otra forma mejor de hacer este trabajo. Para solucionar o mejorar esta labor, dispones de los formularios. En esta lección veremos cómo crearlos, cómo mejorar su aspecto y, en definitiva, cómo aprovechar las posibilidades que nos ofrecen.

En esta lección aprenderás a:

- Comprender la existencia de los formularios
- Crear formularios
- Trabajar con las vistas del formulario
- Utilizar las posibilidades de autoformato
- Crear un nuevo formulario con el asistente

El por qué de los formularios

Los formularios son un medio mucho más sencillo e intuitivo de introducir información. Con las herramientas que Access nos ofrece, podemos crear una interfaz mucho más atractiva para nuestras aplicaciones de bases de datos, como en la figura 20.1, donde se ha empleado un formulario para acceder a los objetos de la base de datos. Hasta ahora sólo hemos comentado que los formularios son herramientas para introducir información, pero también tiene otras dos propiedades destacables: modificar y ver la información de las tablas. Sobre todo esta última es fundamental cuando nuestras tablas empiezan a tener un volumen de información grande.

Nota: un formulario no está limitado a trabajar con los datos de una sola tabla sino que puede hacerlo con varias al mismo tiempo. Para este caso se utilizan subformularios que podemos decir que son formularios dentro de formularios.

Otra de las ventajas de los formularios que no podemos dejar atrás es la posibilidad de incluir totales e insertar gráficos.

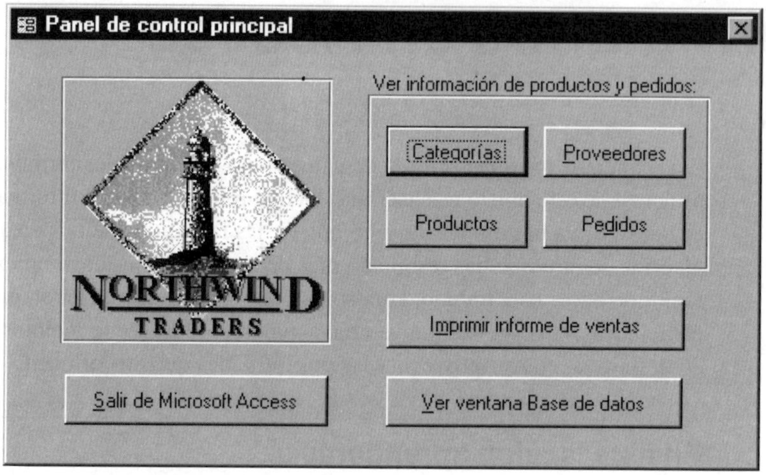

Figura 20.1. *Ejemplo de formulario como interfaz de la aplicación*

Crear un formulario

Al igual que ocurría con las tablas, en el caso de los formularios también podemos crearlos manualmente o utilizar el asistente que pone Access a nuestra disposición para este fin. En un primer momento, veremos cómo crear un formulario para entender mejor su funcionamiento y su estructura, pero una vez que conozcamos esto es mucho más cómodo usar el Asistente. En el caso del Asistente para las tablas, lo cierto es que perdíamos bastante control sobre el proceso, lo que podía ser perjudicial después, pero para el proceso de formularios es mucho más sencillo.
Para empezar vamos a ver qué pasos debemos seguir para crear un formulario en blanco. Utilizaremos la tabla Temas para este ejemplo:

1 Abre la base de datos de ejemplo (te recordamos que si no has seguido el ejemplo anterior puedes encontrar la base de datos en el CD que acompaña a este libro).

2 Haz clic en la opción **Formularios** situada en el margen izquierdo la ventana Base de datos, dentro de **Objetos**.

3 Haz clic en el botón **Nuevo** de la parte superior de la ventana para mostrar el cuadro de diálogo **Nuevo formulario** (figura 20.2).

4 Selecciona la opción **Vista diseño**.

5 En la lista desplegable situada en la parte inferior del cuadro de diálogo, encontrarás las tres tablas que hemos creado en la lección anterior. Elige **Temas** y haz clic en **Aceptar**.

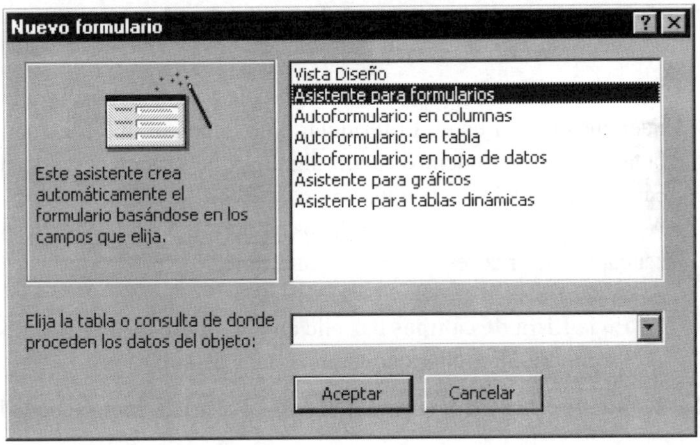

Figura 20.2. *Cuadro de diálogo* ***Nuevo formulario***

Después de los pasos anteriores aparecerá un formulario en blanco junto a un cuadro de herramienta y una pequeña ventana con todos los campos asociados a la tabla seleccionada (figura 20.3). El siguiente paso será añadir al formulario los campos de la tabla que necesitemos.

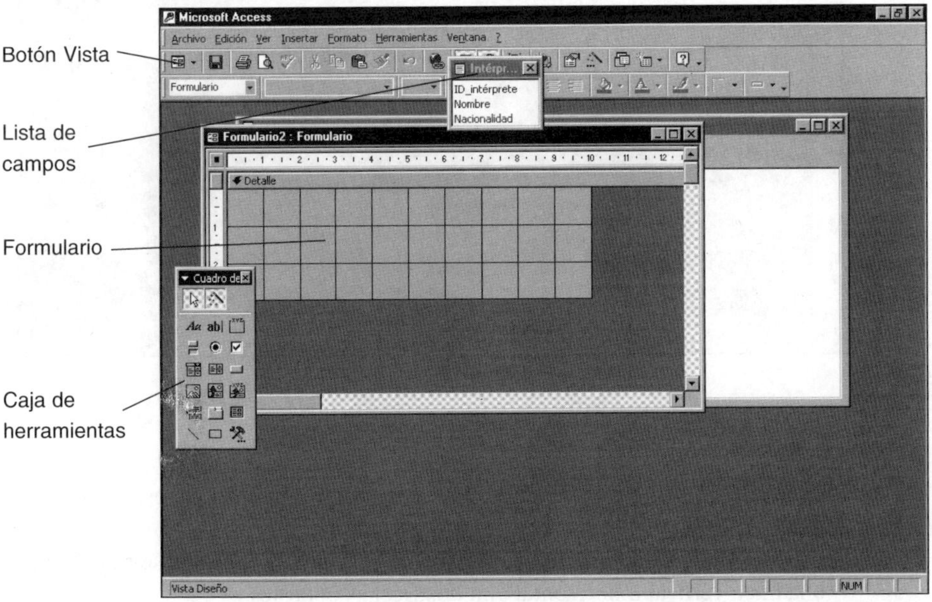

Figura 20.3. *Nuevo formulario*

Añadir campos al formulario

Una vez creado el formulario, el siguiente paso será añadir aquellos campos que queramos incluir en él. El formulario no tiene por qué contener todos los campos de la tabla, incluso podemos añadir algunos que formen parte de ella que pueden ser campos calculados o de totales.
A continuación vamos a insertar los campos de la tabla Temas en el formulario que acabamos de crear en el apartado anterior:

1 En la **Lista de campos** haz clic en el primero de ellos y arrástralo dentro del formulario. Por ahora no te preocupes de la posición.

2 Repite esta sencilla operación para el resto de campos de la lista.

Como puedes comprobar en la figura 20.4, al arrastrar el campo al formulario éste aparece junto a una etiqueta, que por defecto es el nombre del propio campo.

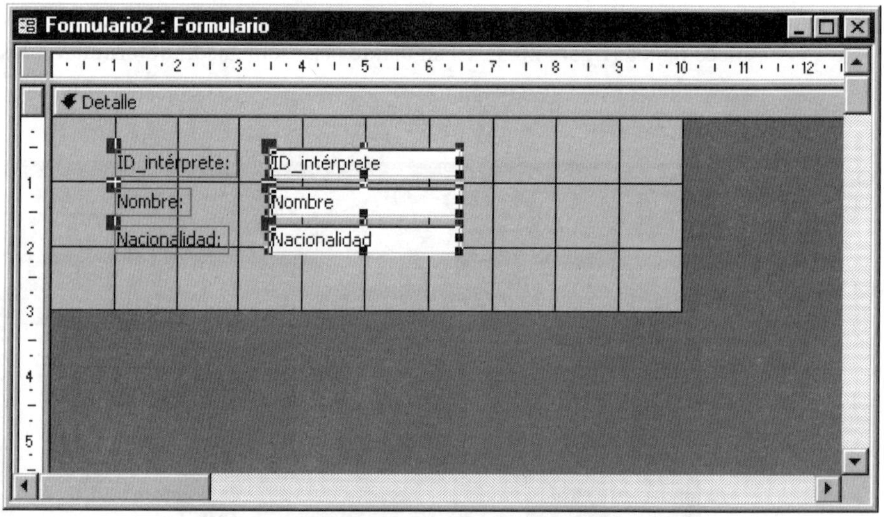

***Figura 20.4.** Campos sobre el formulario*

Si necesitas ampliar el espacio disponible para el formulario sigue estos pasos:

1 Coloca el ratón sobre alguno de sus bordes, hasta que el cursor se transforme en una línea vertical u horizontal con dos flechas opuestas.

2 En ese momento, haz clic y arrastra para cambiar el ancho o alto del formulario.

Truco: si colocas el cursor en la esquina inferior derecha puedes modificar el ancho y el alto al mismo tiempo.

Truco: si quieres colocar todos los campos de la tabla sobre el formulario de una sola vez, haz doble clic sobre el título de Lista de campos, después pulsa sobre alguno de ellos al tiempo que mantienes pulsado el botón izquierdo del ratón y finalmente arrastra hasta el formulario.

Editar los campos

Las posibilidades que nos ofrecen los campos para su edición son: cambiar su nombre, su tamaño, posición, modificar su color y algunas propiedades más. Para empezar, cada uno de los pequeños cuadros negros que rodean al campo tienen un propósito. En la figura 20.5 tienes el significado de cada uno ellos. Por ejemplo:

- **Para modificar la posición del campo y la etiqueta**: haz clic en cualquiera de los bordes del campo, no de la etiqueta, y comprueba cómo el cursor se transforma en una pequeña mano. En ese momento, haz clic y arrastra.
- **Para mover sólo el campo**: coloca el cursor sobre el cuadrado de mayor tamaño situado en la esquina superior izquierda del campo. En este caso, el cursor se convierte en una mano con el dedo índice extendido; en ese instante, haz clic y arrastra para mover el campo.
- **Para mover sólo la etiqueta**: sigue el mismo procedimiento del punto anterior pero utiliza el cuadro mayor situado en la esquina superior izquierda de la etiqueta.

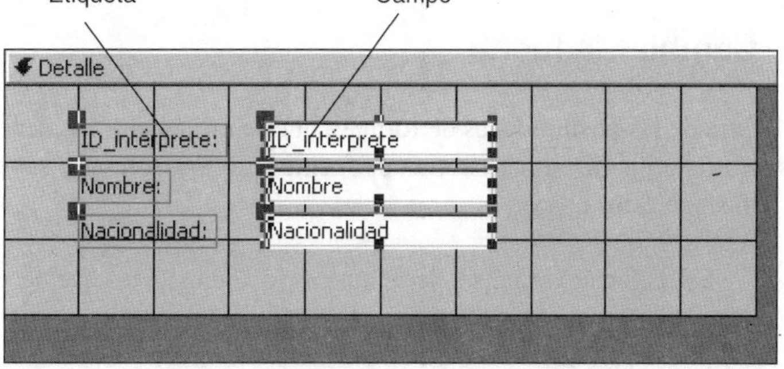

Figura 20.5. *Campo y etiqueta de formulario*

Cambiar el tamaño

Para cambiar el tamaño tanto de la etiqueta como del campo, utiliza los pequeños cuadros negros que lo rodean. Si no aparecen, es que no se encuentra seleccionado el elemento, por lo tanto debes primero hacer clic en él.

Truco: si has modificado el formato de alguna etiqueta y queda oculto parte de su contenido, haz doble clic en cualquiera de los cuadros de tamaño y el espacio disponible se ajustará automáticamente al contenido de la etiqueta.

Modificar el color y la apariencia de los campos

Para cambiar el aspecto de los campos del formulario, haz clic con el botón derecho sobre el campo que desees cambiar, y en el menú contextual correspondiente, (aproximadamente en la zona intermedia del mismo) dispones de tres opciones:

- **Color de fondo o de relleno**: al situar el cursor sobre esta opción aparece la típica paleta de colores, donde deberás hacer clic sobre el tono que quieres utilizar para el fondo de los campos o de las etiquetas según el elemento seleccionado.
- **Color de fuente o de primer plano**: funciona del mismo modo que el anterior pero, en este caso, los cambios afectan al texto de la etiqueta o del campo.
- **Efecto especial**: con esta propiedad podemos cambiar el aspecto estético del campo y la etiqueta, seleccionando alguna de las seis posibilidades (figura 20.6).

Truco: si lo deseas puedes aplicar las opciones de formato que acabamos de ver a más de un campo al mismo tiempo, basta con seleccionar todos los campos que desees modificar utilizando el método que te muestra el siguiente apartado.

Cambiar la fuente

Otra de las posibilidades de formato que se utiliza con frecuencia en el diseño de formularios es cambiar el tipo de fuente para los campos y sus etiquetas. Para hacerlo sigue estos pasos:

1. Selecciona los campos, las etiquetas (o ambos) a los que desees cambiar la fuente.
2. En la barra de herramientas Formato, despliega la lista **Fuente** y elige el que desees.
3. A la derecha del cuadro de lista Fuente está **Tamaño de fuente**, donde podrás escribir o seleccionar el tamaño que quieras aplicar a la fuente seleccionada.

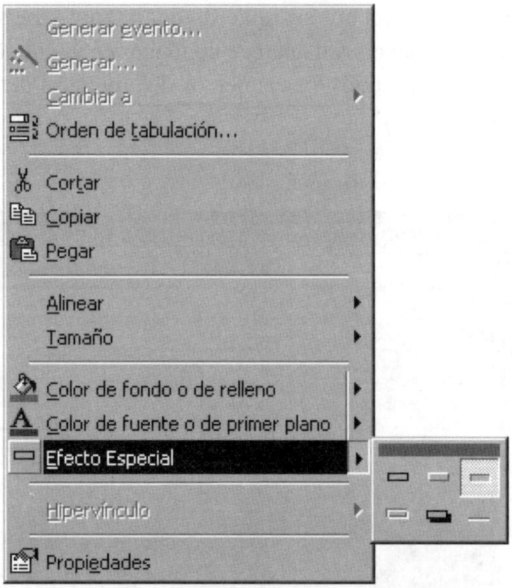

Figura 20.6. *Efectos especiales para los campos del formulario*

> **Nota:** cada modelo de fuente de la lista esta representado por su propio tipo de letra para que nos resulte más sencillo reconocer su aspecto.

Selección de elementos del formulario

Para seleccionar uno o más elementos de un formulario existen varios métodos. El primero de ellos es utilizar la combinación de teclas Ctrl+A con la que seleccionaremos todos los elementos incluidos en el formulario.
Si lo que deseas es seleccionar sólo algunos componentes del formulario, puedes hacer lo siguiente:

1 Haz clic en el primer elemento que quieres seleccionar.

2 Mantén pulsada la tecla Mayús y haz clic en el siguiente componente para añadirlo a la selección.

3 Repite el paso anterior para seleccionar tantos elementos como desees.

Otra forma bastante rápida de seleccionar campos, etiquetas o cualquier otro objeto incluido en el formulario, consiste en hacer clic en alguna parte vacía del formulario, mantener pulsado el botón izquierdo del ratón y arrastrar. Como puedes ver en la figura 20.7, al hacer esto aparece un tenue rectángulo que define el área de selección, por lo tanto todos los elementos que incluyas dentro de este área quedarán seleccionados.

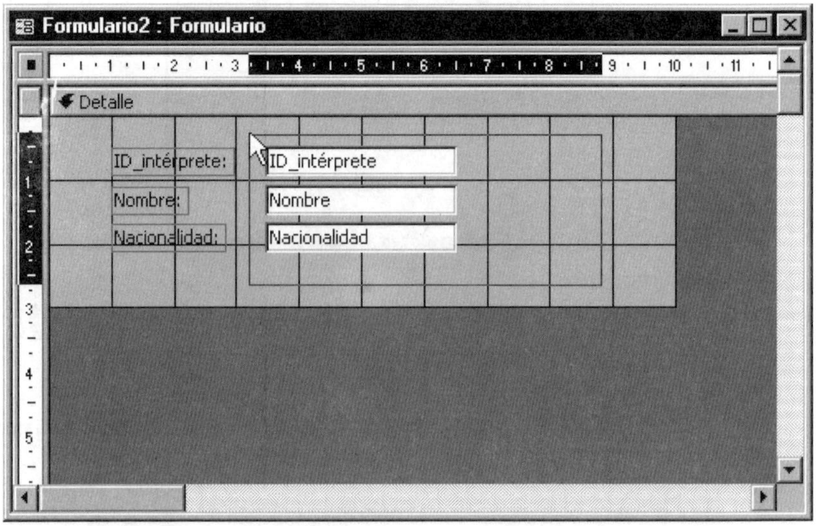

Figura 20.7. *Área de selección*

Eliminar componentes del formulario

El proceso para eliminar cualquier objeto del formulario como campos, etiquetas, imágenes, etc., es bien sencillo. Selecciona el elemento o elementos que quieras eliminar y después pulsa la tecla Supr.

Nota: recuerda que Access sólo tiene un nivel de deshacer; debes tenerlo presente a la hora de borrar cualquier objeto.

Orden de tabulación

Como ya sabrás, en cualquier cuadro de diálogo de una aplicación Windows es posible utilizar la tecla Tab para desplazarte a cada uno de los campos o elementos. Esta propiedad también es posible utilizarla dentro de un formulario pero, además, podemos definir el orden de desplazamiento para los diferentes campos.

La forma de establecer este orden sería la siguiente:

1 Haz clic con el botón derecho en algún espacio libre del formulario. Aparece el menú emergente asociado al formulario.

2 Selecciona la opción **Orden de tabulación** y podrás ver un cuadro de diálogo como el que muestra la figura 20.8.

3 La sección **Orden personalizado** funciona del mismo modo que una tabla. Por lo tanto, para cambiar el orden de un campo, haz clic para seleccionarlo, suelta y vuelve a hacer clic y a arrastrar para modificar su posición.

4 Una vez realizados los cambios necesarios, haz clic en **Aceptar**.

Nota: el botón **Orden automático** establece un orden de tabulación de izquierda a derecha y de arriba hacia abajo, cambiando la posición de los campos.

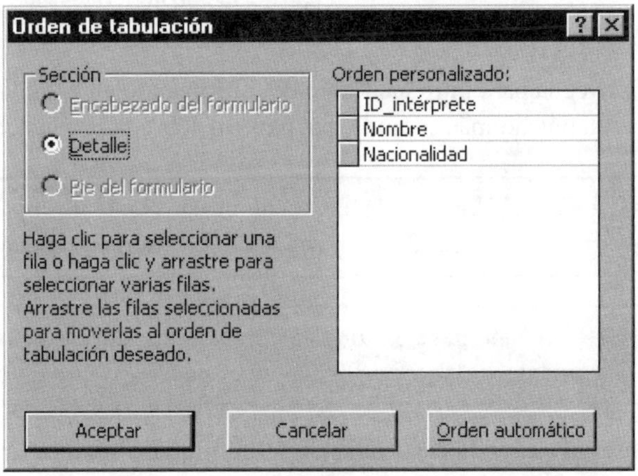

Figura 20.8. *Cuadro de diálogo* ***Orden de tabulación***

Guardar y ejecutar el formulario

Después de hacer todo el trabajo, tan sólo queda ver los resultados, pero antes vamos a guardar nuestro trabajo. Utiliza el botón **Guardar** de la barra de herramientas Estándar o el comando del mismo nombre del menú **Archivo**. Asigna un nombre al formulario, y haz clic en **Aceptar**. Después de guardar el formulario, haz clic en el botón **Vista** y aparecerá el modo que nos permite utilizarlo para introducir información. Esta vista se denomina Vista formulario (figura 20.9).

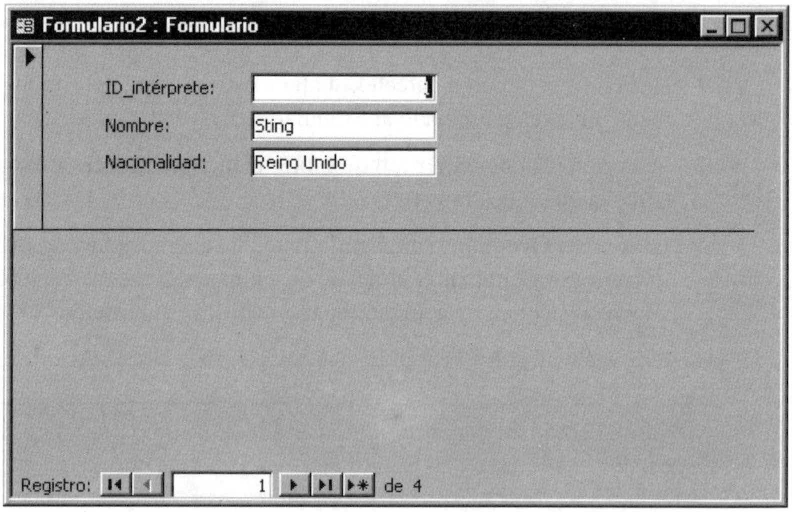

Figura 20.9. *Vista formulario*

Aprovecha para introducir algo de información en la tabla Temas y comprueba que resulta mucho más cómodo que hacerlo sobre la propia tabla.

Truco: si pulsas la tecla Tab, cuando estés en el último campo el formulario guardará todos los datos introducidos y pasará al siguiente registro.

Aviso: cuando trabajes con el formulario, los datos se guardan cada vez que pases al siguiente registro, por lo que no es necesario utilizar el comando **Guardar**.

Observa que en la parte inferior del formulario aparece información sobre el número del registro actual y el total de la tabla. Los botones de flecha de esta parte del formulario te permiten desplazarte:

- Hasta el primer registro.
- Hasta el último registro.
- Un registro hacia delante.
- Un registro hacia atrás.

Truco: si deseas ir a un número de registro concreto, puedes escribir su valor en el cuadro de texto y pulsar la tecla Intro.

Vistas del formulario

El objeto formulario tiene tres posibles modos o vistas a las que puedes acceder desde el botón **Vista** de la barra de herramientas Estándar. La descripción de cada una de ellas es la siguiente:

- *Vista Diseño*: éste es el modo que hemos utilizado para crear el formulario y será al que debes volver cada vez que quieras hacer algún cambio en su diseño o estructura.
- *Vista Formulario*: esta vista se usa para introducir, modificar o ver información con el formulario.
- *Vista Hoja de datos*: este último modo es equivalente a la vista del mismo nombre que ya hemos utilizado cuando se crearon las tablas de nuestra base de datos. No se utiliza demasiado, pero tiene la ventaja con respecto a la vista de tablas de que en la parte inferior aparecen los botones de navegación para desplazarte por los registros de la tabla.

Autoformato de formulario

Como ya es habitual, en este caso también disponemos de las herramientas necesarias para utilizar los formatos predefinidos, de manera que, en pocos minutos, nuestro trabajo tenga un aspecto profesional y elegante.
Para utilizar las posibilidades de autoformato en Access sigue estos pasos:

1. Abre el formulario al que quieres aplicar el autoformato en la vista Diseño.
2. Selecciona el comando **Autoformato** del menú **Formato**, y tras unos instantes aparecerá un cuadro de diálogo como el que muestra en la figura 20.10.
3. En la parte izquierda del cuadro de diálogo puedes ver los diferentes modelos disponibles. Cada vez que selecciones alguno de ellos, puedes ver su aspecto en la vista preliminar situada a la derecha.
4. Utiliza el botón **Opciones** si sólo quieres utilizar algunas de las propuestas de autoformato y no todas.
5. El botón **Personalizar** te permite combinar parte del diseño actual de tu formulario con el modelo de autoformato seleccionado.
6. Para finalizar, haz clic en **Aceptar** y tu formulario tomará el aspecto del diseño seleccionado.

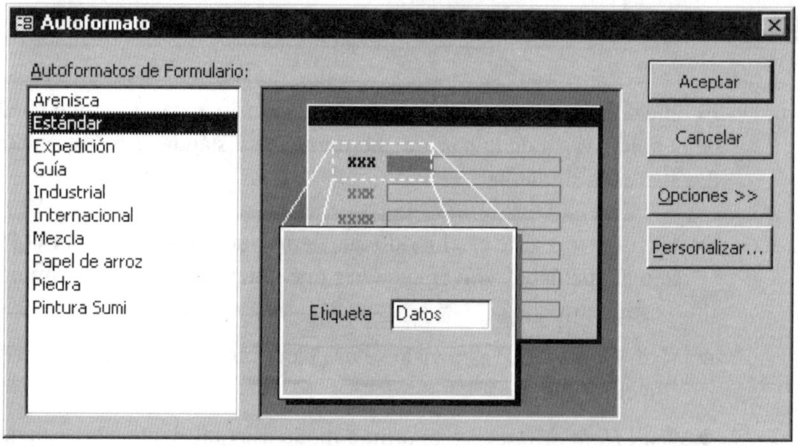

Figura 20.10. Cuadro de diálogo ***Autoformato***

Otras opciones de formato

Si no deseas utilizar el comando **Autoformato** y prefieres cambiar parte del aspecto de tu formulario de manera manual, sigue estos pasos:

1 En la vista Diseño, haz clic con el botón derecho sobre alguna parte libre del formulario.

2 En el menú emergente que aparece, selecciona el comando **Propiedades**. Aparece el cuadro de diálogo **Sección** (figura 20.11).

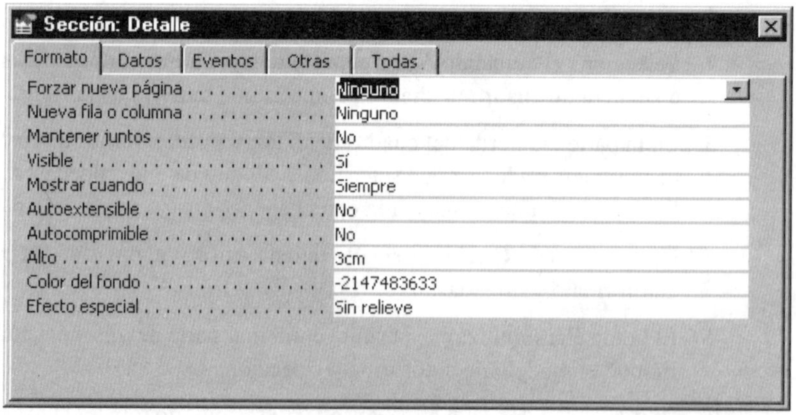

Figura 20.11. Cuadro de diálogo ***Sección***

3 Pulsa sobre la pestaña **Formato** y en esta página encontrarás un buen número de posibilidades para controlar el aspecto de tu formulario. La más usada es **Color de fondo**, que permite cambiar el triste tono gris, por otro algo más alegre.

4 También puedes utilizar la opción **Efecto especial** para aplicarle un cierto efecto tridimensional al formulario.

Consejo: ten cuidado con la combinación de colores del formulario, recuerda que es una herramienta para introducir información, por lo que tendrás que estar mucho tiempo delante de ella. Por ello es conveniente no usar colores demasiado agresivos.

Otros elementos del formulario

Uno de los elementos que hemos tenido abandonado hasta ahora es el **Cuadro de herramientas** (figura 20.12), aunque sus posibilidades quedan un poco fuera de las pretensiones de este libro, ya que están enfocadas a usuarios avanzados y técnicos. Aún así, algunas de sus herramientas pueden ayudarnos en nuestros formularios:

- **Etiqueta**: nos permite incluir una etiqueta de texto en el formulario.
- **Cuadro de texto**: crea un nuevo campo independiente, es decir, sin estar asociado a ninguna tabla. Podemos utilizarlo para crear campos calculados o de totales.
- **Botón**: incluye un botón en el formulario que podemos utilizar para realizar ciertas operaciones.

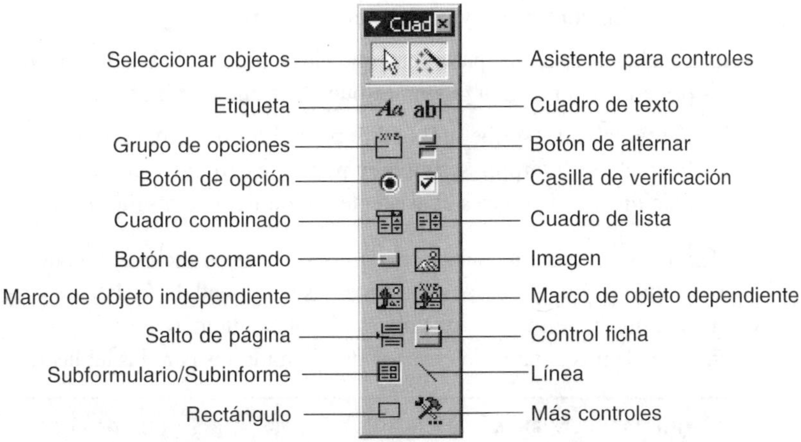

Figura 20.12. *Cuadro de herramientas*

- **Imagen**: nos permite incluir una imagen dentro del formulario. Al elegir esta herramienta y pulsar en el formulario, aparece un cuadro de diálogo para que seleccionemos la imagen que queremos colocar.
- **Línea**: dibuja una línea.
- **Rectángulo**: nos ayuda a englobar ciertos campos dentro de un área determinada.

Asistente para formularios

Y por fin, el Asistente para formularios, parecía que no iba a llegar nunca. Para ver cómo funciona, lo usaremos para crear un formulario para la tabla Intérpretes; así puedes evaluar la diferencia entre hacerlo de forma manual y utilizando el Asistente.

1 Comprueba que se encuentra seleccionada la opción **Formularios** en la ventana de la Base de datos; si no es así, haz clic sobre ella.

> **Truco:** utilizando la tecla F11 puedes volver a la ventana Base de datos desde cualquier otro objeto.

2 En la parte derecha de la ventana haz doble clic sobre el acceso directo **Crear un formulario utilizando el Asistente**.

3 Utiliza ahora la lista **Tabla/Consulta** para seleccionar la tabla **Intérpretes**.

4 Después de elegir la tabla Intérpretes, utiliza el segundo de los botones (>>) para añadirlos todos y haz clic en **Siguiente**.

5 Ahora debes elegir la distribución de los campos. Deja la opción por defecto, es decir, **En columnas**, y haz clic en **Siguiente**.

6 En el tercero de los pasos hay que elegir alguno de los diseños predefinidos. Esta parte la dejamos a tu gusto; después, haz clic en **Siguiente**.

7 Para finalizar, escribe un nombre para el formulario, en nuestro caso podría ser: Formulario Intérpretes. También puedes elegir entre empezar a introducir información cuando cierres el asistente o modificar su diseño. Haz clic en **Finalizar**.

Como ves, el Asistente para formularios simplifica mucho el trabajo de creación de estos objetos. En este caso, sí defendemos la utilidad del Asistente y recomendamos que lo utilices siempre, ya que ahorrarás mucho tiempo. Para seguir con el ejemplo, te encomendamos la tarea de crear sendos formularios para las tablas Estilos y Títulos.

> **Nota:** también puedes acceder al Asistente para formularios desde el botón **Nuevo** de la ventana Base de datos.

Consultas

Hasta ahora hemos visto cómo crear tablas, cómo utilizar formularios para hacer mucho más sencilla e intuitiva la tarea de introducción de datos, pero aún no sabemos cómo recuperar la información de la base de datos de forma eficaz. Sí, eficaz porque podemos abrir la tabla en el modo Hoja de datos y buscarla o utilizar los formularios para ir registro por registro, hasta llegar al que deseamos, pero no consideramos que ninguno de estos modos sea eficaz. Sólo las opciones de filtrado que vimos en la lección de tablas se acercan un poco a lo que podrían ser búsquedas complejas.

Por ejemplo, qué ocurre si queremos conocer todos los temas que haya compuesto Sting entre enero de 1995 y marzo del 97. Pues la respuesta la tenemos en las consultas de Access. Mediante este objeto tendremos una potente herramienta a nuestro alcance para recuperar, de manera inteligente, la información contenida en la base de datos. A la creación y al manejo de consultas dedicaremos completa esta lección.

En esta lección aprenderás a:

- Crear consultas
- Utilizar las vistas de consulta
- Trabajar con el Asistente para consultas
- Utilizar expresiones
- Crear consultas de agrupación y totales

¿Qué sería de Access sin consultas?

La verdad es que un sistema gestor de bases de datos sin una buena herramienta de consultas es algo así como un cielo sin estrellas. No tendría demasiado sentido tener toda nuestra información perfectamente estructurada en una base de datos si después no dispusiéramos de los mecanismos necesarios para recuperarla.

Si aún tienes pocos registros en tu base de datos, quizás no comprendas la importancia de las consultas, pero imagina por un momento que ya tienes más de mil registros. Con este volumen de información, recuperar cualquier dato sin utilizar consultas puede ser toda una aventura.

Otra de las cualidades de las consultas es la posibilidad de obtener valores calculados, como por ejemplo, crear una consulta que nos devuelta todos los discos editados por "El último de la fila", sumarlos y sumar también el número total de temas contenidos en todos los títulos. A este tipo de información se la conoce dentro de Access como *campos calculados.*

Para terminar con esta pequeña introducción sobre las consultas te diremos que existen varios tipos de consultas en Access, cada una de ellas dedicada a un propósito determinado:

- Consultas que nos devuelven información de la base de datos a partir de ciertos criterios de selección.
- Consultas que eliminan de la base de datos los registros obtenidos como resultado de la selección.
- Consultas que crean una nueva tabla con los datos devueltos en el resultado de la búsqueda.
- Consultas donde se puede incluir más de una tabla para obtener datos conjuntos.
- Y algunas más.

> **Nota:** muchos de los tipos de consulta comentados no se utilizan con demasiada frecuencia. En esta lección veremos aquellos que te pueden resultan más útiles en tu trabajo.

El botón **Tipo de consulta** de la barra de herramientas te permite cambiar el modo de consulta y de paso ver los distintos modelos de consultas disponibles en Access.

Crear una consulta sencilla

Sin más, vamos a ponernos manos a la obra para crear una sencilla consulta. Por ejemplo, vamos a crear una consulta para obtener todos aquellos temas que se editaron después de la fecha 1/6/1998. Imagínate que tuviéramos que hacer esto mismo sin una consulta, seguro que estaríamos entretenidos un buen rato.

1 Abre la base de datos y haz clic en la opción **Consultas** situada en el margen izquierdo de la ventana Base de datos.

> **Nota:** en el CD tienes una base de datos por cada una de las lecciones; cada una de ellas se va completando con los conceptos tratados en la lección correspondiente.

2 Haz doble clic en el acceso directo situado margen derecho denominado **Crear una consulta** en la vista Diseño.

3 El siguiente cuadro de diálogo se denomina **Mostrar tabla** (figura 21.1). Aquí deberemos seleccionar las tablas que intervendrán en la consulta. Selecciona **Temas** y haz clic sobre **Agregar**. Como no vamos a usar más, haz clic en **Cerrar**.

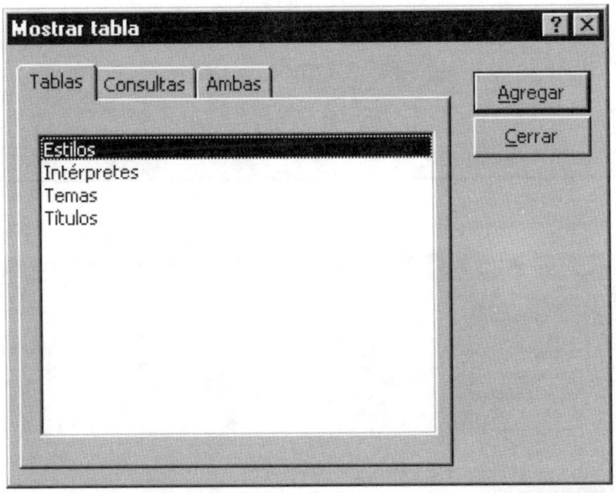

Figura 21.1. *Cuadro de diálogo* ***Mostrar tabla***

4 En estos momentos el aspecto de la ventana de consultas debe ser igual al de la figura 21.2. Ahora debemos colocar los campos que deseamos que aparezcan en el resultado de la consulta. En un principio vamos a mostrarlos todos.

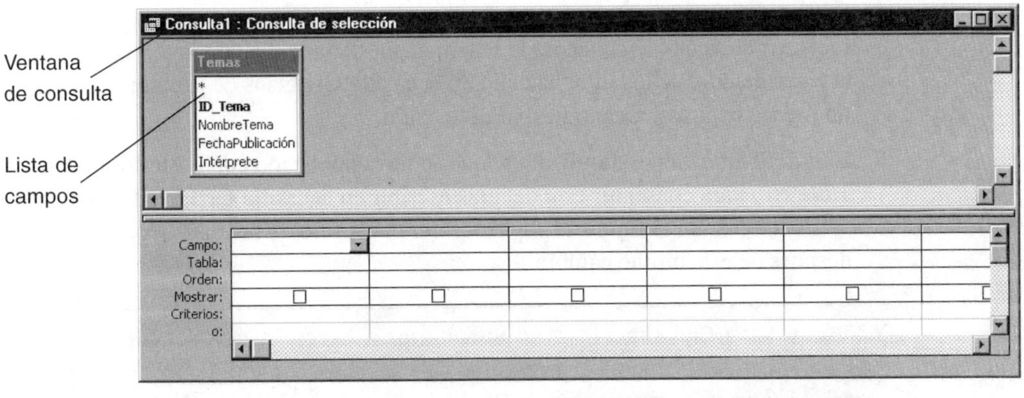

Figura 21.2. *Ventana de consulta con la tabla Temas incluida*

5 Haz doble clic sobre el título de la ventana **Lista de campos** para seleccionarlos todos.

6 Una vez seleccionados, haz clic sobre cualquiera de ellos, mantén pulsado el botón izquierdo del ratón y arrastra hasta la casilla **Campo** de la primera columna y suelta. La figura 21.3 muestra el aspecto de ventana de consulta una vez colocados los campos.

Truco: si quieres colocar los campos uno a uno, sólo tienes que hacer clic sobre él y arrastrarlo hasta la casilla **Campo** de la columna que desees. Pero también puedes hacer doble clic sobre el campo y éste se colocará automáticamente en la siguiente columna libre de la ventana de consulta.

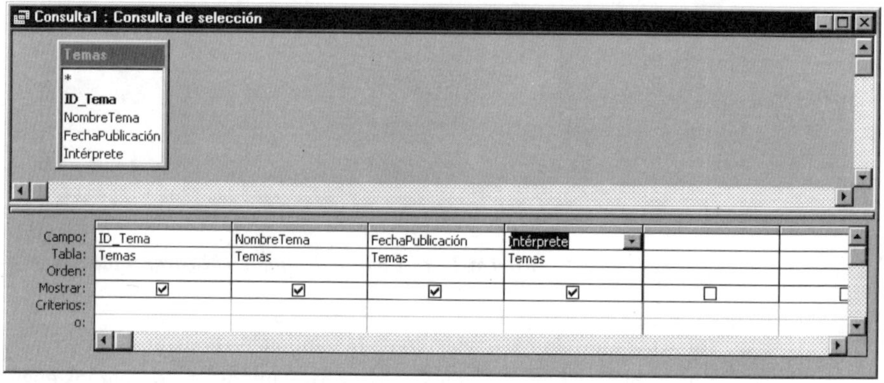

Figura 21.3. *Ventana de consulta con todos los campos de la tabla Temas incluidos*

7 Si dejamos todo tal y como está, el resultado de esta consulta será todos los registros de la tabla, ya que no le tenemos puesta ninguna condición que limite este resultado. Por lo tanto, haz clic en la casilla **Criterios** de la columna en la que se encuentra el campo FechaPublicación.

8 El criterio que vamos a utilizar es: que se haya publicado con posterioridad al 1/6/1998. Para conseguir esto deberás escribir en la casilla **Criterio** lo siguiente: **>#1/6/1999#**. En la figura 21.4 puedes ver el aspecto de la ventana de consulta después de este último cambio.

Nota: el uso de los símbolos # es obligatorio en Access cuando se utilizan fechas en una expresión. De todos modos, puedes probar a no ponerlos y verás cómo Access te corrige automáticamente y los incluye en la expresión.

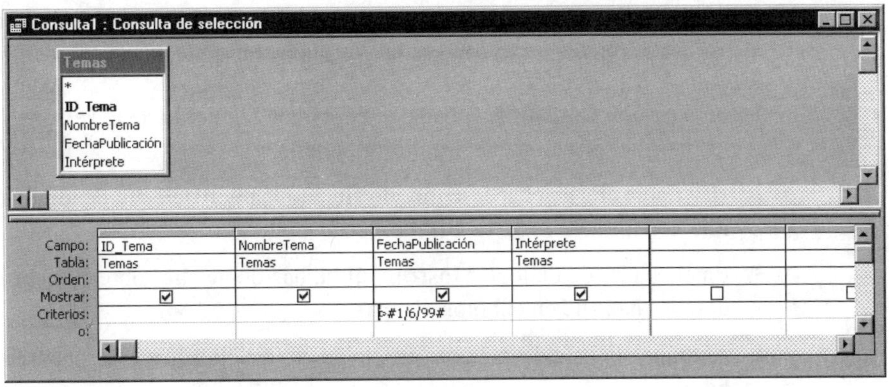

Figura 21.4. Criterio incluido en la ventana de consulta sobre el campo FechaPublicación

9 Ahora, sólo nos queda ejecutar la consulta para comprobar los resultados. En la barra de herramientas dispones del botón **Ejecutar** (figura 21.5), haz clic sobre él para obtener los registros resultantes del criterio de búsqueda utilizado.

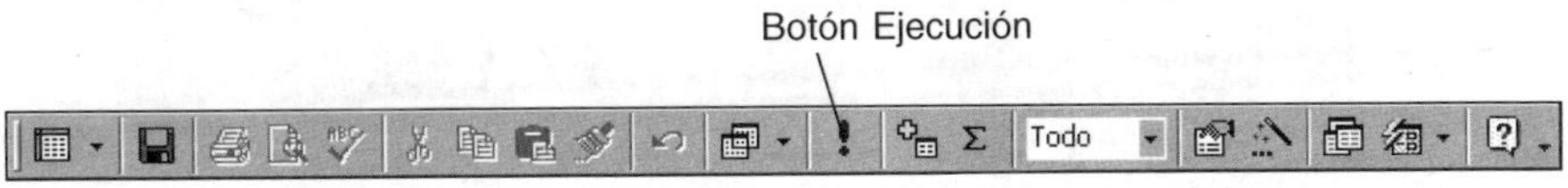

*Figura 21.5. Botón **Ejecutar** de la barra de herramientas*

10 Si todo es correcto, vamos a guardar la consulta por si acaso la necesitamos en otra ocasión. Haz clic en el botón **Vistas** para volver a la vista Diseño y haz clic en el botón **Guardar**.

11 En el cuadro de diálogo que aparece escribe: **Temas posteriores a 1/6/1998** y haz clic en **Aceptar**.

Si en tu base de datos no tienes información de temas que cumplan el criterio, es decir, que su fecha de publicación fuera posterior a 1/6/1998, al ejecutar la consulta ésta no mostrará ningún registro. En cualquier caso, puedes modificar esta fecha en función de los datos que tengas en la tabla para comprobar si este ejemplo funciona.

Otro ejemplo

La verdad es que hemos sido un poco mentirosillos al decirte que la consulta anterior era sencilla, tampoco es que sea demasiado complicada, pero existen modelos aún más simples. Por ejemplo, sería interesante tener una consulta que mostrara todos los intérpretes junto con sus títulos publicados, sin más.

1 Si la opción **Consultas** situada en el margen izquierdo de la ventana Base de datos no está seleccionada, haz clic sobre ella.

2 Haz doble clic en el acceso directo situado margen derecho denominado **Crear una consulta en la vista Diseño**.

3 En el cuadro de diálogo **Mostrar tabla**, haz doble clic sobre **Intérpretes** y después haz clic en el botón **Cerrar**.

4 Ahora, en la lista de campos, haz doble clic en **Nombre** y después, en **Nacionalidad**.

5 Para completar la consulta, haz clic en la casilla **Orden** de la columna donde se encuentra el nombre del intérprete. Despliega la lista asociada a esta opción y elige **Ascendente** para ordenar el resultado (figura 21.6).

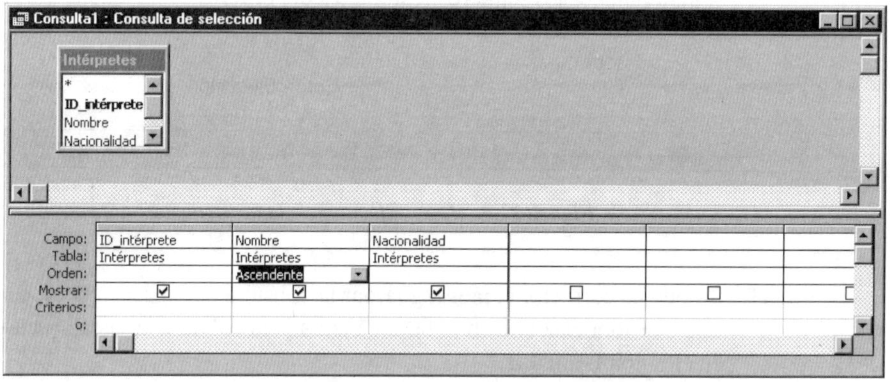

Figura 21.6. Consulta terminada

6 Haz clic sobre el botón **Guardar** y escribe como nombre: **Listado Intérpretes**. Haz clic en **Aceptar**.

7 Finalmente, utiliza el botón **Ejecutar** para mostrar los resultados (figura 21.7).

Como puedes ver en este último ejemplo no hemos utilizado ningún tipo de criterio de selección y el resultado nos ha sido igualmente útil. Con estos dos primeros ejemplos hemos querido mostrarte algunas de las posibilidades de las consultas, pero todavía quedan bastantes conceptos por aprender que veremos a lo largo de esta lección.

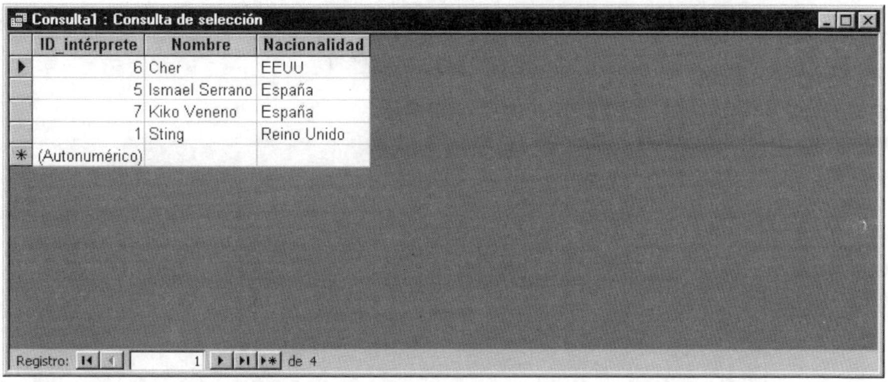

Figura 21.7. *Resultado de la consulta*

Vistas de las consultas

Como ya es habitual entre todos los objetos que componen una base de datos de Access, también con las consultas disponemos de varias vistas para trabajar con ellas. A continuación comentamos el significado de las vistas disponibles para las consultas.

Vista Diseño

Esta vista es la que hemos estado utilizando hasta ahora (figura 21.8) y la descripción de cada uno de sus componentes es la siguiente:

- *Zona de datos*: en esta parte de la ventana de consulta se encuentra la lista de campos de la tabla que hayas seleccionado. Si hubieras elegido más de una tabla, aquí podrías acceder a la lista de campos de todas ellas. También en el caso de que existieran varias tablas, se representarían las relaciones entre ellas si las hubiera.
- *Barra de separación*: es el elemento que divide la zona de datos y de la cuadrícula QBE. Puedes modificar este espacio, situando el cursor encima de ella hasta que se transforme en una línea vertical con dos flechas opuestas y en ese momento haz clic y arrastra para desplazar esta barra de separación a donde quieras.
- *Cuadrícula QBE*: ocupa la parte inferior de la ventana de consulta y contiene los campos, criterios de búsqueda, expresiones, condiciones, etcétera.

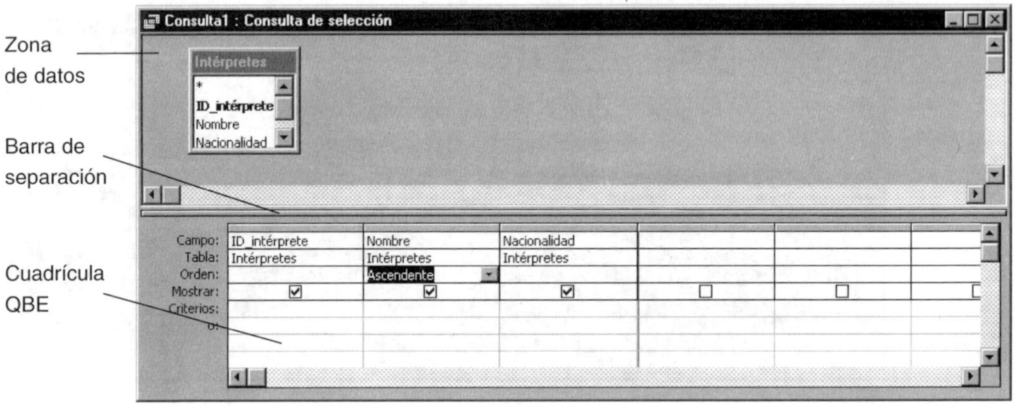

Figura 21.8. Elementos que componen la vista Diseño de una consulta

Para que tengas claro el significado de cada fila de la cuadrícula QBE, aquí tienes la función de cada uno de estos elementos:

- **Campo**: esta fila contiene los campos que van a intervenir en la consulta, aunque no significa que aparezcan en el resultado, tan sólo que se utilizarán (la fila Mostrar la encargada de resolver qué campos mostrará la hoja de datos).
- **Tabla**: muestra la tabla a la que pertenece cada uno de los campos de la consulta.
- **Orden**: afecta a la representación del resultado de la consulta en la hoja de datos. Podemos ordenar los registros de forma ascendente, descendente o no ordenarlos.
- **Mostrar**: como hemos comentado, cuando esta casilla está activa en el campo aparece el resultado de la consulta; en caso contrario, no. Es habitual usar campos que sólo utilizaremos en la expresión pero no en el resultado visible de la consulta.
- **Criterios**: ya hemos utilizado esta fila en el primero de nuestros ejemplos y como has podido comprobar, sirve para añadir expresiones a la consulta que nos permitan mostrar sólo los registros que deseamos.
- **O**: a la fila anterior, a esta y a todas las que se encuentran debajo se les denomina filas de criterios o filas de condiciones. Al igual que ocurría con la fila de criterios, la fila O también nos permite condicionar el resultado mediante expresiones pero de manera mucho más compleja como podremos comprobar un poco más adelante en esta misma lección.

Nota: la verdadera potencia de las consultas de Access se encuentra en el uso de las filas de criterios o de condiciones.

Vista Hoja de datos

Hacer clic y seleccionar la vista Hoja de datos es igual a usar el botón **Ejecutar** de la barra de herramientas, ya que es la vista que muestra los resultados de la consulta.

Vista SQL

Existe un lenguaje estándar para realizar consultas en cualquier sistema gestor de bases de datos denominado SQL. En Access también es posible escribir consultas utilizando la sintaxis de este lenguaje, aunque está indicado para personas con unos conocimientos bastante amplios sobre bases de datos.

Aviso: la sintaxis de las sentencias SQL usada por Access no es totalmente compatible con el estándar SQL, por lo que debes consultar la ayuda para conocer estas diferencias si quieres utilizar este lenguaje para crear consultas complejas.

Asistentes para consultas

Antes de seguir, vamos a hacer un pequeño paréntesis para mostrarte cómo funciona el Asistente para consultas. Igual que ocurría con los anteriores asistentes que hemos tratado, en este caso también nos ayuda a crear consultas de forma rápida, aunque si queremos personalizar la fila de criterios tendremos que recurrir a la vista Diseño. Para crear una consulta sencilla utilizando el Asistente realiza los siguientes pasos:

1 En la ventana de consulta haz clic en el botón **Nuevo**.

2 Selecciona **Asistente para consultas sencillas** y haz clic en **Aceptar**. Aparece el primer cuadro de diálogo del Asistente (figura 21.9).

Truco: si lo deseas puedes utilizar el acceso directo que se encuentra por defecto en el margen derecho de la ventana Base de datos, denominado **Crear una consulta utilizando el asistente**.

3 En la lista **Tablas/Consultas** selecciona el objeto que quieres utilizar para la consulta. En este caso elige **Títulos**.

Aviso: para realizar una consulta también puedes utilizar los resultados de otra consulta creada anteriormente. Observa que en el primer paso del asistente, éste te permite seleccionar tanto tablas como consultas.

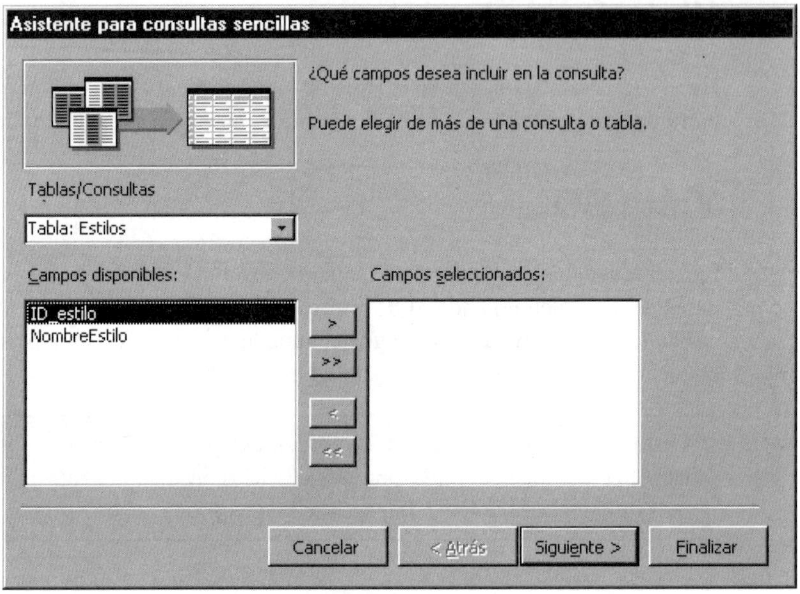

Figura 21.9. Primer paso del asistente para consultas

4 En la sección **Campos disponibles** podrás incluir en la consulta los campos que quieras que aparezcan en el resultado. Para incluir un solo campo, selecciónalo y haz clic en el botón >. Para nuestro ejemplo, incluiremos todos los campos, así que haz clic sobre el botón >>. Después, haz clic en Siguiente.

5 En este segundo paso sólo aparece uno o varios de los campos seleccionados para intervenir en la consulta que contienen valores numéricos que nos permitan crear valores de resumen o totales. Por ahora, deja seleccionada la opción **Detalle** y un poco más adelante, veremos cómo utilizar las opciones de resumen. Haz clic en **Siguiente**.

6 En el último paso del Asistente deberás asignarle un nombre, por ejemplo: **Listado de títulos**. Deja el resto de opciones por defecto y haz clic en **Finalizar** para mostrar el resultado de la consulta.

El Asistente para consultas nos puede ser útil para crear la estructura básica de la consulta. Después deberás utilizar la vista Diseño para incluir aquellas expresiones y criterios que te permitan mostrar sólo los registros que desees.

Nota: Access incluye varios asistentes para consultas además del que acabamos de describir, aunque se utilizan sólo para casos muy concretos.

Editar la consulta

Una vez creada la consulta tienes la posibilidad de modificarla o adaptarla para que el resultado sea el que deseas.

Eliminar una columna

Para eliminar cualquiera de las columnas de la consulta y, por lo tanto, quitar el campo del resultado, haz lo siguiente:

1 Selecciona la consulta que quieres modificar y haz clic en el botón **Diseño**.

2 Sitúa el cursor en el selector de la columna, es decir, la pequeña franja gris que hay encima de cada columna. En ese momento, se transformará en una flecha negra apuntando hacia abajo.

3 Haz clic para seleccionar la columna y después pulsa la tecla Supr para eliminarla.

> **Truco:** para eliminar más de una columna al mismo tiempo, haz clic en la primera y arrastra para seleccionar tantas columnas adyacentes como desees. Una vez seleccionadas pulsa la tecla Supr para eliminarlas.

Cambiar de posición una columna

El orden en que están situados los campos en la consulta será el mismo en que aparecerán cuando la ejecutamos. Pero si quieres cambiar la posición de alguno de ellos una vez situados sobre la cuadrícula QBE, haz lo siguiente:

1 Selecciona la consulta que quieres modificar y haz clic en el botón **Diseño**.

2 Haz clic en el selector de la columna que quieres cambiar de posición para seleccionarla.

3 Ahora, haz de nuevo clic sobre el selector, mantén pulsado el botón izquierdo del ratón y arrastra. Una línea negra te indica la nueva situación de la columna.

4 Cuando se encuentre en el lugar adecuado, suelta el botón del ratón.

Nuevos campos

Para añadir nuevos campos sólo tienes que seleccionarlos de la lista de campos y arrastrarlos hasta una columna libre de la cuadrícula.

Ocultar campos

Para conseguir que un campo no aparezca en el resultado de la consulta, sólo tienes que desactivar la casilla **Mostrar**.

Cambiar el nombre de los campos

Es posible que en alguna ocasión necesites que el nombre del campo que aparece en el resultado de la consulta sea distinto del que tiene la tabla.
Para que puedas ver un ejemplo de lo fácil que resulta cambiarlo, en la consulta Temas posteriores a 1/6/1998 vamos a cambiar el campo NombreTema por Canción:

1 Abre la consulta **Temas posteriores a 1/6/1998** en el modo Diseño.

2 Coloca el cursor en el campo **NombreTema** y escribe delante de éste lo siguiente: **Canción:**. Ahora el contenido de la celda sería **Canción:NombreTema** como puedes ver en la figura 21.10.

3 Ejecuta la consulta y comprueba cómo ha cambiado el nombre del campo en la hoja de resultados.

Aviso: debes tener en cuenta que este cambio de nombre sólo afecta a la hoja de resultados de la consulta y no a la estructura de la tabla a la que pertenece el campo.

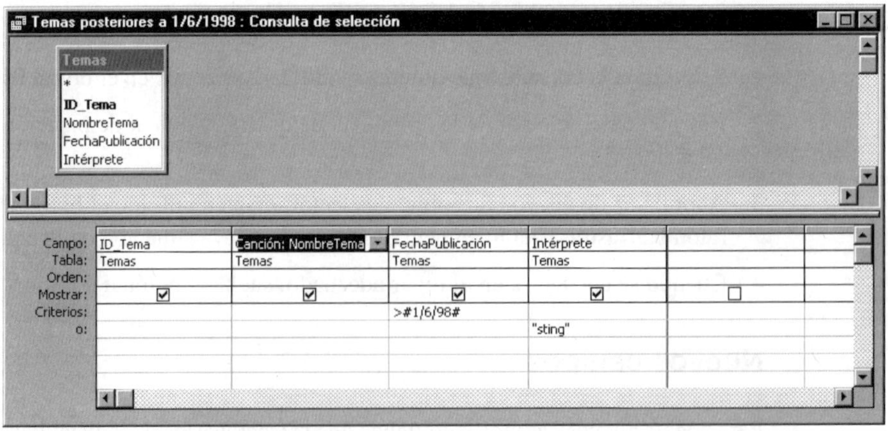

Figura 21.10. *Cambio del nombre del campo*

Expresiones

Ya hemos visto algunas expresiones en la lección anterior cuando hemos tratado los formularios, aunque no creemos que ya estemos en condiciones de utilizarlas. En cualquier caso te vamos a dar algunas nociones básicas sobre las expresiones, dada la importancia que tienen dentro de los formularios, consultas e informes de Access. Por ejemplo, una expresión sencilla podría ser la siguiente:

[Estilos]![NombreEstilo] = ""

Esta expresión comprueba si el valor del campo NombreEstilo de la tabla Estilos es igual a una cadena vacía, es decir, si el campo no contiene nada. Las expresiones están formadas por una serie de elementos que describimos brevemente:

- **Operadores**: son los elementos que determinan las operaciones que se van a realizar dentro de la expresión, por ejemplo: +, -, <>... Existen distintos tipos de operadores según su función: aritméticos, lógicos, etc. En la tabla 21.1 puedes ver los más comunes.
- **Identificadores**: nos proporcionan el medio para reconocer a cualquier objeto dentro de una expresión. Si miramos la expresión de ejemplo, el identificador sería **[Estilos]![NombreEstilo]** y hace referencia a la tabla Estilos y al campo NombreEstilo. El símbolo "!" sirve para separar el objeto de su propiedad.
- **Funciones**: van un poco más allá de las operaciones y nos ayudan a realizar ciertas tareas complejas como, por ejemplo, convertir un valor numérico a texto o calcular el día exacto del año en que nos encontramos.
- **Literales**: hace referencia a valores que Access evalúa exactamente como aparecen en la expresión; estos valores pueden ser textos, números o fechas.
- **Constantes**: son valores fijos muy utilizados en las expresiones. Los más conocidos puede ser Sí(True), No(False), ""(Cadena vacía) o Nulo(Null).

Tabla 21.1. *Operadores más comunes*

Operador	Función
+	Suma
-	Resta
/	División

(continúa)

Tabla 21.1. Operadores más comunes (continuación)

Operador	Función
=	Igual
>	Mayor
<	Menor
<=	Menor o igual
>=	Mayor o igual
<>	Distinto
Negado	Negación

Generador de expresiones

Para que la tarea de crear cualquier expresión no te suponga ningún problema Access pone a tu disposición el Generador de expresiones donde puedes acceder de manera visual a todos los elementos que necesitas para crear cualquier expresión. Si quieres ejecutar el Generador de expresiones, haz clic en el botón **Generar** de la barra de tareas, representado por una pequeña varita y aparecerá la ventana del Generador de expresiones (figura 21.11).

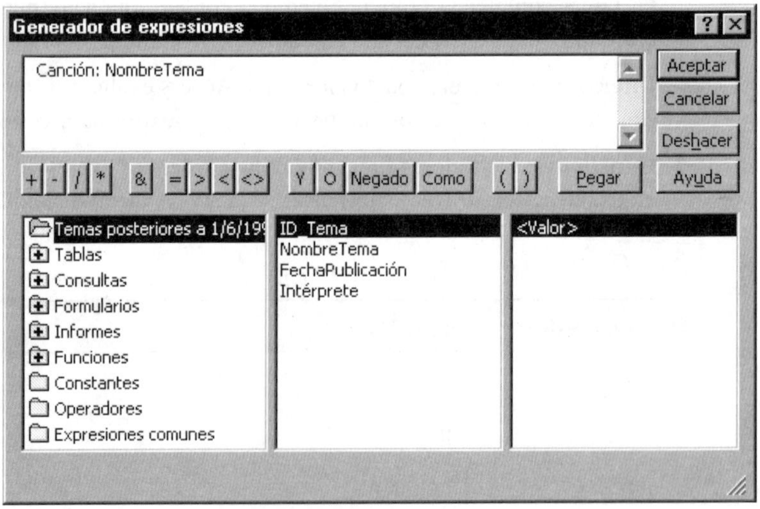

***Figura 21.11.** Generador de expresiones*

Consultas más complejas (operadores Y y O)

En el último ejemplo incluimos una condición para limitar el resultado de la consulta a solamente aquellos registros que la cumplieran. Las condiciones se pueden realizar todas lo complejas que necesitemos para localizar la información de forma más eficaz, recurriendo, en la mayoría de los casos, a varias condiciones dentro de la misma consulta.

Retomando el ejemplo anterior, podemos restringir más la búsqueda y pedir a la consulta que nos muestre los temas con fecha de publicación mayor que 1/6/1998 y menor que 1/9/1998.

Para este caso, el aspecto de la condición será el mismo que se muestra en la figura 21.12, y como puedes ver, se ha incluido el operador Y que obliga a que se cumplan las dos condiciones. En cambio, si utilizas el operador O sólo es necesario que se cumpla alguna de las dos partes de la condición.

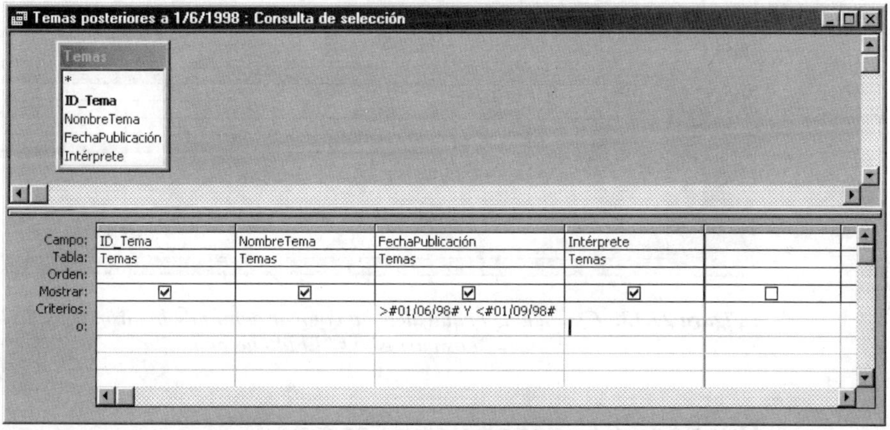

Figura 21.12. *Condición múltiple utilizando el operador Y dentro de un mismo campo*

Una vez llegados a este punto tenemos que distinguir entre dos tipos de condiciones:

- Las que afectan a un sólo campo y, por lo tanto, se puede incluir dentro del mismo campo o de la misma fila.
- El segundo caso es cuando las condiciones afectan a más de un campo, y entonces tenemos que recurrir a las filas de criterios para limitar el comportamiento de los operadores Y y O.

Siguiendo con las condiciones, dentro de un mismo campo sería equivalente incluir en la casilla del campo Intérprete: ="Los burros" O "El último de la fila" a colocar estos dos criterios dentro de la misma columna pero en casillas separas, como puedes ver en la figura 21.13.

> **Nota:** para los casos en los que se necesiten incluir valores de texto en las condiciones es necesario utilizar comillas. Por ejemplo, ="Badajoz".

Si lo que quieres es utilizar el operador Y para un solo campo, tendrás que hacelo componiendo la expresión dentro de una misma casilla.

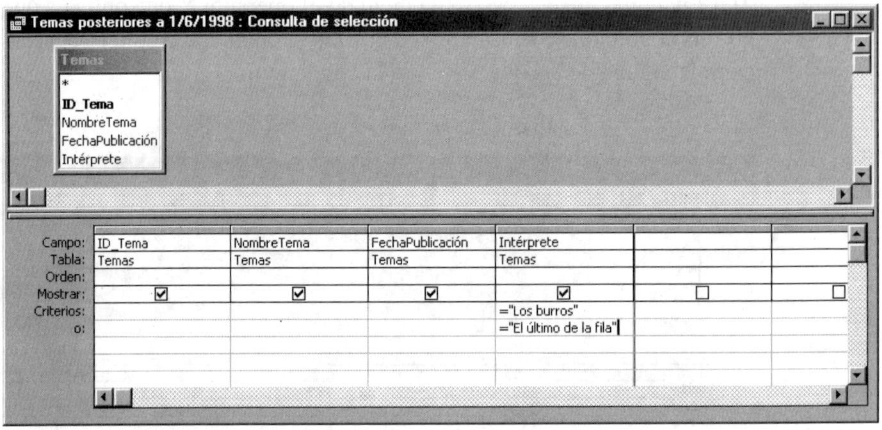

Figura 21.13. *Condición O equivalente a colocar dentro de la misma casilla la expresión = "Los burros" O "El último de la fila"*

Cuando intervienen varios campos

Para los casos en los que es necesario incluir más de un campo en la composición del criterio, el funcionamiento de las filas de criterios es el siguiente:

- Cuando las condiciones se encuentran dentro de la misma fila, como puedes ver en el ejemplo de la figura 21.14, equivale a utilizar el operador Y. Por lo tanto, será necesario que un registro cumpla las dos condiciones al mismo tiempo para incluirlo en el resultado de la búsqueda.
- Pero si lo que necesitamos es que se cumpla sólo alguna de las dos condiciones, entonces tendremos que colocarlas en filas diferentes, tal como muestra la figura 21.15.

> **Aviso:** estamos hablando de dos condiciones para que sea más sencillo entender el funcionamiento del sistema de criterios múltiples, pero en realidad se podrían incluir tantas expresiones como campos tenga la consulta.

Conociendo todo esto ya podemos hacer combinaciones entre criterios que afecten a un campo, con otros que impliquen a varios, creando así consultas que devuelven exactamente el resultado deseado.

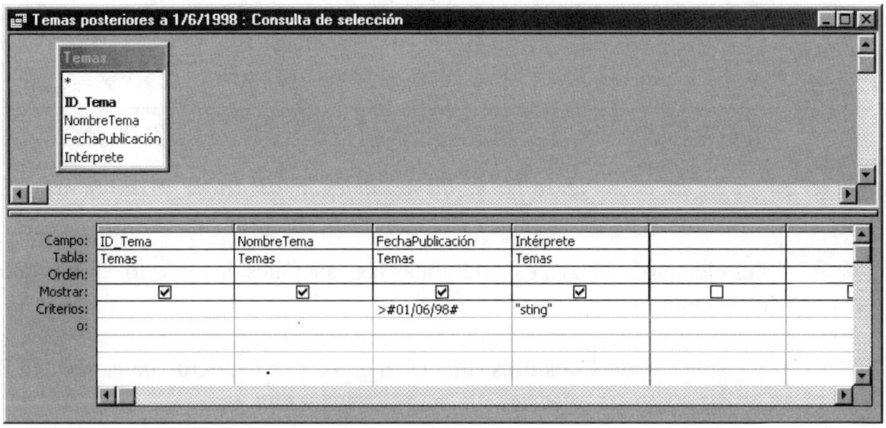

Figura 21.14. *Se tendrían que cumplir las dos condiciones para incluir el registro en el resultado, imitando el comportamiento del operador Y*

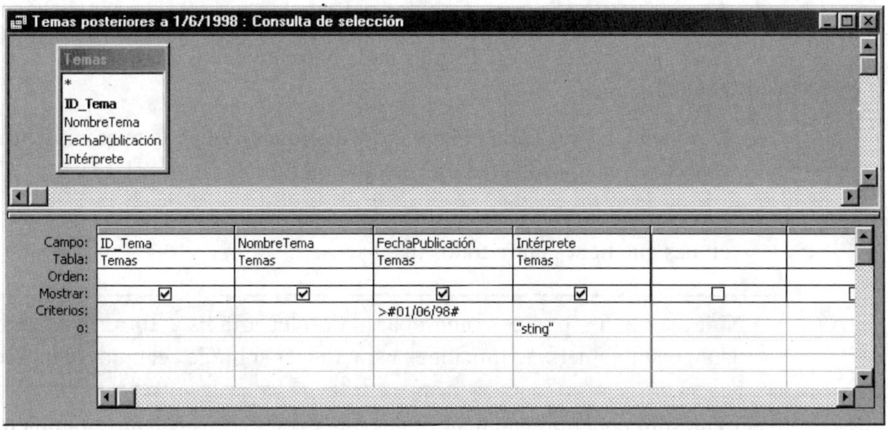

Figura 21.15. *Sólo sería necesario que se cumpliera alguna de las dos condiciones, imitando el comportamiento del operador O*

Consultas de agrupación y totales

Además de ofrecernos una lista de registros que cumplan con unos criterios determinados, también podemos decirle a la consulta que haga ciertos cálculos con los datos obtenidos.

Para acceder a las opciones de agrupación y totales debes activar la fila Total en la cuadrícula QBE. Para conseguirlo haz clic en el botón **Totales** (figura 21.16) de la barra de tareas.

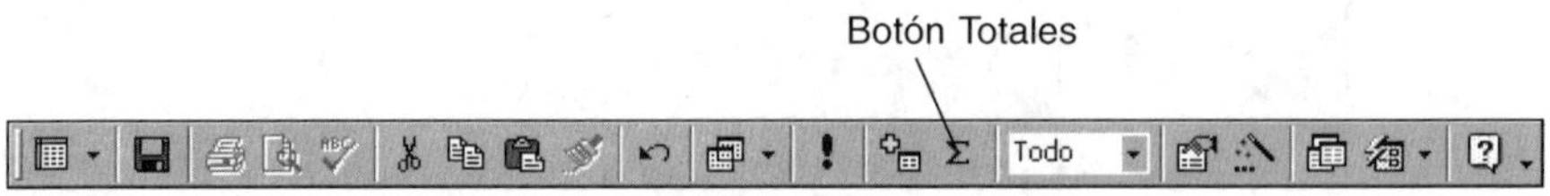

Figura 21.16. *Botón **Totales** de la barra de herramientas*

Por ejemplo, vamos a calcular todas las canciones de todos los discos que tenemos en la tabla Títulos.

1 Si la opción **Consultas** situada en el margen izquierdo de la ventana Base de datos no esta seleccionada, haz clic sobre ella.

2 Haz doble clic en el acceso directo, situado en el margen derecho denominado **Crear una consulta en la vista Diseño**.

3 Selecciona la tabla **Títulos**, haz clic en **Agregar** y después en el botón **Cerrar**.

4 Ahora arrastra el campo **Canciones** hasta la primera columna de la cuadrícula.

5 Haz clic sobre el botón **Totales** de la barra de tareas para mostrar la fila **Total** en la cuadrícula.

6 Despliega la lista **Total** del campo **Canciones** y elige la operación **Suma**. El aspecto de la consulta debe ser el que muestra la figura 21.17.

7 Ejecuta la consulta y comprueba como sólo aparece una fila con el total de canciones que tienes entre todos tus discos.

Nota: como has podido comprobar al desplegar la lista **Total**, Access dispone de un buen número de funciones para aplicar sobre los campos de las consultas.

Pero no sólo podemos calcular totales y realizar ciertos cálculos, también podemos completar estas operaciones aplicando ciertos criterios de selección. Por ejemplo, vamos a sumar todas las canciones que tenemos en formato MP3.

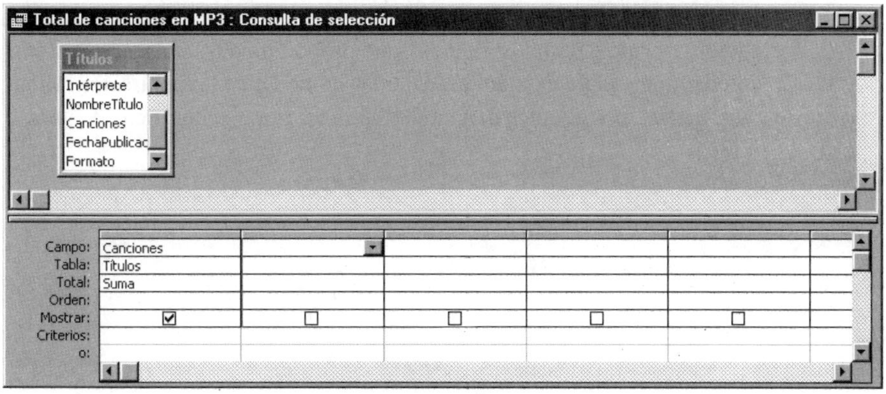

Figura 21.17. Ejemplo de consulta de totales

Esta es la forma de hacerlo:

1 Vuelve a la vista Diseño de la consulta anterior.

2 Haz clic sobre el campo **Formato** y arrástralo hasta la siguiente columna en la cuadrícula QBE.

3 En la fila de criterios del campo **Formato** escribe: "MP3".

4 Desactiva la casilla **Mostrar** del campo **Formato** ya que esta información no la necesitamos en este caso. El aspecto de la consulta lo tienes en la figura 21.18.

5 Ejecuta la consulta y comprueba cómo el valor que muestra corresponde a la suma de todas las canciones que corresponden a títulos en MP3.

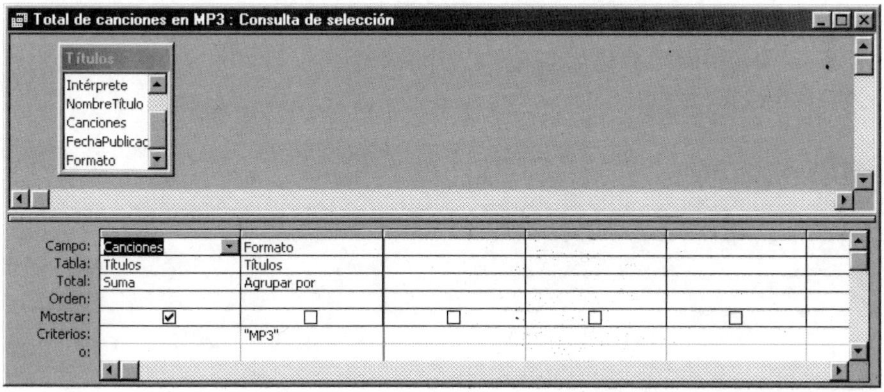

Figura 21.18. Suma de totales aplicada junto con un criterio de selección

Estos sólo son dos ejemplos que ilustran las posibilidades de las consultas de agrupación y totales. Pero los recursos que proporciona esta herramienta son inmensos, como, en una tabla de clientes, calcular la media de la facturación, anual, mensual, por clientes, por clientes de una determinada zona geográfica, etcétera.

Informes

El último de los objetos principales que nos queda por tratar son los informes. Este elemento guarda cierta similitud con los formularios pero, en lugar de acceder a los resultados desde la pantalla del ordenador, quedarán reflejados en una copia impresa.

Es cierto que tanto las tablas, los formularios como las consultas nos permitían imprimir la información, pero de forma algo rudimentaria y con pocas posibilidades de configuración. Con los informes tenemos la posibilidad de controlar y configurar a nuestro gusto la impresión de los registros de la base de datos.

Otra de las posibilidades que ofrecen los informes es la de añadir información complementaria en forma de campos calculados pudiendo, de esta forma, incluir totales, subtotales y cualquier otra operación que cree valor añadido a nuestro informe.

En esta lección veremos cómo crear, modificar y, en definitiva, trabajar con los informes.

En esta lección aprenderás a:

- Crear informes
- Utilizar el Asistente para informes
- Agrupar registros y crear informes con totales

Cómo crear un informe sencillo

Qué te parece si pasamos directamente a la acción y creamos un sencillo informe. Como ya es habitual, para crear un informe dispones de un maravilloso asistente que hace gran parte del trabajo por ti. Pero para nuestro primer ejemplo lo haremos de forma manual, aunque después usaremos el asistente.

1. Abre la base de datos de ejemplo y haz clic en la etiqueta **Informes** del margen izquierdo de la ventana Base de datos.
2. Haz clic en el botón **Nuevo** y aparecerá el cuadro de diálogo **Nuevo informe**.
3. Selecciona la opción **Vista Diseño**, elige la tabla o la consulta que contiene los datos que quieres mostrar en el informe y haz clic en **Aceptar**.

Después de estos pasos aparece en tu ventana de Access un informe en blanco como el que puedes ver en la figura 22.1, donde a primera vista podemos observar tres partes:

- *Encabezado de página*: tiene un propósito similar a los encabezados y pies de página en Word. Se utiliza para colocar información como pequeños títulos, fechas, números de página, etcétera, que aparecerán en la parte superior de todas las páginas del informe. Si quieres que no aparezcan en la vista Diseño del formulario, haz clic sobre el comando **Encabezado** o pie de página del menú **Ver**.
- *Detalle*: es la zona donde incluiremos los campos, controles o valores calculados que mostrará el informe. En definitiva es el cuerpo del informe y la zona donde se define la posición de cada uno de los elementos que intervendrá en el informe.
- *Pie de página*: el significado y su contenido puede ser el mismo que el definido para el encabezado. Pero como es lógico, la información que coloques en esta sección aparecerá en la parte inferior de cada página del informe.

Aviso: para ampliar o reducir el espacio asignado por defecto a cada una de las divisiones de la ventana Diseño del informe, coloca el cursor sobre los extremos del informe o sobre la línea de división de cada sección y arrastra.

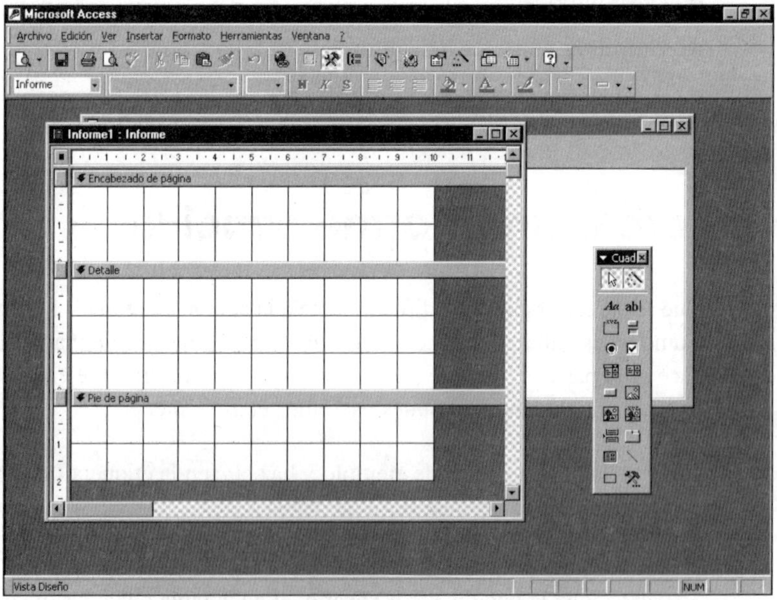

Figura 22.1. *Informe en blanco*

Añadir campos al informe

La forma de colocar los campos en el informe es la misma que ya utilizamos para colocarlos en los formularios, es decir, hacer clic sobre el campo y arrastrarlo hasta el informe (figura 22.2).

Igual que ocurría en los formularios, cada campo está acompañado de una etiqueta que lo identifica. La forma de moverlos, cambiar su tamaño y aplicarles formato es la misma que vimos en la lección dedicada a los formularios, por lo que no vamos a extendernos más en este apartado. Incluso la forma de seleccionar cualquier elemento del informe es equivalente a los métodos descritos para los formularios.

Truco: también puedes hacer doble clic sobre el título de la ventana **Lista de campos** para seleccionarlos, hacer clic sobre uno y arrastrarlo hasta el formulario para colocarlos todos de una sola vez.

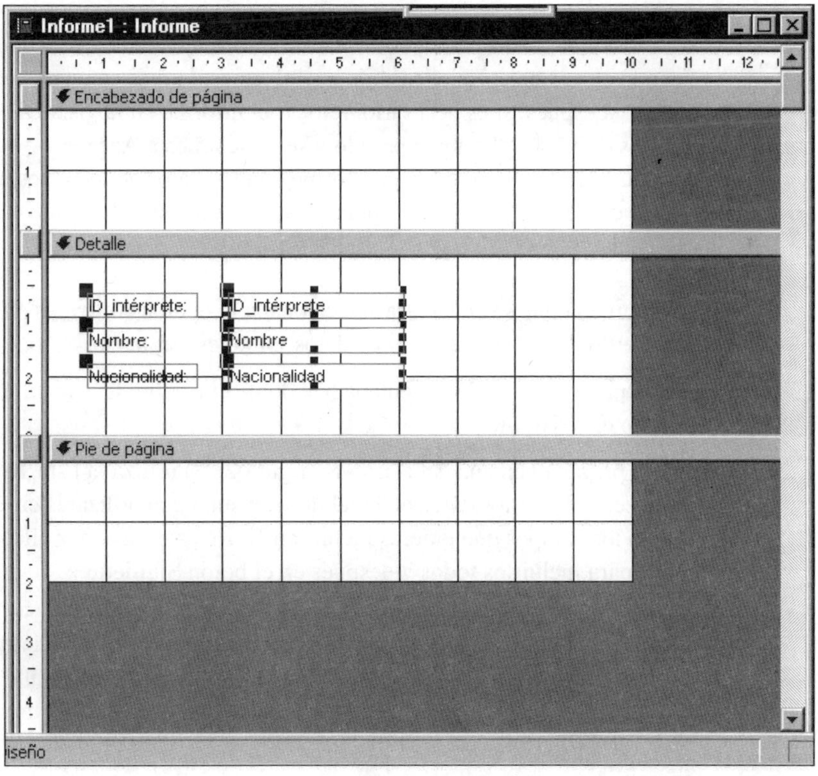

***Figura 22.2.** Campos sobre la ventana de Diseño del informe*

Vista preliminar

En los informes, la vista preliminar toma más importancia que en cualquiera del resto de los objetos de Access. Puedes seleccionarla en el botón de lista **Vista** o en el botón **Vista preliminar** de la barra de herramientas. Utiliza esta vista para comprobar que el aspecto que tiene el informe es realmente el que deseas antes de imprimir.

Imprimir

Una vez terminado el proceso de diseño y comprobado en la vista preliminar que todo es correcto, utiliza el botón **Imprimir** de la barra de herramientas o el comando del mismo nombre del menú **Archivo** para obtener una copia impresa del informe.

Asistente para informes

Una vez vista la forma manual de crear un informe, vamos a ver cómo lo haríamos utilizando el asistente. En el caso de los informes, lo más conveniente es utilizar el asistente y después, si es necesario, retocar el informe en la vista Diseño. De esta forma nos quitamos el trabajo pesado y se lo dejamos a Access.
A continuación vamos a crear un informe con los datos de todos los intérpretes de nuestra base de datos. Los pasos para crear este informe utilizando el asistente serían los siguientes:

1 Comprueba que se encuentra seleccionada la opción **Informes** en el margen izquierdo de la ventana Base de datos. Si no es así, hazlo.

2 En la parte derecha de la ventana haz doble clic sobre **Crear un informe utilizando el Asistente**.

3 En la primera ventana del asistente (figura 22.3) utiliza la lista **Tablas/Consultas** para seleccionar los datos de la tabla o consulta que utilizarás en el informe, así como los campos que quieres incluir en él. En este caso, haz clic sobre el botón (>>) para incluirlos todos y después en el botón **Siguiente**.

Nota: observa que en la lista **Tablas/Consultas** aparecen tanto las tablas como las consultas que contiene la base de datos. Esto es muy interesante, ya que puedes aprovechar las ventajas de las consultas para crear informes.

4 En el segundo paso del Asistente debes elegir si utilizar o no algún nivel de agrupamiento. Por ahora, dejamos todo como está y hacemos clic en **Siguiente**.

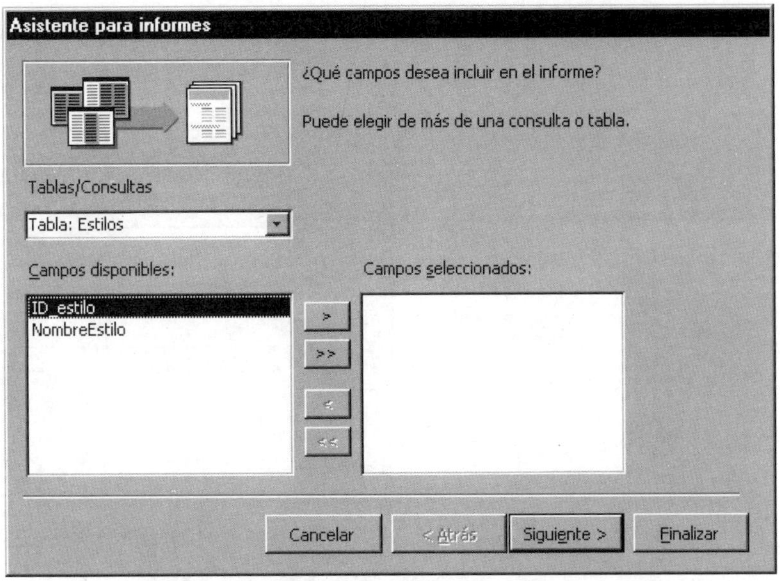

Figura 22.3. *Primera ventana del asistente*

5 Sería conveniente que los datos del informe aparecieran ordenados por el nombre del intérprete. Despliega la lista del primer campo y selecciona **Nombre** (figura 22.4). Haz clic en **Siguiente**.

Nota: el botón que tienes a la derecha de cada casilla de ordenación sirve para alternar entre ordenar de forma ascendente o descendente.

6 A continuación toca el turno de elegir la distribución de los datos en el informe; las posibilidades son: **En columnas**, **Tabular** y **Justificado**. Cuando eliges cualquiera de estas opciones puedes ver a la derecha una pequeña vista preliminar. En este caso, elegiremos **En columnas** y dejaremos la orientación del papel en **Vertical**. Haz clic en **Siguiente**.

7 Al igual que ocurría con los formularios aquí también dispones de varios estilos predefinidos para ahorrarte el trabajo de dar formato al informe. Elige el que más te guste y haz clic en **Siguiente**.

8 Asígnale un nombre al informe, por ejemplo: "Listado Intérpretes", deja el resto de opciones como están y haz clic en el botón **Finalizar**.

Después del último paso, aparecerá en tu pantalla la vista preliminar del informe . Si todo es correcto usa el botón **Imprimir** de la barra de herramientas.

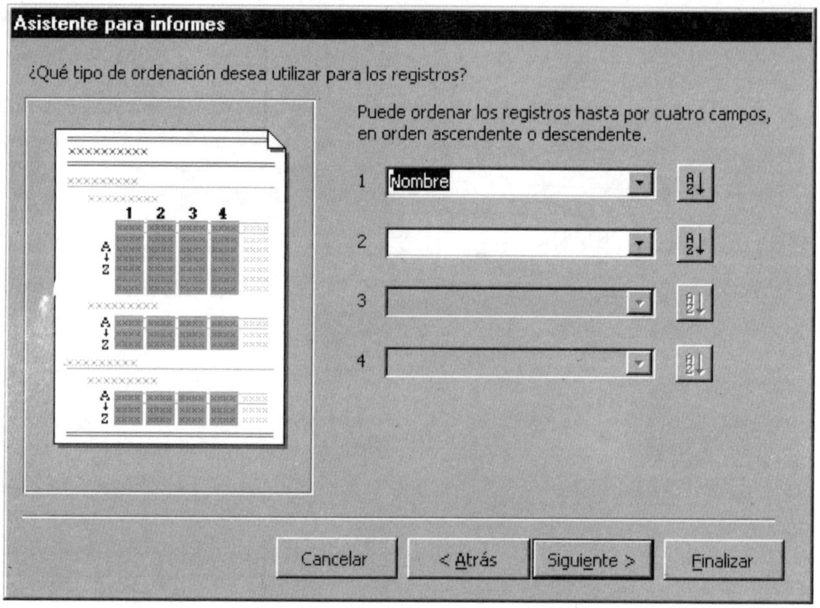

Figura 22.4. *Campo por el que se ordenarán los datos del informe*

Nota: observa cómo el asistente ha incluido en el encabezado del informe el título del mismo y en el pie, la fecha y el número de orden de la página actual.

Autoinformes, informes al instante

Si haces clic en el botón Nuevo, podrás observar que junto a la opción **Asistente para informes** del cuadro de diálogo **Nuevo informe** se encuentran dos opciones denominadas **Autoinforme:columnas** y **Autoinforme:tabular**. En estos dos casos no aparece ningún asistente ni Access te hace ningún tipo de pregunta. Simplemente utilizan todos los campos de la tabla o consulta seleccionada y crean un informe de columnas o tabular según la opción de autoinforme que hayas activado.

Agrupar registros

Otra de las posibilidades de los informes es la definición de campos de agrupación. Por ejemplo, ¿qué te parece si el informe que acabamos de crear con el listado de intérpretes además de ordenarlo, lo agrupamos por intérprete? Realiza los siguientes pasos:

1 Abre el informe Listado intérpretes en la vista Diseño. Para hacerlo sólo tienes que seleccionarlo y después utilizar el botón **Diseño** de la ventana Base de datos.

2 Selecciona el comando **Ordenar y agrupar** del menú **Ver**. Aparece el cuadro de diálogo **Ordenar y agrupar** (figura 22.5).

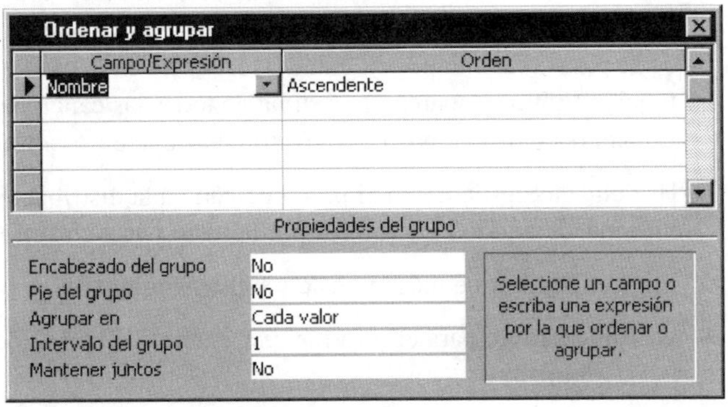

Figura 22.5.** Cuadro de diálogo **Ordenar y agrupar

3 Como ya elegimos el campo **Nombre** como elemento de ordenación será el único valor que contenga el cuadro de diálogo. Para agrupar por este campo, selecciona **Sí** en la opción **Encabezado de grupo** situada en la parte inferior.

4 Aparecerá un pequeño símbolo junto a la fila del campo para indicar que se utilizará como valor de agrupación. Cierra el cuadro de diálogo y observa el resultado del cambio en la vista Preliminar del informe.

Informes con totales

El funcionamiento de los campos de resumen es similar al de los formularios. Vamos a crear un informe con el listado de todos nuestros títulos, agrupados por intérpretes, y como campo calculado añadiremos el total de canciones por interprete.

1 Haz clic en el botón **Nuevo** de la ventana de informes.

2 Selecciona la opción **Asistente para informes** y en la parte inferior, elige la tabla **Títulos** y pulsa en **Aceptar**.

3 Haz clic en el botón >> para incluir todos los campos y luego en **Siguiente**.

4 En este paso debemos decidir si queremos algún nivel de agrupamiento. Selecciona el campo **Intérprete** y haz clic sobre el botón >. El nivel de agrupamiento queda representado en la vista preliminar de la derecha. Haz clic en **Siguiente**.

5 Como campo de ordenación lo más lógico es utilizar la fecha de publicación, por lo tanto selecciona este campo como el primer campo de ordenación.

6 Haz clic en el botón **Opciones de resumen** y aparecerá el cuadro de diálogo del mismo nombre. En la lista de campos sólo está disponible "Canciones" y "Fecha Publicación", los únicos campos que contienen valores numéricos y pueden utilizarse para crear campos calculados. Haz clic en la casilla correspondiente a la función **Suma**, y aparecerá la suma de todas las canciones de cada intérprete. Deja el resto de campos por defecto y haz clic en **Aceptar**.

7 Haz clic en **Siguiente** en el paso dedicado a la distribución de los campos del informe, deja todos los valores por defecto y haz clic en **Siguiente**.

8 Elige el diseño que más te guste y pulsa **Siguiente**.

9 Escribe un título para el informe, por ejemplo: Total Canciones por Intérprete. Pulsa **Finalizar**.

Como has podido comprobar, en el cuadro de diálogo **Opciones de resumen** existen varias funciones que te permiten realizar diversos cálculos con los campos del informe. Otra posibilidad es crear un campo calculado de forma manual; en este caso el proceso sería el siguiente:

1 Utiliza la caja de herramientas y añade un cuadro de texto al informe.

2 Después haz clic con el botón derecho sobre él y elige el comando **Propiedades**.

3 En el cuadro de diálogo que aparece, debes seleccionar la pestaña **Datos** y en la opción **Origen del control** deberás escribir la expresión necesaria para realizar el cálculo. En el ejemplo anterior, la expresión utilizada era la siguiente:

=Suma([Canciones])

Esta expresión está compuesta por la función Suma y el nombre del campo que se utilizará como parámetro para la operación.

Trabajar con más de una tabla

A lo largo de estas lecciones dedicadas a Access hemos comentado más de una vez el hecho de que Access es una base de datos relacional y, aunque lo hemos explicado, todavía no nos hemos detenido realmente en qué significa este término y cómo podemos aprovecharlo en nuestros proyectos de bases de datos.
El objetivo de esta lección es mostrar por qué es tan importante esta característica y cuáles son las herramientas que pone Access a nuestra disposición para desarrollar bases de datos relacionales.

En esta lección aprenderás a:

- Conocer los modelos de relaciones en Access
- Utilizar la ventana Relaciones
- Implicar más de una tabla en nuestras consultas
- Crear subformularios y subinformes

En la fase de diseño, una de las etapas más importantes es si duda la de definir las relaciones entre las distintas tablas que compondrán la base de datos. En nuestro ejemplo "Discoteca" esta tarea la hemos dejado un poco de lado porque aún no conocíamos nada sobre las relaciones, lo que nos va a provocar que tengamos que hacer ciertos cambios. Espero que no tengas demasiada información en la base datos, porque quizás sea necesario sacrificarla para crear la estructura relacional necesaria.
El motivo de esto es doble, demostrarte que la fase de diseño es tan verdaderamente importante como hemos comentado y, por otra parte, que no creíamos conveniente hablar de relaciones en las primeras lecciones de Access cuando nuestros conocimientos sobre el programa eran muy pocos.

Access, una base de datos relacional

Access es una base de datos relacional porque permite establecer relaciones entre las tablas que forman la base de datos. Esto está muy bien, pero a nosotros, ¿cómo nos afecta? Bueno, el verdadero objetivo de las relaciones es evitar la duplicación de información, esta es la directriz básica sobre la que se sustentan los sistemas de bases de datos relacionales.

Para comprender mejor este concepto vamos a utilizar un ejemplo: imagina que tienes una base de datos de clientes y dos de las tablas que la componen son Clientes y FacturasClientes; la estructura de cada una de estas tablas la puedes ver en la figura 23.1. Observa que en la tabla de FacturasClientes tenemos mucha de la información que ya aparece en la tabla Clientes. Esto provoca una duplicación de información y, por lo tanto, reduce la eficacia del sistema.

Clientes : Tabla

Id	NombreCliente	Dirección	Teléfono	Numero factura	Concepto factura	Cantidad factura
1	Pepe	La bomba	22 22 22	1	Traducción	10000
2	Juan	Serrano	33 33 33	2	Puerta nueva	24000
3	Antonio	Deatrás	55 52 22	3	Transporte	50000
(Autonumérico)				0		0

Registro: 3 de 3

Figura 23.1. Tablas sin tener en cuenta la duplicación de información

La forma de solucionarlo es utilizar relaciones y sustituir toda la información de clientes de la tabla FacturasClientes, por la clave del cliente (tienes un ejemplo en la figura 23.2). De esta forma, cuando necesitemos la información, utilizaremos el campo clave del cliente para acceder a la tabla Clientes y obtener todos los datos necesarios.

Facturas : Tabla

Id_Factura	Id_Cliente	Numero factura	Concepto factura	Cantidad factura
1	10	1	Traducción	10000
2	15	2	Puerta nueva	24000
3	20	3	Transporte	50000
(Autonumérico)		0		0

Registro: 1 de 3

Clientes : Tabla

Id_cliente	Nombre cliente	Dirección cliente	Teléfono cliente
1	Juan	La bomba	22 22 22
2	Pepe	Serrano	33 33 33
3	Antonio	Deatrás	55 55 55
(Autonumérico)			

Registro: 1 de 3

Figura 23.2. Estructura de las tablas utilizando relaciones

Éste puede ser un ejemplo muy claro de cómo las relaciones pueden hacer mucho más eficaz la gestión de información y el trabajo dentro de la base de datos. Además de todo esto, otra de las ventajas que aportan las bases de datos relacionales es el mantenimiento de la información, al tener que introducir ésta sólo una vez.

Nota: en nuestra base de datos de ejemplo existen varios casos claros en los que podemos usar las propiedades de Access como base de datos relacional, ¿cuáles?

Modelos de relaciones en Access

Después del ejemplo anterior tenemos más o menos claro el sentido de las relaciones en Access. Pero sentimos decirte que no todo es tan sencillo, ya que además de definir una relación tenemos que elegir el modelo. Cada uno de ellos se basa en el comportamiento de los datos entre las tablas relacionadas.
Antes de continuar, comentar que en toda relación intervienen dos tablas. La primera de ellas sería la que contiene los datos completos y que denominaremos *tabla principal* (tabla Clientes en nuestro ejemplo). La segunda tabla contiene el enlace a los datos de la tabla principal y la llamaremos *tabla secundaria* (FacturasClientes en nuestro ejemplo). Una vez hecha esta aclaración, la descripción de cada uno de estos tipos de relación sería la siguiente:

- *Relación de uno a muchos*: sin duda este es el tipo de relación más común y utilizada. En este caso, cada registro de la tabla principal puede tener más de una correspondencia en la tabla secundaria, pero cada elemento de esta última sólo puede tener una coincidencia en la tabla principal. Siguiendo con el ejemplo, cada cliente puede tener más de una factura pero cada factura sólo puede corresponder a un solo cliente.
- *Relación de muchos a uno*: si la relación anterior era la más utilizada, ésta es la menos y más extraña de las tres. En este caso, cada registro de la tabla principal sólo tiene una coincidencia en la tabla secundaria y en cambio, ésta puede tener más de una correspondencia en la tabla principal.
- *Relación de muchos a muchos*: tanto los registros de la tabla principal como aquéllos que formen parte de la tabla secundaria tienen más de una correspondencia. En el caso de una base de datos de deportes, cada deporte está compuesto por muchos atletas y cada atleta puede practicar más de un deporte. Siendo estrictos, no es recomendable mantener este tipo de relaciones en la base de datos, ya que no determina exactamente la relación entre los registros de cada tabla. En este tipo de situaciones se suelen crear tablas intermedias en las que sí puedan existir modelos de *uno a muchos* o de *muchos a uno*.

Consejo: no te importe dedicar el tiempo que sea necesario a definir el modelo de relación que vas a utilizar en cada caso, ya que este paso resulta fundamental en la implementación de la base de datos.

Existen unos símbolos normalizados para representar cada una de las relaciones que te pueden ser útiles en la fase de diseño de la base de datos. Estos símbolos los puedes ver en la figura 23.3.

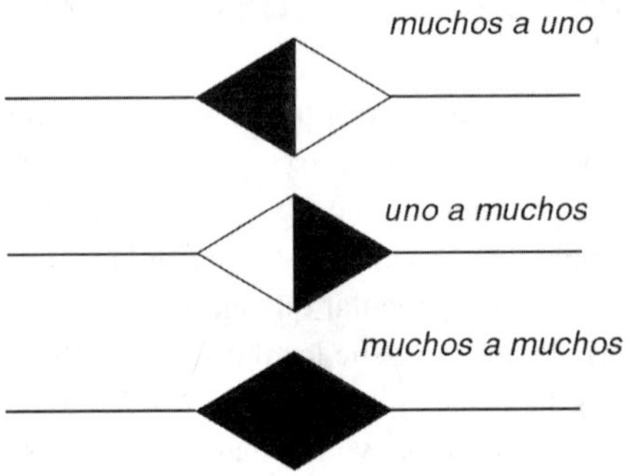

Figura 23.3. *Símbolos normalizados para representar los tres modelos de relaciones*

Integridad referencial

La integridad referencial es otro de esos conceptos un tanto extraños que se utilizan en las bases de datos relacionales, pero que al mismo tiempo resulta imprescindible tener claro y aplicar si queremos sacar todo el partido a la información almacenada. La integridad referencial es un conjunto de reglas que se deben cumplir en las relaciones para garantizar la validez de las correspondencias entre registros y al mismo tiempo, evitar posibles modificaciones y eliminaciones accidentales. Pero para poder establecer la integridad referencial de una relación es necesario que se cumpla lo siguiente:

- El campo que se utilice como referencia para la relación en la tabla principal debe ser clave principal de ésta.
- Los dos campos que se utilicen para establecer la relación deben ser del mismo tipo, aunque por ejemplo, uno de tipo Autonumérico podría coexistir con uno de tipo Numérico.
- Las tablas deben estar dentro de la misma base de datos.

Una vez determinadas las bases necesarias para el establecimiento de la integridad referencial, las reglas que determinan serían:

- No se pueden eliminar registros de la tabla principal que tengan registros asociados en una tabla secundaria.
- Todos los registros de la tabla secundaria deben tener obligatoriamente un coincidente en la tabla principal.
- No se puede cambiar el campo clave de un registro de la tabla principal si éste tiene coincidentes en la tabla secundaria.

Ventana Relaciones

Estamos seguros de que en los apartados anteriores te habrás aburrido un poco con tanta teoría, pero para arreglarlo vamos a seguir con la dinámica propuesta para este libro, es decir, aprender mediante ejemplos.

La ventana **Relaciones** es la herramienta de Access que nos permite definir, modificar, eliminar y ver las relaciones de nuestra base de datos. Para acceder a esta ventana, tan sólo debes hacer clic en el botón **Relaciones** de la barra de tareas o utilizar el comando del mismo nombre situado dentro del menú **Herramientas**.

Pero antes de crear las relaciones para nuestra base de datos musical, deberás hacer algunos cambios en la definición de los campos de alguna de sus tablas:

- En la tabla Temas, modifica el tipo del campo Intérprete y selecciona **Numérico** en la lista **Tipo de datos**.
- También en la tabla Temas, añade un nuevo campo denominado **Título** y selecciona el tipo de datos **Numérico** para él. Este cambio nos va a permitir asociar cada tema al título que pertenece.
- En la tabla Títulos, cambia el tipo del campo **Intérprete** y selecciona **Numérico** en la lista **Tipo de datos**.
- En la tabla Títulos añade un campo que se llame **Estilo** y aplícale un tipo de datos **Numérico**.

Después de estos cambios, habrás perdido información, y por ello esperamos que hayas seguido nuestro consejo de las primeras lecciones y sólo tengas en las tablas la información necesaria para seguir los ejemplos del libro.

A riesgo de ser pesados, queremos insistir en la importancia de dedicarle todo el tiempo que sea necesario a la fase de diseño de la base de datos para evitar que te puedan ocurrir estos problemas de pérdida de información.

Definir una relación

Después de hacer los cambios necesarios para establecer las relaciones, qué te parece si nos ponemos manos a la obra:

1 Haz clic en el botón **Relaciones** de la barra de herramientas y aparecerá en tu pantalla el cuadro de diálogo **Mostrar tabla** como puedes ver en la figura 23.4.

2 Selecciona la tabla **Intérpretes** y haz clic en **Agregar**.

3 Ahora, selecciona la tabla **Temas** y haz clic en **Agregar**.

Truco: también puedes hacer doble clic sobre la tabla que quieres añadir en el cuadro de diálogo **Mostrar tabla**.

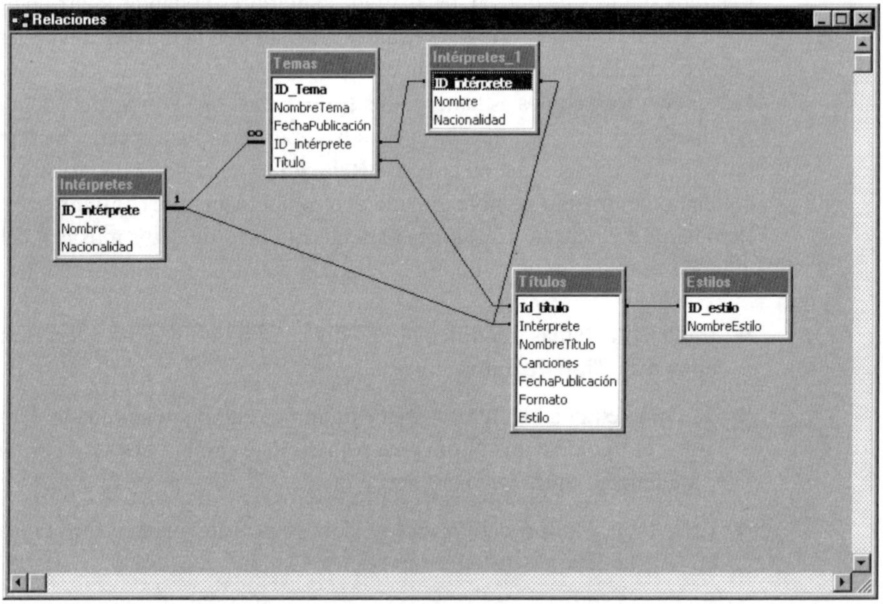

Figura 23.4. Ventana **Relaciones**

4 Por ahora no incluiremos más tablas a esta ventana por lo que debes hacer clic en el botón **Cerrar** del cuadro de diálogo **Mostrar tabla**.

5 Para definir la relación, haz clic en el campo **Id_Intérprete** de la tabla **Intérpretes** y arrástralo hasta el campo **Intérpretes** de la tabla **Temas**. Después de completar este paso aparece el cuadro de diálogo **Modificar relaciones** (figura 23.5).

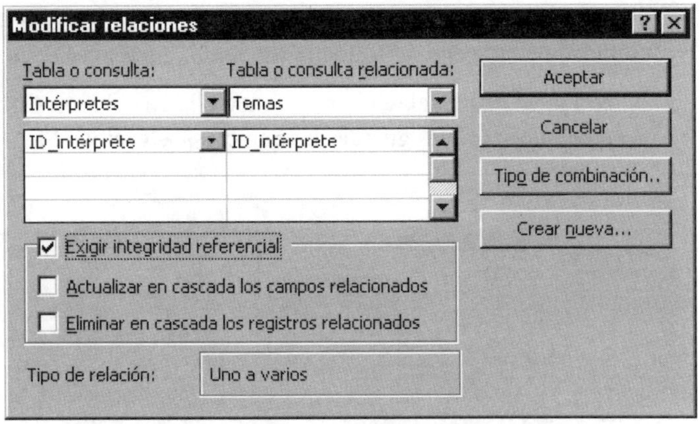

Figura 23.5.** Cuadro de diálogo **Modificar relaciones

6 Como puedes comprobar, aparecen los campos que acabamos de relacionar. Activa la casilla **Exigir integridad referencial**.

7 En la parte inferior del cuadro de diálogo puedes ver el tipo de relación que ha seleccionado Access por defecto, en este caso, *Uno a varios*. Esto es cierto, ya que cada intérprete puede tener muchos temas pero cada tema sólo puede pertenecer a un intérprete. Si quisiéramos cambiar el modelo de relación, tendrías que hacer clic en el botón **Tipo de combinación** y en el cuadro de diálogo **Propiedades de la combinación** (figura 23.6) elegir la correspondencia adecuada.

Nota: no siempre es cierto que un tema sólo puede pertenecer a un intérprete, aunque para este ejemplo vamos a creer que sí.

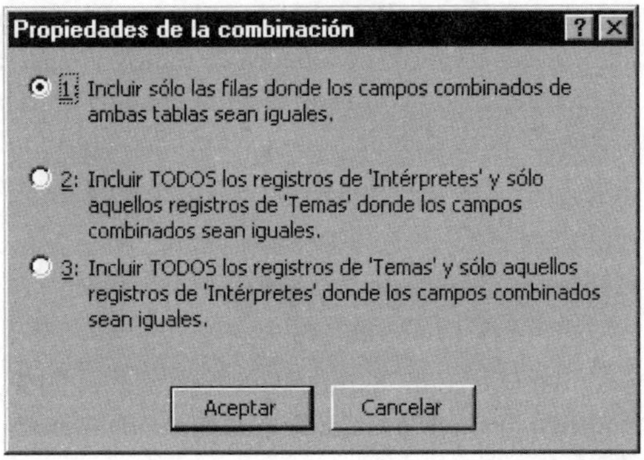

Figura 23.6.** Cuadro de diálogo **Propiedades de la combinación

8 Haz clic en el botón **Crear** del cuadro de diálogo **Relaciones** y ésta quedará reflejada en la ventana **Relaciones**, como puedes ver en la figura 23.7.

9 Cierra la ventana **Relaciones** haciendo clic en el botón **Cerrar** y cuando Access te pregunte si deseas guardar los cambios, selecciona **Sí**.

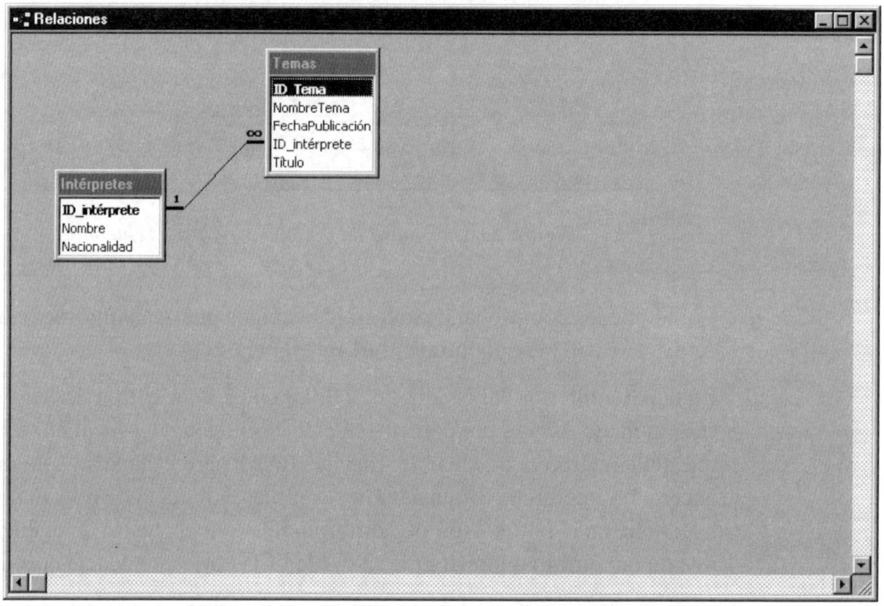

Figura 23.7. *Relación creada*

Después de crear todas las relaciones necesarias para nuestra base de datos musical, el aspecto de la ventana **Relaciones** podría ser el que tienes en la figura 23.8. Como habrás observado en el cuadro de diálogo **Mostrar tabla**, Access permite incluir tanto tablas como consultas en la ventana de relaciones. El hecho de utilizar consultas no es tan evidente y lo cierto es que no se utiliza demasiado; por este motivo, en esta lección nos centraremos únicamente en las relaciones entre tablas.

Modificar relaciones

Si haces doble clic sobre la línea que define la relación, aparecerá el cuadro de diálogo **Modificar relaciones** donde podrás realizar cualquier cambio que desees. Para eliminar cualquier relación, selecciónala y después pulsa la tecla Supr. Para eliminar una tabla de la ventana **Relaciones** haz la misma operación.

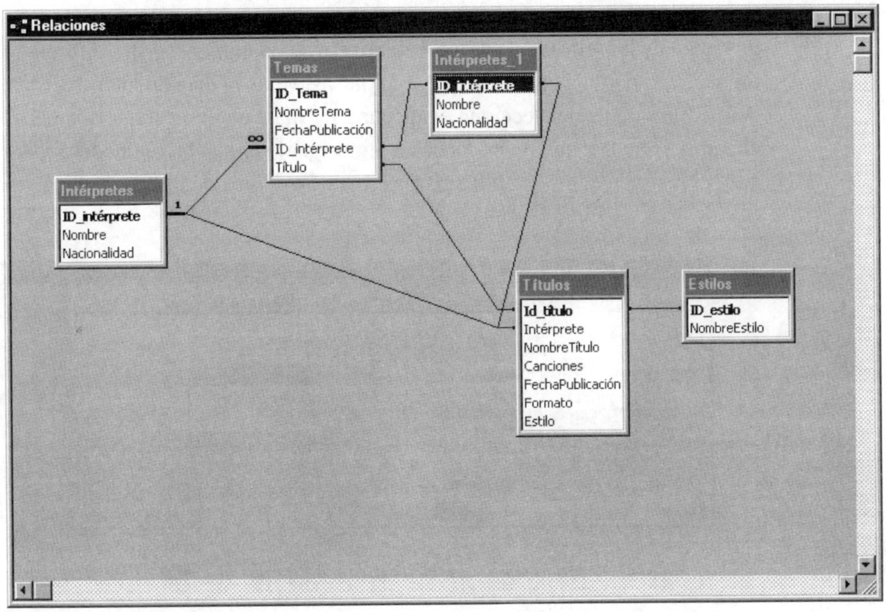

Figura 23.8. *Relaciones de nuestra base de datos de ejemplo*

Un pequeño paréntesis

Al convertir los campos de texto a numéricos en las tablas, estos habrán quedado vacíos. De todas formas, puedes utilizar el Asistente para búsquedas para introducir la información pero teniendo en cuenta las relaciones que acabamos de definir. Vamos a ver cómo se haría con la tabla Temas:

1. Abre la tabla **Temas** en la vista Diseño.
2. En la lista **Tipo de datos** del campo **Id_intérprete**, selecciona **Asistente para búsquedas**.
3. Elige la primera de las dos opciones y haz clic en **Siguiente**.
4. En la lista de tablas selecciona Intérpretes y haz clic en **Siguiente**.
5. Haz doble clic sobre los campos **Id_intérprete** y **Nombre**. Estos serán los dos campos que aparecerán en la lista asociada de la tabla. Haz clic en **Siguiente**.
6. En este paso deja los valores por defecto tal como están y después haz clic en **Siguiente**.
7. Asigna un nombre a la lista y pulsa **Finalizar**.

Para comprobar el funcionamiento de este cambio, vuelve a la vista Hoja de datos de la tabla y haz clic en el campo **Intérprete** de cualquier registro. Observa que aparece un pequeño botón a la derecha, y, si lo pulsas, verás la lista de intérpretes de la base de datos (figura 23.9). Selecciona el adecuado y fíjate en que aunque aparezca el nombre en el campo, el valor que realmente está almacenado es su clave. Puedes repetir estos pasos para el resto de campos en la misma situación dentro de nuestra base de datos.

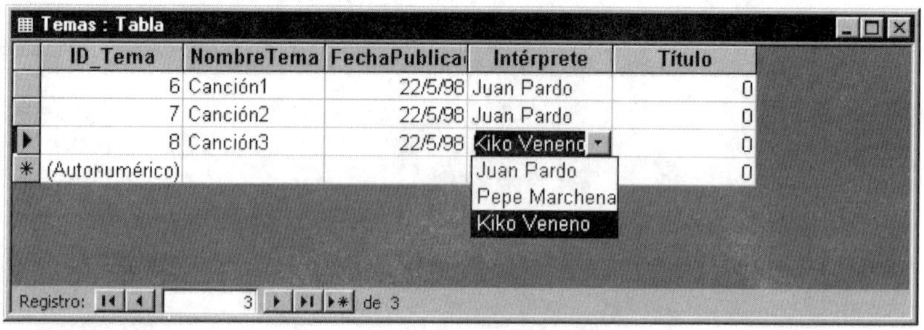

Figura 23.9. *Lista de datos asociada al campo Intérprete*

Consulta con varias tablas

Una vez creadas las relaciones, veámos cómo funcionan en las consultas. Crearemos una consulta donde aparezcan las canciones de la tabla Temas junto a sus intérpretes.

1. Selecciona la opción **Consultas** en el margen derecho de la ventana Base de datos y después haz clic en el botón **Nuevo**.
2. Selecciona **Vista Diseño** y pulsa en **Aceptar**.
3. Haz doble clic sobre la tabla **Temas** y después sobre la tabla **Intérpretes**. Selecciona **Cerrar** del cuadro de diálogo **Mostrar tablas**.
4. Observa que aparece representada la relación en la consulta.
5. Haz clic en el campo **NombreTema** de la tabla Temas y arrástralo hasta la primera columna de la consulta.
6. Selecciona el campo **Nombre** de la tabla Intérpretes y arrástralo hasta la segunda columna de la tabla.
7. Ejecuta la consulta. Junto a cada tema debe aparecer su intérprete (figura 23.10).
8. Guarda la consulta.

En realidad lo que ocurre internamente es que Access define la siguiente expresión:

[Temas]![ID_Intérprete]=[Intérpretes]![ID_intérprete]

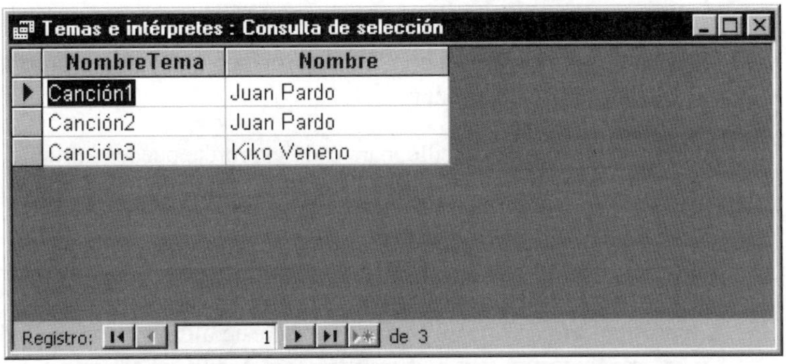

Figura 23.10. *Consulta de tablas relacionadas*

De este modo consigue asociar a cada tema el valor adecuado a partir de la relación definida entre ambas tablas.

Nota: en las consultas pueden intervenir tantas tablas relacionadas como necesitemos para obtener el resultado deseado.

Subformularios y Subinformes

También se usan las ventajas de Access como base de datos relacional en los formularios e informes. Para comprobarlo crearemos un nuevo formulario donde, además de introducir la información de intérpretes, completaremos todos los datos de los temas del mismo.

1 Selecciona la opción **Formularios** en el margen derecho de la ventana Base de datos y después haz clic en el botón **Nuevo**.

2 Selecciona la opción **Asistente para formularios**, elige la tabla **Intérpretes** y haz clic en **Aceptar**.

3 En la primera ventana haz clic en el botón >> para seleccionar todos los campos.

4 En la lista **Tablas/Consultas** selecciona la tabla **Temas** y de nuevo haz clic en el botón >> para pasar todos los campos a la ventana **Campos seleccionados**. Con estos dos últimos pasos le hemos indicado al asistente que se trata de un formulario que a su vez contiene un subformulario asociado. Haz clic en **Siguiente**.

5 Selecciona **Por intérpretes** como opción para ver los datos y en la parte inferior, activará la opción **Formulario** con subformularios. Haz clic en **Siguiente**.

6 En la ventana de distribución selecciona la opción **Tabular** y pulsa **Siguiente**.

7 Elige el diseño que más te guste para el formulario y haz clic en **Siguiente**.

8 Ahora debemos dar un nombre al formulario y otro al subformulario. Después de esto haz clic en **Finalizar**.

Su funcionamiento es sencillo, para cada intérprete puedes introducir todos los temas que le correspondan. Y todo esto desde la misma ventana y gracias a que están vinculados con la relación que hemos definido.

> **Nota:** en la ventana **Formularios** aparecen el objeto formulario y el objeto subformulario, lo que nos permite tratar este último de forma independiente.

Añadir un subformulario a un formulario ya existente

Si ya tienes creado el formulario y lo que necesitas es añadirle un subformulario del estilo al que hemos creado en el ejemplo anterior, los pasos serían los siguientes:

1 Abre el formulario en la vista Diseño.

2 En la caja de herramientas selecciona **Subformulario/Subinforme**: el cursor se transforma en una pequeña cruz y junto a ella aparece un pequeño formulario.

3 Haz clic, arrastra para definir el área que ocupará el subformulario dentro del formulario y suelta cuando creas que las dimensiones son las correctas.

4 Si es la primera vez que utilizas esta característica, Access te mostrará un mensaje indicando que no se encuentra instalada. Introduce el primer CD de instalación de Office y haz clic en Aceptar.

5 Aparecerá el primer paso del asistente. Selecciona la primera opción para elegir una tabla o una consulta como origen de los datos del subformulario, o la segunda si se trata de un formulario. Pulsa en **Siguiente**.

6 Si has elegido Tabla o Consulta en el siguiente paso, debes seleccionar el objeto en concreto y los campos del objeto que quieres utilizar. Haz clic en **Siguiente**.

7 Elige el vínculo que servirá como enlace entre el formulario y el subformulario. Normalmente se trata de los campos, ya que se utilizan para definir la relación entre los objetos seleccionados. Haz clic en **Siguiente**.

8 Para terminar, escribe un nombre para el subformulario y haz clic en **Finalizar**.

Después de estos pasos, el resultado debe ser el mismo que el del anterior apartado donde usamos el asistente.

Sobre las presentaciones y PowerPoint

PowerPoint es la última de las aplicaciones centrales de Office que nos queda por describir dentro de este manual. En esta última versión de Office también existen otras aplicaciones como FrontPage, Outlook o PhotoDraw pero, sin duda, Word, Excel, Access y PowerPoint son la esencia del producto.
Es indudable que vivimos una era audiovisual, donde la imagen juega el papel principal dentro de la definición de cualquier proyecto. Por este motivo, necesitamos apoyarnos en este medio para conseguir transmitir nuestras ideas, proyectos, etc., de forma rápida y eficaz. En el caso que nos ocupa, PowerPoint se puede definir como una herramienta para la creación de presentaciones multimedia e interactivas.
En esta y las lecciones siguientes aprenderemos a crear nuestras propias presentaciones y la forma de aprovechar las posibilidades multimedia de este programa.

En esta lección aprenderás a:

- Conocer las presentaciones
- Definir las líneas generales de una presentación
- Conocer el entorno de PowerPoint

Qué es una presentación

Son frecuentes las situaciones en las que necesitamos presentar ideas o proyectos ante un grupo de personas. Cuando sólo utilizamos nuestros propios recursos, dependemos exclusivamente de nuestras cualidades como orador y nuestra capacidad de persuasión. Pero incluso en aquellos casos en los que disponemos de estas virtudes, existen determinados conceptos que necesitan de un complemento visual para su total compresión. Una presentación nos puede ayudar en esta labor de difusión y se convierte en perfecto elemento de apoyo en este tipo de situaciones.
Una presentación en su estado más básico sería una secuencia de diapositivas. Cada una de estas diapositivas mostraría cierto contenido relacionado con la información que deseamos transmitir.

Seguro que conoces los proyectores de diapositivas tradicionales donde éstas se colocan dentro de un cartucho y mediante un sistema de avance eléctrico o manual se muestran todas. En la figura 24.1 puedes ver el aspecto de una diapositiva tradicional.

La forma de crear cada una de las dispositivas también en estos casos es bastante artesanal, ya que primero es necesario utilizar procesadores de texto o incluso dibujar manualmente y después acudir a algún estudio de fotografía para convertir ese material en diapositiva.

Con PowerPoint todo esto es el pasado y ahora, mediante una interfaz sencilla y agradable, podemos crear presentaciones para los medios más diversos, aprovechando además todas las posibilidades de la informática multimedia que está cobrando mayor importancia cada día.

Figura 24.1. *Diapositiva tradicional*

Consejos para crear una buena presentación

Ya en el texto de introducción de esta lección hemos dado diversos motivos y situaciones en los que una presentación se convierte en el complemento ideal para expresar ideas y transmitir información.

En cualquier caso hay una serie de características que debes tener en cuenta a la hora de crear una presentación para que ésta pueda cumplir sus objetivos:

- Toda presentación debe ser sobre todo sencilla. No incluyas demasiado texto en cada diapositiva, es recomendable tener muchas diapositivas a tener pocas con demasiada información.
- Tampoco abuses de las animaciones y las propiedades multimedia de PowerPoint. Utiliza con prudencia recursos como el sonido y las animaciones.
- Siempre que puedas, elabora el texto con viñetas o numeraciones, sin duda son la mejor forma de transmitir conceptos e ideas.
- El tamaño del texto no debería bajar de los 24 puntos, aunque dependerá de algunos factores como el número de asistentes a la presentación o la distancia desde estos al espacio de proyección.
- Los gráficos mejoran en gran media la compresión de los datos. En este caso se podría aplicar el dicho: "Una imagen vale más que mil palabras".
- Cuida la combinación de colores de la presentación. Unos tonos poco adecuados al contenido podrían echar por tierra una buena presentación.
- Si utilizas transiciones, haz que pasen rápido sin entorpecer el desarrollo de la presentación.
- Contempla la posibilidad de moverte a la diapositiva clave de la presentación sin tener que pasar por el resto.

Consejo: te recomendamos que leas estas consideraciones antes, durante y después de crear una presentación para asegurarte el éxito del proyecto. Después de algunas presentaciones seguro que tendrás tu propia lista de puntos a comprobar antes de crear la presentación.

Pasos previos a la presentación

Después de las recomendaciones anteriores relacionadas sobre todo con la calidad de la presentación, queremos aconsejarte una serie de pasos que deberías seguir antes de entrar de lleno en proceso de desarrollo:

1. Piensa en el objetivo central de la presentación y haz que ésta gire en torno a esa idea.
2. Decide el medio que vas a usar. En el siguiente apartado te damos algunas posibilidades. En función de esta decisión deberás tener en cuenta ciertos aspectos.

3 Piensa en el lugar donde se realizará la presentación y en el número de asistentes, y en función de esto analiza las necesidades técnicas.

4 Es muy importante personalizar la presentación enfocándola al tipo de público al que va dirigida.

5 Prepara con antelación los recursos que puedes necesitar para la presentación: imágenes, datos para gráficos, sonidos, etcétera.

Estas son sólo algunas consideraciones que seguro irás ampliando con cada nueva presentación que diseñes en PowerPoint.

Medios de difusión

Las presentaciones de PowerPoint no tienen como medio exclusivo de difusión el ordenador, existiendo otras posibilidades:

- Transparencias en color.
- Transparencias en blanco y negro.
- Presentaciones en pantalla.
- Diapositivas de 35mm.
- Internet.
- Archivo.

Cada una de estas opciones tiene sus características particulares, aunque quizás el medio más utilizado sea el ordenador mediante la conexión de un proyector.

Ejecutar PowerPoint

Después de más de trescientas páginas hablando de Office quizás este apartado sea algo obvio pero, en cualquier caso, te contamos brevemente cómo abrir PowerPoint:

1 Haz clic en el menú **Inicio**.

2 Desplaza el cursor hasta la opción **Programas**.

3 En el nuevo menú que aparece a la derecha, selecciona **Microsoft PowerPoint**.

Entorno de PowerPoint

En un principio el entorno de PowerPoint nos resultará bastante similar al de Word o Excel, dado que comparte muchos elementos con el resto de aplicaciones de la suite.

Nueva vista Normal

Lo primero que sorprende en PowerPoint 2000, la nueva distribución de la vista Normal, que se encuentra dividida en tres paneles:

- **Panel de esquema**: contiene el guión de la presentación y es donde aparecerán todas las diapositivas que la componen, junto al título de cada una de ellas. Esta parte correspondería a la antigua vista Esquema.
- **Panel de diapositiva**: situado en el lado superior derecho, será el espacio de trabajo para diseñar y trabajar con cada una de las diapositivas de la presentación.
- **Panel de notas**: por último, este panel está dedicado a las anotaciones que PowerPoint nos permite asociar a cada diapositiva de la presentación.

La distribución del espacio dedicado a cada uno de estos componentes no es fija y podemos modificarla, situando el ratón en la gruesa línea divisoria existente entra cada una de ella y arrastrando para modificar el área ocupada por cada sección. La figura 24.2 muestra los principales elementos que componen el entorno de la aplicación.

Diapositivas

Una presentación está compuesta por diapositivas, por lo que se puede decir que la diapositiva es el elemento principal sobre el que gira el desarrollo de cualquier proyecto de PowerPoint. Existen diversos tipos de diapositiva:

- **De texto**: son las que compondrán en su mayoría la presentación y, como su propio nombre indica, su contenido es exclusivamente texto, solo o con algún motivo de diseño complementario.
- **De gráficos**: se usan para la representación de información mediante gráficos de datos, similares a los que ya tratamos en las lecciones dedicadas a Excel. La gran variedad de modelos: circulares, radio, 3D, barras... nos permite mucha flexibilidad a la hora de elegir el tipo que mejor se adapte a las necesidades de presentación.
- **Generales**: en este grupo tendrían cabida todas aquellas diapositivas cuyo contenido fuera clips de vídeo, sonidos, imágenes.

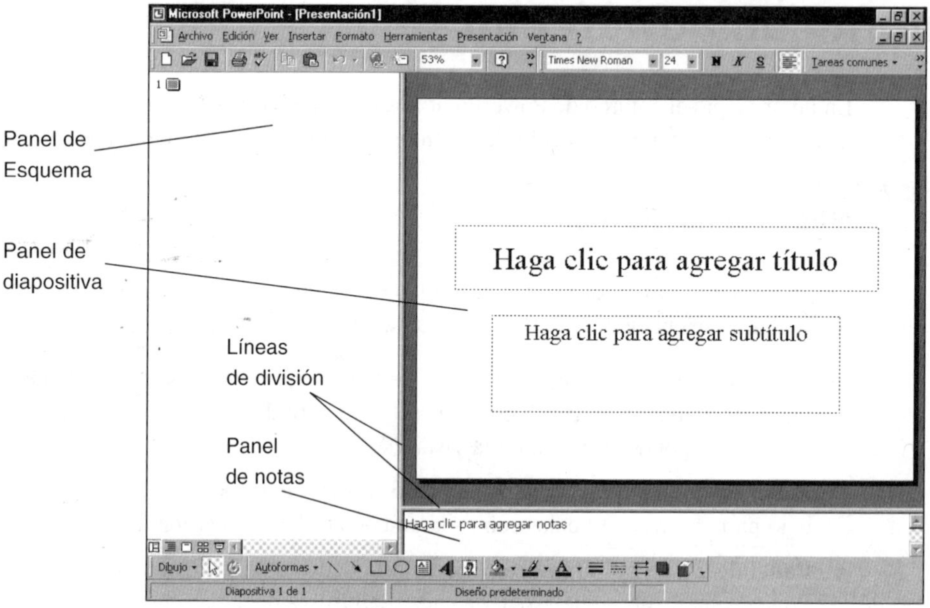

Figura 24.2. Entorno de PowerPoint

Ayuda de PowerPoint

En PowerPoint la forma de acceder a la ayuda tampoco es diferente a la del resto de aplicaciones de Office. Utiliza la tecla F1 para acceder al cuadro de diálogo **Ayuda de Microsoft PowerPoint**, y cómo no, tienes a nuestra mascota Clipo para que nos ayude con cualquier duda que nos pudiera surgir durante nuestro trabajo con PowerPoint. Además de todo esto PowerPoint detecta cuándo nos puede proporcionar ayuda sobre un aspecto determinado, haciendo aparecer una pequeña bombilla de color amarillo en la diapositiva. Haz clic sobre ella para acceder al consejo que te ofrece el programa relacionado con algunas de las operaciones realizadas.

Salir de PowerPoint

Para salir de PowerPoint puedes utilizar el comando **Salir** del menú **Archivo**, el botón **Cerrar** de la aplicación o la combinación de teclas Alt+F4.

Crear una presentación sencilla

Como lo que realmente estamos deseando es crear una presentación, en esta lección vamos a crear una sin demasiadas complicaciones, con el fin de familiarizarnos con el uso de PowerPoint y sus posibilidades.
En lecciones siguientes seguiremos ampliando conocimientos y mejorando nuestra presentación con todos los elementos multimedia y de interactividad incorporados en PowerPoint.
Antes de seguir, queremos hacerte una pequeña apreciación. PowerPoint no es una herramienta para el desarrollo de aplicaciones multimedia, para este fin ya existen otros programas en el mercado entre las que brilla con luz propia Macromedia Director. PowerPoint tiene definido su campo de acción dentro de las presentaciones multimedia. Si bien es cierto que se podrían crear pequeñas aplicaciones multimedia con PowerPoint, sus posibilidades no están enfocadas hacia este sentido.

En esta lección aprenderás a:

- Crear una presentación sencilla
- Ejecutar una presentación
- Utilizar las presentaciones predefinidas de PowerPoint
- Trabajar con el asistente para autocontenido
- Imprimir la presentación

Una presentación sencilla

Todavía conocemos muy poco de PowerPoint pero aún así queremos mostrarte cómo crear una presentación sencilla. Con esto conseguiremos que te aburras mucho menos y además entramos de lleno en el mundo de las presentaciones.

Un poco de planificación

Durante todas las lecciones de Access, nunca nos cansamos de insistir en la necesidad de dedicar el tiempo necesario a la planificación del trabajo. Quizás esta labor no sea tan crítica aquí como en el desarrollo de una base de datos pero podemos asegurar que sí es igual de importante y, por este motivo, aunque ya dimos algunos consejos al respecto en la lección precedente, queremos insistir un poco más en este aspecto.

Por lo tanto no creas que pierdes el tiempo si antes de crear tu presentación coges papel y lápiz y diseñas un pequeño *storyboard* donde reflejar un guión aproximado del proyecto. Tampoco es necesario que sea un Goya, es suficiente con definir aspectos como:

- Duración aproximada de la presentación.
- Número de diapositivas.
- Medio en el que se mostrará (ordenador, proyector...).
- Material gráfico que se necesita.
- Necesidad de secuencias de vídeo.
- Introducción de sonido.
- Es necesario crear gráficos de datos.
- Etcétera.

Y en general, ser conscientes de todas aquellas necesidades que pueda plantear el desarrollo de la aplicación. En la figura 25.1 puedes ver un pequeño *storyboard* en el que puedes comprobar que no se trata de un trabajo definitivo sino más bien de una aproximación a la idea de la presentación.

Crear la presentación

Una vez hecho el planteamiento de la presentación y definido el guión aproximado de la misma, sólo nos queda seguir los pasos adecuados en PowerPoint para crearla. Como ya es habitual existe más de una posibilidad y una de ellas, suponiendo que no tienes abierta la aplicación, sería:

1. Haz clic en el menú **Inicio**, desplaza el cursor hasta la opción **Programas** y en el menú que aparece, selecciona **Microsoft PowerPoint**.
2. En el primer cuadro de diálogo que aparece al iniciar el programa (figura 25.2), activa la opción **Presentación en blanco** y haz clic en **Aceptar**.
3. El siguiente paso será seleccionar el modelo para la primera diapositiva de la presentación. En este caso selecciona la primera de todas denominada **Diapositiva de título** y haz clic en **Aceptar**.

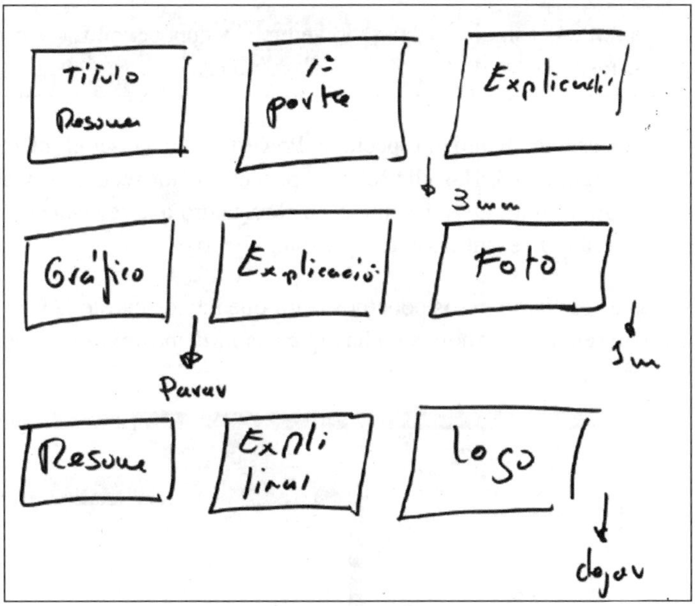

Figura 25.1. *Storyboard*

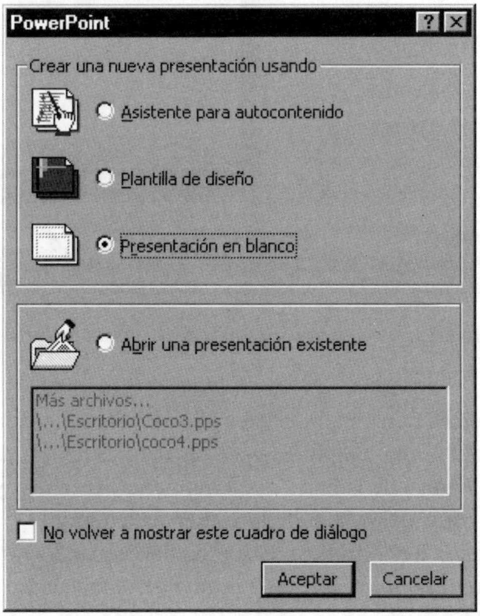

Figura 25.2. *Cuadro de diálogo de inicio de PowerPoint*

Nota: en el siguiente apartado veremos y conoceremos el objetivo de cada uno de los modelos de diapositivas disponibles.

4 En este momento el aspecto de PowerPoint debe ser el mismo que puedes ver en la figura 25.3. Haz clic sobre el primero de los recuadros y escribe: **Paso a paso PowerPoint**. Después, pulsa en el recuadro que se encuentra justo debajo y escribe: **Presentación de ejemplo**.

Con estos cuatro pasos podemos decir que hemos puesto la primera piedra de nuestra presentación. Ahora sólo hay que añadir diapositivas para completar el trabajo.

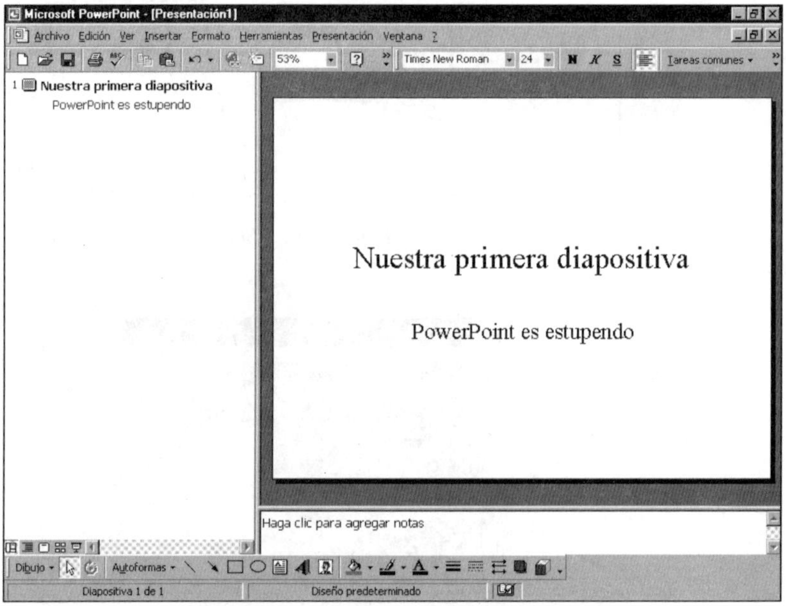

Figura 25.3. *PowerPoint después de incluir la primera diapositiva de la presentación*

Como hemos comentado existen varias formas de crear una nueva presentación en PowerPoint. Por ejemplo, si ya te encuentras dentro de la aplicación, puedes utilizar el botón **Nuevo** de la barra de herramientas Estándar y, en este caso, sólo tienes que seguir a partir del paso 3 de la secuencia anterior.

Pero todavía hay otra forma, se trata del comando **Nuevo** del menú **Archivo**. Este comando tiene algo especial y es que desde el cuadro de diálogo que aparece al ejecutarlo, accederemos a todas las presentaciones predefinidas en PowerPoint. Describiremos las posibilidades de esta opción un poco más adelante.

Modelos de diapositivas

Una vez creada la presentación, el siguiente paso será incluir diapositivas hasta completarla. Pero antes de explicar cómo se realiza esta operación, es necesario conocer los diferentes modelos de diapositivas disponibles en PowerPoint.

Nota: cada modelo de diapositiva está determinado básicamente por su contenido: texto, gráficos, imágenes, etcétera.

En la secuencia de pasos anterior, antes de crear la primera diapositiva, PowerPoint mostraba el cuadro de diálogo **Nueva diapositiva** (figura 25.4) para que seleccionáramos el modelo de la misma. Cada uno de estos modelos tiene un nombre que aparece en el recuadro de la esquina inferior derecha al seleccionar el tipo de diapositiva.

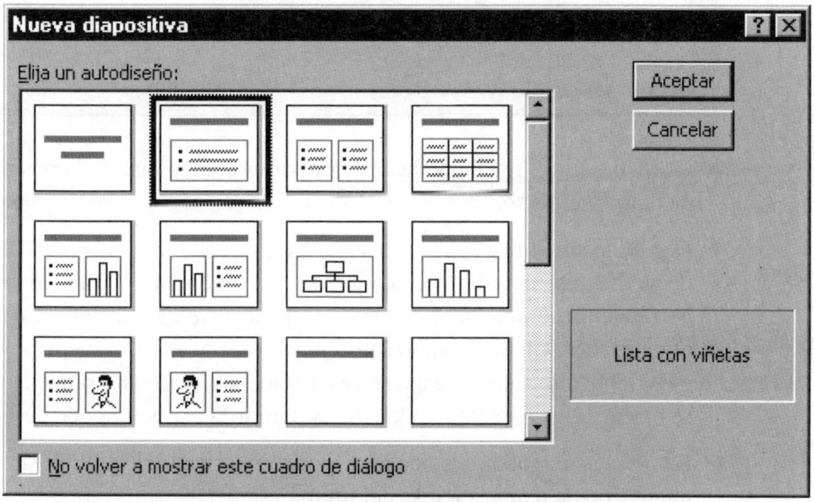

Figura 25.4. *Cuadro de diálogo* ***Nueva diapositiva***

La descripción de cada uno de los modelos sería la siguiente:

- *Diapositiva de título*: es el modelo utilizado en el apartado anterior. Incluye un cuadro de texto para el título y otro situado debajo para alguna descripción.
- *Lista con viñetas*: contiene un cuadro texto para el título y debajo un espacio para incluir una lista con viñetas. Ésta es una de las opciones más utilizadas, ya que las viñetas resultan muy útiles para el planteamiento de ideas en las presentaciones. Utiliza siempre que puedas este modelo de diapositiva en tus trabajos.

- *Texto a dos columnas*: como su propio nombre indica, nos permite colocar texto siguiendo una estructura de columnas paralelas. Justo encima tienes un cuadro de texto para escribir el título de la diapositiva si fuera necesario.
- *Tabla*: contiene el espacio para el título; justo debajo, haz doble clic para que aparezca un cuadro de diálogo donde deberás introducir las dimensiones de la tabla en filas y columnas. Lo que realmente hace PowerPoint es insertar una tabla de Word, aprovechando las posibilidades de la tecnología OLE de Windows.
- *Texto y gráfico*: además del título dispones de un espacio para incluir texto y otro destinado a acoger un gráfico de Excel. Haz doble clic sobre este último espacio y comprueba cómo aparece una hoja de datos de las que ya utilizamos en las lecciones dedicadas a Excel. Los gráficos son otro de los elementos utilizados frecuentemente en las presentaciones, ya que son una forma visual y eficaz de mostrar tendencias y evoluciones.

Aviso: para la configuración de los gráficos de datos dispones de muchas de las opciones de Excel, y prácticamente de todos sus modelos: barras, áreas, 3D, etcétera. Todo esto lo trataremos en la lección siguiente.

- *Gráfico y texto*: igual que la anterior pero intercambiando la posición del gráfico de datos y el texto.
- *Organigrama*: un organigrama es una representación jerárquica de un conjunto de elementos; en la figura 25.5 puedes ver un ejemplo. Office dispone de una herramienta complementaria para crear estos elementos denominada Microsoft Organization Chart. Cuando seleccionamos este modelo de diapositivas y hacemos doble clic sobre el espacio reservado para el organigrama, automáticamente se ejecuta el programa donde podrás definir la estructura que desees.
- *Gráfico*: este modelo dedica la mayoría del espacio disponible de la diapositiva a un gráfico de datos, además del título.
- *Texto e imágenes prediseñadas*: incluye el título y debajo de él dos espacios equivalentes. Uno de ellos está destinado a incluir texto y el otro puedes utilizarlo para añadir algunas de las imágenes prediseñadas de Office o cualquier otra, si utilizas el botón **Importar clips** del cuadro de diálogo **Galería de imágenes** de Microsoft.
- *Imágenes prediseñadas y texto*: igual que la anterior pero intercambiando la posición del texto y la imagen.
- *Sólo el título*: en este caso, la diapositiva sólo dispone de un cuadro de texto para escribir el título de la misma. Es evidente que PowerPoint ofrece herramientas para incluir muchos elementos distintos en las diapositivas y habrá ocasiones en

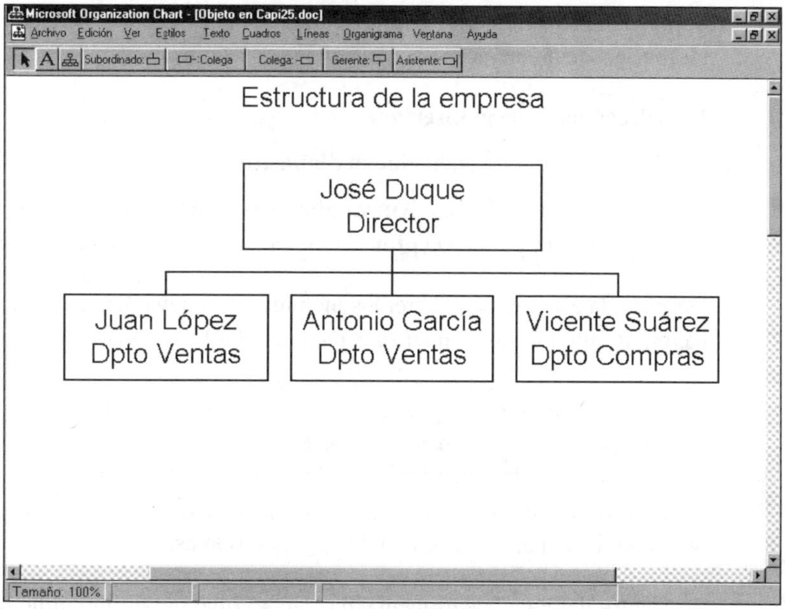

Figura 25.5. *Ejemplo de organigrama*

las que ninguno de los modelos de la diapositiva se ajuste a nuestras necesidades. En estos casos, deberemos elegir modelos de este tipo y diseñar manualmente la estructura de la diapositiva.

- *En blanco*: el sentido de este tipo de diapositiva es el mismo que el anterior, aunque en este modelo ni siquiera aparece el cuadro de texto para el título, por lo que se insertaría una diapositiva completamente vacía y tendrías que crearla desde cero.

Nota: la tecnología OLE ha sido desarrollada por Microsoft con el fin de mejorar la integración de todas aplicaciones que utilicen Windows como sistema operativo. Aun así, no todas las aplicaciones del mercado la admiten, si bien es cierto que Office y, sobre todo, PowerPoint aprovecha al máximo todas sus posibilidades.

Añadir una nueva diapositiva

Después de conocer todos los modelos de diapositiva disponibles vamos a ver cómo podemos incluir una nueva en nuestra presentación.

Supongamos que tenemos la presentación en el estado que la dejamos después de la última secuencia de pasos:

1 Selecciona el menú **Insertar**.
2 Haz clic en el comando **Nueva diapositiva**.
3 En el cuadro de diálogo **Nueva diapositiva**, pulsa sobre el modelo que desees y después en el botón **Aceptar** o simplemente haz doble clic sobre el modelo.

Después de estos pasos, habremos incluido una nueva diapositiva en nuestra presentación. Repite los pasos anteriores para insertar todas las diapositivas que necesites.

Truco: existen dos atajos para insertar una nueva diapositiva: el botón **Nueva diapositiva** de la barra de herramientas Estándar y la combinación de teclas Ctrl+I.

Todavía nos queda otro modo de añadir diapositivas a tu presentación. En este caso utilizaremos el panel esquema y los pasos serían estos:

1 Dentro del Panel de esquema, haz clic al final del último título de la diapositiva después de la cual quieres insertar una nueva.
2 Pulsa la tecla Intro y PowerPoint insertará una nueva diapositiva en la presentación. El modelo será el mismo que tenía la diapositiva donde estaba el punto de inserción.

Esta última operación la puedes realizar en cualquier lugar del esquema de la presentación, ni mucho menos tiene que ser obligatoriamente después de la última diapositiva. A lo largo de estas lecciones comprobaremos cómo el Panel de esquema nos proporciona otras muchas ventajas.

Desplazamiento entre las diapositivas de una presentación

Para desplazarte por las diapositivas que componen tu presentación puedes utilizar las teclas de la tabla 24.1.

Tabla 25.1. *Teclas para desplazarse entre las diapositivas de la presentación*

Tecla	Acción
RegPág	Retrocede a la diapositiva anterior.
AvPág	Avanza hasta la siguiente diapositiva.

(continúa)

Tabla 25.1. *Teclas para desplazarse entre las diapositivas de la presentación (continuación)*

Tecla	Acción
Inicio	Nos lleva hasta la primera diapositiva de la presentación.
Fin	Nos lleva hasta la última diapositiva de la presentación.

Nota: además de las teclas de la tabla 24.1 puedes utilizar la barra de desplazamiento vertical para desplazarte entre las diapositivas de la presentación.

Pero sin duda la mejor forma de ir a cualquier diapositiva de la presentación es utilizar el Panel de esquema. En este caso sólo será necesario hacer clic sobre la diapositiva que necesitemos mostrar en el Panel de diapositiva. La reconocerás porque la diapositiva activa aparece con el icono ligeramente sombreado.

Eliminar diapositivas

Para eliminar una diapositiva, haz clic sobre ella en el Panel de esquema y después pulsa la tecla Supr. Debes tener cuidado y hacer clic justo encima del pequeño icono situado a la derecha el número de diapositiva.

El funcionamiento del Panel de esquema tiene cierto parecido con el de un procesador de textos sencillo. Por tanto, si estás al final del último título de una diapositiva y pulsas la tecla Supr, eliminarás la diapositiva que se encuentra debajo como si de un párrafo se tratase. Si pulsas la tecla Intro, añadirás un nueva diapositiva.

Nota: otra herramienta que nos permite eliminar y ordenar diapositivas es el Clasificador de diapositivas del que hablaremos más adelante.

Insertar diapositivas de otras presentaciones

Otra de las posibilidades que ofrece PowerPoint para insertar una nueva diapositiva es utilizar alguna de presentaciones ya creadas. La forma de hacerlo sería la siguiente:

1 Sitúate, dentro de la presentación, donde quieras incluir la nueva diapositiva.

2 Ejecuta el comando **Diapositivas de archivos** situado dentro del menú **Insertar**. Aparece el cuadro de diálogo **Buscador de diapositivas** (figura 25.6).

3 Haz clic sobre el botón **Examinar** y selecciona la presentación de donde quieres extraer las diapositivas.

4 Haz clic en el botón **Mostrar** para que aparezcan en la parte inferior del cuadro de diálogo todas las diapositivas de la presentación.

5 Haz clic sobre aquellas diapositivas que quieras utilizar para seleccionarlas y después pulsa en el botón **Insertar**. O si lo prefieres, puedes utilizar el botón **Insertar todas** para incluir todas las diapositivas de la presentación elegida.

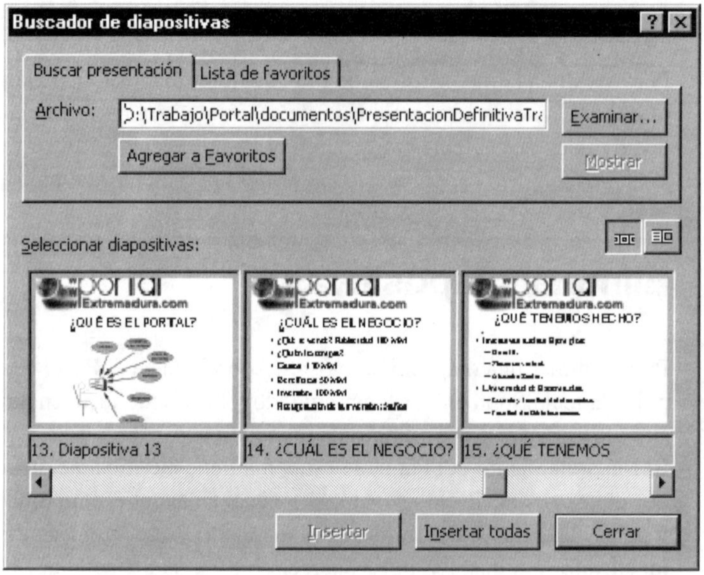

Figura 25.6. *Cuadro de diálogo* ***Buscador de diapositivas***

Cambiar el orden de las diapositivas

Si quieres cambiar la posición de una diapositiva dentro de la presentación, la mejor forma es utilizar el Panel de esquema. Los pasos serían los siguientes:

1 En el Panel de esquema, coloca el cursor encima del icono situado a la derecha de la diapositiva que quieres cambiar de posición. Comprueba cómo se transforma en típico icono de desplazamiento de Office.

2 Haz clic, mantén pulsado el botón izquierdo el ratón y arrastra hacia donde desees colocar la diapositiva. La línea negra te servirá como referencia.

3 Cuando se encuentre en la posición adecuada, suelta el botón del ratón.

Guardar la presentación

A estas alturas del libro no es necesario explicar cómo guardar cualquier archivo dentro de Office, sea cual sea la aplicación. En PowerPoint las cosas no son diferentes, ya que puedes usar el botón **Guardar** de la barra de herramientas o el comando del mismo nombre del menú **Archivo**. Para guardar la presentación actual con otro nombre, dispones del comando **Guardar como** situado también en el menú **Archivo**.

Cerrar la presentación

Para cerrar la presentación actual puedes utilizar el comando **Cerrar** del menú **Archivo** o el botón **Cerrar** de la ventana del documento. Si no has guardado las últimas modificaciones, PowerPoint mostrará un cuadro de diálogo para avisarte y ofrecerte la posibilidad de hacerlo.

Abrir la presentación

Para abrir una presentación, tampoco vamos a descubrir nada nuevo, ya que tienes que utilizar el archiconocido comando **Abrir** del menú **Archivo** o el botón del mismo nombre de la barra de herramientas Estándar. Como última posibilidad dispones de la combinación de teclas Ctrl+A.

Ejecutar la presentación

Seguro que estás deseando probar la presentación, aunque todavía no sea demasiado espectacular pero, no te preocupes, ya que con todo lo que aprenderemos en la próxima lección quedará mucho más vistosa. En definitiva, si ya hemos terminado y queremos ver el resultado de nuestro trabajo o simplemente te apetece conocer cómo está quedando la presentación, deberás ejecutarla:

1. Utiliza alguno de los métodos que ya conoces para guardar la presentación.
2. Selecciona el comando **Ver presentación** del menú **Presentación** o pulsa la F5.

La primera diapositiva de tu presentación ocupará toda la pantalla, como puedes ver en la figura 25.7. Si deseas salir de la presentación, lo más rápido es pulsar la tecla Esc.

Figura 25.7. *Presentación en ejecución*

> **Nota:** como veremos un poco más adelante, no es necesario tener PowerPoint abierto para mostrar una presentación, sería suficiente con hacer clic con el botón derecho sobre el archivo y seleccionar la opción **Mostrar**.

Una vez en el modo de ejecución, tendremos que saber cómo movernos a través de las diapositivas de la presentación. En la tabla 25.2 tienes una lista de todos los controles necesarios para mostrarla.

Tabla 25.2. *Controles utilizados durante la ejecución de la presentación*

Para	Utiliza
Avanzar a la siguiente diapositiva	S, Intro, AvPág, flecha arriba, flecha derecha o clic en el botón izquierdo del ratón
Retroceder a la diapositiva anterior	A, RePág o flecha izquierda o flecha abajo
Ir a una diapositiva determinada	<número diapositiva>+Intro.

(continúa)

Tabla 25.2. Controles utilizados durante la ejecución de la presentación (continuación)

Para	Utiliza
Alternar entre una pantalla en negro y la presentación	'N' o '.'
Alternar entre una pantalla en blanco y la presentación	'B' o ','
Detener o reiniciar una presentación con diapositivas automáticas	'D' o '+'
Finalizar una presentación con diapositivas	Esc, Ctrl+Pausa o '-'
Borrar anotaciones de la pantalla	E
Regresar a la primera diapositiva	Inicio o pulsar los dos botones del ratón durante 2 segundos
Ir hasta la última diapositiva	Fin
Convertir el puntero en una pluma	Ctrl+P
Convertir la pluma en un puntero	Ctrl+A
Ocultar el puntero y el botón temporalmente	Ctrl+H
Ocultar el puntero y el botón siempre	Ctrl+L
Presentar el menú contextual	MAYÚSCULAS+F10 (o hacer clic con el botón derecho del ratón)

Aviso: la característica denominada **Compatibilidad mejorada con equipos portátiles**, incluida en PowerPoint 2000, desactiva automáticamente los protectores de pantallas y cualquier sistema de ahorro de energía, para evitar así cualquier interrupción durante la presentación.

Anotaciones sobre el tiempo de ejecución

Una interesante posibilidad que ofrece PowerPoint es la de poder hacer anotaciones sobre la propia diapositiva mientras dura la ejecución de la misma. Esto nos puede ser útil para resaltar datos o fijar la atención sobre algún dato concreto. La forma de hacerlo sería la siguiente:

1 Ejecuta la presentación.

2 Pulsa la combinación de teclas Ctrl+P o haz clic con el botón derecho sobre la presentación y selecciona **Pluma**. El cursor se transformará en un pequeño lápiz.

3 Haz clic y arrastra para dibujar o hacer cualquier anotación sobre la presentación. En la figura 25.8 puedes ver un ejemplo.

Truco: si quieres pintar líneas rectas horizontales o verticales deberás mantener pulsada la tecla Mayús al mismo tiempo.

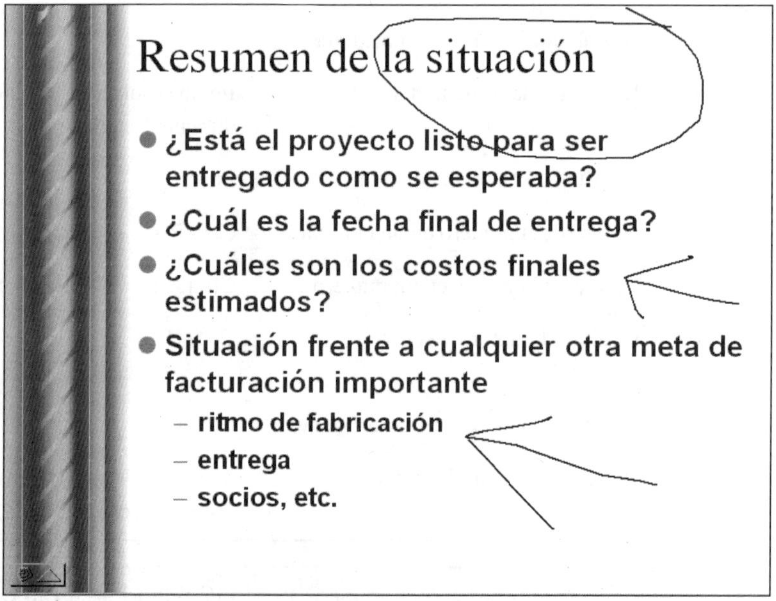

Figura 25.8. *Anotaciones durante la ejecución de la presentación*

Si lo deseas puedes cambiar el color que utiliza la pluma para dibujar:

1 En el modo Pluma, haz clic con el botón derecho sobre la presentación y elige el comando **Opciones de puntero**.

2 Haz clic sobre **Color de la pluma** y, en el nuevo submenú que aparece, selecciona el color que desees para tus anotaciones.

Para salir del modo Pluma lo más rápido es utilizar la combinación de teclas Ctrl+A, aunque también puedes hacer clic con el botón derecho sobre la presentación y seleccionar el comando **Flecha**.

Borrar las anotaciones

Para dejar la diapositiva en su estado original, eliminando por tanto las anotaciones:

1 Haz clic con el botón derecho sobre la presentación.

2 Selecciona el comando **Pantalla**.

3 Haz clic en la opción **Borrar pluma**.

Aviso: una vez que abandonamos la diapositiva, ésta pierde todas las anotaciones.

Presentaciones predefinidas

Como es habitual en las aplicaciones de Office, PowerPoint también dispone de una serie de presentaciones predefinidas que cubren una gran cantidad de propósitos y con las que podemos ahorrar mucho tiempo. Realmente las presentaciones predefinidas son plantillas vacías de contenido pero con un diseño establecido. Por ejemplo:

1 Haz clic en el botón **Nuevo** del menú **Archivo**, para mostrar el cuadro de diálogo **Nueva presentación**. Dentro de este cuadro tenemos cuatro pestañas:

- **General**: contiene la plantilla por defecto y normalmente las que creemos nosotros mismos.
- **Plantillas de diseño**: en esta pestaña encontrarás un buen número de plantillas considerando el punto de vista de diseño, es decir, no contienen ningún contenido sólo una imagen general definida. En esta secuencia de pasos utilizaremos uno de ellos y veremos cómo funciona.
- **Presentaciones**: a diferencia de la pestaña anterior, en este caso sí se trata de presentaciones completas con fines muy diversos, desde un folleto hasta uno que muestra cómo podría ser una presentación que mostrase la estructura de una organización. La idea en este caso es abrir la plantilla y personalizarla según nos convenga.
- **Plantillas de Office 97**: son todos los diseños que estaban disponibles en la versión anterior de Office.

Aviso: no todos los diseños y plantillas del cuadro de diálogo **Nueva presentación** están instalados por defecto, para utilizar muchos de los diseños necesitaras introducir el CD de instalación de Office 2000.

2 Selecciona la pestaña **Plantillas de diseño** y haz doble clic sobre **Cintas**.

3 Haz doble clic sobre el modelo **Diapositiva de título** y rellena los dos cuadros de texto. El aspecto debe ser similar al que puedes ver en la figura 25.9.

4 Ahora, añadiremos una nueva diapositiva a la presentación, por lo tanto haz clic en el botón **Nueva diapositiva** de la barra de herramientas Estándar.

5 Como modelo, selecciona **Lista con viñetas**. Recuerda que tienes que hacer doble clic para insertarlo. Comprueba cómo el diseño de esta segunda diapositiva es diferente al primero pero manteniendo los mismos motivos.

6 A partir de aquí puedes seguir añadiendo diapositivas a la presentación y todas mantendrán el mismo diseño.

Nota: en la lección siguiente veremos cómo cambiar este diseño para adaptarlo a nuestro gusto y necesidad.

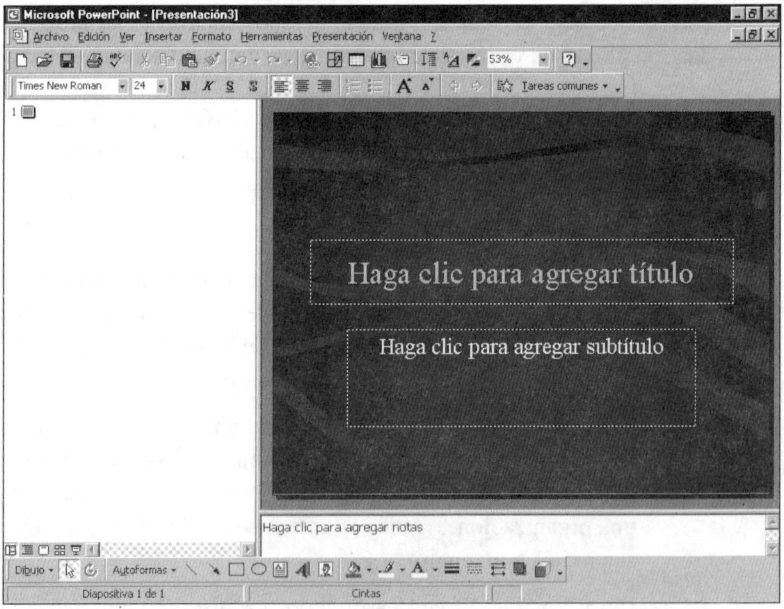

Figura 25.9. Aspecto de la una diapositiva de título

Asistente para autocontenido

Seguro que después de lo visto hasta ahora en el libro, estabas echando de menos uno de esos asistentes tan maravillosos y que nos permiten crear prácticamente cualquier cosa. Pues tienes razón, PowerPoint también incorpora un asistente para crear una presentación con tan sólo seguir unos cuantos pasos y contestar a varias preguntas. El Asistente para autocontenido nos permite ahorrar mucho tiempo en los primeros pasos de la creación de una presentación, aunque es evidente que después tendremos que personalizarla a nuestro gusto. Podemos ejecutar este asistente de dos formas:

- Al arrancar PowerPoint, selecciona la opción **Asistente para autocontenido** y haz clic en **Aceptar**.
- Una vez dentro de PowerPoint, ejecuta el comando **Nuevo** del menú **Archivo**. Después, en la pestaña **General** haz doble clic sobre el archivo **Asistente para autocontenido**.

Para entender mejor los pasos que componen el Asistente para autocontenido, vamos a ver un ejemplo:

1 Utiliza alguno de los dos métodos descritos para iniciar el asistente. La primera ventana (figura 25.10) es principalmente de presentación, aunque también nos informa de los pasos que componen el asistente. Haz clic en el botón **Siguiente** para continuar.

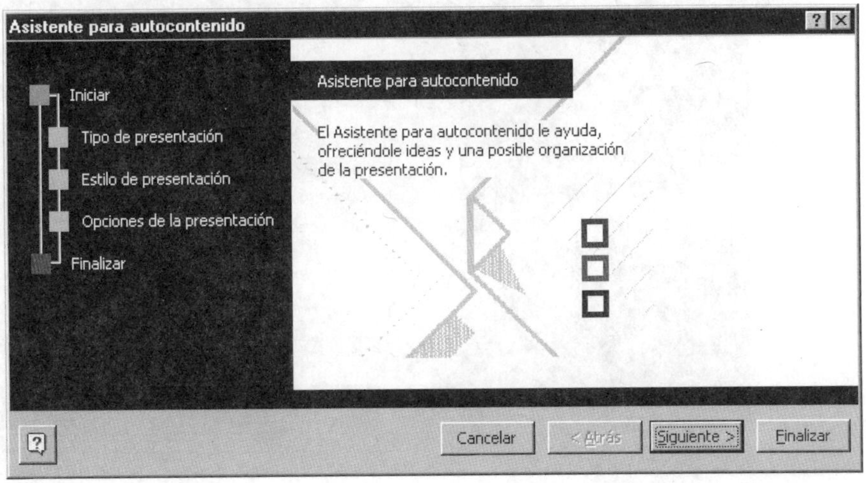

Figura 25.10. *Primer paso del Asistente para autocontenido*

2 En el segundo paso deberás seleccionar el tipo de presentación que deseamos crear. Cada uno de los botones representa a una determinada categoría, haz clic sobre uno de ellos y comprueba cómo aparecen a la derecha todas las presentaciones asociadas a esa categoría. Selecciona el modelo que desees y haz clic en **Siguiente**.

Nota: también dispones del botón **Agregar** para aquellos casos en los que quieras utilizar alguna plantilla propia o si no se encuentra entre las que proporciona el asistente.

3 Ahora nos toca decidir la finalidad de la presentación (figura 25.11). La primera de las opciones es recomendable para las exposiciones presenciales, es decir, donde seas tú quien personalmente hagas la presentación. Y la segunda cuando no vayas a estar físicamente en la presentación, el caso más común sería Internet. Elige una de las dos opciones y haz clic en **Siguiente**.

4 En función de la elección hecha en el paso anterior así serán las opciones que el asistente muestre en este paso. Si has seleccionado la primera, aparecerán todas las posibles combinaciones para el soporte de la presentación: transparencias, pantalla... Si por el contrario elegiste la segunda de las opciones, tendrás que aportar información como: correo electrónico, fecha de actualización, etcétera. Realiza la elección adecuada según el medio elegido y haz clic en **Siguiente**.

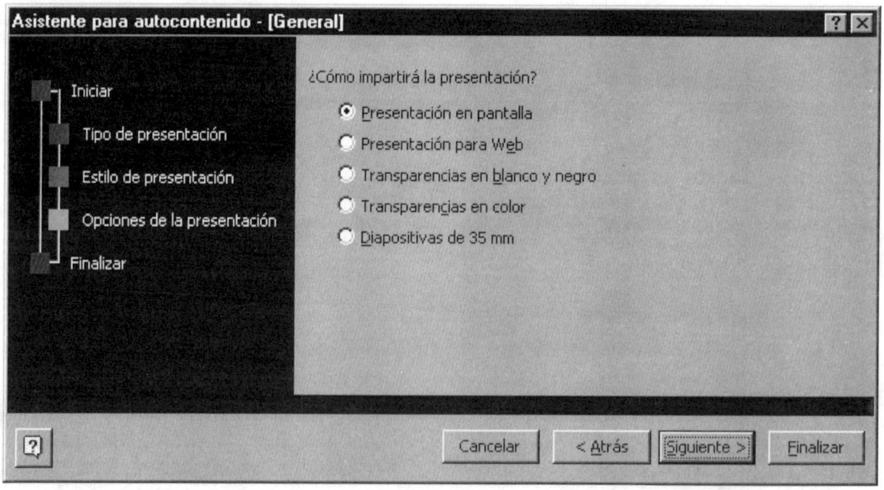

Figura 25.11. *Segundo paso del Asistente para autocontenido*

5 Introduce el título de la presentación, el nombre y, si lo deseas, información adicional. Haz clic en **Siguiente**.

6 El último paso del asistente es puro trámite y no es necesario responder a ninguna cuestión. Por lo tanto, haz clic en **Finalizar** para comprobar el resultado.

Con estos pasos conseguiremos definir las líneas básicas de nuestra presentación, pero tendremos que ser nosotros, en la mayoría de los casos, quienes introduzcamos la información y terminemos de personalizarla.

Imprimir la presentación

Es normal que tarde o temprano necesitemos imprimir la presentación completa o algunas diapositivas. En estos casos, lo mejor antes de imprimir es utilizar el comando **Configurar página** para ajustar los parámetros básicos de la presentación.
Al ejecutar el comando **Configurar página** del menú **Archivo**, PowerPoint muestra el cuadro de diálogo **Configurar página** (figura 25.12). Dentro de las posibilidades de este cuadro podremos elegir las dimensiones de la presentación, la orientación tanto de las diapositivas como de las notas complementarias y el valor de inicio para la numeración. Ajusta estos valores antes de imprimir la presentación.

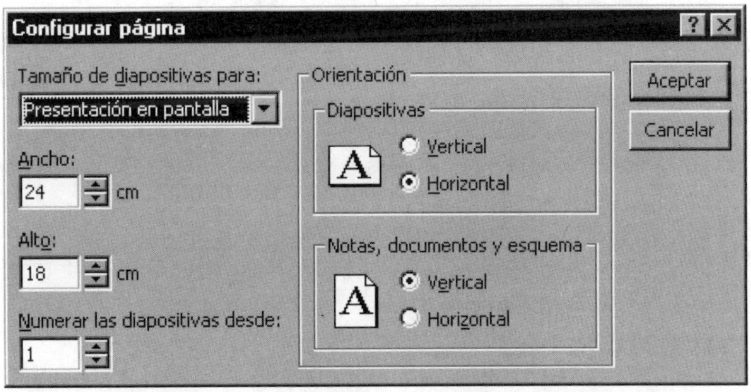

Figura 25.12. *Cuadro de diálogo* ***Configurar página***

Una vez definidos los valores correctos en el cuadro de diálogo **Configurar página** sigue estos pasos para imprimir la presentación:

1 Selecciona el comando **Imprimir** del menú **Archivo**. Aparecerá el cuadro de diálogo **Imprimir** (figura 25.13).

2 En la sección **Impresora** elige el dispositivo que deseas utilizar para imprimir. Con el botón **Propiedades** puedes acceder a la configuración del dispositivo elegido.

3 Dentro de **Intervalos de impresión**, puedes elegir entre imprimir toda la presentación o sólo aquellas diapositivas que te interesen.

4 También puedes incluir el número de copias, si vas a necesitar más de una, en la sección **Copias**.

5 En la última parte del cuadro de diálogo, tienes una lista desplegable donde puedes elegir entre imprimir diapositivas, documentos, hojas de notas o la vista esquema.

6 Si seleccionas la opción **Documento**, se activa la sección situada la derecha donde puedes indicar el número de diapositiva que quieres imprimir en cada página y su orientación.

7 Cuando todos los valores sean correctos, haz clic en el botón **Aceptar** para imprimir la presentación.

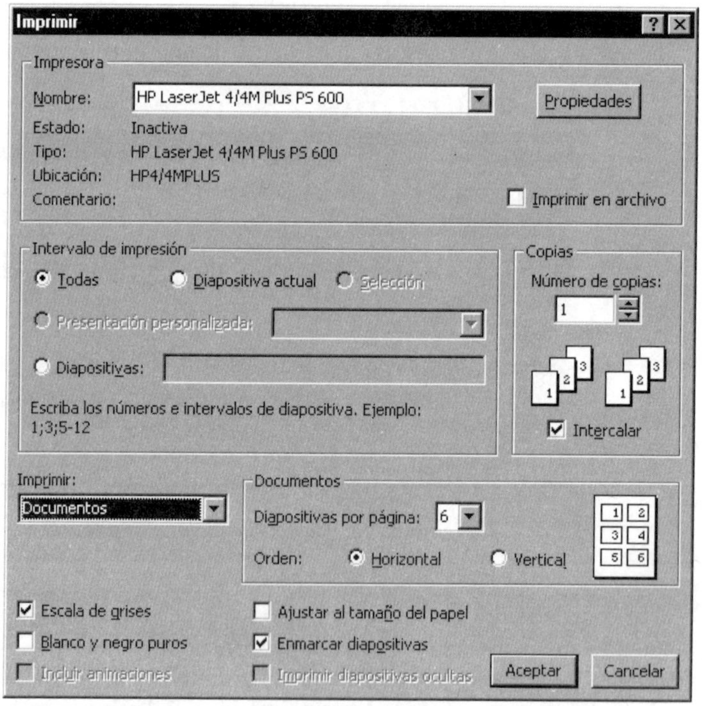

Figura 25.13. Cuadro de diálogo ***Imprimir***

Mejorar la presentación

En la lección anterior hemos aprendido a crear una presentación, eso sí, sin demasiadas pretensiones y siempre utilizando modelos predefinidos de PowerPoint para nuestras diapositivas. Esto está bien siempre que nuestras necesidades se adapten a esos tipos, pero si necesitamos algún diseño un poco más personalizado, con los conocimientos que tenemos no podemos hacerlo. En esta lección veremos cómo incluir dentro de una diapositiva prácticamente cualquier cosa, desde un simple gráfico hasta un vídeo.

En esta lección aprenderás a:

- Añadir nuevos elementos a una diapositiva
- Modificar el formato de la diapositiva
- Trabajar con los patrones de diapositivas
- Incluir objetos, líneas, formas...
- Utilizar el corrector ortográfico y el corrector de estilos
- Incluir notas del orador

Vistas de la presentación

Ya estamos acostumbrados a que en todas las aplicaciones de Office exista más de una vista para los documentos. En PowerPoint no podía ser menos y también dispone de varios modos de visualizar el contenido de la presentación.
Los primeros tres comandos del menú **Ver** corresponden a todas las vistas disponibles dentro de PowerPoint; la descripción de cada una de ellas puedes verla a continuación:

- **Normal**: es la vista que hemos estado utilizando hasta ahora y, como ya sabes, se encuentra dividida en tres paneles: esquema, diapositiva y notas.
- **Clasificador de diapositivas**: cuando seleccionas esta vista aparece en pantalla una miniatura de todas las diapositivas que componen la presentación (figura 26.1), de tal forma que es sumamente sencillo cambiar de posición cualquiera de

ellas, eliminar o incluir nuevas diapositivas. En la lección siguiente hablaremos más ampliamente de las posibilidades de esta vista.

- **Presentación con diapositivas**: seleccionar esta vista es equivalente a ejecutar la presentación.

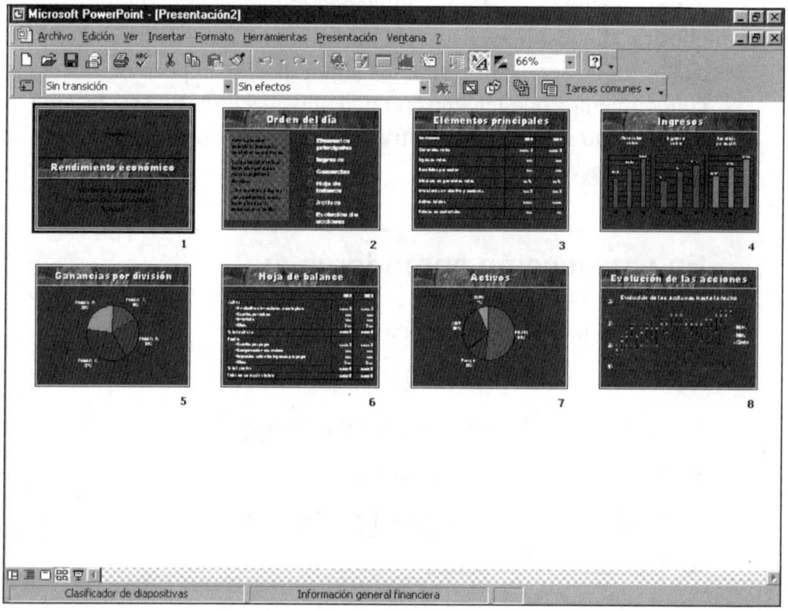

Figura 26.1. Clasificador de diapositivas

En la parte inferior de la ventana de PowerPoint, a la izquierda de la barra de desplazamiento horizontal dispones de cuatro pequeños botones para acceder mucho más rápidamente a cada una de las vistas que acabamos de describir. En la figura 26.2 puedes ver el aspecto de estos botones.

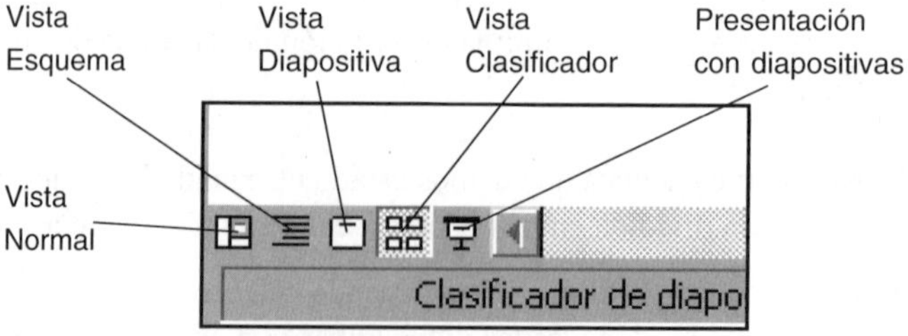

Figura 26.2. Botones de vistas

Añadir nuevos elementos a una diapositiva

Como ya hemos comentado es difícil que todas las diapositivas de una presentación se adapten a los modelos preestablecidos que aparecen en el cuadro de diálogo **Nueva diapositiva**. Por ese motivo vamos a dedicar este apartado a mostrar cómo podemos incluir cualquier elemento en una diapositiva por nosotros mismos.

Reglas y guías

Antes de mostrarte cómo incluir y editar elementos en una diapositiva, es necesario que conozcas las reglas y guías. Estos dos elementos son esenciales para situar de forma precisa cualquier objeto dentro de la diapositiva.
Por defecto, PowerPoint muestra las reglas pero, en cualquier caso, dispones del comando **Reglas** situado en el menú **Ver** y del comando **Guías** del mismo menú, para mostrar las guías. En la figura 26.3 puedes ver un ejemplo del lugar en el que se encuentran activos estos dos elementos.

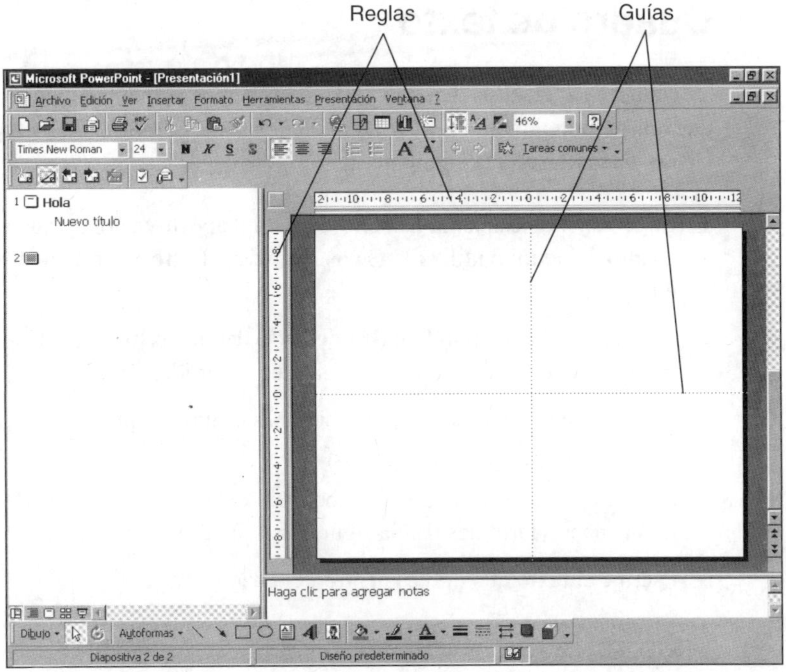

Figura 26.3. *Guías y reglas*

Las reglas se usan para situar elementos en un punto exacto de la diapositiva o para alinear objetos. Observa cómo tanto en la regla vertical como en la horizontal, aparece una línea representando el punto exacto sobre el que se encuentra el cursor.
Las guías tienen como fin principal la alineación de objetos tanto vertical como horizontalmente, con una ventaja con respecto a las reglas y es que al acercar el extremo de un objeto a la guía éste se fija a ella automáticamente, facilitando de este modo parte del trabajo. Por defecto, cuando activas las guías aparece una vertical y otra horizontal, pero puedes añadir más líneas guía:

1 Haz clic sobre alguna guía vertical u horizontal según sea la posición de la guía que necesitas crear.
2 Mantén pulsada la tecla Ctrl y arrastra el cursor. Comprueba cómo la guía seleccionada permanece y se crea una nueva.

También puedes modificar la posición de cualquier guía colocando el cursor sobre ella, haciendo clic y arrastrando. En este caso, una pequeña etiqueta te muestra la posición exacta de la guía para facilitar su colocación.
Para eliminar una guía es suficiente con arrastrarla fuera de la diapositiva.

Cuadro de texto

Ya conoces los cuadros de texto que, como hemos comentado, son los elementos que nos permiten incluir texto en una diapositiva. La forma de incluir un nuevo cuadro de texto seria la siguiente:

1 En el Panel de esquema haz clic sobre la diapositiva donde quieres incluir el cuadro de texto, o utiliza la teclas Avanzar y Retroceder página para llegar hasta ella.
2 Selecciona el comando **Cuadro de texto** del menú **Insertar**. Comprueba cómo el cursor se convierte en una pequeña cruz invertida.
3 Haz clic en el punto que quieres situar la esquina superior izquierda del cuadro de texto.
4 Arrastra para definir el área que ocupará el cuadro de texto y suelta el botón del ratón cuando termines. En la figura 26.4 puedes ver un ejemplo.
5 Escribe el texto que desees dentro del cuadro.

Aviso: el alto de cuadro de texto, vendrá definido por el texto que contenga y no por el área que hayas trazado al crearlo.

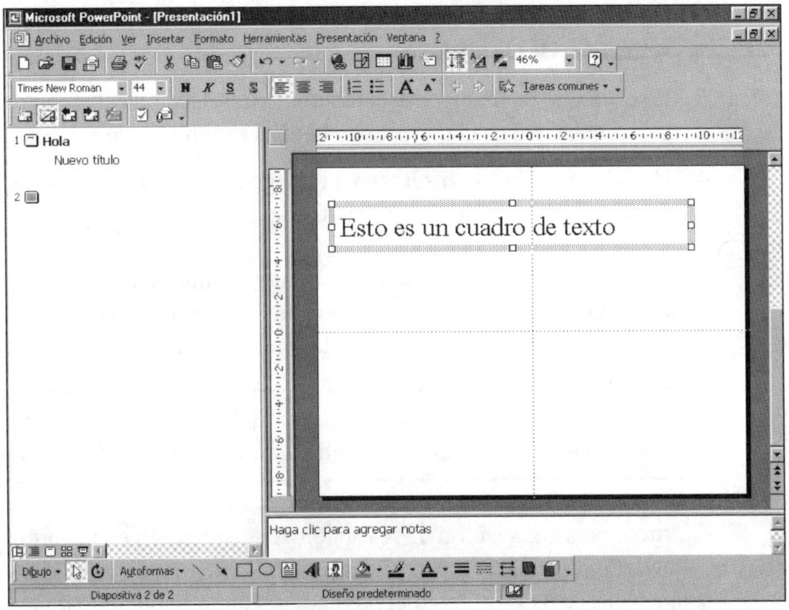

Figura 26.4. *Cuadro de texto*

Una vez colocado el cuadro de texto puedes modificar sus dimensiones utilizando los rectángulos situados alrededor. También es posible cambiar su posición si haces clic sobre el borde, mantienes pulsado el botón izquierdo del ratón y arrastras.

> **Aviso:** si una vez definido el cuadro de texto no escribes ningún texto en su interior, desaparecerá al hacer clic en cualquier otro punto de la diapositiva.

Un poco más adelante, dentro de esta misma lección, aprenderemos a dar formato al texto para que tenga el aspecto que deseamos en cada caso.

Imagen

Para insertar una imagen en una diapositiva se emplea el mismo método que vimos en Word y Excel. También dispones de la galería de imágenes prediseñadas de Office para utilizarlas en tus presentaciones. Para incluir una imagen sigue estos pasos:

1 Abre la diapositiva donde quieres incluir la imagen.

2 Selecciona el comando **Imagen** del menú **Insertar**. Las dos primeras posibilidades del menú **Imagen**, te permiten incluir un gráfico externo (desde archivo) o uno de la galería de imágenes de Office (Imágenes prediseñadas). En este caso selecciona **Desde archivo**.

3 En el cuadro de diálogo **Insertar imagen**, selecciona el archivo que desees y comprueba que es el correcto en la vista preliminar de ese cuadro de diálogo.

4 Haz clic en el botón **Insertar** y la imagen seleccionada aparecerá en la diapositiva junto a la barra de herramientas Imagen.

Los gráficos en PowerPoint se comportan y se modifican como en el resto de aplicaciones de Office. Utiliza los comandos de la barra de herramientas Imagen para modificar los parámetros básicos de la imagen: brillo, contraste, etcétera.

Nota: los cuadros que rodean a la imagen permiten modificar sus dimensiones. También puedes hacer clic sobre ella y arrastrar para cambiar su posición.

Truco: para conseguir más sensación de movimiento en tus presentaciones, PowerPoint permite incluir Gif animados. Este tipo de gráficos se utiliza con mucha frecuencia en Internet para crear bandas publicitarias.

Películas y sonido

Sí, sí, es cierto que puedes incluir en tus presentaciones de PowerPoint fragmentos de vídeo y sonidos. Y es que como ya hemos comentado alguna que otra vez, podemos crear presentaciones totalmente multimedia. En la figura 26.5 puedes ver una presentación con un fragmento de vídeo incluido. La forma de hacerlo sería la siguiente:

1 Sitúate en la diapositiva donde quieres incluir el vídeo o el sonido.

2 Selecciona el comando **Películas y sonido** del menú **Insertar**. Aparece un nuevo submenú con varias opciones.

3 Haz clic sobre **Película desde archivo** y en el cuadro de diálogo que aparece selecciona el archivo de vídeo que quieres utilizar.

Para reproducir el vídeo en la vista Diapositiva sólo tienes que hacer doble clic sobre él, y un clic para detenerlo. En cambio. cuando ejecutes la presentación será suficiente con un clic tanto para ponerlo en marcha como para detenerlo.

Nota: en la galería de Office también puedes encontrar archivos de vídeo y sonidos para utilizarlos en tus trabajos.

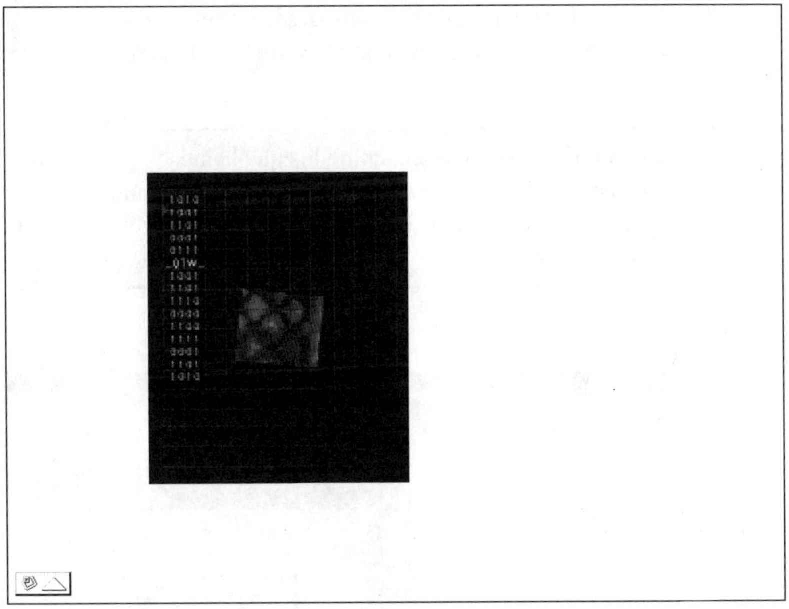

Figura 26.5. *Presentación donde hemos incluido un fragmento de vídeo*

Además de las posibilidades para incluir una película o sonido, el menú **Películas y sonido** tiene otras dos opciones interesantes. La primera, **Reproducir pista de audio de CD** permite escuchar cualquier pista de un CD de audio que introduzcas en el reproductor de tu ordenador. Además permite seleccionar incluso un fragmento dentro de la pista y reproducirlo de forma continua. Además, la opción **Grabar sonido** ofrece la posibilidad de realizar tus propias grabaciones siempre que dispongas del equipo necesario, es decir, tarjeta de sonido y micrófono. Las dos opciones restantes **Sonido de la galería** y **Sonido de archivo**. te permiten incluir archivos de sonidos en cualquiera de las diapositivas, tanto de la galería de Office como de cualquier otro lugar.

Gráficos de datos

Ya hemos visto que existen varios modelos de diapositiva que incluyen gráficos de datos. Pero también podemos incluir este tipo de objeto de forma manual:

1. Selecciona la diapositiva donde incluirás el gráfico.
2. Ejecuta el comando **Gráfico** del menú **Insertar**. Aparecerá el gráfico junto a la hoja de cálculo asociada que determina los datos de referencia para el gráfico (figura 26.6).

3 Modifica la hoja de cálculo como desees, empleando los conocimientos que ya adquirimos cuando hablamos de Excel. Cuando termines, cierra la hoja de datos.

Nota: tanto el objeto gráfico, como los que hemos visto en estos últimos apartados, ofrecen la posibilidad de modificar sus dimensiones mediante los pequeños cuadrados que los rodean, así como su posición, haciendo clic sobre ellos y arrastrando.

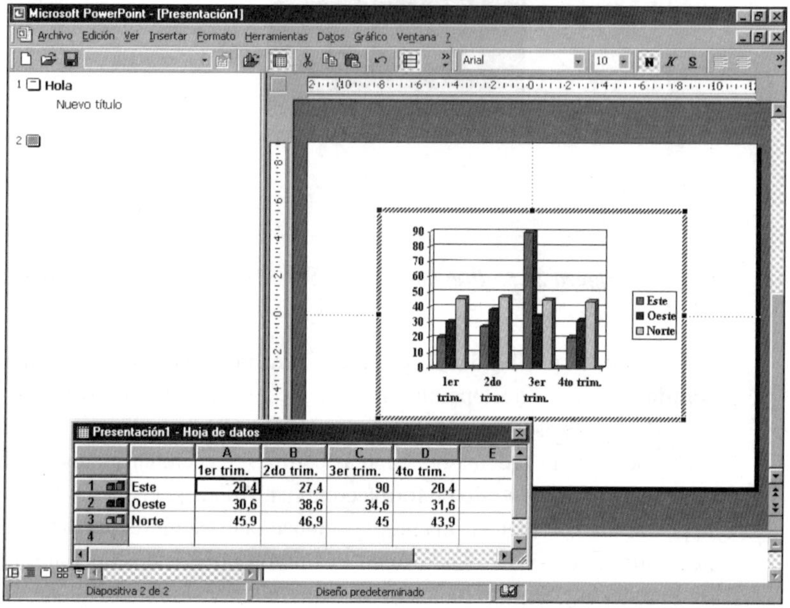

Figura 26.6. *Gráficos de Excel*

Formato de diapositivas

Este apartado lo vamos a dedicar a las posibilidades de formato que ofrece PowerPoint para los elementos principales de las diapositivas. La mayoría de las opciones se agrupan bajo el menú del mismo nombre, aunque también dispones de algunas dentro de la barra de herramientas Formato. Recuerda que si no tienes presente esta barra, puedes hacer clic con el botón derecho en cualquier otra y seleccionar la opción **Formato**.

Formato para textos

El formato de texto en PowerPoint no es demasiado diferente al que hemos visto hasta ahora en el resto de aplicaciones de Office y, por este motivo, no nos extenderemos mucho hablando del tema.

Tamaño y fuente

Para cambiar el tamaño de cualquier texto situado dentro de una diapositiva de PowerPoint, realiza lo siguiente:

1 Haz clic dentro del cuadro de texto si quieres aplicar el cambio a todo el texto o selecciona sólo aquellas palabras que desees modificar.

2 Haz clic en la lista desplegable **Fuente**, situada en la barra de herramientas, y selecciona el tamaño en puntos que deseas utilizar.

Truco: en la barra de herramientas Formato dispones de los botones **Aumentar tamaño de la fuente** y **Disminuir el tamaño de la fuente** (figura 26.7), cuya misión es aumentar o disminuir en intervalos de dos puntos el tamaño del texto.

***Figura 26.7.** Botones de la barra de herramientas Formato para aumentar y disminuir el tamaño de la fuente*

Si lo que quieres es cambiar el tipo de fuente, sigue los pasos anteriores pero en lugar de utilizar la lista **Formato**, haz clic sobre la lista **Fuente** para seleccionar el tipo de letra que quieras aplicar al texto. Para seleccionar más de un cuadro de texto u objeto de la diapositiva puedes utilizar el siguiente método:

1 Haz clic en el primero de los elementos que quieres seleccionar.

2 Mantén pulsada la tecla Mayús y haz clic en el siguiente elemento que quieres incluir en la selección.

3 Repite el paso anterior para seleccionar a la vez tantos objetos como desees.

Siempre que los elementos seleccionados sean del mismo tipo, podrás aplicarles propiedades a todos de una sola vez.

Truco: otra forma de seleccionar más de un objeto al mismo tiempo, es hacer clic en cualquier lugar vacío de la diapositiva, mantener pulsado el botón izquierdo del ratón y arrastrar. Utiliza el rectángulo punteado que aparece para rodear a todos los objetos que quieres seleccionar.

Color del texto

Para modificar el color de texto debes tener activa la barra de herramientas Dibujo o utilizar el cuadro de diálogo **Fuente**:

1 Selecciona el cuadro o cuadros de texto a los que quieras cambiar el color de la fuente. También puedes hacerlo localmente sobre una o varias palabras.

2 Haz clic sobre el comando **Fuente** del menú **Formato**. Aparece el cuadro de diálogo **Fuente**.

3 En la lista **Color** elige el que más te guste.

4 Para tener acceso a una gama de colores más amplia, selecciona la opción **Más colores**. Aparece el cuadro de diálogo **Colores** (figura 26.8), donde ya dispones de muchos más tonos para elegir.

5 Cuando termines, haz clic en el botón **Aceptar** del cuadro de diálogo **Colores** y después, en el cuadro de diálogo **Fuente**.

Si quieres hacer esta misma operación desde la barra de herramientas Dibujo, primero debes tenerla activa (evidentemente) y una vez seleccionado el cuadro de texto, utilizar el botón **Color de fuente**.

Sombras

También desde la barra de herramientas Dibujo puedes aplicar al texto vistosos efectos de sombras paralelas y 3D. Para hacerlo sigue estos sencillos pasos:

1 Selecciona el cuadro o cuadros de texto a los que quieres aplicar el efecto.

2 En la barra de herramientas Dibujo, haz clic sobre el botón **Sombra** y podrás elegir entre los diferentes modelos de sombra disponibles para el texto.

3 Haz clic fuera del cuadro de texto para comprobar los resultados.

Aviso: los efectos de sombra no se pueden aplicar sobre palabras, sino sobre todo el texto contenido dentro del cuadro.

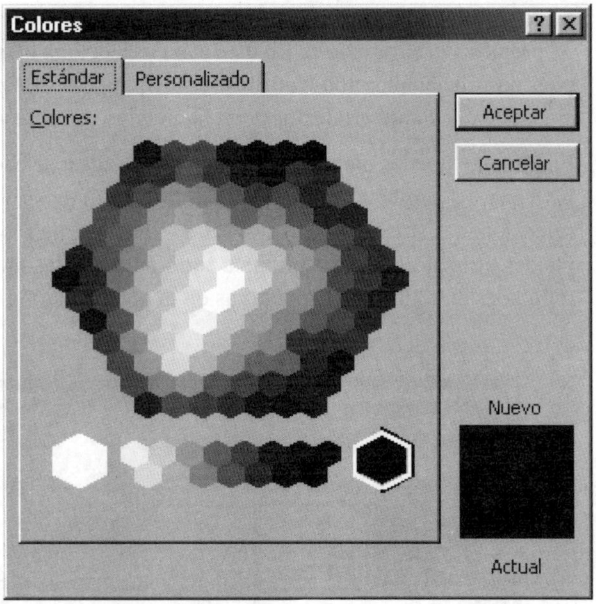

Figura 26.8. *Cuadro de diálogo* ***Colores***

WordArt

Ya conoces las posibilidades de los objetos WordArt, pero quizás sea PowerPoint la aplicación de Office donde más partido puedas sacarle a esta herramienta.
Para añadir un objeto de WordArt puedes utilizar el botón de la barra de herramientas Dibujo o el comando **Insertar/Imagen/WordArt**.

Combinaciones de colores

Por defecto, los elementos que insertas en la diapositiva toman una serie de colores predeterminados, pero esto no tiene que ser necesariamente así ya que puedes elegir cualquiera de las combinaciones disponibles en PowerPoint o crear la tuya propia. La forma de hacerlo sería la siguiente:

1 Selecciona el comando **Combinación de colores** de la diapositiva situado dentro del menú **Formato**. Aparece el cuadro de diálogo **Combinación de colores** (figura 26.9).

2 En la pestaña **Estándar** puedes elegir alguna de las combinaciones por defecto incluidas en PowerPoint.

3 Si no te convence ninguna de las posibilidades anteriores puedes hacer clic en la pestaña **Personalizada**. En este caso, selecciona el elemento que desees y después haz clic en el botón **Cambiar color** para modificarlo. En la vista preliminar situada en la esquina inferior derecha puedes ver el resultado de tus cambios.

4 Finalmente puedes elegir entre dos posibilidades: seleccionar el botón **Aplicar** para que los cambios sean aplicados sobre la diapositiva actual o las diapositivas seleccionadas si estuvieras en la vista Clasificador. Y como segunda opción puedes utilizar el botón **Aplicar a todo** para que las modificaciones queden reflejadas en todas las diapositivas de la presentación.

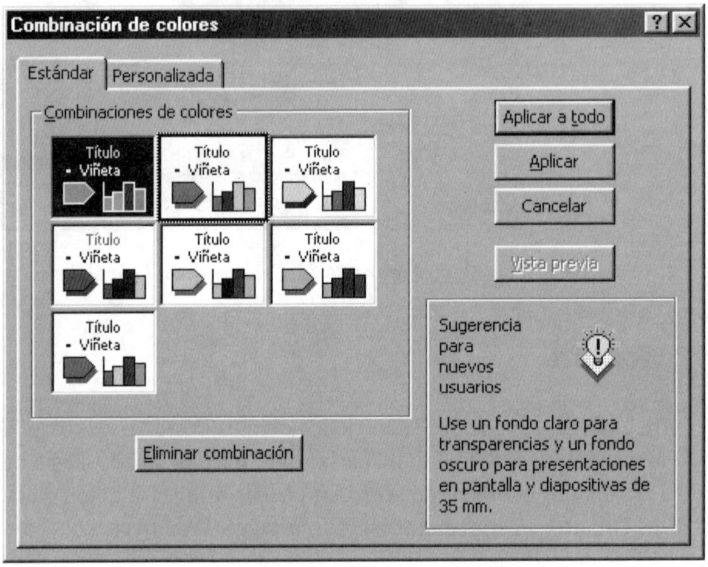

Figura 26.9. *Cuadro de diálogo* ***Combinación de colores***

Fondo de diapositiva

Otras de las propiedades de formato que puedes personalizar es el fondo de la diapositiva:

1 Selecciona el comando **Fondo** del menú **Formato**. Aparece el cuadro de diálogo del mismo nombre.

2 En la parte inferior de la vista previa tienes una lista donde puedes elegir entre algunos de los colores más utilizados, escoger otro color de la paleta o utilizar los efectos de relleno. Selecciona esta última posibilidad.

3 Dentro del cuadro de diálogo **Efectos de relleno** (figura 26.10) encontrarás cuatro pestañas:

- **Degradado**: dispone de múltiples efectos de degradados, donde partiendo de un color inicial y con una transición de tonos llegamos hasta el color final.
- **Textura**: recrea el efecto de distintos materiales como el mármol, madera, granito... También tienes la posibilidad de importar nuevas texturas.
- **Trama**: dispone de un buen número de motivos para crear fondos muy atractivos y vistosos.
- **Imagen**: la última de las pestañas nos permite utilizar una imagen cualquiera como fondo para nuestra presentación.

4 Una vez hechos los ajustes necesarios puedes elegir entre aplicar los cambios sobre la diapositiva actual (**Aplicar**) o a toda la presentación (**Aplicar a todo**).

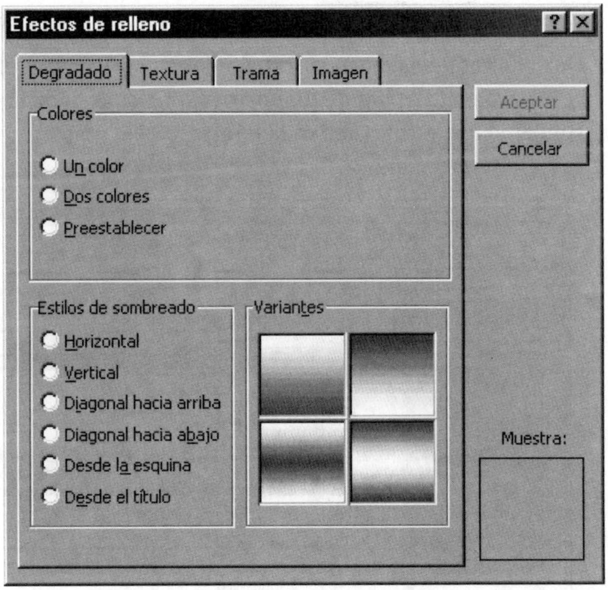

Figura 26.10.** Cuadro de diálogo **Efectos de relleno

Diseños predefinidos

Por último, PowerPoint pone a nuestra disposición una serie de combinaciones predeterminadas que podemos utilizar en aquellas ocasiones en las que no tenemos demasiado tiempo para dedicarlo al aspecto de la presentación.

Selecciona el comando **Aplicar plantilla de diseño** del menú **Formato** y en el cuadro de diálogo del mismo nombre que aparece dispones de un gran número de posibles combinaciones. Además, para mostrar una vista previa de cualquiera de los diseños sólo es necesario hacer clic sobre él.

Patrón de diapositivas

El patrón de diapositivas resulta muy útil para aplicar propiedades de formato a todas las diapositivas de la presentación al mismo tiempo, ganando en homogeneidad y rapidez. Imagina que quieres incluir el logotipo de tu empresa en todas las diapositivas de la presentación. En este caso o lo haces una a una o utilizas el patrón de diapositivas colocóndolo sólo una vez. Vamos a comprobar esto con un ejemplo:

1 Suponemos que tenemos abierta la presentación sobre la que deseamos hacer los cambios; si no es así utiliza el botón **Abrir** de la barra de herramientas.

2 Haz clic sobre el comando **Patrón** del menú **Ver** y en el nuevo menú que aparece, selecciona **Patrón de diapositivas**. El aspecto de la diapositiva debe ser similar al que puedes ver en la figura 26.11.

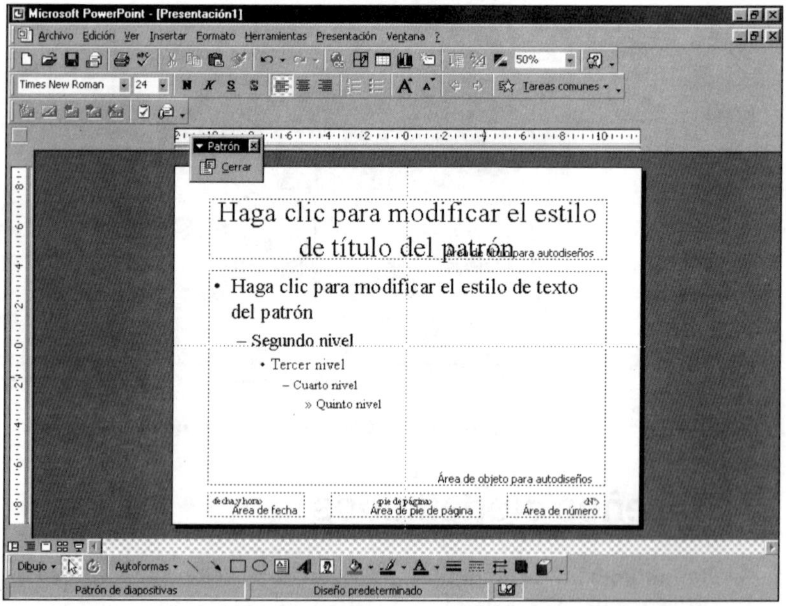

Figura 26.11. Patrón de diapositivas

3 Utiliza las explicaciones del apartado anterior para dar formato tanto al texto como a la propia diapositiva.

4 Cuando termines, haz clic en el botón **Cerrar** de la barra de herramientas **Patrón** y comprueba cómo los cambios se han aplicado sobre todas las diapositivas de la presentación.

> **Nota:** el resto de opciones del menú **Patrón** tiene el mismo fin que acabamos de ver, salvo que aplicado a Notas, Documentos y Títulos.

Objetos, líneas, autoformas...

Si te fijas un poco, observarás que no existe ninguna diferencia entre la barra de herramientas Dibujo de PowerPoint y misma barra de Word o Excel. Si bien es cierto, que en un programa de presentaciones como PowerPoint los elementos y las propiedades de esta barra de herramientas cobran mayor relevancia.
Pero nuestra intención no es extendernos demasiado en la explicación del funcionamiento de cada una de las funciones de esta barra de herramientas, lo que haremos será darte unas nociones sobre las posibilidades de cada una de ellas, y el resto lo dejaremos a tu imaginación y a tus ganas de investigar nuevos horizontes.

Líneas

Podemos crear líneas rectas, anchas, finas, continuas, discontinuas y muchas mas, por ejemplo:

1 Añade una nueva diapositiva en blanco a tu presentación para seguir los ejercicios de este apartado.

2 Selecciona el botón **Línea** de la barra de herramientas Dibujo.

3 Haz clic en el punto donde tendrá su origen la línea, no sueltes el botón izquierdo del ratón y arrastra para definir la longitud de la misma.

4 Cuando creas que la línea tiene el aspecto que deseas, suelta el botón del ratón.

Una vez creada la línea disponemos de varios comandos para modificar su aspecto:

- **Color de línea**: utiliza este botón para cambiar el color de la línea tantas veces como desees.
- **Estilo de línea**: define principalmente el grosor y el diseño de las líneas.

- **Tipo de línea**: en esta lista puedes elegir entre líneas continuas, discontinuas, de puntos, etcétera.
- **Sombras**: si lo necesitas puedes aplicar sobre la línea un efecto de elevación utilizando alguna de las opciones disponibles.
- **3D**: este caso es equivalente al anterior, salvo que los efectos que genera sobre el objeto son tridimensionales.

> **Truco:** si haces doble clic sobre la línea tendrás la posibilidad de modificar otras propiedades de formato del objeto como sus dimensiones exactas, posición en la diapositiva, etcétera.

Si quieres modificar la posición de alguno de los extremos de la línea después de crearla:

1. Haz clic sobre la línea para seleccionarla. Observa cómo aparecen dos pequeños cuadrados en los extremos.
2. Sitúa el cursor sobre el cuadrado que desees, haz clic y arrastra para colocarlo en su nueva posición.
3. Para modificar la posición de toda la línea, sitúa el cursor encima y comprueba que aparecen cuatro fechas. En ese momento haz clic y arrastra la línea hasta el lugar que desees.

Flechas

Las flechas en realidad no son más que un subtipo de líneas y por lo tanto podemos aplicarles todas las propiedades descritas para las líneas. Para crear una flecha sigue los mismos pasos del apartado anterior, pero utiliza el botón **Flecha**.
En el botón **Estilo de flecha** puedes elegir diferentes modelos y estilos de flechas.

Autoformas

Cuando haces clic sobre el botón **Autoformas** de la barra de herramientas Dibujo, aparece un menú (figura 26.12) con todas las categorías en las que se clasifican estos objetos. Para incluir alguno de ellos, haz lo siguiente:

1. Sitúate en la diapositiva donde quieres incluir el objeto.
2. Haz clic sobre el botón **Autoforma** de la barra de herramientas Dibujo.
3. Selecciona una de las categorías y después el elemento que quieres utilizar.

4 Haz clic en el lugar donde quieras situar la esquina superior izquierda del objeto y, sin soltar el botón izquierdo del ratón, arrastra para definir su tamaño.

5 Finalmente suelta el botón del ratón.

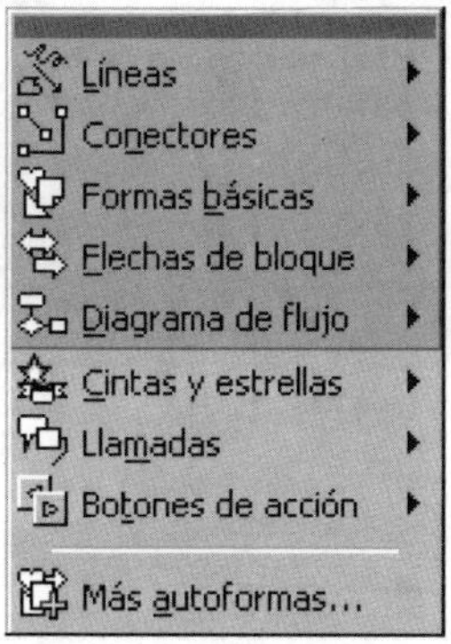

Figura 26.12. *Categorías de Autoformas*

Para modificar el tamaño de cualquier objeto de autoforma utiliza los pequeños cuadrados que aparecen alrededor después de seleccionarlos. Del mismo modo, para modificar su posición tan sólo necesitas hacer clic sobre él y arrastrar.

Nota: algunos de los objetos de autoformas tienen características especiales que trataremos en este y en la siguiente lección.

Habrás observado que además de los cuadrados que nos permiten modificar las dimensiones del objeto, aparece un pequeño rombo amarillo cada vez que seleccionamos la autoforma. Si haces clic sobre este rombo y arrastras puedes modificar el aspecto del objeto manteniendo sus dimensiones (observa la figura 26.13).

Truco: si después de elegir un modelo de autoforma ves que no es el que necesitabas, selecciónalo, haz clic en el botón **Dibujo** de la barra de herramientas y usa el comando **Cambiar autoforma** para sustituir el objeto seleccionados.

Rellenos

El botón **Relleno** de la barra de herramientas Dibujo permite modificar el color de relleno de los objetos. Para hacerlo sólo tienes que seleccionar el objeto u objetos que quieras cambiar de color y elegir el tono que más te guste en el botón **Relleno**.

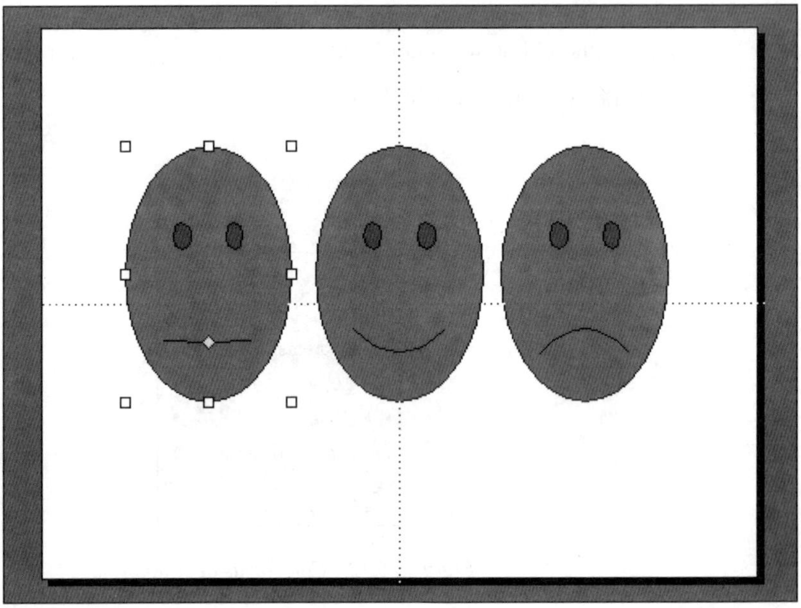

Figura 26.13. Modificaciones sobre el aspecto del objeto sin alterar sus dimensiones

Nota: desde la opción **Más colores de relleno** puedes acceder a la paleta de colores de Windows para elegir el tono exacto que necesitas. También puedes conseguir vistosos efectos si aplicas a tus objetos alguna textura, trama o degradado mediante el comando **Efectos de relleno** del menú asociado al botón **Relleno**.

Formas libres

Las formas libres nos permiten crear modelos de objetos cuya única frontera se tu imaginación y tu capacidad para el diseño. Para crear uno de estos elementos:

1 Sitúate en la diapositiva donde quieres incluir la forma libre.

2 Haz clic sobre el botón **Autoformas** y después sobre la primera de las categorías denominada Líneas.

3 Las tres opciones situadas en la segunda línea corresponden a las herramientas para crear formas libres:

- **Curva**: permite crear cualquier objeto a partir de una secuencia de curvas. El método que se utiliza en esta herramienta es en realidad las curvas beizer.

- **Forma libre**: permite combinar líneas rectas y tramos a mano alzada para crear cualquier objeto.
- **Mano alzada**: como su propio nombre indica, en este caso será nuestro pulso con el ratón el que determine la forma final del objeto.

4 Selecciona la herramienta **Forma libre** para este ejemplo.

5 Haz clic para definir el punto de inicio del objeto y, ahora, sin mantener pulsado el botón izquierdo del ratón, desplázate hasta el siguiente punto. Observa como la línea se desplaza y sigue al cursor.

6 Cuando te encuentres en el punto adecuado, haz clic para fijar el segmento. Repite estos dos pasos para crear tantos segmentos como desees.

7 Pero si necesitas intercalar algún tramo más irregular sólo tienes que mantener pulsado el botón izquierdo del ratón y el puntero se comportará como una herramienta de dibujo a mano alzada. Cuando sueltes, puedes seguir utilizando el método anterior y también tienes la posibilidad de intercalar estos dos modos tantas veces como necesites.

8 Puedes dejar el objeto abierto o cerrarlo uniendo sus dos extremos. En la figura 26.14 tienes algunos ejemplos de formas libres.

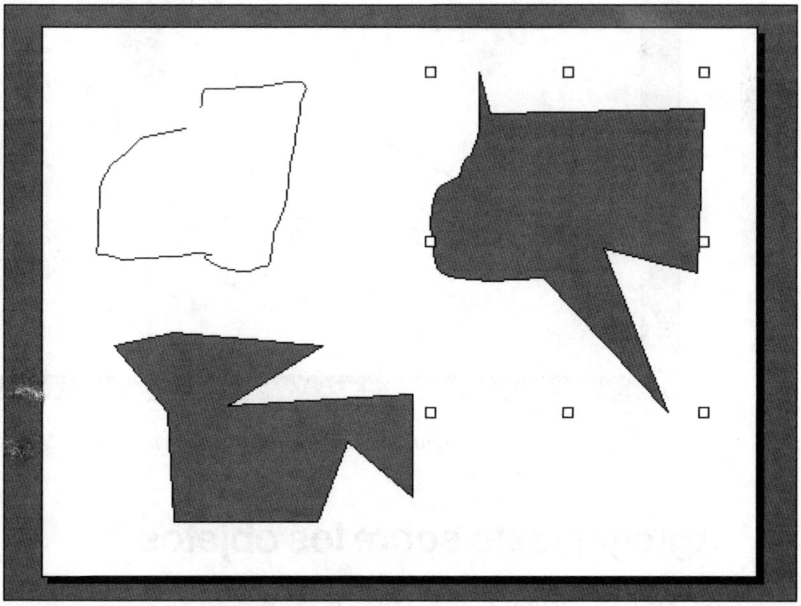

Figura 26.14. *Ejemplos de formas libres*

Efectos 3D

Los efectos tridimensionales se pueden aplicar sobre la mayoría de los objetos y autoformas que incluyamos en las diapositivas de nuestra presentación. La forma de hacerlo es sencilla:

1 Incluye algún objeto nuevo o selecciona alguno de los ya incluidos en la diapositiva. En este caso, los efectos más vistosos los conseguimos sobre los modelos de autoformas.

2 Haz clic sobre el botón **3D** y este desplegará una paleta con todos los efectos disponibles.

3 Selecciona el modelo de efecto 3D que más te guste. En la figura 26.15 puedes ver algunos ejemplos.

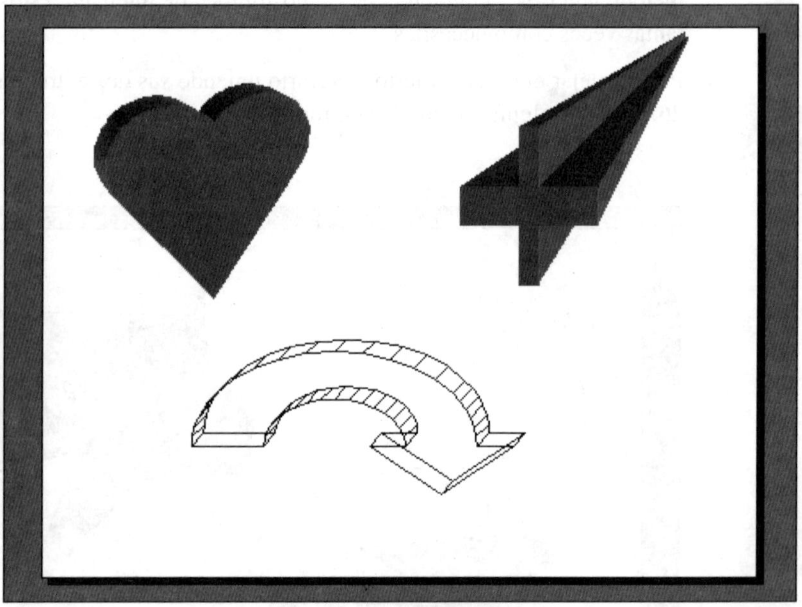

Figura 26.15. *Ejemplos de efectos 3D*

Agregar texto sobre los objetos

Otra de las posibilidades que ofrece PowerPoint con respecto a los objetos que incluyamos en una diapositiva es la de convertirlo en contenedores de texto.

La forma de hacerlo sería la siguiente:

1 Selecciona el objeto al que deseas aplicar algo de texto.

2 Haz clic con el botón derecho sobre el objeto y ejecuta el comando **Agregar texto**.

3 Ahora escribe como si de un cuadro de texto se tratara y del mismo modo aplícale las propiedades de formato que creas conveniente.

Operaciones con objetos

Para conseguir los mejores resultados en la composición de objetos dentro de las diapositivas de tu presentación, PowerPoint dispone de una serie de comandos para modificar el comportamiento de cada uno de estos objetos con respecto al resto. Todos estos comandos se encuentran recogidos principalmente en el menú resultante de seleccionar el botón **Dibujo** en la barra de herramientas del mismo nombre. Aunque también puedes encontrar algunos en el menú asociado al botón derecho del ratón. En la tabla 26.1 tienes la descripción de cada uno de ellos.

Tabla 26.1. *Comandos asociados a las distintas operaciones disponibles para modificar la composición de los objetos en una diapositiva*

Comando	Función
Traer al frente	Adelanta el objeto hasta situarlo el primero, delante de todos los demás.
Enviar al fondo	Coloca el objeto el último, detrás de todos los objetos de la diapositiva.
Traer adelante	Adelanta el objeto una posición.
Enviar atrás	Retrasa el objeto una posición.
Ajustar	Permite utilizar la cuadrícula o las líneas invisibles que atraviesan los objetos para ajustar su posición.
Empujar	Utilizando las cuatro opciones de este comando se pueden mover objetos con gran precisión.
Alinear	Determina la alineación de los objetos según diferentes criterios.
Forzar a la cuadrícula	Obliga a los objetos a ajustar su posición según las divisiones de la cuadrícula.

(continúa)

Tabla 26.1. Comandos asociados a las distintas operaciones disponibles para modificar la composición de los objetos en una diapositiva (continuación)

Comando	Función
Girar	Permite aplicar valores de giro a los objetos.
Voltear	Voltea los objetos seleccionados horizontal o verticalmente.
Agrupar	Une los objetos seleccionados en uno sólo. A partir de ese momento su comportamiento y sus propiedades ambién quedan unidas.
Desagrupar	Realiza la operación contraria al comando anterior, liberando cada uno de los objetos.
Reagrupar	Vuelve a agrupar un objeto desagrupado sin que sea necesario seleccionar los objetos de nuevo.

Incluir direcciones de Internet

En estos tiempos que vivimos, ya no podemos olvidarnos en ningún caso de Internet y, como no, PowerPoint también ofrece la posibilidad de incluir enlaces a direcciones Web dentro de sus presentaciones. La forma de hacerlo sería la siguiente:

1 Sitúate en la diapositiva donde quieres incluir la dirección Web.

2 Crea un nuevo cuadro de texto o selecciona uno ya existente.

3 Ejecuta el comando **Hipervínculo** del menú **Insertar**.

4 Pulsa en alguna de las direcciones de la lista o escríbela tu mismo. También puedes utilizar los accesos directos situados en el margen izquierdo del cuadro de diálogo para enlazar con los últimos archivos utilizados, algún lugar dentro del presentación, a un nuevo documento, o incluso a una dirección de correo electrónico.

5 Para finalizar, haz clic en **Aceptar**.

Comentarios

Los comentarios pueden ser útiles en algunas de las fases del diseño de una presentación.

Para incluir uno haz lo siguiente:

1. Sitúate sobre la diapositiva a la que quieras añadir el comentario.
2. Selecciona el comando **Comentario** del menú **Insertar**. Este comando se encuentra oculto por defecto, esto implica que tendrás que hacer clic en el botón situado al final del menú para mostrarlo.
3. Ahora escribe el texto que desees en el comentario.

Repite los pasos anteriores para incluir comentarios en tantas diapositivas como desees.

Buscar y reemplazar

El funcionamiento de los comandos **Buscar y reemplazar** de PowerPoint no se diferencia de los que ya hemos visto en Word, Excel y Access. Pero no queremos dejar pasar la oportunidad para avisarte de que también dispones de esta potente herramienta en PowerPoint.

Corrector ortográfico y corrector de estilo

El corrector ortográfico de PowerPoint tampoco difiere del que hemos visto en el resto de aplicaciones de Office. En este caso, después de ejecutarlo irá recorriendo todas las diapositivas de la presentación buscando posibles errores ortográficos.

> **Nota:** en PowerPoint no dispones de un corrector gramatical como el que utilizamos en Word.

Otra de las posibilidades es el corrector de estilo. Este comando situado en el menú **Herramientas**, se encarga de recorrer la presentación en busca de posibles incoherencias en cuanto al diseño y estilo se refiere.

Incluir notas del orador

Las notas del orador son pequeños apuntes o incluso imágenes que se pueden incorporar a cada una de las diapositivas, pero sin que aparezcan en ningún caso en la

presentación. El fin de estas notas es ayudar a la persona que hará la presentación o servir como complemento para los asistentes, y lo normal es disponer de ellas en una copia impresa que permanece normalmente en manos del orador.
Si quieres incluir este tipo de información en tus diapositivas, sigue estos pasos:

1 Selecciona la diapositiva a la que quieres añadirle las notas del orador. Utiliza el Panel de esquema o las teclas para desplazarte entre las diapositivas de la presentación.

2 Haz clic en el Panel de notas y escribe el texto que necesites. Dentro de este espacio podría incluir incluso imágenes si fuera necesario. En la figura 26.16 tienes un ejemplo.

El comando **Páginas de notas** del menú **Ver** muestra en una misma página la diapositiva y la nota asociada. Puedes utilizar esta vista para comprobar cómo quedará el documento impreso con estas características.

> **Aviso:** para modificar una nota sólo tienes hacer clic de nuevo en el Panel de notas.

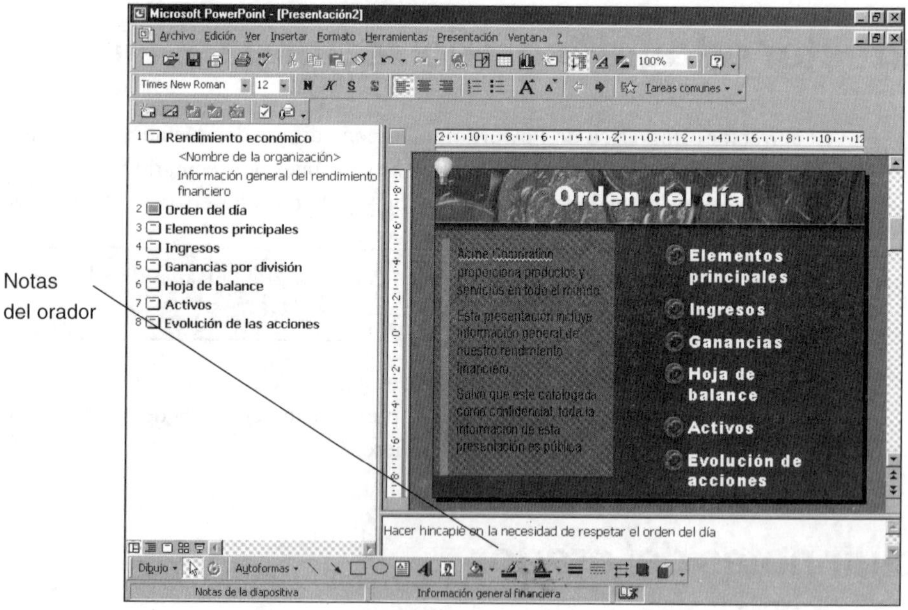

__Figura 26.16.__ Notas del orador

Presentaciones más complejas

En esta última lección dedicada a PowerPoint conoceremos algunas técnicas bastante atractivas para que tus presentaciones asombren y resulten altamente convincentes. Sólo con las transiciones y los botones de navegación quedaría mas que justificada esta lección, aunque también veremos otras cosas. Las transiciones y los efectos especiales para el texto son recursos muy vistosos que hay que utilizar con cuidado para no sobrecargar la presentación.
También hablaremos en esta lección del clasificador de diapositivas, fundamental en los procesos finales de edición de la presentación.

En esta lección aprenderás a:

- Utilizar el clasificador de diapositivas
- Aplicar efectos especiales y transiciones
- Incluir botones
- Asociar acciones a cualquier elemento de la presentación

Clasificador de diapositivas

De lo primero que vamos a hablar en esta lección es del clasificador de diapositivas que no es otra cosa que una vista más de la presentación, aunque sin duda puede ser una de las más útiles. Haz clic en el comando **Clasificador de diapositivas** del menú **Ver** y tu presentación aparecerá del modo que puedes observar en la figura 27.1. Esta vista nos permite las siguientes operaciones:

- Cambiar la posición de cualquier diapositiva con tan sólo hacer clic y arrastrarla.
- Añadir transiciones y efectos para el texto, pudiendo comprobar sus resultados en esta misma vista. También se pueden añadir transiciones y efectos desde la vista Diapositiva pero el clasificador además nos ofrece la posibilidad de comprobar sus resultados con un solo clic.
- Eliminar y añadir nuevas diapositivas.
- Ocultar y mostrar diapositivas.
- Ocultar el diseño, dejando sólo el contenido de cada diapositiva.

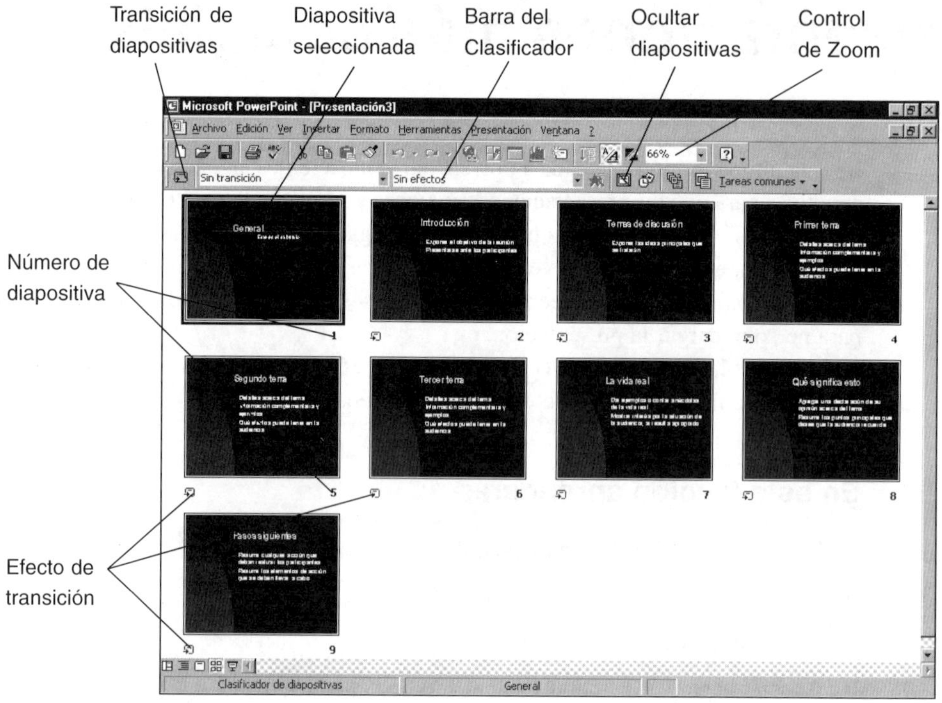

Figura 27.1. Clasificador de diapositiva

Muchas de estas tareas ya las podemos hacer desde el Panel de esquema, si bien es cierto que el Clasificador ofrece algunas posibilidades más de edición sobre todo en el ámbito de las transiciones y efectos especiales para el texto.

> **Truco:** si quieres ver cualquier diapositiva en la vista Normal, haz doble clic sobre ella en el clasificador.

Otra de las ventajas del clasificador es que puedes seleccionar más de una diapositiva a la vez y de esta forma aplicar cambios sobre la selección. La forma de hacerlo sería la siguiente:

1. Selecciona el comando **Clasificador de diapositivas** situado en el menú **Ver**.
2. Haz clic en la primera diapositiva que quieres incluir en la selección.
3. Mantén pulsada la tecla Mayús y haz clic en la siguiente diapositiva que quieres seleccionar.
4. Repite el paso anterior para incluir tantas diapositivas como desees.

> **Truco:** otra forma de seleccionar más de una diapositiva al mismo tiempo consiste en hacer clic en algún espacio vacío del clasificador, mantener pulsado el botón izquierdo del ratón y arrastrar. Utiliza la línea de puntos que describes al arrastrar para incluir en su área todas aquellas diapositivas que quieras seleccionar.

En el clasificador puedes ver que debajo de cada diapositiva aparece su número de orden en la presentación y algunos símbolos más cuyo significado veremos ahora.

Transiciones

Como ya hemos adelantado al principio de la lección, las transiciones son efectos especiales que nos permiten pasar de una diapositiva a otra de forma mucho más atractiva. Pero lo mejor será que veamos un ejemplo de cómo añadir una transición:

1 Haz clic en el comando **Clasificador de diapositivas** del menú **Ver**.

2 Selecciona la diapositiva a la que quieras aplicar el efecto de transición. El efecto hará que desaparezca la diapositiva anterior y aparezca la que tienes seleccionada.

3 Haz clic con el botón derecho sobre la diapositiva seleccionada y elige el comando **Efecto de transición**. Aparece el cuadro de diálogo **Transición de diapositiva** (figura 27.2).

*Figura 27.2. Cuadro de diálogo **Transición de diapositiva***

4 En la sección **Efecto**, utiliza la lista desplegable para elegir el modelo de transición que desees. En la imagen de ejemplo de esta sección puedes ver el efecto de la opción seleccionada.

5 Elige una de las tres posibilidades para determinar la velocidad de la transición.

6 En la sección **Avanzar** puedes dejar que transcurra un intervalo de tiempo para pasar a la siguiente diapositiva o que se produzca al hacer clic con el ratón.

7 En la sección **Sonido** puedes asociar un sonido al efecto de la transición.

8 Cuando todos los ajustes sean correctos haz clic en **Aplicar** si quieres que los cambios afecten a la diapositiva seleccionada, o en **Aplicar a todas** si quieres hacerlos efectivos a toda la presentación.

Truco: la forma más rápida de aplicar un efecto de transición es seleccionar la diapositiva o diapositivas y elegir el efecto en la primera lista desplegable de la barra de herramientas Clasificador de diapositivas. En este caso la transición toma los valores por defecto determinados en PowerPoint.

En la vista Normal también puedes añadir efectos de transición seleccionando el comando **Transición de diapositiva** del menú **Presentación**.

Nota: para modificar alguno de los valores de la transición solo tienes que seleccionar la diapositiva donde se encuentra asociada y ejecutar de nuevo el comando **Transición de diapositiva**.

Consejos: prueba todos los efectos de transición disponibles para hacerte una idea de la animación que genera cada uno de ellos.

Efectos especiales para texto

Otra de la propiedades de animación disponible en PowerPoint afecta al texto incluido en cada diapositiva, y nos permite que éste aparezca de forma progresiva.
Por ejemplo, imagina que tienes una diapositiva donde se enumeran varios puntos pero no te interesa que aparezcan todos al mismo tiempo, sino de uno en uno después de explicar su significado. Esta situación se resolvería del siguiente modo:

1 Selecciona la vista **Clasificador de diapositiva** en el menú **Ver**.

2 Sitúate en alguna diapositiva donde tengas una lista con viñetas. Si no tienes ninguna puedes incluirla utilizando el botón **Añadir diapositiva**.

3 Haz clic con el botón derecho sobre la diapositiva a la quieres aplicar el efecto y selecciona el comando **Preestablecer animación**. En este momento, aparece una lista con todas las posibilidades de este comando (figura 27.3).

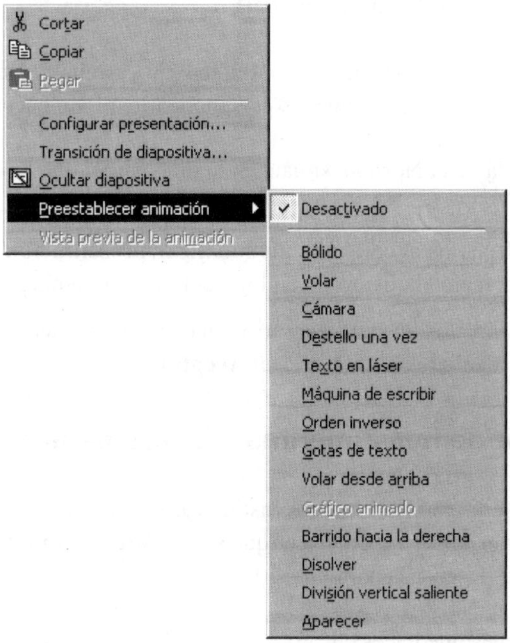

***Figura 27.3.** Efectos de transición para el texto*

4 Selecciona alguna de ellas y observa como el clasificador muestra la animación elegida para el texto. Además aparece un pequeño símbolo bajo la diapositiva.

Truco: la forma más fácil de incluir un efecto de animación al texto es seleccionar la diapositiva en el clasificador y elegir un efecto de la segunda lista desplegable de la barra de herramientas Clasificador de diapositivas (figura 27.4).

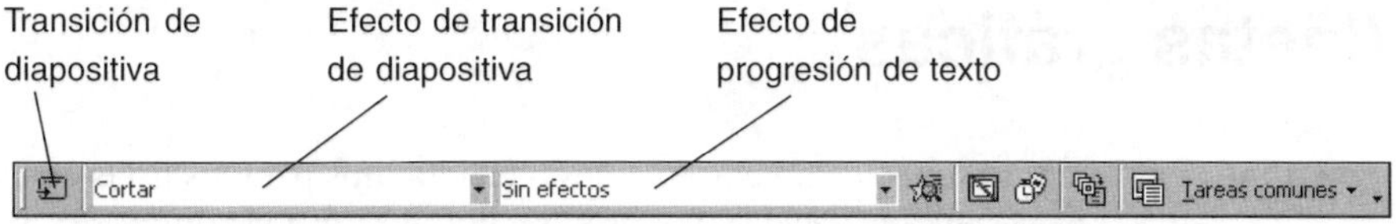

***Figura 27.4.** Barra de herramientas Clasificador de diapositivas*

Si te encuentras en la vista Normal y quieres incluir un efecto de transición para el texto, haz clic sobre el menú **Presentación** y selecciona el comando **Preestablecer animación**.

Personalizar animación

Si no te gustan los valores por defecto que asigna PowerPoint a un determinado efecto de animación, puedes personalizarlos. Para hacerlo sigue estos pasos:

1 En la vista Normal, sitúate en la diapositiva que tiene el efecto que quieres personalizar.

2 Selecciona el comando **Personalizar presentación** del menú **Presentación** y aparecerá el cuadro de diálogo del mismo nombre.

3 Realiza los ajustes necesarios en cada una de las pestañas que componen el cuadro de diálogo y haz clic en **Aceptar**.

Barra de herramientas Efectos de animación

Para facilitar el acceso a los distintos efectos de animación para el texto disponibles en PowerPoint, puedes hacer que se muestre la barra de herramientas Efectos de animación. Recuerda cómo hacerlo:

1 Tienes que hacer clic con el botón derecho sobre algún lugar vacío de cualquier barra.

2 Activa la opción **Efectos de animación**. Después de esto la barra de herramientas que puedes ver en la figura 27.5 estará activa.

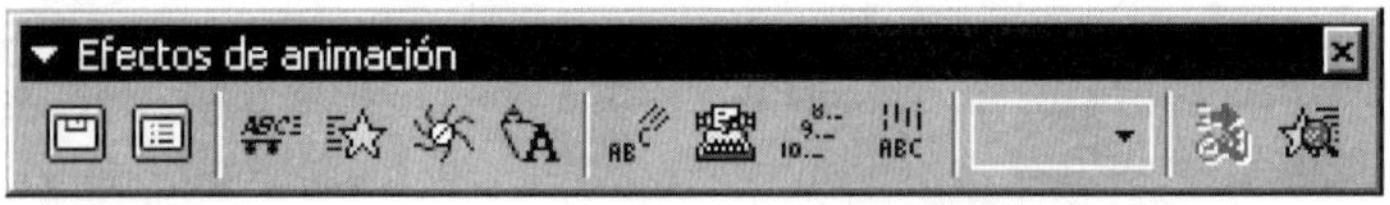

Figura 27.5. *Barra de herramientas Efectos de animación*

Viñetas gráficas

Si estas aburrido de los típicos boliches o cuadraditos para tus listas con viñetas, puedes hacer que estos elementos sean muchos más vistoso utilizando gráficos en lugar de los símbolos habituales.

La manera de hacerlo sería la siguiente:

1 Haz clic con botón derecho del ratón sobre cualquiera de las viñetas de la diapositivas.

2 En el menú emergente que aparece, haz clic sobre la opción **Numeración** y **viñetas** para mostrar el cuadro de diálogo del mismo nombre.

3 Situado en la parte inferior del cuadro de diálogo, se encuentra el botón **Imagen**; haz clic sobre él y aparecerá el cuadro de diálogo **Viñeta de imagen** (figura 27.6.).

4 Haz clic en el elemento que quieras utilizar y, en menú que aparece, selecciona la primera opción denominada **Insertar clips**, o haz clic en el botón **Aceptar** del cuadro de diálogo.

Puedes utilizar el botón **Importar clips** para utilizar cualquier otro gráfico que desees como viñeta.

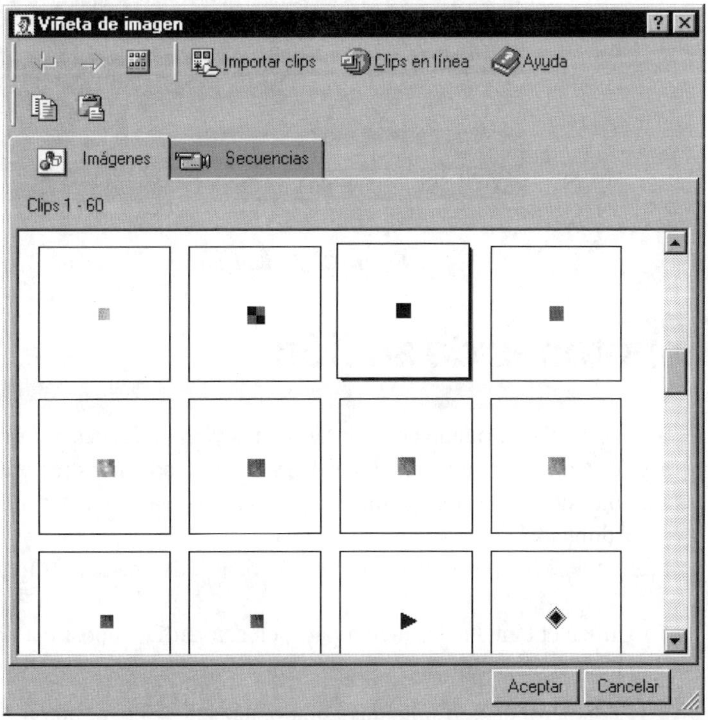

Figura 27.6.** Cuadro de diálogo **Viñeta de imagen

Vista previa de la animación

No es necesario ejecutar la presentación para comprobar los resultados del efecto de animación. Ejecuta el comando **Vista previa de la animación** del menú **Presentación** y aparecerá a la derecha de la diapositiva una ventana pequeña (figura 27.7) donde PowerPoint representa el efecto de animación aplicado sobre la diapositiva. Para ejecutar de nuevo la diapositiva y ver el efecto tantas veces como deseemos sólo necesitas hacer clic sobre la ventana de vista previa. Si quieres cerrar la ventana, pulsa **Cerrar**.

***Figura** 27.7. Ventana de vista previa*

Incluir botones de acción

Seguimos descubriendo cosas interesantes y ahora le toca el turno a los botones de acción. Con ellos podemos dotar de interactividad a nuestras presentaciones, asignándoles distintas tareas como ir a una diapositiva o ejecutar un determinado procedimiento.

La forma de incluir un botón de acción dentro de una diapositiva sería la siguiente:

1 Utiliza el Panel de esquema para seleccionar la diapositiva donde quieres incluir el botón de acción.

2 En la barra de herramientas Dibujo, haz clic sobre el botón **Autoforma** y después, en **Botones de acción**. Esta opción se encuentra oculta, por lo que tendrás

que utilizar el botón situado en la parte inferior del menú para mostrar todas las opciones.

3 Selecciona alguno de los botones disponibles.

4 Haz clic en el lugar de la diapositiva donde quieres colocar el botón y arrastra para definir su tamaño. Al soltar aparecerá el cuadro de diálogo **Configuración de la acción**.

5 Ahora debemos elegir entre alguna de las tres opciones disponibles en este caso:

- **Hipervínculo a**: esta opción asocia una acción de desplazamiento a otra diapositiva, otra presentación, una dirección web, etcétera.
- **Ejecutar programa**: como su propio nombre indica, permite ejecutar el programa que selecciones al hacer clic sobre el botón **Examinar**.
- **Macro**: permite asignar como acción asociada al botón, alguna de las macros que hayamos incluido previamente. Al final de esta lección hablaremos sobre las macros en PowerPoint.

6 Para este ejemplo elige la opción **Última diapositiva** de la lista **Hipervínculo a**:.

7 Ejecuta la presentación y comprueba que el botón funciona correctamente.

Truco: si no tienes activa en ese momento la barra de herramientas Dibujo, en el menú **Presentación** también está disponible el comando **Botones de acción**.

Nota: en la pestaña **Clic del mouse** podemos activar acciones que se ejecutarán cuando pulsemos el botón. En cambio, las acciones que definamos en la pestaña **Acción del mouse** se llevarán cabo al pasar el ratón por encima del botón u objeto.

Asociar acciones a cualquier objeto de la diapositiva

Del mismo modo que acabamos de ver en el apartado anterior para asociar una cierta acción a un botón, podemos hacer lo mismo con cualquier objeto que tengamos en la diapositiva, incluso con cuadros de texto.

La forma de hacerlo es seleccionando simplemente el objeto, haciendo clic sobre él con el botón derecho y ejecutando el comando **Configuración de la acción**. A partir de aquí puedes retomar la última secuencia de pasos descrita, empezando por el del quinto punto, para completar el proceso de asignación.

Configurar la presentación

El comando **Configurar presentación** del menú **Presentación** permite hacer ajustes de carácter general sobre la presentación: como el tipo, el número de diapositivas que la componen, el modo de navegación, etcétera.

Macros

La macros en PowerPoint además de cumplir su misión como herramienta que nos permite ahorrar tiempo y simplificar ciertos procesos, también son muy útiles para crear procedimientos con el fin de asociarlos a botones de acción u objetos.
La forma de crear una macro sería la siguiente:

1 Ejecuta el comando **Macro** situado dentro del menú **Herramientas**, y después, pulsa **Grabar nueva macro**, para mostrar el cuadro de diálogo **Grabar Macro**.
2 Escribe el nombre de la macro, elige el documento donde quieres guardarla y si lo deseas, introduce algún comentario. Haz clic en **Aceptar**.
3 Graba las acciones que quieres incluir en la macro.
4 Cuando termines, pulsa el botón **Detener grabación** de la pequeña barra de herramientas que permanece en pantalla mientras nos encontramos grabando.

Una vez grabada la macro, para su ejecución puedes optar por incluirla en algún botón o seleccionar el comando **Herramientas/Macro/Macros**. En este caso, deberás seleccionar la macro que quieres reproducir y después pulsar el botón **Ejecutar**.

Truco: la combinación de teclas Alt+F8 es el camino más corto para llegar al cuadro de diálogo **Macro** y ejecutar cualquiera de las macros creadas.

Virus de macros para Office

Seguro que has oído hablar de los virus de macros para Office. Estos programas utilizan las macros de Office como elemento de transmisión e infección. Para protegernos de estos *bichos*, lo mejor es disponer de un buen antivirus actualizado. Además, la versión 2000 de Office introduce el comando **Seguridad** situado dentro del menú **Macro**, que nos permite definir un nivel de seguridad para evitar que nuestros documentos se infecten con virus de macros, además podemos determinar cuáles son las fuentes o personas de confianza que nos proporcionan macros limpias de virus.
Aquí terminamos este libro, con la firme esperanza de que hayas aprendido todo lo necesario sobre Office sin aburrirte demasiado. Muchas gracias.

Contenido del CD-ROM

GRAFICOS

- 3DMagic: crea tus propias figuras 3D con facilidad.
- ACDSee: visualizador gráfico.
- ListFont: muestra las fuentes de tu sistema.
- Morphman: programa para realizar morphing con imágenes.
- ThumbsP: visualizador gráfico.
- UleadGA: utilidad para crear Gifs animados.
- IconEdit Pro: utilidad para la creación de iconos.
- MicroAngelo98: editor de iconos que además permite gestionar y examinar iconos.
- psp503: uno de los editores gráficos más populares. Versión de evaluación.
- JAnimationTool: herramienta diseñada para la creación rápida de letreros.
- Visual Business Card (VBC): crea tus tarjetas de presentación e imprímelas.

INTERNET

- Eudora light: programa de correo electrónico.
- Calypso3: programa de correo electrónico. Soporta un número ilimitado de cuentas POP3 y múltiples usuarios.
- Pegasus301d: cliente de correo electrónico.
- Quick MeTaL: editor HTML.
- CGI Star Pro: editor CGI. Versión de evaluación.
- AOLPRESS: editor freeware de muy buenas prestaciones.
- Dreamweaver: editor de sitios Web, muy potente. Versión de evaluación.
- xMs Visual J++ 1.1: versión de evaluación de Microsoft Visual Java++.
- WSendmail 1.6: utilidad CGI para enviar mensajes desde tu página HTML.
- Hot Dog 2.1: editor HTML, muy difundido.
- Web Wizard v1.2: asistente para la creación de páginas web.
- Internet Explorer 5: versión 5 del navegador Microsoft Internet Explorer
- Opera: navegador para Internet.
- Netscape Comunicator 4.6: versión 4.6 del navegador Netscape Comunicator. Incluye los programas de la suite Comunicator.

- Extractor 97: utilidad que detecta y extrae archivos binarios en la News.
- Free Agent: lector de Noticias.
- Gravity: lector de News, uno de los más utilizados.
- Oddysey: lector de Noticias, permite navegar sin una conexión permanente a Internet.
- CosteNet402: programa que controla el gasto de las llamadas. Además proporciona el gasto estimado que tendría la factura de teléfono.
- GeoBoy: utilidad que visualiza la ruta que recorres en tus conexiones a Internet.
- GetRight: utilidad que permite bajar archivos de Internet cómodamente, en varias conexiones
- CuteFTP: el cliente de FTP más utilizado.
- ICQ: herramienta para estar en contacto con tus amigos en Internet.
- mIRC: utilidad para conversar a través de Internet.
- Submit Wolf: busca archivos en Internet.
- Teleport: programa que permite descargar en tu ordenador un sitio Web.

JUEGOS

- WinSol Plus: juego del solitario para Windows.
- SLAMTILT: pinball.
- Quake II: segunda parte de los juegos más conocidos, en la red.
- Omni Casino: casino virtual en Internet.
- Nitemare: juego de acción.
- MacRaiders: juego tipo arcade.
- Dynamite Joe: juego de persecuciones. Versión de evaluación.
- Kali95: juego para Internet.
- Dinamic Gin: tres variantes del juego de cartas Gin Rummy.
- Roxie's Reading Fish: juego de cartas para niños. Versión en inglés.

MULTIMEDIA

- Audio Grabber: programa que extrae canciones de CD y las convierte en archivos de formato MP3.
- Virtual DJ: editor de sonidos capaz de trabajar con archivos de cualquier formato.
- Cool Edit Pro: editor de sonidos.
- HyperCam: capturador de pantallas.

- Real Player 2: reproductor de vídeo y sonido por Internet.
- WinAmp 2.23: reproductor de archivos MP3.
- WMPlayer: reproductor de cualquier formato multimedia. Necesita tener instalado Explorer 4 o superior.
- SuperSonic43: conjunto de herramientas para la edición de sonidos.
- WinDac149: reproductor de archivos MP3.

OFIMÁTICA

- 32BitFax: programa para enviar faxes desde el ordenador.
- Barcode: herramienta para crear tus códigos de barras.
- DbBrowsr: utilidad que permite ver distintos formatos de bases de datos.
- Expense Pro: aplicación para crear hojas de cálculo e informes.
- Fax Launcher light: programa para enviar faxes desde el ordenador.
- Graphcat: utilidad que permite catalogar imágenes a través de MS Word.
- Karnak98: permite el reconocimiento de caracteres (OCR).
- MailMan: recibe correo electrónico, utilizando MS Word.
- Office Lock: protege tus documentos de Office con esta utilidad.
- Tosser Delux Macro: colección de macros para MS Word.
- WBasic: utilidad para convertir formularios de Word a Visual Basic.
- WordSmith: colección de plantillas para MS Word.
- Cursores e iconos: colección de cursores e iconos.
- Protectores de pantalla: diversos protectores de pantalla para Windows.
- Temas de escritorio: cambia de aspecto tu escritorio con estos divertidos temas.
- EdPowerTools: utilidades que aumentan las características de Excel, permitiendo texto en 3D, filtros y manipulación de textos.
- NetDrawPlus: programas para crear gráficos para la red.
- WordWare98: herramienta para controlar el desarrollo de proyectos a través de Word.

UTILIDADES

- TurboZip: compresor de archivos ZIP y SFX.
- Winzip: compresor de archivos ZIP.
- wzsebeta: compresor para Windows.
- MacAfee Virus Scan: actualización de MacAfee Virus Scan.

- Norton Anti-Virus: actualización de Norton Anti-Virus.
- Viru Save Web: antivirus que detecta posibles infecciones durante la navegación por Internet.
- Mejoras de Windows: conjunto de herramientas que mejoran el rendimiento de Windows.
- Sonidos: colección de diversos sonidos en varios formatos.

EJEMPLOS

Dentro de esta carpeta se encuentran los arhivos de ejemplo, utilizados a lo largo de los capítulos de libro. Además encontrarás información complementaria sobre Microsoft Office 2000.

A

abrir documento, 33.
Abrir, cuadro de diálogo, 34.
absolutas, referencias, 239.
acceso directo para búsquedas, 46.
accesos directos, 22.
Access 2000, 287.
    entorno, 289
agrupación y totales, 356.
agrupar registros, 364.
ajustar el texto, 260.
ajuste de espacio para fuentes, 65.
alineación,
    de celdas, 259
    de párrafos, 75.
animaciones, fuentes, 62.
anotaciones en ejecución, 397.
añadir,
    comentarios, 169.
    datos a celdas, 205.
    datos a un gráfico, 283.
    registros, 313.
aplicar estilos, 119.
archivos, 21.
    buscar, 24.
Archivos de programa, 22.
área de trazado, 275.
asistente,
    para autocontenido, 401.
    para ayuda, 54.
    para consultas, 347.
    para formularios, 338.
    para gráficos, 276.
    para informes, 362.
    para tablas, 318.
autoajustar, 262.
autocontenido, asistente, 401.
autocorrección, 164, 227.
autoformas, 149, 267, 268.
autoformato, 263.
    de formulario, 335.
    de párrafos, 88.
autoguardar, 198.
autoinformes, 364.
autoresumen, 174.
Autosuma, 241.
autotexto, 227.
Ayuda, 49.
    en Internet, 54.
    estándar de Word, 52.
    rápida, 54.
Ayudante de Office, 26, 50.
    ocultar, 52.
    sugerencias, 52.

B

barra de,
    desplazamiento, 44.
    estado, 26.
    fórmulas, 195.
    herramientas, 26.
    menús, 25.
    separación, 345.
bases de datos, 287.
    campos clave, 308.
    consultas, 292, 340.
    formularios, 293, 326.
    gestión y planificación, 294.
    informes, 293, 359.
    macros, 293.
    módulos, 294.
    nueva, 297.
    páginas, 293.
    registros, 307.
    relacionales, 295.
    relaciones, 368.
    tablas, 291, 297.
    tipos de datos, 304.
    ventana, 289.
    vista Diseño, 311.
    vista Hoja de datos, 311.
bloquear celdas, 262.
bordes, 266.
bordes de celdas, 261.
bordes y sombreados, 79, 266.
botón Rango de datos, 279.
buscar, 49, 171, 220.
buscar archivos, 24.

C

cálculos en una tabla, 144.
campos, 302, 346.
    clave, 308.
    del formulario, 329.
    propiedades, 305.
Carpetas Web, 34.
cartas modelo, 180.
    combinar correspondencia, 185.
    origen de datos, 185.
casillas de verificación, 23.
ajustar texto, 260.
    alineación, 259.
    añadir datos, 205.
    bloquear, 262.
    bordes, 261, 266.
    copiar y pegar formato, 210.
    formato, 209, 260.
    ir a, 202.
    mover datos, 212.
    ordenar contenido, 222.
    proteger, 262.
    relleno automático, 213.
    seleccionar, 203.
    series, 214.
    tramas, 262.
    unir, 211.
clasificador de diapositivas, 429.
clave, 308.
color de,

  celdas, 258.
  fuente, 58.
  párrafos, 86.
  relleno, 259.
  texto, 258.
columnas, 100, 196.
  formato, 262.
  redimensionar, 218.
comandos, botones de, 23.
combinar correspondencia, 185.
comentarios, 169, 221.
configurar la presentación, 438.
consultas, 291, 340.
  asistente, 347.
  barra de separación, 345.
  campo, 346.
  criterios, 346.
  cuadrícula QBE, 345.
  de agrupación y totales, 356.
  de varias tablas, 376.
  expresiones, 351.
  generador de expresiones, 352.
  lista de campos, 341.
  mostrar, 346.
  ocultar campos, 350.
  operadores Y y O, 353.
  orden, 346.
  tabla, 346.
  vista SQL, 347.
  zona de datos, 345.
  vistas, 345.
contar, 245.
contar palabras, 176.
Contenido, 53.
contextuales, menús, 25.
convertir texto en tabla y viceversa, 142.
Copiar, 46.
copiar y pegar formato, 210, 264.
corrector gramatical, 160.
corrector ortográfico, 157, 188.
correo electrónico, 188.
Cortar, 46.
crear,
  barras de herramientas, 193.
  cartas modelo, 181.
  consultas, 340.
  fórmulas, 237.
  informes, 359.
  macros, 176.
  plantillas, 129.
  tablas, 132, 299.
criterios, 346.
cuadrícula, QBE, 345.
cuadro de desplazamiento, 45.
cuadro de diálogo, 23.
  Abrir, 34.
  Estilo, 122.
  Imprimir, 232.
  Ortografía, 159.
  Series, 215.
cuadro de herramientas, 337.
cuadro de nombres, 192.
cuadros de texto, 23, 90, 271, 408.
cursiva, 60.

D

de datos, documento, 183.
definir estilos, 119.
deshacer, 41.
Día, 248, 360.
diapositivas, 383.
  cambiar orden, 394.
  clasificador, 429.
  diseños predefinidos, 417.
  efectos para el texto, 432.
  eliminar, 393.
  fondo, 416.
  formato, 412.
  modelos, 389.
  nueva, 391.
  patrón, 418.
  transiciones, 431.
  viñetas gráficas, 434.
Diasem, 248.
dibujar tabla, 133.
Dibujo, barra de herramientas, 269.
Diseño de impresión, vista, 97.
Diseño Web, vistas, 97.
diseños predefinidos, 417.
dividir hoja de cálculo, 225.
dividir tabla, 140.
documento,
  abrir, 33.
  autoresumen, 174.
  búsquedas, 171.
  columnas, 100.
  contar palabras, 176.
  correo electrónico, 188.
  cuadros de texto, 90.
  deshacer, 41.
  encabezados y pies de página, 102.
  encuadernación, 92.
  espacio entre párrafos, 78.
  fuentes, 55.
  hacer clic y escribir, 35.
  idioma, 168.
  imprimir, 110.
  insertar objeto, 146.
  insertar texto, 40.
  interlineado de párrafos, 78.
  márgenes, 91.
  modos de visualización, 96.
  mostrar u ocultar todo, 98.
  notas al pie, 106.
  nuevo, 30, 31.
  numeración de páginas, 105.
  orientación, 93.
  pantalla completa, 97.
  párrafos, 69.
  plantillas, 31, 128.
  portapapeles, 46.
  proteger, 175.
  punto de inserción, 34.
  rehacer, 43.
  saltos de página y de columna, 102.
  secciones, 98.
  seleccionar, 36.
  sustituir texto, 40.
  tabuladores, 82.

tamaño, 93.
unir y separar párrafos, 40.
vista preliminar, 94, 109.
vistas, 96.
zoom, 98.

E

edición de funciones, 249.
editar hojas de libro, 222.
efectos especiales para el texto, 432.
ejecutar la presentación, 395.
ejecutar una macro, 178.
ejemplo de préstamo, 251.
ejes, 276.
eliminar,
diapositivas, 393.
filas y columnas, 139.
registros, 314.
emergente, menús, 25.
encabezados y pies de página, 102.
encuadernación, 92.
escáner, 267.
escritorio, 22, 34.
espacio entre caracteres, 65.
espacio entre párrafos, 78.
esquema, 97.
estilo,
borrar, 126.
cuadro de diálogo, 122.
de escritura, 161.
de línea, 270.
estilos, 117, 265.
aplicar, 119.
de carácter, 121.
definir, 119.
modificar, 120.
organizador, 127.
predeterminados, 117.
Excel, 189.
ayuda, 199.
entorno, 191.
libros, 196.
salir, 200.
exportar, 317.
expresiones, 351.

F

Favoritos, 34.
fechas y horas, 247.
filas, 196.
autoajustar, 262.
formato, 262.
mostrar, 262.
ocultar, 262.
redimensionar, 218.
filtros, 254.
flecha de desplazamiento, 45.
fondo de diapositivas, 416.
formato,
copiar y pegar, 264.
de celdas, 209, 260
de diapositivas, 412.
de página, 91.
de párrafos, 69.
de tablas, 140.
del campo, 306.
filas y columnas, 262.
fuentes, 258.
fórmula, crear, 237.
formularios, 293, 326.
asistente, 338.
autoformato, 335.
campos, 329.
cuadro de herramientas, 337.
lista de campos, 328.
orden de tabulación, 332.
vistas, 335.
fórmulas, 233, 235.
barra de, 195.
referencias a celdas, 238.
francesa, sangría, 71.
fuentes, 55, 258.
animaciones, 62.
cursiva, 60.
efectos avanzados, 61.
espacio entre caracteres, 65.
negrita, 60.
seleccionar, 57.
símbolos, 66.
funciones, 235.
Autosuma, 241.
contar, 245.
edición, 249.
fechas y horas, 247.
máximo y mínimo, 244.
promedio, 244.
simples, 241.

G

generador de campos, 317.
generador de expresiones, 352.
Gestión y planificación, 294.
girar objetos, 270.
gráficos, 145.
añadir datos, 283.
área de trazado, 275.
editar, 282.
ejes, 276.
hoja de, 281.
incrustados, 281.
leyenda, 276.
marcas de graduación, 276.
nombres de serie, 276.
planos del gráfico, 276.
propiedades, 283.
puntos de datos, 276.
rótulos de los ejes, 276.
series dc datos, 276.
tablas de datos, 80.
texto, 276.
título, 276.
gramática, 160.
cuadro de diálogo, 163.
Grupos, 290.
guías, 407.

guiones, 168.

H

hacer clic y escribir, 35.
herramientas, barra de, 26.
Historial, 34.
hoja de cálculo, 189.
asistente para gráficos, 276.
autoformato, 263.
autoguardar, 198.
barra de fórmulas, 195.
celdas, 191.
color de las celdas, 258.
color de texto, 258.
comentarios, 221.
corrector, 227.
cuadro de nombres, 192.
cuadros de texto, 271.
desplazamientos, 201.
dividir, 225.
editar, 222.
estilos, 265.
filas y columnas, 196.
filtros, 254.
formato, 257, 262.
fórmulas, 234, 235.
funciones, 235.
gráficos, 273.
imprimir, 228.
información de resumen, 199.
inmovilizar paneles, 226.
insertar imágenes, 266.
introducir fechas, 206.
introducir texto, 205.
ir a, 202.
listas personalizadas, 216.
operadores, 235.
ordenar, 222.
redimensionar filas y columnas, 218.
relleno de celdas, 217.
saltos de página, 231.
vista, 311.
vista preliminar, 230.
hoja de gráficos, 281.
Hoy, 248.

I

idioma, 168.
imágenes, 149.
autoformas, 149.
incrustar, 151.
insertar, 147.
prediseñadas, 148.
vincular, 154.
imprimir, 110.
a dos caras, 115.
borrador, 114.
copias, 112.
cuadro de diálogo, 232.
hoja de cálculo, 228.
opciones, 114.
páginas, 113.
presentación, 403.
tabla, 322.
incrustar, 151.
Índice, 54.
información de resumen, 199.
informes, 293, 359.
agrupar registros, 364.
añadir campos, 361.
asistente, 362.
autoinformes, 364.
con totales, 365.
imprimir, 362.
vista preliminar, 362.
inmovilizar paneles, 226.
insertar,
imágenes, 66, 147.
objeto, 146.
organigrama, 267.
texto, 40.
instalación de Office 2000, 18.
interlineado, 78.
introducir fechas, 206.
Ir a, comando, 108.

L

letra capital, 84.
leyenda, 276.
libros de trabajo, 196-197.
lista de campos, 328, 341.
lista de elementos, campos con, 312.
listas personalizadas, 216.
lugares decimales, 307.

M

macros, 176, 293, 438.
ejecutar, 178.
eliminar, 179.
modificar, 179.
mailings, 180.
mapa de documento, 97.
marcas de graducación, 276.
marcas de tabulación, 83.
márgenes, 91, 93.
máscara de entrada, 307.
Mes, 248.
Mínimo, 244.
modificar estilos, 120.
modificar tabla, 136.
modos de visualización, 96.
módulos, 294.
monoespaciadas, fuentes, 57.
mostrar filas y columnas, 262.
mostrar u ocultar todo, 98.
mover cuando moleste, 51.
mover datos, 212.
mover hoja, 224.
muchos a muchos, 369.
muchos a uno, 369.